中国历史上的西部开发

——2005年国际学术研讨会论文集

中国史学会　宁夏大学　编
张海鹏　陈育宁　主编

商 务 印 书 馆
2007年·北京

图书在版编目(CIP)数据

中国历史上的西部开发/张海鹏等主编. —北京:商务印书馆,2007
ISBN 7-100-05276-9

Ⅰ.中… Ⅱ.张… Ⅲ.①地区经济-经济史-研究-西北地区-古代②地区经济-经济史-研究-西南地区-古代 Ⅳ.F129

中国版本图书馆 CIP 数据核字(2007)第 003577 号

所有权利保留。
未经许可,不得以任何方式使用。

中国历史上的西部开发
——2005年国际学术研讨会论文集
中国史学会 宁夏大学 编
张海鹏 陈育宁 主编

商 务 印 书 馆 出 版
(北京王府井大街36号 邮政编码 100710)
商 务 印 书 馆 发 行
北京瑞古冠中印刷厂印刷
ISBN 7-100-05276-9/K·970

2007年8月第1版　　　开本 787×960　1/16
2007年8月北京第1次印刷　　印张 24¼
定价：36.00元

序

  2005年9月27～29日,在宁夏自治区首府银川市举办了"中国历史上的西部开发国际学术讨论会"。会议共收到论文70多篇,涉及从秦汉到当代各个历史时期西部开发的历史。宁夏大学从中选出了30篇,结集出版。

  这次国际学术讨论会是由中国史学会和宁夏大学联合主办的,得到了宁夏自治区党和政府的大力支持,获得了学术界的广泛响应。学者们反映,会议是成功的。

  宁夏是我国西部地区的重要组成部分之一。西夏王朝曾经在以宁夏地区为中心的地域发挥过重要的历史影响。宁夏地区的历史文化传统,宁夏地区的民族融合过程,对于整个中华民族的历史是极其重要的环节。宁夏在黄河文化的发展形成过程中有着独特的贡献。宁夏大学对于西夏历史,对于中华民族的民族史,都有很深入的研究和贡献。中国史学会选择"唯富一套"的银川,与宁夏大学合作举办有关西部历史开发的国际学术讨论会,就是有意在推动这项历史研究,推动中国历史学的发展。

  中国的西部,占了中国领土面积的大部分,又与国外有着绵延数千公里的边界接壤。西部的发展状况如何,对于中国的整体发展战略,对于中国的发展前景,对于国家实现在21世纪中期的总体战略目标,关系极大。五年前,国家作出西部开发的战略决策,西部发展在社会主义现代化建设进程中已经显示并将继续显示它的巨大作用。中国的和平崛起,正在转移世界的目光。有识之士也越来越注视中国的西部发展。

  5 000年来,在中国国家形成、发展和演变的过程中,不同的历史时期,对于西部有过不同的概念。以长安为起点的丝绸之路,在长达数世纪的时间里,曾经是联络中原和亚洲中部乃至欧洲的重要纽带,凭借这条纽带,经济、文和人员的交流得以进行。正是这种交流,推动了人类文化的发展。宋以前,西部的广大地域,对于当时国家的形成、经济的发展、民族的融合、文化体系的建构以及中外交通,起过极其重要的作用。那个时候,我们今天所说的西部,比如,以长安、洛阳为中心的地区,是亚洲大陆的核心地带,在历史上创造过经济、文化高度发展的奇迹,绝不是一个落后的概念。南宋以后,随着社会经济发展的重心逐渐东移,海上丝绸之路的开辟,西部经济发展逐渐滞后,广大西部地区远离国家的政治中心,东西部在国家发展中的差距就渐渐加大了。近代开始,西方列强对中国的侵略,主要是从东部、东南部沿海地区为切入点。晚清时期的洋务新政也在沿海沿江地带。中国早期现代化的城市以及吸收西方资本主义生产方式的地方,也都远离西部。新中国建立以来,为了求得国家工业化配置的合理,曾经加强了三线建设,稍稍弥补了长期以来出现的工业配置不合理的现象。最近二三十年来,国家实施改革开放的一系列政策,都是首先从东部沿海地区开始,东西部发展的差距加大了。这种开发模式,是从东部为起点,向中部、西部渐次推进的梯次发展模式。邓小平当年提出让一部分人先富起来的设想,也是形象地指出了这种发展模式。但是,社会主义现代化是一个全局的概念,在这个概念下,决不允许出现东部现代化、西部长期停滞在比较原始的农牧业状态。西部地区是国家的极其重要的组成部分,当然也是中国历史研究对象的极其重要的组成部分。我国历史学界,特别是广大西部地区的历史学者,对西部历史作了大量的探索和研究。为了配合国家发展战略,探讨并总结中国历史上西部开发的经验教训,中国史学会与宁夏大学就中国历史上的西部开发问题召开国际学术讨论会,借以检验我国历史学界的研究成果,推动西部地区历史研究的开展,这不仅对于拓宽中国历史学研究领域具有积极的学术意义,其研究成果,对于国家实施的西部大开发战略决策中的具体实施问题可能具有借鉴意义,因此对全面建设社会主义小康社会具有现实意义。

  中国历史上的西部开发,可以有广泛的议题。举凡中国历史发展与西部开发,历史上西部开发与东部发展的关系,张骞通西域与丝绸之路,西部开发与民族融合问题,西部开发与藏传佛教、伊斯兰教的传播,汉藏通婚与西部开发,西夏文化与西部开发,历代屯垦戍边与西部开发,历代战乱与西部开发,回民起义与西部开发,西部地区的行政建制与西部开发,西部开发中的生态环境问题,新中国建设与西部开发,西部开发与周边国际环境,等等,都可以成为我们研究、探讨的对象。

当然,一次讨论会,不可能什么问题都谈到,不可能什么问题都解决。这次会议宣读的论文中,涉及西部开发与环境保护问题的,十分引人注目。

有的学者以处于农牧交错地带、具有代表性和指示性的毛乌素沙地为例,通过典型地层剖面、文献考据、古城考古等方面的证据,论证了该地区历次开发与沙漠化的关系;有的学者从"张骞凿空"与古代丝绸之路、自然环境变化对西域丝绸之路的影响、如何保护和改善丝绸之路沙漠路线的生态环境三方面进行阐述;有的学者回顾宁夏中部地区不同时段人类开发活动及其对生态环境产生的影响,探讨了不同时间尺度下生态环境变迁的机制,认为宁夏中部地区生态环境变迁是在气候变化主控下叠加了人为活动因素的"自然—人为"过程;还有学者就西部民族地区开发中的生态环境保护与国家安全问题以及西部开发中的环境保护和社会公平问题,提出了自己的见解。这些研究与见解,对今后国家的西部开发,提出了可资借鉴的重要方面。

"中国历史上的西部开发"是个跨学科的历史问题。到会的不但有历史学家,还有不同学科(如地理学、民族学、哲学、环境学、水利学等)背景的学者。不管什么学科背景,学者们在研究中都注意与现实的紧密结合,以期达到历史对现实的借鉴和警戒作用。

"中国历史上的西部开发"国际学术讨论会,对中国史学会来说,是组织历史学学术讨论会的一次可贵的尝试。这部论文集是对这次学术会议的一次可贵纪念。我希望它对我国历史学发展具有推动作用,也希望它的积极成果,对今后的西部开发具有借鉴作用。

张 海 鹏
中国史学会常务副会长兼秘书长
2005 年 12 月 18 日于北京

目　录

序 ………………………………………………………… 张海鹏 1

反思历史　关注现实　努力推进新时期的西部大开发 ……… 陈育宁 1
历史时期中国西部开发的生态环境背景及后果
　　——以毛乌素沙地为例 ………………… 何彤慧、王乃昂、冯文勇 9
何以西北？
　　——国史上西北情结的渊源 …………………………… 刘乃寅 24
魏晋南北朝开发西部的政策及其得失 ……………… 王劲、段金生 36
魏晋十六国北朝西北的经济开发思想 …………………… 李清凌 49
略论和亲结盟政策在汉唐开发和治理西部中的作用 ……… 梁向明 60
草原丝绸之路探析 ………………………………… 潘照东、刘俊宝 70
汉唐宁夏牧马业 …………………………………………… 薛正昌 83
论西夏对河套地区农业的开发 …………………………… 杜建录 91
西夏对宁夏古代城池的开发与建设 ……………………… 杨满忠 103
西夏王朝对丝绸之路的经营 ……………………………… 彭向前 115
西夏对贺兰山东麓佛教文化的开发 ……………………… 杨志高 124
乾隆时期对西部疆域之经营 ……………………………… 罗中展 133
清代西部开发中的藏族女性 ……………………………… 刘正刚 158
清代新疆遣犯移民研究的几个误区 …………… 胡铁球、霍维洮 170
徐树铮与蒙古开发 ………………………………………… 廖大伟 184
近代青海举办垦务之始末 ………………………………… 崔永红 194

20 世纪一次成功的中瑞合作科学考察
　　——中瑞西北科学考察团 …………………… 罗桂环、徐凤先 209
20 世纪中国学者对西部地区的资源考察 …………………… 张九辰 220
20 世纪 30 年代后边疆危机中的开发西北建言 ……………… 沈社荣 240
翁文灏与民国时期的西部开发 ……………………………… 李学通 251
国民政府时期的西北考察活动与西北开发 ………………… 王荣华 268
国民政府西北开发时期城市化建设步骤论述 ……………… 申晓云 279
抗日时期西北城市发展论述 ………………………… 王永飞、李云峰 294
国家金融机构与抗战时期的陕西农村金融 ………………… 张天政 313
宁夏中部区域开发和生态变化的回顾与反思 ……………… 璟向宁 324
重新认识西部开垦对环境的影响
　　——毛泽东时代的农业发展政策与生态环境 ……… 何霈生、高桂英 337
三线建设在西部开发中的得与失 …………………………… 王庭科 356
在缩小地区差距政策方面日本的教训 ……………… 保母武彦著、王欣译 362
西部开发研究之我见 ………………………………………… 陈育宁 368

后　　记 ………………………………………………………………… 375

Contents

Preface ··· 1

Reconsidering the History and Concerning the Reality in order to
   Promote the West China Development in the New Period ················ 1

The Ecological Background and Consequences of the Development of
   Western Regions in Chinese History: Take the Maowusu Desert as
   an Example ··· 9

How to Treat the Northwest: The Origin of Northwest Feeling Knot in
   the National History ·· 24

The Policy of Developing the Western Region from Wei and Jin Dynasty
   to Northern and Southern Dynasties and Its Success and Failure ······ 36

The Northwest Economic Development Thoughts of Wei and Jin
   Dynasties, Sixteen Countries and Northern Dynasties ························ 49

On The Effects of Alliance-by-Marriage Tactic during the Course of
   Western Development and Management in Han and Tang Dynasties
   ··· 60

A Study on the Grassland Silk Road ··· 70

The Horses Husbandry of Ningxia in Han and Tang Dynasties ·········· 83

On the Development of the Hetao Area Conducted by Xixia ················ 91

The Development and Construction to Ningxia Ancient Cities Conducted
   by Dangxiang of Xixia ·· 103

On Xixia's Management to the Silk Road ·· 115

The Development of Buddhism Civilization of Xixia Capital City and Its
　　Influence District ·· 124
On Qianlong's Management to the Western Territory ····················· 133
The Tibetan Female during the West Development in Qing Dynasty
　　··· 158
A Brief Account of Several Long-standing Mistaken Ideas in the Migrant
　　Study of the Dispatched Prisoners in Xinjiang in Qing Dynasty ······ 170
Xu Shuzheng and the Exploitation of Mongolia ································ 184
On Qinghai's Cultivation of Wild-land in Contemporary Ages ············ 194
A Successful Cooperation of Scientific Expedition between China and
　　Sweden in the 20th Century: The Sino-Swedish Scientific Expedition
　　to the North-Western Provinces of China (1927—1935) ················ 209
The Resources Survey in Chinese Western Region by Chinese Scientists
　　in 20th Century ··· 220
Some Proposals on the Development of the Northwest China in the
　　Borderland Crisis after 1930's ·· 240
Weng Wenhao and the Western Development of Republic of China
　　(1912—1949)·· 251
The Action of Investigation and Exploitation in the Northwest During
　　the Period of National Government ·· 268
Commentary on the Urbanization Construction Steps Taken by the
　　National Government during North-western Development Era ·········· 279
The Review of the Development of the Northwest Cities during the Anti-
　　Japanese War ·· 294
The Development of the Rural Finance in Sha'anxi during Anti-Japanese
　　War ·· 313
Review and Introspection on the Regional Development and Eco-
　　environment Change in the Middle Region of Ningxia ···················· 324

Reconsidering the Environmental Impact on the Reclamation in Western
　　China: the Agricultural Development Policies and Ecology
　　Environment in the Times of Mao Zedong ······················ 337
The Gain and Loss of the"Third Line Construction" ····················· 356
The Lesson of Japan at the Policies that Reduce the District Gap ······ 362
My Viewpoints on the Research of the Development of Western Region
　　·· 368

Postscript ··· 375

反思历史 关注现实
努力推进新时期的西部大开发

陈育宁

(宁夏大学,银川 750021)

一、建国后的西部大开发

新中国成立初期,近代工业在整个国民经济中的比重只占 10%,但在这 10%的近代工业经济中,70%以上都集中在占陆地国土面积不到 12%的东部沿海狭长地带,而占国土面积 70%的西部地区,工业产值仅占全国的 9%,西部地区仍十分落后。由于面临的国际环境的压力以及国内经济布局的需要,国家必须在西部地区重点进行工业布局,进行西部大开发。

第一次西部开发是在第一个五年计划期间(1953~1957 年)。中央为改变全国工业布局东重西轻的失衡状态,从军事战略防御的需要出发,将苏联援建的 150 个项目中的 56 项民用工业项目、35 个军事工业项目,定点于中西部地区。第一个五年计划揭开了我国西部地区工业化进程的历史帷幕,大大改变了我国经济布局上的不均衡状态。以陕西为例,"一五"期间,苏联援建的大型骨干项目 26 项入陕,与之相配套的建设项目包括科研、教育、医疗、文化设施都有长足的发展。西安交通大学即在此期间由沪迁陕,同时西迁的还有一大批工厂、院校和科研单位,正是由于这些重大举措的实施,陕西才得以从封闭、落后中走出,并逐渐奠定了在西北地区经济、文化的突出地位。

第二次是 1965 年~1971 年的三线建设。经过七八年的集中建设,三线地区逐步形成了我国新兴的工业基地。到 1975 年,三线建设总共投资约 2 000 亿元人民币。三线建设大型基础性建设项目主要有攀枝花钢铁联合企业、成昆铁路和襄渝铁路。这些项目给西部经济社会带来巨大的推动力,其中川、黔、陕、滇四省获益最大。三线建设是计划经济体制下的一项巨大的历史性工程,当时的决策者从政治特别是军事需要着眼规划布局,主要为了应付战争的需要,也有改变沿海与内地经济比重失衡状态的初衷。今天回顾来看,其中有些教训是应该记取的,主要是三线建设受政治运动的干扰极大;由于不恰当地要求企业"靠山、靠洞、分散、隐蔽",有些地方搞村落式布局,违背工业生产常规,造成巨大浪费;没能发挥出应有的带动区域经济发展的作用,反而加剧了农、轻、重比例失调。

第三次是20世纪九十年代末党中央提出的西部大开发战略。1999年6月,江总书记在西安就加快中西部地区发展发表重要讲话时强调,加快开发西部地区,对于推进全国的改革和建设,对于保持党和国家的长治久安,不仅具有重大的经济意义,而且具有重大的政治和社会意义。从现在起,这要作为党和国家一项重大的战略任务,摆到更加突出的位置。

实施西部大开发战略,加快中西部地区发展,是党中央根据邓小平同志关于我国现代化建设"两个大局"的战略思想作出的重大决策。80年代,当改革开放和现代化建设全面开展以后,邓小平同志对全国经济的协调发展就进行过深刻的考虑,提出了"两个大局"的思想:一个大局,就是东部沿海地区加快对外开放,使之较快地发展起来,中西部地区要顾全这个大局;另一个大局,就是在发展到一定时期,比如20世纪末全国达到一个新的发展水平时,就要拿出更多的力量,帮助中西部地区加快发展,东部沿海地区也要服从这个大局。

我国地域辽阔,人口众多,生产力不发达,要在一个时期实现同步富裕、同等富裕是不现实的,必然会有的先富起来,有的后富。在发展战略布局上,必须有全盘的构想。邓小平同志这个战略设想是,根据生产力发展水平和各方面的条件,东部地区先加快发展,然后带动和支持中西部地区发展,最终实现全国各地区共同繁荣和共同富裕。

1999年11月,中央经济工作会议部署,抓住时机,着手实施西部地区大开发战略。国务院成立西部地区开发领导小组,统筹主持西部地区开发工作。这个领导小组以朱镕基总理为组长,以温家宝副总理为副组长,国务院19个正部级官员为小组成员。领导小组确定的西部大开发重点工作是:第一,加快基础设施建设；第二，切实加强生态环境保护和建设；第三，积极调整产业结构；第四，发展科技和教育，加快人才培养；第五，加大改革开放力度。与此同时，中央政府制定了许多有关促进西部大开发的政策。主要有：国务院《关于实施西部大开发若干政策措施》（2000年12月）、《关于西部大开发若干政策措施的实施意见》（2001年8月）、《关于进一步完善退耕还林政策措施的若干意见》（2002年4月）、《退耕还林条例》（2002年12月）。另外，一些专项规划和总体规划也陆续出台，其中有些规划含有政策内容，例如中央办公厅、国务院办公厅印发的《西部地区人才开发十年规划》（2002年3月），以及国家计委、国务院西部开发办制定的《"十五"西部开发总体规划》（2002年7月）。

《"十五"西部开发总体规划》规定了"十五"时期西部开发的主要目标，包括七个方面。第一，水利、交通、能源、通信等领域一批重大基础设施项目建成投产或开工建设。第二，长江上游地区及三峡库区，黄河上中游地区，黑河、塔里木河流域的生态建设与环境治理全面展开。重点治理地区生态环境恶化的趋势初步得到遏制，污染防治有明显进展。第三，优势农副产品、矿产资源产品、旅游业的市场竞争力明显提高，传统工业改造取得明显进展，经济增长的质量显著改善，经济效益不断提高。第四，先进适用技术在重点开发领域普遍得到应用，科技创新能力得到加强，九年义务教育基本得到普及，人才队伍壮大，人才素质提高，城乡居民文化卫生等公共服务水平明显提高。第五，直辖市和省会、自治区首府城市基础设施状况显著改善，中小城市和小城镇建设取得较大进展，环境质量有所改善，城镇人口所占比例明显上升。第六，国有大中型企业现代化制度基本建立，非公有制企业总产值和资产占全部企业的比重较大幅度上升，利用外资和进出口贸易占全国的比重明显提高。第七，农村贫困人口温饱问题基本解决，城乡居民生活达到小康水平，人口自然增长率明显降低，与中东部地区收入差距扩大的趋势初步得到控制。

二、五年来西部开发取得重要进展

西部大开发的范围包括内蒙古、西藏、新疆、宁夏、广西5个自治区，陕西、甘肃、青海、云南、贵州、四川6个省和一个直辖市重庆，共12个省级单位。总面积685万平方公里，占我国陆地面积的71%。总人口3.72亿，占全国人口的29%。全国55个少数民族有50个集中分布在西部地区，西部少数民族人口占全国少数民族人口的75%。

到2004年底，五年来国家在规划指导、重大工程建设、资金投入、政策措施等方面对西部大开发予以重点支持。中央建设资金累计安排西部地区4600亿元，财政转移支付和专项补助累计安排5000多亿元，有力地支持了西部地区经济建设和社会事业发展。近年发行的长期建设国债有1/3以上用到了西部。西部地区在五年中直接吸收引用外资90多亿美元，加上国家政府间贷款、国际组织间贷款，实际利用外资近150亿美元。此外，东部地区有1万多家企业到西部投资创业，总投资已经超过3000亿元。

经济增长速度加快。2000~2004年，西部地区生产总值分别增长8.5%、8.8%、10.0%、11.3%和12%，高于前些年的增长速度（1999年为7.2%）。财政收入逐年增长，2004年超过2000亿元，比1999年增长近1倍。

基础设施建设取得较大进展。五年间西部地区固定资产投资年均增长20%以上，明显高于全国平均水平。陆续新开工60个重大建设工程，投资总规模约8500亿元。交通干线、水利枢纽、西电东送、西气东输、通信网络等重大基础设施建设进展顺利。

生态环境保护和建设显著加强。西部退耕还林7350多万亩，荒山荒地造林9570多万亩，退牧还草1.9亿亩。

科技教育等社会事业加快发展。科研基地和高技术产业化示范项目建设取得初步成果。支持西部教育投入170亿元，支持西部农村卫生设施建设80多亿元。7000多所中小学危房得到改造。农村医疗卫生条件有所改善，国家支持建设260所贫困县医院。

西部大开发促进了其他地区的发展。西部地区重点工程建设所需的设备、技术等，很多来自于东部和中部地区，有效地扩大了这些地区的市场空间，促进了产业结构调整，增加了就业岗位。同时，西部地区还输出大量能源、原材料等资源，保证了其他地区经济发展的需要。这些都有力地支持了东部和中部地区的经济发展,为保持国民经济平稳较快地增长发挥了重要作用。

在充分肯定西部大开发成绩的同时,还要清醒地看到西部开发面临着不少困难和问题,任务依然十分艰巨。交通、水利、能源、通信等基础设施仍然薄弱,生态环境总体恶化的趋势尚未得到有效控制,水资源短缺矛盾尖锐,教育、卫生、文化等社会事业滞后,人才不足和流失现象还比较严重,外资和社会资金进入西部地区增长缓慢,经济发展的体制性障碍突出,自我发展能力不足。目前西部地区占全国人口的近30%,但人均国内生产总值只有东部地区的40%,农民人均纯收入只有东部地区的50%左右。全国农村60%以上的贫困人口都在西部,约2 000万人还没有解决温饱问题。从全国来看,水土流失面积的80%在西部,每年新增荒漠化面积的90%以上在西部,大江大河源头也在西部。西部的水环境污染、大气污染等问题十分严重。全面建设小康社会,重点在西部地区,难点也在西部地区,特别是在西部地区的广大农村。

在2005年2月4日国务院召开的西部大开发五周年座谈会上,温家宝总理发表重要讲话,表明中央支持西部大开发战略不动摇,支持力度不减弱,并且提出,当前和今后一个时期,西部大开发需要着力抓好以下几项重点任务:①加大解决"三农"问题的力度;②认真搞好生态环境保护和建设;③继续加强基础设施建设;④积极发展特色经济和优势产业;⑤大力发展教育、卫生等各项社会事业;⑥加快改革开放步伐。

三、西部大开发任重道远

西部大开发战略实施五年后,西部各省区的领导层及许多专家学者都在回顾这五年来的实践,认真进行思考和总结,包括借鉴历史经验。今天,人们关注的一个主要问题是:五年大开发之后,西部固然进入了一个快速发展的时期,但离经济发展并未减速的东部究竟还有多远?这也是当前建设和谐社会的大背景下,无法绕开的命题。

一个不争的事实是,东西部差距的扩大不但没有停止,而且呈现出继续增加的趋势。据资料统计,1998~2002年四年间,东西部GDP增长率,以1998

年为100,东部11个省、市、区GDP的四年增长指数分别是:7.36%、20.51%、32.85%、44.59%;西部12个省、市、区GDP增长指数分别是:4.82%、13.70%、24.59%、36.20。四年时间,西部与东部增长率的差距由2.54个百分点扩大到6.81个百分点、8.26个百分点、8.39个百分点,呈逐年扩大趋势。

从人均GDP看,西部人均GDP从1998年的498美元增加到2002年的663美元,2002年比1998年增长33%。而同时期东部人均GDP由1998年的1 212美元增加到2002年的1 704美元,增长41%。

2004年,东部GDP是西部的2.62倍。在31个省、市、区中,广东GDP总量居全国第一,约占全国总量的10%;山东GDP居全国第二位;江苏、浙江GDP分别居第三位、第四位。排在前八位的省市,有7个都分布于东部地区;排在25名之后的省市区,却几乎都属于西部地区。

针对这种情况,专家们分析原因时指出,东西部经济发展差距的一个深层次原因是,在西北地区投资的格局中,国家和政府的投资占有绝对比重,非国有投资和外商投资比重甚微,西部地区的投资对政府投资的依赖性十分严重。西部大开发战略实施五年来,西部地区陆续新开工的60个重大建设工程,投资总规模为8 500亿元人民币,其中国家和政府的投资占有绝对比重。截至2003年底。西部生态环境建设累计也获得了500多亿元的中央投资。

2000~2002年三年间,国家投入西部的国债资金为1 600亿元,约占全国三年国债发行总额4 500亿元的35%,按人均投资比例看,略高于全国人均的比重。但这些投资约有50%左右用于在东部和中部采购设备、材料,从而顺理成章地成为推动东、中部经济增长的一个重要因素。

非国有投资在西部投资中的比重大至为4%左右,东部通常为60%。虽然西部地区实际吸收外资连续四年保持平稳增长,从1999年的18.4亿美元增至2002年的20.2亿美元。但与东部的快速发展相比,差距仍在继续拉大。与1999年相比,2003年西部地区在全国进出口和实际吸收外资中的比重分别下降了0.5个和1.4个百分点。

2002年,在中国出口额最大的200家企业中,东部地区有159家,占

79.5%；中西部地区 7 家,占 3.5%；中央企业 34 家,占 17%。进出口额最大的 500 家企业中,东部地区有 412 家,占 82.4%；中西部地区 31 家,占 6.2%；中央企业 57 家,占 11.4%。很明显,无论中国出口 200 强还是进出口 500 强的入围企业,主要集中于东部沿海地区。

2003 年,东部继续发挥全国工业发展引擎和发动机的作用,对全国增长的贡献率达到 80%,提高了 3.4 个百分点；西部对全国增长的贡献率为 8.2%,提高了 0.3 个百分点。

很显然,东部与西部的巨大差距,更多地取决于东西部产业作用力的不同。如今的东部地区,已进入制造业和服务业拉动经济增长的时期,产业结构迅猛升级,不仅增长速度快,而且增长的附加价值高。东部已形成了强大的自我积累、自我发展、自我扩张的能力,再加上新一轮国际资本和高科技产业向中国东部转移的重大机遇,内在动力的鼓动,外在机遇的降临,加速着东部的发展。而在西部,产业层次低、结构不合理,尤其是工业化基础薄弱,使得西部的经济增长还处在依靠国家对基础设施投资拉动的阶段,制造业和服务业远远没有发展起来,自我积累、自我发展能力很弱。同时发展状况并不景气的国有企业所占的比重较大,而国有经济的落后发展恰恰制约着整个工业经济的发展。一旦国家投资减少,政策变动,对西部的触动会远远高于东部。

目前大家担心的问题是,西部大开发的热潮还能维持多久？西部大开发的长久动力何在？西部与东部的差距怎么才能逐步缩小？鉴于此,在 2004 年 11 月 19 日在南宁举行的"2004 西部论坛"上,曾培炎副总理提出"在改革开放中走出一条西部开发的新路子"。怎么走出一条新路？有的专家提出,从总体上说,近几年西部大开发走的是一条以政府为主导、以国有经济为主体、以项目开发为主要特点的阶段性开发路子,这是西部大开发必然要经历的特定阶段。当前的问题在于,西部大开发应当在取得阶段性成绩的基础上,如何在改革开放的推动下,走出一条制度性、长期性开发的新路。他们建议,一是要加快西部的市场化改革,提高非国有经济在工业总增加值中所占的比重及固有资产投资的比重,提高对非公有经济的贷款比重；二是要尽快形成西部开发的政策体系。西部大开发是一项基本的国策,是长期、长远的任务,首先要求其政策体系具有长期性和完善性。为此,如何建立一个与西部大开发相适应的财政支持机构、开发基金、金融体系、西部开发银行等,对于西部的发展具有重要的意义;三是要出台"西部大开发促进法",保障西部大开发实现从阶段性开发向制度性、长远性开发的转变。

另外,对于中央提出的"西部开发、东北振兴、中部崛起、东部率先"的全国区域发展战略格局,会不会使西部开发弱化的问题,国家西部开发办原负责人李子彬说,这一战略布局是一个有机的整体,其着眼点是充分发挥各地优势,调动各地积极性,强调各个地区要优势互补,相互促进,实现东中西互动,共同发展,这是促进全国实现全面协调可持续发展这一个总体目标的必然要求,强调每一个区域发展有特色的经济才能共同构成国民经济社会发展的有机整体。比如,东部地区加快发展有利于尽快增强综合国力,提供更多的税收,增加国家财力,更好地支持西部开发和振兴东北等老工业基地。振兴东北地区等老工业基地有利于做到投入少、见效快,为全国作出更大的贡献。促进中部地区崛起有利于发挥其较好的工农业基础和区位优势,也会对西部和东部地区发展产生重要作用。西部大开发在全国区域发展的战略布局中占有突出地位,具有重大的政治、经济意义。西部大开发是全面建设小康社会的重要内容,是实现全国可持续发展的重要条件,是实现国家长治久安的重要保障。中央对西部大开发的支持力度不会因此减弱,西部地区的发展也不会放慢。

历史时期中国西部开发的生态环境背景及后果
——以毛乌素沙地为例[*]

何彤慧[1,2] **王乃昂**[1] **冯文勇**[1,3]

(1. 兰州大学资源环境学院,兰州 730000)
(2. 宁夏大学资源环境学院,银川 750021)
(3. 忻州师范学院地理系,忻州 034000)

  我们目前正在经历的"西部大开发"是以退耕还林草的生态建设为出发点的,但是历史时期的西部开发,都是以大批地移入人口、大量地开耕荒地为标志。以史为镜,剖析历次西部开发的各方面得失,对于今天的西部大开发,有着深刻的现实意义和指导意义。国内的研究者们一般都粗线条地将我国历史时期的西北开发划分为三个阶段:秦汉时期、隋唐时期和明清时期。这每一个阶段的开发过程都有着特殊的政治、军事、社会、经济及文化背景,社会科学诸多领域都关注着上述因素。但是同时我们也应看到,历次西部开发,特别是西北地区的开发,也同时基于其地有大面积的"沃壤可耕之地",这即是西部开发的资源和生态环境背景。研究西部地区历次开发的生态环境背景及自然资源条件,剖析土地利用方式及其环境后果,也是一项很有价值的工作,对我们今天的生产实践活动,都是必需和必要的,有着更直接的科学价值。

一、历次西部开发的生态环境背景

  虽然以个人短暂的一生不足以体会到气候的变化周期和过程,但是对气

---

[*] 国家自然科学基金项目(40471138)。

候的年际间、数年间乃至数十年间的变化,很多人都是有感觉的,气候在不断变化并引起一系列的环境变化,这已是不争的事实。气候变有多种尺度,数年至数十年的、百年的、千年的、万年至数万年的以及更长尺度的;影响因素可以是自然因素,也可以是人为因素,一般认为,只有近两千多年来人类对自然的强烈影响,才会引起局部的、有时还可能是区域性的生态环境变化,而研究此前的环境变化是不考虑人类因素的。历史时期的生态环境变化,也往往是以自然因素为大背景,人类影响为叠加因素,孰重孰轻,则要"具体问题具体分析",而不能一应归结为人类影响。

　　竺可桢先生在 1972 年发表的"中国五千年气候变迁的初步研究"①,开创了我国气候与环境变化研究的先河,其中他用了 3/4 的篇幅讨论中国近两千年的气候变化。经过历史地理学和历史气象学家二十多年的研究,对我国历史时期的气候变化形成了一定的共识。结合历史朝代来看,一般认为春秋时期到西汉末年是温暖期,平均气温比现在高大约 1.5℃;东汉到南北朝为寒冷期,年均气温可能比现在低 1℃~2℃;唐至北宋可能为温暖期,气温比现在高出 1℃左右,但有可能从公元 8 世纪开始气温逐渐下降;公元 1000~1200 年左右为南宋寒冷期;1200~1300 年为元代温暖期;1400~1900 年为明清宇宙期,也称小冰期,是一个低温多灾的时期。② 但是有关我国历史时期气候变化的研究由于地域不同、使用指标不同等,得到的结论往往也不尽相同,如孙继敏等根据竺可桢先生等的研究③,作出的 1700 年来中国温度与湿度变化对比,显示在公元 300~600 年、1000~1250 年、1550~1750 年为三个相对干燥期;而公元 300~600 年、1120~1350 年、1600~1700 年为三个相对寒冷期,干冷气候有很好的对应关系。

　　秦汉时期的西部开发,大约始于春秋时期的秦国,《左传·襄公十四年》记载:秦人贪于土地,逐诸戎于瓜州。《华阳国志·蜀志》记载:"以张若为蜀国守,戎伯尚强,乃移秦民万家实之。"至秦始皇统一六国之后,有了更大规模的

---

① 竺可桢:"中国近五千年来气候变迁的初步研究",《中国科学》,1973 年第 2 期。
② 蓝勇:《中国历史地理学》,高等教育出版社,2002 年,第 32~34 页。
③ 孙继敏等:"2000aB.P. 以来毛乌素地区的沙漠化问题",《干旱区地理》,1995 年第 1 期。

移民,其中在秦始皇三十六年(公元前 211 年)时,"迁北河、榆中三万家。拜爵一级"①。汉代的西部开发是在"兵屯"的基础之上,"募民徙塞下"②,规模要比前朝盛大得多,影响也深远得多。从春秋战国到秦、西汉时期,是一个长约 800 年的温暖期,两年三熟的复种制度从这一时期在黄河中下游区域兴起,其中西汉时期,竹、漆、橘等亚热带经济作物的北界大大超出现在的秦岭—淮河一线以北,反映当时应为温暖湿润的气候环境,温湿的气候与丰沛的水资源,才使得西汉屯田有了"肥美"的土地,才有了屯田的初步成功,仅西域屯田就达 50 多万亩,解决了数十万人的供需问题。但是到了东汉时期,气候转向寒冷,水资源供给不利,自然灾害发生频度加大。于此同时,北方的匈奴人内迁,原来的屯民流失,农耕界线内缩,而在东部则出现了中原人南下的移民浪潮。值得一提的是,许多西汉古城邦或古城址,到了东汉和魏晋时期也湮灭了,如塔里木盆地中的楼兰、尼雅、海头、伊循、克孜勒塔木等③。

隋代的西北疆界扩展到且末,西南疆界则止于云南大理一带。唐朝在国力最强盛时,领土西至咸海,北至贝加尔湖和叶尼塞河中游,为当时世界上无与伦比的大国。在拓疆扩土、置州设县的同时,隋唐王朝都采取了积极的移民屯垦政策,并兴修水利和设置国家监牧区,开发区域隋代主要在长城以北和河西走廊地区,唐代屯田范围则扩展到今新疆、青海及云南一带④,最西可达碎叶水(今楚河),仅新疆地区的屯垦人数就达到 5 万人,耕地约 3.33 万亩⑤,既巩固了西部边防也就地解决军队的粮食供给问题。唐代气候据竺可桢等的研究属于两千年中的温暖湿润期,气候条件适宜,造成了农牧分界线北移,农耕区向西扩展到陇山以西,向北直抵辽水下游,黄河下游成为重要的蚕桑生产区

---

① 《史记》卷 6,《秦始皇本纪》。
② 《汉书》卷 49,《晁错传》。
③ 俎瑞平、高前兆、钱鞠、杨建平:"2000 年来塔里木盆地南缘绿洲环境演变",《中国沙漠》,2001 年第 2 期。
④ 吴宏岐:"隋唐时期对西部地区的经营开发及启示",《中国历史地理论丛》,2002 年第 2 期。
⑤ 王乃昂、颉耀文、薛祥燕:"近 2000 年来人类活动对我国西部生态环境变化的影响",《中国历史地理论丛》,2002 年第 3 期。

和水稻种植区,陇右地区一度也出现"闾阎相望,桑麻翳野"①的繁荣景象。但是近年来的研究对唐代气候的冷暖状况提出了新解,有学者认为唐代前期可能较温暖,而中后期转冷②;有的则认为唐代气候属于混沌状态,存在不稳定变化③;还有可能是在温暖的背景下存在着不稳定变化④。唐朝初期西部的农耕发展形势的确在中后期没有保持和延续下来,塔里木盆地中的尼壤城、特特尔格拉木、阿塞胡加,南疆的龟兹古城、河西走廊的黑水国古城都是在唐代中后期废弃的。

明朝经略西部的范围比汉唐要小得多,西未出嘉峪关,北未出明长城一线,但却推行了严格的卫所制度,在边地广事屯田,"寓兵于农,有事则战,无事则耕"⑤,解决边防驻军的粮饷问题。清代一统中国以后,疆域博大,今天的西部地区尽收其中。清前期在西北少数民族地区推行禁垦政策,但中期以后随着人口的快速增加,便一改初衷,倡导"借地养民"政策,从而进入了历史时期大开发的高潮,结果达到"荒地尽垦"和"野无旷土"的地步。但是明清时期是中国历史上气候最寒冷的时期,尤其在15~17世纪间,寒冻灾害频发,以致在蒙古草原地区有"时冬寒草枯马饥"⑥之说。比较新的统计研究表明,18世纪较暖,19世纪以寒冷为特征,而20世纪是明清以来最暖的世纪,由小冰期向暖期的过渡异常迅速⑦。

二、毛乌素沙地的开发历程与人类活动

毛乌素沙地位于内蒙古自治区东胜市南部、陕西省榆林市北部和宁夏回

---

① 《资治通鉴》卷216。
② 满志敏:"唐代所冷暖分期及各期气候冷暖特征的研究",《历史地理》(第八辑)。
③ 王铮:"历史气候变化对中国社会发展的影响",《地理学报》,1996年第4期。
④ 吴宏岐、党安荣:"隋唐时期气候冷暖特征与气候波动",《第四纪研究》,1998年第1期。
⑤ 《续资治通鉴》卷214。
⑥ 瞿里:《万里武功录》卷8。
⑦ 杨保:"小冰期以来中国十年尺度气候变化时空分布特征的初步研究",《干旱区地理》,2001年第1期。

族自治区盐池、灵武一带,是我国12大沙漠中土地沙漠化问题最严重者之一,由于居于鄂尔多斯台地,毛乌素沙地地势高亢,海拔高度自东南向西北变化在1 300~1 600米之间,年均温6.0℃~8.5℃,降水量250~440毫米,属于夏季风活动的尾闾区,地带性植被以温带草原为主,并有从温带草原向温带荒漠草原过渡的特征,而且较之其他沙漠,有着相对丰富的地表水与地下水资源。20世纪的后40多年中,毛乌素沙地的流动沙地和半固定沙地增加了94万余公顷,沙漠以平均每年2.4万公顷的速度蚕食着草场和农田[1],这与高强度的人类活动有关。那么历史时期的毛乌素沙地经历了怎样的开发过程,沙地又是从何时何故形成的呢?

春秋时期,毛乌素地区居住着游牧的朐衍、义渠、西戎、白狄、赤狄等部族,晋国征服了白狄、赤狄以后,农耕生产方式开始向此渗透。战国时期,赵武灵王在战胜林胡收降楼烦之后,将这些游牧民族安置在鄂尔多斯东部,毛乌素地区主要居住着狄的后裔匈奴人。公元前306年,秦昭襄王"筑长城以拒胡"[2],在今毛乌素东南部划出了一条人为的农牧分界线。秦始皇统一六国后,于公元215年,派大将蒙恬率兵30万,一举占领了鄂尔多斯地区,并在此设置了四郡三四十个县[3],将中原地区的3万农户迁入北河(今乌加河)、榆中(今鄂尔多斯北部)一带进行农业开发,使鄂尔多斯成为当时重要的粮食产地,从而有"新秦中"之称谓。秦末至汉初的七八十年中,毛乌素地区主要在游牧民族的经营之下。汉武帝元朔二年(公元前127年),匈奴被逐入漠北,同年便"募民徙朔方十万口"[4],到元狩三年(公元前120年)又将贫民70余万迁入鄂尔多斯与河套等地,其后又实施了军屯,采用了铁犁、耕牛、代田法等当时最先进的农具与耕作方法,有条件的地方还引水溉田,使鄂尔多斯地区成为"沃野千里,

---

[1] 吴波、慈龙骏:"五十年代以来毛乌素沙地荒漠化扩展及其原因",《第四纪研究》,1998年第2期。
[2] 《史记》卷110,《匈奴列传》。
[3] 《史记·秦始皇本纪》称"置三十四县";《史记·匈奴列传》称"置四十四县"。
[4] 《汉书》,卷6,《武帝纪》。

谷稼殷积"①之地,鼎盛时达 209 286.1 户,人口达 109 万人②。经王莽至东汉,鄂尔多斯地区农业凋敝,人口锐减至 14 385.3 户,5.4 万人③,而且成为汉族与游牧的匈奴、鲜卑等民族杂居地区,结束了农业繁荣的局面。

魏晋—南北朝时期,鄂尔多斯地区成为匈奴、鲜卑、乌桓、敕勒等游牧民族演绎军事与政治历史的大舞台,赫连勃勃于公元 407 年建大夏国,413 年在毛乌素东南营造都城——统万城;北魏太武帝灭夏以后,置夏州,设统万镇,对当地的屯田民和游牧部落分别实行"计口授田"和"离散诸部,分土定居的政策"④,作为牧场,鄂尔多斯曾养马 200 余万匹,骆驼 100 余万头,牛羊无数,农牧业都有了比较稳定的发展。隋唐时期的鄂尔多斯地区活动着突厥、党项、吐谷浑等游牧民族,朝廷在此设立羁縻州,对各部族实行分割管理。李唐王朝在立国之初即对西北地区实行了屯田政策,但是在毛乌素地区的屯田规模很小,其中在盐州设 11 屯,垦 550 公顷地;在夏州只设 2 屯⑤。远比不上西汉时的屯田规模,游牧或定牧当是这里主要土地利用方式,居住的人口据统计也只有 132 924 人⑥,不足西汉时的 1/8,也远抵不上河西、河套等地的屯田规模。唐末宋初,党项族割据毛乌素地区,他们主要活动在其东北部水草丰美的地斤泽与东南部夏州、绥州、银州一带,到西夏建国后的 100 多年中,鄂尔多斯全境在其统治之下,但人口折算出来大约不超过 59 700 人⑦。元时的鄂尔多斯是皇家牧场,居住人口在元初莫过 2 万人左右,到元朝中期达 29 万人左右⑧。

明朝初年,鄂尔多斯在明廷的松散控制之下,随着蒙元残余势力在漠北的

---

① 《后汉书》卷 117,《西羌传》。
② 王尚义:"历史时期鄂尔多斯高原农牧业的交替及其对自然环境的影响",《历史地理》,1987 年第 5 期。
③ 王尚义:"历史时期鄂尔多斯高原农牧业的交替及其对自然环境的影响",《历史地理》,1987 年第 5 期。
④ 陈育宁:《鄂尔多斯史论集》,宁夏人民出版社,2002 年,第 331～474 页。
⑤ 赵俪生:《古代西北屯田开发史》,甘肃文化出版社,1998 年,第 189 页。
⑥ 王尚义:"历史时期鄂尔多斯高原农牧业的交替及其对自然环境的影响",《历史地理》,1987 年第 5 期。
⑦ 根据《中国人口史》、《伊克昭盟盟志》、《榆林地区志》等统计。
⑧ 根据《中国人口史》、《伊克昭盟盟志》、《榆林地区志》等统计。

不断强大,鄂尔多斯成为双方争夺拉锯之地,明王朝对于这块"鸡肋"最终选择了"弃套"之举,于成化十年(1474年)在毛乌素南部筑起边墙,将边墙以北的毛乌素弃于蒙古部族,在边墙内招募军民大事屯田,榆林卫屯地达36 117顷①,宁夏卫花马池(今盐池县)到小盐池(今惠安堡)一带,也是"荒地尽耕,孳牧遍野"。据统计,明万历年间,鄂尔多斯地区的人口约16万人②。清朝前期实行蒙汉隔离的封禁政策,将边墙内50里划为禁地,但后来则推行了截然相反的"借地养民"政策,开耕范围从禁留地开始,逐渐外推,形成一条东西广1 300里,南北宽50~200里不等的垦荒带,有熟地1 427 710亩③。光绪二十八年(1902年)以后,垦荒更是在鄂尔多斯全境推开。清朝鄂尔多斯的人口数虽经同治回民起义有较大变动,但总的趋势是逐渐增加的,乾隆四十一年(1776年)有255 679人,宣统元年(1909年)340 368人,直至1949年才有657 632人④,才相当于西汉时人口数的60%。

三、毛乌素地区历史时期的生态环境变化与区域开发的关系

1. 第四纪环境学揭示的毛乌素沙地的环境变化

董光荣等人自20世纪70年代伊始,即在毛乌素地区,特别是南部的萨拉乌素河(即红柳河、无定河)一带挖掘了大量的地层剖面,采用古地磁、孢粉、古生物、粒度及多种测年技术,经过综合分析得出以下结论:毛乌素沙漠自第四纪即得以形成,属于草原性沙地,由于冰期气候波动和冬、夏季风进退所致的生物气候带水平摆动,沙地一直在固定与出现、扩大与缩小之间变化⑤。武吉

---

① 赵俪生:《古代西北屯田开发史》,甘肃文化出版社,1998年,第189页。
② 根据《中国人口史》、《伊克昭盟志》、《榆林地区志》等统计。
③ 根据《中国人口史》、《伊克昭盟志》、《榆林地区志》等统计。
④ 根据《中国人口史》、《伊克昭盟志》、《榆林地区志》等统计。
⑤ 董光荣、高尚玉、金炯、李保生:"毛乌素沙漠的形成、演变和成因问题",《中国科学》B辑,1978年;董光荣、李保生、高尚玉、吴正:"鄂尔多斯高原晚更新世以来的古冰缘现象及其与风成沙和黄土的关系",载《中国科学院兰州沙漠所集刊》,第三号。科学出版社,1986年,第63~81页。

华等人复原的全新世千年尺度的降水量变化曲线表明:2500~1500aB.P.是鄂尔多斯高原晚全新世主要湿润期①,以前出现的流沙被固定,并形成了广泛分布的古土壤,而其后的1 000年为相对干燥期,直到500~670 aB.P.才进入相对湿润时期。

那么全新世特别是近两千多年来,毛乌素沙地又如何变化的?变化的周期和引起变化的原因又如何?我们在乌审旗中部挖掘的地层剖面,说明2600aB.P以来,该地存在着百年尺度的气候旋回,沉积物粒径有三次比较大的粒度变化周期,而且在剖面中,粉沙与黏土在时代越晚的地层中,占的百分比越高。史培军对毛乌素沙地北部泊江海子地层的研究②,说明元明以来(635±70aB.P.)泊江海子的地层中风水两相沉积、水风两相沉积及湖积物交替出现,其中也经历短暂的风化成土阶段,但没有流沙层。此前虽然也是水风两相沉积和湖积为主,但是较早的时代曾为流动沙丘。有关毛乌素沙地全新世的孢粉研究资料也说明③,近两千年来,气候大体偏凉,植被为干草原至荒漠草原。中国北方草原区的孢粉组合,似都有这样的特征变化。以上研究基本表达了这样的信息:两千年以来,毛乌素沙地经历了三次气候干冷、沙漠化加剧的过程,其中以第一次最强烈,第二次次之,第三次过程在沙地的中北部不明显。

2. 历史文献揭示的毛乌素沙地生态环境变化

公元5世纪初,大夏国主赫连勃勃行至奢延水(今红柳河)旁,发出感慨:"美哉斯阜,临广泽而带清流,吾行地多矣,未有若斯之美。"④于是,这块风水宝地成为大夏国的国都——统万城的建都之地。自公元417~954年,统万城从都城到州、镇、县城,一直沿用了500多年,由此可见,似这样背青山面清水的好风景在毛乌素乃至鄂尔多斯的确不多见,特别是有河水补给的湖泊不多

---

① 武吉华、张兰生、史培军、刘清泗:"中国北方农牧交错带中段全新世环境演变及预测",载张兰生:《中国生存环境历史演变规律研究》,海洋出版社,第316~354页。
② 史培军:《地理环境演变研究的理论与实践——鄂尔多斯地区第四纪以来古地理环境演变研究》,科学出版社,1991年。
③ 黄赐璇:"毛乌素沙地南缘全新世自然环境",《地理研究》,1991年第2期。
④ 《太平御览》卷555。

见。北魏太武帝(公元424~452年)率大军占领统万城后,设统万镇,也因"河西水草善",而将此地作为北魏重要的放牧马匹区。

太平真君七年(公元446年),北魏在薄骨律镇(今宁夏吴忠市)的屯田取得很大成功,政府下令由高平、安定、统万及薄骨律四镇共出车5 000乘,将屯谷50万斛,调给军粮匮乏的沃野镇。沃野镇位于今内蒙古临河市一带,与薄骨律镇同在黄河主流线东侧,沿黄河直向北行即可将军粮运到。镇将刁雍受命后先用车载粮,但"道多深沙,……车牛艰阻",于是刁雍建议"于牵屯山河水之次,造船二百艘"①,结果运粮60万斛,从而受到北魏皇帝的嘉奖。刁雍改车载运粮为船载运粮,从侧面说明今宁夏河套的东缘,即毛乌素沙地的西缘,在北魏初期已有严重的土地沙漠化。

郦道元的《水经注》成书于公元520~524年间,书中记载了鄂尔多斯地区的三条沙带,其中一条就在汉虎猛县、高望县一带,即今之乌审旗北至伊金霍洛旗,也是今日毛乌素沙地的腹地。这说明至北魏末期,毛乌素沙地的雏形已出现。

唐代毛乌素地区风沙危害的有关记载频见于史籍与边塞诗中(表1)。唐贞观元年(公元627年)在攻打盘踞于夏州一带的梁师都时,采用"频选轻骑践其稼禾,城中渐虚"的战略,说明唐初夏州一带是有农耕活动的,但至中唐以后却农桑事全无,可以想见当时干旱与风沙危害之重。至宋淳化五年(公元994年),时为夏州州城的统万城不得不因"深陷沙漠中"而弃之。

宋人在分析宋夏军事对垒形势时也言及毛乌素南部的沙化,称:"朝廷出师常为西人所困者,以出界便入沙漠之地,七八程乃至灵州。既无水草,又无人烟,未及见敌,我师已困矣。西人之来,虽已涉沙碛,乃在其境内,每于横山聚兵就粮,因以犯塞,稍入吾境,必有所获,此西人所以常获利。今天都、横山尽为我有,则遂以沙漠为界,彼无聚兵就粮之地,其欲犯塞难矣。"②

---

① 《魏书》卷38,《刁雍传》。
② 转引自吴定祥、钮仲勋、王守春:《历史时期黄河流域环境变化与水沙变化》,气象出版社,1994年,第105页。

表 1 唐代有关毛乌素沙化的历史记录

历史记录	时段	出处
"无定河边数株柳……风沙满眼堪断魂。"	大历年间(公元 766~779 年)	李益:《登夏州城观送行人赋得六州胡儿歌》,《全唐诗》卷 282
"夏州沙碛,无树艺生业。"	贞元十四年(公元 789 年)	《新唐书》卷 141,韩全义传
"夏州大风,飞沙为堆,高及城堞。"	长庆二年(公元 822 年)十月	《新唐书·五行志》
"夏之属土,广长几千里,皆流沙。属民皆杂虏,虏之多者为党项,相聚为落于野,曰部落。其所全无农桑事,畜马、牛、羊、橐、驼。"	约为中唐时期(沈亚之为元和十年进士)	沈亚之:《全唐文·夏平》,卷 737
"迢递河边路,苍茫塞上城。沙寒无宿雁,虏近少闲兵。"	元和—开成年间(公元 806~840 年)	姚合:《送李侍御过夏州卷》,《全唐诗》卷 496
"茫茫沙漠广,渐远赫连城。"	咸通年间(公元 860~873 年)	许裳:《夏州道中》,(李熙龄)《榆林府志》

明成化十年(1474 年),延绥右都御使余子俊主持修筑了西起黄河嘴,东到府谷清水营,全长 885 公里的边墙,余子俊当时提出:"虏逐水草而居,故凡草茂之地,筑之于内,使虏绝牧;沙碛之地,筑之于外,使虏不庐。"①据该选线原则,可谓在毛乌素南缘划出一条沙地与非沙地的分界,明长城以内从此大事屯垦,凡近城堡、墩堠附近的草地,均被开垦。明人魏焕曾言之:"先年县城(花马池,即今宁夏盐池县)一带,全为耕牧。自筑大边以后,零贼绝无,数百里间,荒地尽耕,孳牧遍野,粮价亦平。"②但此时宁夏河东一带并无沙化迹象,都御使冯清正德七年(1512 年)在路经大沙井城(在今盐池县境)时,诗曰:"马足凌兢一径斜……石沟(今盐池石沟驿乡)雨过苔生石,沙井风旋草压沙……陇麦

---

① 《嘉靖宁夏新志》卷 3。
② 《西园见闻录》卷 54。

青青遍吐华。"①同一时期在毛乌素东南部,榆林城正在经历一次次的拓筑,但是到了万历二十九年(1601年),流沙就已大量堆积甚至进入榆林城内,到万历三十八年(1610年),都御使孙维城在《修复边垣扒除积沙疏》中称:"东自长乐堡一墩起,西至清平堡一墩,芹河等处大沙,北墙高一丈,埋没墩院者长两万三十八丈三尺;响水等堡,防胡等处,北墙高七、八丈,壅于墩院者长八千四百六十八丈七尺。榆林、威武等堡、樱桃梁等处,比墙高五、六尺,及与墙平,厚阔不等。"②至清同治年间,流沙更是压塌了榆林城的北城墙,以致不得不南缩重筑。

3. 古城考古对毛乌素沙地生态环境变化的指征

众所周知,除非万不得已,古时的人们是不会将城池建筑在沙荒地中的;如果不是政治、军事、环境动荡,或其他方面的情势所迫,人们同样也不会弃城池而去,因此,沙漠古城的兴废在一定程度上指示着古城所在地的沙漠化过程。基于这样的研究思路,我们自2003年以来对毛乌素沙地中的古城废墟进行了比较深入的寻访和调查,掌握了34个古城的分布、规模、形制及其所在地的环境状况,并通过对古城中遗留的古代瓦当、器物、古钱币等的辨识,对文物部门考古挖掘古墓葬情况的了解以及对史志文献记载的查阅,综合性地确定了古城使用的主要时段,这些古城可以比较粗略地归入四个时段,它们在空间分布上由北向南呈现由老到新的变化趋势(图1)。两汉以前的古城在毛乌素全境都有分布,但在北纬38°05′~39°25′与东经108°25′~110°25′之间集中;南北朝时兴建的统万城在毛乌素南部,唐时的古城比较集中于毛乌素沙地的南部与西南部,介于北纬37°40′~38°10′,东经108°10′~109°15′之间;五代至宋夏至元朝,除唐时的城池继续使用外,新筑的城池很少,已探访的呼日淖尔古城、人石砭古城、车家渠古城和沙沙滩古城,一个在毛乌素沙地的南缘,两个在其北端;明清古城则毫无例外地分布于长城内侧。

毛乌素沙地的两汉古城数量多、分布广,可以说遍布整个毛乌素沙地,足

---

① 《嘉靖宁夏新志》卷3。
② 《道光榆林府志》卷5,《城池》。

以说明筑城之时,当时未有严重的沙化,毛乌素全境均有适宜筑城和农耕的环境。魏晋至唐的 600 多年中,匈奴、鲜卑、汉等民族辗转于此地,甚至建都立国,但所选城址位置均偏南,这里不排除军事与政治上的需要,但在广大的毛乌素腹地,未发现一个该时段的古城,此现象最可信的解释只能是毛乌素的中北部已沙漠化,没有很合适的筑城环境了。唐代鄂尔多斯全境均在大唐一统之下,在毛乌素边缘先后设有多个府州,中北部却没有,特别是调露元年(公元 679 年)为安置突厥降部而设置的六胡州,以数万之众"全其习俗"而安置于灵州南部,我们在今鄂托克前旗到宁夏盐池县一带,即毛乌素沙地的西南缘,已确定了六胡州的大致归属,它们展布在东西约 100 公里,南北仅 15 公里左右的范围内,若按游牧或驻牧方式来论,这一范围对上万人来说明显是局促的,而当时此地主要放牧马、牛等大牧畜,又反映了应有较好的草原环境。唐朝末年,党项李氏家族割据于今毛乌素地区与陕北北部,直至西夏立国的 180 多年中,毛乌素沙地中并未新筑多少城池,倒是沿用了唐时的一些旧城,如夏州治所在统万城,宥州治所在新宥州城。元代的毛乌素地区名为察罕脑儿,是皇室的封地,驰名的城池只有忙哥剌所筑的白海行宫,位置争议颇多,据考察,位于乌审旗河南乡的大石砭古城为元代沿用的先代古城无疑,归属未定,位置已在毛乌素沙地的中南部。明清时期的古城位置在更偏南侧的明长城内侧,连今河南乡这类自古至今都有优越农业发展条件的地区,也未圈入,不能不让人怀疑唐宋—明代,毛乌素沙地又进一步向南扩张了,而明清堡、寨、营与城池普遍有风沙堆积或被沙掩埋,充分说明明清以来,毛乌素沙地又一次的沙化过程。

4. 毛乌素沙地历史时期区域开发的生态环境背景与后果

秦汉时期,毛乌素地区气候比较湿润,过去的流沙被固定,草原植被发育,古土壤得以形成,大大小小的湖泊布满全境,具有移民并发展农业的良好条件,虽也有风沙侵扰,但不足以构成大的危害。迁移而来的大量人口沿河湖定居,开垦草原或湖滩草甸,或旱作或引水灌溉,呈现五谷丰登、六畜兴旺的局面,鄂尔多斯一带也有了"新秦中"的美誉。虽然西汉鼎盛时期鄂尔多斯一带的人口总数达到了 109 万,但当时的开发强度并不足以造成太大的环境影响,目前看来,大多数两汉以前的古城址还是位于水源良好的地形部位,大多现今又被重新辟为耕地，主要靠井灌或旱作，土质较粗，开垦前或为平沙地，或为波伏状沙地。东汉及其以后的几百年，特别是南北朝时期，毛乌素地区进入相对干冷期，湖泊水面缩小或干涸，植被退化，风力侵蚀加剧，地表堆积物质粒径变粗，流沙逐渐覆盖了毛乌素北纬38°15′以北的大部地区。此界以南，也有一些零星的沙带。由于该次沙漠化发生时定居人口已大量流失，故此，有理由认为引起沙漠化的主要原因是自然因素，而且它是近两千年来毛乌素沙地沙漠化的发轫。

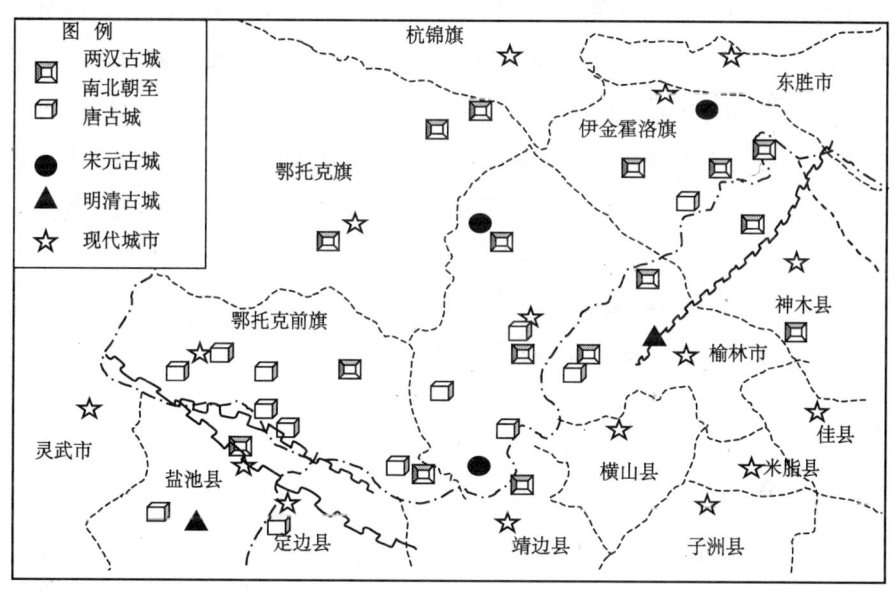

图1 毛乌素沙地古城遗址分布

隋唐时期，毛乌素地区的中北部已为沙漠，不再适宜进行大规模的开垦与放牧，因而中原王朝只以这片广袤土地用作安置外族降部，推行以畜牧业为主的土地利用方式，在这一地区设立的行政中心应放在毛乌素的南部，即使是属地在中北部的都督府和羁縻府州，也统统将治所侨置于南部各州县。这一时期毛乌素地区的开发方式主要是畜牧业，一般认为在干旱半干旱地区，农耕生产方式对环境的破坏力远大于畜牧业，但高强度的畜牧业也会造成生态环境退化,有人认为毛乌素南部地区隋唐以后的土地沙漠化即人为影响所致[①]。据我们研究,中唐至五代到宋(西夏),毛乌素地区确实又一次遭受沙漠化的侵扰,气候干燥,湖泊中风积物增多,风沙堆积与灾害事件频频见诸记载,沙带逐渐向南延伸越过北纬38°线至明长城一带。此次沙漠化过程的发生,与中国北方区域尺度的干旱化过程相对应,因此我们认为,气候干旱等自然因素也是这次沙漠化过程的主要原因。

明清时期是有名的小冰期,伴随着明代的军屯、民屯和清代中叶后的放垦,毛乌素沙地的范围向四周大规模的扩展,特别是越过明长城,侵入榆林北部各县与宁夏灵盐两县。有学者认为,明代长城内侧的屯垦是不足以造成毛乌素沙地扩张的,主要原因还是小冰期的气候[②]。但从地层剖面上来看,这一时期之初,毛乌素中部与北部的湖泊仍以湖相与风水两相沉积为主,并没有大规模的湖泊干涸与风沙堆积,而南部的风沙危害却日趋严重,这说明气候冷干的影响并不足以加深毛乌素沙地中北部的沙漠化程度,只有明清时期在长城沿线的大规模垦荒与后来的放垦,才是造成这第三次土地加速沙漠化的主要原因,小冰期冷湿的气候可能会是加强因素。

四、结论和启示

1. 中国历史上的每一次西部开发,都有其深刻的生态环境背景,无论是开发的方式、规模,还是延续的时间、开发的周期,都多多少少受到气候变化的制约。

2. 气候变化和人类的开发活动造成历史时期中国西部地区生态环境变化。在三个主要的开发阶段中,秦汉和隋唐时期的环境变化,主要受到气候变化等自然因素的制约;明清以来人类因素对环境变化的控制越来越强,毛乌素

---

① 艾冲:"论毛乌素沙漠形成与唐代六胡州土地利用的关系",《陕西师范大学学报》(哲学社会科学版),2004年第3期。

② 韩昭庆:"明代毛乌素沙地变迁及其与周边地区垦殖的关系",《中国社会科学》,2003年第5期。

南部就由于高强度的开垦使下伏沙层活化,小冰期中后期的冷干气候与此叠加,便发生了毛乌素沙地的强烈扩张。

3. 历史时期以移民屯垦为模式的西部开发走的都是粗放农业道路,尽管其军事和政治意义重大,但经济和环境意义却难以一言以蔽之,如与气候变化相叠加,很容易出现生态环境退化的结果,一时的繁荣之后却是长期的环境恶化与民生凋敝,我国西北地区许多农区和牧区的沙漠化过程演变即如此。

4. 历史时期西部大开发与生态环境变化的关系研究,启发我们在今后制定开发政策时,一定要考虑当地的生态环境变化特征,顺应环境变化规律,特别是要用科学的视界来审视和评判一切土地开发活动。

5. 西部大开发中的生态建设应是一项长期的、坚持不懈的任务,但生态建设的目标不是让西部的生态环境恢复到以前某个阶段的状况或人类期望的最佳状况,而是与现阶段当地气候相协调的自组织状态。

何以西北?
——国史上西北情结的渊源

刘乃寅
(宁夏大学人文学院,银川 750021)

打开五色斑斓的中国地形图,有一大块被浓厚的赤褐色与炫目的金黄色层层填充的区域,它耸立西北,俯瞰东南,恰似中国版图的背脊,宽硕但不傲慢,负重却不居功,这片充满神奇想像的广袤大地,就是中国的西北①。

从地质时代开始,受自然造化之赐,这里就被厚实、肥沃的黄土层紧紧地包裹着。松软、绵延的黄土繁育着生命,也孕育着文化。所以中国文化在发轫之初,就与西北黄土高原结下了历史机缘。从上古传说至中古隋唐,西北始终都是最为活跃的历史舞台,是充沛活力的中国政治、经济和文化的核心地带。以史情而言,大抵国运转机,常常发端西北;大凡是国脉相继,每每自西徂东。所以,我们甚至可以把这一时期称为中国古史的"西北时代"。中唐以后,中国经济重心因江南的开发、垦殖而南移。两宋之际,由于北方强族的相继崛起,中原正统王朝被迫南迁。即便如此,西北在国史中的地位并未因"西北时代"的终结而被忽视。从宋室南迁后的"西北中兴论"到明清易代之际士人的"西

---

① 西、西部、西北既是一种自然地理方位概念,又是在不同历史时期被赋予多种特定人文内涵的方位或区域概念。以自然地理的分界而言,"沿着大兴安岭,向西南经过吕梁山、陇山、兴隆山(兰州以南),到昌都和波密的一线,可以将我国分为东南和西北两个半壁⋯⋯从昆仑山循着秦岭到淮河和长江一线,又把西北、东南两半壁各分为两半。西北半壁的北部蒙古高原和新疆高原,以草原和荒漠植被为主;半壁的南部青藏高原,主要为高山草地和冻荒漠。在东南半壁的北部,是一般所谓北方,以阔叶落叶林(夏绿林)和针叶林为主。在东南半壁的南部,是一般所谓南方,以各种类型的阔叶常绿林为主,只是在西南部以及某些东南高山(如台湾)才有云杉、冷杉等针叶林的大量存在"。语见竺可桢《看风云舒卷》,百花文艺出版社,1998年,第46~47页。

北—东南"比较论①,再由近代的"西北学"(西北史地之学)乃至当代的西部大开发,或隐或显,无不根植于深远、浓厚的西北情结。

"西北时代"与"西北情结"是中国历史演变的一条特殊线索。西北因其广博的历史背景和深厚的文化积淀而奠定在国史中的枢轴地位,从而成就"西北时代",进而酝酿"西北情结"。"西北时代"固然成为历史,但"西北情结"根深蒂固,不时扣击国人心扉。本文探究"西北情结"之渊源,立意并不在重返"西北时代",只是透过"西北情结"生成的历史图景,彰显西北在当今乃至今后中国的意义。

一、"大事于西"

在生物界,许多动物都具备判断方位的能力,但只有人类超越自然而赋予方位以人文内涵。通过观察日出日落判定东西、仰视星转斗移划分南北,这是人类早期获取的所有抽象知识中为数不多的既无迷信色彩且沿袭至今的正确认识之一。尽管我们不能确知人类何时有了这种明晰的观念,但至少新石器时代以来的村落遗址布局和墓葬结构,明白无误地揭示出那个时代人们对方位的正确认识和娴熟运用。

在已知中国最古老的文字记载中,东西南北中等观念已经成为记事、叙述的关键语词。以已具备绝对纪年的书契甲骨为例,东、西、南、北等方位语词出现的频率极高,至少在 1 200 余次以上,其中"东"、"西"出现的频率明显高于"南"、"北",尤其"西"及相关语词所见最多。② 依据甲骨刻辞"卜以决疑"的特性,这是很值得注意的现象,它似乎表明来自"西"方(面)的不确定因素明显多于其他方向。大体而言,与"西"组合成的方位词有一些是比较明确的,是指商王的属地,如"西邑"(《合集》7863)、"西单"(《合集》9572)、"西鄙"(《合集》

---

① 关于明清易代之际士人的"西北—东南"比较论,参见赵园:《明清之际士大夫研究》,北京大学出版社,1999年,第91~98页。

② 杨逢彬:《殷墟甲骨刻辞词类研究》,花城出版社,2003年,第172页。

6059)等①，但更多的则无确切的指称，只能表示大致的方位而已。如：

贞西土受年？

贞西土不其受年？二告。（《合集》9741 正）

……宓伐西土。（《合集》7082）

贞问"西土"是否有好的收成，说明"西土"是商王属地，但攻伐"西土"的记载却反证"西土"又不在商王的有效管辖之内，可见"西土"的方位概念既是指确定的近称，又可能是不确定的远称，尚无明确的辖区。"西方"也是如此：

西方受禾。（《合集》33244）

西方受年。（《小屯》3377）

西方曰韦，风曰彝。（《合集》14294）

贞帝于西方曰彝，风曰丰，求年。（《合集》14295）

"西方"犹如"西土"，当贞问是否"受年"时是确定的地方，而当指称风名时则是邈迩不定的方位。② 此外，还有"西南"、"西北"或"北西"：

勿伐西南。（《合集》721 正）

于西南。（《合集》8725、8726）

勿伐西北。（《合集》14395 正）

田从北西。（《合集》10902）

今日方其征不征？延雨自西北，少。（《合集》31021）

甲子，贞其涉师于西北。（《小屯》1111）

这些方位词汇，与神灵无关，也不是指确切的地方，应属于自然地理名词，因而具备方位语词传承的素质。那么，在"西"、"西北"及"西土"之方究竟会有哪些不确定的因素或事项值得卜问呢？

辛亥卜，争贞……立大事于西。（《合集》24

---

① 相关词类参见姚孝遂主编：《殷墟甲骨刻辞类纂》（上册），中华书局，1989 年，第 390～391 页。
② 同版卜骨还记载了东、南、北三方风名，合为"四方风"。"四方"是神灵还是神灵的住所？四方风和四方是何关系？学术界尚有争议。因非本文的立论点故不拟辨析。

贞其大事于西于下乙旬。(《合集》1672)

三代之时,"国之大事,在祀与戎"(《左传》成公十三年)。"大事于西"意味着祭祀、战争多与"西"、"西方"、"西土"有关。在卜辞中,不仅有若干条"帝西"(《合集》34154)、"帝于西"(《合集》10976 正)、"禘于西"(《合集》14328 正)等祭祀活动的记述,更有若干例"往西"与"从西"的记载,形成鲜明的对照。尤其是"自西"或"来自西"的卜辞最多,达 64 例。① 这是为什么? 其中原委在于,"有来羌自西"(《合集》6596、6597 正),殷商时代的"西土"、"西方"乃古族羌人的故地。文献记载,"禹兴于西羌"(《史记·六国年表》),即夏人本为"西土"之人。"殷革夏命"之后,夏人分途逃匿迁徙,除一部分南迁、北迁之外,主体部分则向原来的老家陕甘宁境西迁。其西迁者及留居故土者仍称为羌。② 由于夏(羌)人与殷商矛盾尖锐,故常有冲突和战争。如武丁时"伐羌□妇好(之族)三千人,旅万人,共万三千人"。可见"大事于西"诚非虚言。揆诸文献:

我西土君子,天有显道,厥类惟彰。(《尚书·泰誓下》)
逖矣,西土之人! (《尚书·牧誓》)
有大艰于西土,西土人亦不静,越兹蠢。(《尚书·大诰》)
乃穆考文王,肇国在西土。(《尚书·酒诰》)

这些誓词诰语很值得琢磨。第一,所谓"西土之人",乃参加周武王牧野誓师大会的以羌人为主力的西方八族联军。这些古族方国散布于殷商之西,故属于"西土之人";"逖矣"则说明这些"西土之人"是远道而来。显然,"西土"是一个广大的地理方位称谓,这一点与卜辞完全相合。第二,所谓"西周"之称是名副其实的。《泰誓》、《牧誓》系灭商之前的誓词,故自称"我西土君子"。而《大诰》、《酒诰》则系灭商之后的诰语,或追忆先考文王"肇国在西土",或警示"有大艰于西土",可见并不是因为平王东迁才称"宗周"为"西周",其实周王、周人始终自称"西土"、"西土之人"。这说明商周时代,地理方位的基点即"中"

---

① 姚孝遂:《殷墟甲骨刻辞类纂》(上册),中华书局,1989 年,第 389~393 页。
② 徐中舒:"夏史初曙",《中国史研究》1979 年第 3 期;《徐中舒历史论文选辑》(下册),中华书局,1998 年,第 1349~1354 页。

是殷商的都城所在地,也就是"中州"、"中原"之地。由此基点判定,卜辞中的"西"、"西土"、"西北"所指或有不同,广狭或有不等,大率都未超出今人熟知的西北范围,故可以视为"西北"沿革之始。

商周时代人们的地理视界毕竟很有限,长久的"夷夏东西"之争是影响其方位地理概念的主要因素,所以"西"、"西方"、"西土"、"西北"的划分尚比较粗疏,并不能完全等同于今日的地理观念,但这无妨其作为方位地理划分之肇始。进入春秋时代,随着国人地理视野的扩宽,东、西、南、北四面拓展为八方,根植于"大事于西"的"西北"便以更精准的地理观念、历史观念、文化观念展现出来。

二、"天道多在西北"

虽然早在殷商时期"四方"地理就被赋予某种神秘的文化内涵,但"西北"一词进入史官视野却是在春秋时代,而且是以天文政治学即星占学的形式呈现出来:

> 晋人闻有楚师,师旷曰:"不害。吾骤歌北风,又歌南风;南风不竞,多死声。楚必无功。"董叔曰:"天道多在西北。(杜注:岁在豕韦,月又建亥,故曰多在西北。)南师不时,必无功。"叔向曰:"在其君之德也。"(《左传》襄公十八年)

这段看似简单的话语,内涵却不平凡。若不辨析"天道",贸然以文中"西北"对应今日之西北,则难免李代桃僵。①

首先,"天道"或曰"天之道"②,即天行之道,是天(日月星辰)的运行轨道,以及由星辰轨迹所在对应人间地理分野而昭示人事吉凶的一种道术。③ 殷商

---

① 如王晖就以今日之地理说董叔之"西北"。见王晖著:《商周文化比较研究》,人民出版社,2000年,第89页。

② "天道",见《左传》襄公九年、十八年,昭公九年、二十六年;"天之道",见《左传》庄公四年,宣公十五年,襄公二十二年,昭公三十二年,哀公十一年。

③ 庞朴:"原道",《传统文化与现代化》1994年第5期;庞朴著:《一分为三——中国传统思想考释》,海天出版社,1995年,第243~248页。

时代,冥冥中主宰人间的是"帝"——一个高高在上、喜怒无常、恣意任性的"上帝"。殷人无法预测帝的行为意志,所以凡事必卜,"书其占辞",以便"岁终计其占之中否",从而希望通过经验的积累摸索上帝的某些行为规范。但经验证明帝无常道而天有轨则,于是人们基于对"天道有常"的长期观察而逐渐形成天道观念。作为星占学(占星术)核心观念的天道,从一开始就不是简单的天行之道,它还包括"天垂象"而"见吉凶"的某种预兆以及人间的因应之术。为了精准地(其实是方便)掌握天象与人事的对应关系,就需要对浩浩天宇和茫茫大地进行相应的划分,"十二次"与"分野"就缘此而生。所谓"十二次"就是沿黄道带把天空划分为十二个等份(类似西方的黄道十二宫),每一等份称为一次,而岁星(木星)在黄道上绕天一周大致为十二年,则每一等份每年经过一次。这样用"岁在某某次"即可标明岁星的位置,同时也有纪年的作用,即"岁星纪年"。① 分野之说,由来甚久。《周礼·春官宗伯》有"冯相氏"和"保章氏",皆"太史"属官之"卜官",《左传》桓公十七年云:"天子有日官,诸侯有日御。""冯相氏",司历主算,"保章氏",则占星主变:

掌天星,以志星辰日月之变动,以观天下之迁,辨其吉凶。以星土辨九州之地,所封封域,皆有分星,以观妖祥。以十有二岁之相,观天下之妖祥……

"以星土辨九州之地"就是以天区岁次或星宿(二十八宿)与地上封国、州郡一一对应,使天星各有所主之地,这样通过观瞻"岁在某次"(十有二岁之相),测知其对应之九州分野之吉凶妖祥。由于解说天道、占星主变是日官、卜祝、瞽史的天职,所以当"晋人闻有楚师"时,乐师师旷、史官董叔与晋臣叔向各自的判断才会显示出专业背景的差异。

董叔所言"天道多在西北",杜注所云"岁在豕韦,月又建亥,故曰多在西北",其实都是星占分野之说。"豕韦",《广雅》云:"营室谓之豕韦。"营室即二

---

① 江晓原:《星占学与传统文化》,上海古籍出版社,1992年,第52页;江晓原、钮卫星:《回天——武王伐纣与天文历史年代学》,上海人民出版社,2000年,第40~41页。

十八宿之一,而二十八宿是古代对天区的另一种划分。① 据《史记·天官书》、《汉书·天文志》,十二次(分属十二地支)、二十八宿与封域诸州之间有一整套的对应关系:

娵訾　　亥　　并州　　营室、东壁

营室或曰营或曰室,本为定②。东壁或曰壁,原由营室分出。③ 室、壁二宿属于二十八宿之北方七宿中靠近西方七宿(如奎宿)的星宿。并州,古九州之一④,见于《周礼·职方氏》:"正北曰并州,其山镇曰恒山。"《周礼·职方氏》以方位、地形言九州,未必为实际的行政区划。可能是出于技术上的原因,《史记·天官书》所载十二次、二十八宿与州郡之间的对应关系略有参差。而出于唐代大星占学家李淳风之手笔的《晋书·天文志》,其分野体系被认为是最精准的:"自危十六度至奎四度为娵訾,于辰在亥,卫之分野,属并州。"分解如下:

娵訾　　亥　　卫(国)　　并州　　危、室、壁、奎

娵訾一次连头带尾跨越危、室、壁、奎四宿,即娵訾兼有二十八宿之北方和西方各星宿,所以,所谓"天道多在西北",也就是岁星在黄道带之娵訾,而娵訾正位于东北西南二十八宿之北方偏西即西北。据《晋书·天文志上》的"州郡躔次"(州郡所对应星宿的度次)说,娵訾对应的古国、十二州及州郡为:

营室、东壁,卫,并州:安定、天水、陇西、酒泉、张掖、武都、金城、武威、敦煌

卫为古国,辖地未出今之河南,并州为北方,并不能和安定、天水等古郡相

---

① 关于二十八宿的起源、划分依据、距星选取等等问题,中外学者持久争议,迄今未有一致性结论。其基本情况,参见夏鼐:"从宣化辽墓的星图论二十八宿和黄道十二宫",《考古学报》,1976年第2期;夏鼐:《考古学和科技史》,科学出版社,1979年,第29~50页。

② 《尔雅·释天》云:"营室谓之定。"《诗·鄘风》云:"定之方中,作于楚宫。"

③ 湖北随县发现的曾侯乙墓,有漆箱盖图饰"青龙白虎二十八宿图",星宿名只有二十七个,实际上是将营宿分为西营和东营,东营即东壁。参见刘金沂、赵澂秋:《中国古代天文学史略》,河北科学技术出版社,1990年,第129~132页,第198页。

④ 九州的划分及州名,自战国以来就多异说,《尚书·禹贡》、《周礼·职方氏》、《尔雅·释地》、《吕氏春秋·有始览》互有异同,唯并州仅见于《周礼·职方氏》。《汉书·地理志》始以《职方氏》九州为周制,并州遂为九州分野说所沿袭。

对应。这说明在星宿对应州郡的分野系统中,既尊崇古制又迁就实际。

至此,我们已经清楚,"古书言天道者,皆主吉凶祸福而言"①。董叔所谓"天道多在西北",实乃以天占人。就天道而言,岁星当娵訾,为二十八宿之西北;就人事而言,楚师出征不合天时,故必无功。当然,由于危、室、壁、奎为二十八宿之西北,而营室、东壁又对应古国州郡之西北,在这个意义上我们方可畅言"天道多在西北"。

其次,"西北"在地理文化上亦大有深意。古人为避水害,多择丘而居,天长地久,自然对山岳别有情怀,衍生出许多令人神往的山岳崇拜和神话。西北地高,故多神山。昆仑就是古神话中最重要的神山。

昆仑墟在西北,去嵩高五万里,地之中也。(《水经·河水注》)

海内昆仑之墟,在西北,帝之下都。……百神之所在。(《山海经·海内西经》)

昆仑之所以在西北群山中出类拔萃,乃是因为它既是"地之中"又是"帝之下都"。相传群神会此,方可"上通于天":

昆仑悬圃,其居安在?(王注:其颠曰悬圃,乃上通于天也。)增城九重,其高几里?四方之门,其谁从焉?西北辟启,何气通焉?(《楚辞·天问》)

朝发轫于苍梧兮,夕余至乎悬圃。……。吾令帝阍开关兮,倚阊阖而望予!(《楚辞·离骚》)

昆仑之颠,悬圃之地,天门九重,其名阊阖,是上通天庭唯一途径。凡欲问道通天者,无不神往西北。据说聪明睿智如黄帝者,为求"全道",也不辞劳苦"西至于崆桐山,登鸡头",求教于广成子。②透过昆仑山岳神话,可以发现对"天道多在西北"的另一解读:通天之道在西北,即"天门在西北"。《周礼·大司徒》疏引《河图括地象》曰:"天不足西北,……西北为天门。"《文选·谢惠连

---

① 钱大昕:《十驾斋养新录》,卷第三"天道",江苏古籍出版社,2000年,第45页。
② 黄帝至崆桐山、"登鸡头"的传说,见《史记·五帝本纪》,而问道于广成子则见《庄子·在宥》。《史记》近信史,《庄子》多寓言,本文综合两言,非在考实,只求情结。

〈雪赋〉》注引《诗纬含神雾》亦云:"天不足西北,无有阴阳,故有龙衔火精以照天门中也。"言说最为详明者,当属《神异经·西北荒经》:

> 西北荒中有二金阙,高百丈,……二阙相去百丈,上有明月珠,径三丈,光照千里。中有金阶,西北入两阙中,名曰天门。

从"天道多在西北"到"西北为天门",虽然尚未离天,但已落地。诚如史家所言,天人之际,关乎兴衰,不可不察。西北岐岍岳陇,冈峦绵亘,本为四岳古族居地。[①] "崧高维岳","维岳降神"。山岳育人,维岳降神,可以说是形成西北地域文化特色的最重要因素。[②] 降至汉代,司马迁仍称"雍州积高,神明之隩,故立畤郊上帝,诸神祠皆聚云"[③]。这似乎表明西北地域文化已经积淀为足以影响历史的持久传统。

三、"收功实者常于西北"

周秦汉唐,立国西北而抚柔天下,气象博大故国祚绵长。两宋之际,内忧外患故积贫积弱,江山飘摇而政经南移,时人叹曰:"自古中兴之主,起于西北,则足以据中原而有东南;起于东南,则不能复中原而有西北。"易代政变之交,不从目下时局形势总结教训,却纵览古今而发宏论,并非宋人独有的品性,实乃国史中一以贯之的政治思想。善"通古今之变"的司马迁在比较六国形势时就说:

> 论秦之德义不如鲁卫之暴戾者,量秦之兵不如三晋之强也,然卒并天下,非必险固便形势利也,盖若天所助焉。
>
> 或曰:"东方物所始生,西方物之成孰。"夫作事者必于东南,收功实者常于西北,故禹兴于西羌,汤起于亳,周之王也以丰镐伐殷,秦之帝用雍州兴,汉之兴自蜀汉。

---

① 童书业:《春秋左传研究》,上海人民出版社,1980年,第28页、第221~222页。
② 王晖所著《商周文化比较研究》(第88~99页)称此为"天神—山岳崇拜的文化圈"。
③ 据统计,秦之故地祠以雍地为多,达100余所;西汉所兴,数倍于前,成帝时达683所,雍地独居303所。参见李零:"秦汉祠畤通考",载《九州》第二辑,商务印书馆,1999年,第161~174页。

太史公这番宏大叙述是由读《秦记》引发出来的。以德义而论秦不如鲁、卫，就兵力而言秦不胜三晋，但秦竟然能"以虎狼之势而吞天下"，是奇迹还是例外？对此，西汉君臣颇多议论，俗学浅识，"牵于所闻，见秦在帝位日浅，不察其终始，因举而笑之"。在司马迁看来，举而笑秦者无异耳食，真是可悲可叹！所以，他不认为秦之有天下仅仅是由于单纯的天险地利，而宁可说是"天所助焉"。其实，司马迁并不肯轻易以"天"许人，西楚霸王项羽败走乌江时曾笑言"天之亡我"，司马迁就反驳道"岂不谬哉"！显然，司马迁言秦之成功乃"天所助焉"是有其深意的。

　　西哲有言，原因的原因就不是原因。司马迁将秦之兴归因于"天所助焉"，但既未言天为何助西北，也未说天如何助西北，是不得而知还是不便言说？也许都不是，因为原因的原因是一个终极性的命题："夫作事者必于东南，收功实者常于西北。"这一天助西北的观点让人很容易联想到董叔的"天道多在西北"说，但两位史家的论据却大不相同：董叔的证据是天象星占，司马迁的证据则是历史经验，即"禹兴于西羌，汤起于亳，周之王也以丰镐伐殷，秦之帝用雍州兴，汉之兴自蜀汉"。两种相近说辞的背后竟然是天地之不同。天道星占，玄妙神秘，常人难以置喙，然而历史经验则往往见仁见智，容易发生议论。

　　从司马迁的举证看，他对"作事者必于东南"并无兴趣，或者说那只是一个为了比较而设立的一个铺垫，重点还是在强调"收功实者常于西北"。司马迁认为，夏、商、周皆立国西北，所以西北是孕育成功者的沃土。这一论断究竟能否成立，一方面取决于论据是否真实可信，另一方面还在于论据是否支持最终的论断。就论据层面看，惟有"汤起于亳"一说，自古以来多有争议。① 从论断的角度看，虽然也有学人认为其"非笃论矣"，但未必搔着痒处②，倒是司马迁的三代起于一元说，成为近代以来古史讨论的焦点之一。

　　王国维的《殷周制度论》，是古史研究中的典范。其中明确提出了中国古

---

　　① 李民："南亳、北亳、与西亳的纠葛"，载"全国商史学术讨论会论文集"，殷都学刊编辑部，1985年，第389～402页。

　　② 焦竑《焦氏笔乘》续集卷五《东南西北》引陈仁子语，以为"自南自北，盛衰有时，迁谓起事专在东南，成功专在西北，非笃论矣"。上海古籍出版社，1986年，第344页。

史在地理上东、西二分的观点：

> 自五帝以来,政治文物所自出之都邑,皆在东方,惟周独崛起西土。……自五帝以来。都邑之自东方而移于西方,盖自周始。故以族类言之,则虞、夏皆颛顼后,殷、周皆帝喾后,宜殷、周为亲。以地理言之,则虞、夏、商皆居东土,周独起于西方,故夏、商二代文化略同。……殷、周间之大变革,自其表言之,不过一家一姓之兴亡与都邑之转移,自其里言之,则旧制度废而新制度兴,旧文化废而新文化兴。①

王国维的推论方法,是由都邑地理入手,将商、周分为东、西二部,然后考其族类渊源,进而论证东(殷)、西(周)制度文化的不同。这篇极富说服力的文字,在学术界产生了广泛而持久的影响。受此启发,傅斯年完成了他那篇被誉为奠定其天才地位的《夷夏东西说》②。同样是由地理入手,但傅斯年发现的却是古史的两个系统：

> 历史凭借地理而生……以考察古地理为研究古史的一个道路,似足以证明三代及近于三代之前,大体上有东西不同的两个系统。……夷与商属于东系,夏与周属于西系。③

他甚至认为东西对峙、夷夏相争就是中国的三代史：

> 东西对峙,而相争相灭,便是中国的三代史。在夏之夷夏之争,夷东而夏西。在商之夏商之争,商东而夏西。在周之建业,商奄东而周人西。④

从司马迁到王国维再到傅斯年,都不同程度地运用地理分析历史,凸现出地理与历史时空关系之密切以及地理方法在历史研究中的效用。但是,他们的结论却有相当大的差异。司马迁认为三代一系,无不兴于西北;王国维虽也

---

① 王国维:《观堂集林(外二种)》,河北教育出版社,2001年,第287~288页。
② 关于王国维与傅斯年在学术意趣上的相似性,参见王汎森:"一个新学术观点的形成——从王国维的《殷周制度论》到傅斯年的《夷夏东西说》",见王汎森著:《中国近代思想与学术的系谱》,河北教育出版社,2001年,第263~282页。
③ 傅斯年:《民族与中国古代史》,河北教育出版社,2002年,第3~4页。
④ 傅斯年:《民族与中国古代史》,河北教育出版社,2002年,第56页。

主张殷、周同出帝喾一系，但已分出东、西，并强调政治文化皆在东方（惟有周例外）；傅斯年不支持王国维的夏在东而仍主张夏在西，但着力发掘东夷史实，强化"诸夷姓"在东西对峙中的意义。

铺陈这些学术见解之异同，不是为了评判孰是孰非，而是要透过学术史的轨迹，寻找"天所助焉"的深意，印证"收功实者常于西北"的历史根据。其一，我们承认，这些学术见解的分歧，当然主要是对史料的发掘和理解的差异所致，不过也很难说这些分歧的背后丝毫没有一点文化的或乡土的情结。如果说傅斯年有强烈的"东方主义"或东夷情结①，那么，生长于"河山之阳"的司马迁何尝不可以说是"西北主义"者或是有深厚的西北情结。惟独生性保守的王国维处于东、西主义之间，是一个"周文化主义者"。"自助者，然后天助焉。"西北情结或许就是司马迁言秦之成功乃"天所助焉"的深意所在。其二，"收功实者常于西北"（甚至可以称之为"司马迁定律"），是一个有充分事实证据的历史判断。史学大家吕思勉本以为："此等方位地运之说，原不足信。然自汉以前，兴亡之迹，确系如此。"所以他又说："此实考汉族发展者所宜留意也。"②岂止考汉族发展者所宜留意，考"诸夷姓"而有强烈的"东方主义"的傅斯年也坦言："三代中东胜西之事少，西胜东之事多。"③可见，即使在"夷夏东西"的体系下，"收功实者常于西北"也是一个有意味的历史判断。

古往今来，西北之重要，久已为国人所熟知。300年前，博学而能独见的刘献廷说："有圣人出，经理天子，必自西北水利始。"④50年前，考古学家裴文中已发出感叹："'开发西北'，'建设西北'，这与其他口号也一样，久已夫成了一种空话。"⑤至于当前，我们只能说，何时西北情结成为西北精神，变为西北动力，那就是西北的明天！

---

① 王汎森认为傅斯年流露出一种强烈的"东方主义"（《中国近代思想与学术的系谱》，第279页），我更倾向傅斯年有一种乡土味的东夷情结。
② 吕思勉：《中国民族史》，中国大百科全书出版社，1987年，第10页。
③ 傅斯年：《民族与中国古代史》，河北教育出版社，2002年，第57页。
④ 刘献廷：《广阳杂记》卷4，中华书局，1957年，第197页。
⑤ 裴文中："西北通讯社丛书创刊感言"，《史前时期之西北》，西北通讯社，1948年。

魏晋南北朝开发西部的政策及其得失

王 劲 段金生
(兰州大学历史文化学院,兰州 730000)

魏晋南北朝 360 余年间,政权林立,这一时期,大体可分为三个阶段。①曹魏统一北方和三国鼎立局面的形成,司马氏代曹魏,西晋短暂统一阶段;②西晋灭亡,"五胡乱华",北方出现十六国混乱割据状态,东晋偏安江南阶段;③北魏统一北方和北方再分裂再统一阶段,这一阶段以隋朝建立为终点,也标志着魏晋南北朝的终结,中华文明进入另一个新时代。下面就将依此分阶段对各有关政权的西部经营政策展开论述。

一、曹魏、蜀汉、西晋的西部经营

1. 曹魏的西部经营

东汉末年,政治混乱,外戚宦官专权,地方势力割据,曹操挟献帝,败袁绍,逐渐统一长江、淮河以北地区。公元 220 年,曹丕废献帝自立,是为曹魏;次年,刘备称帝成都,历史上称为蜀汉;又后年,孙权称吴王,历史进入三国分立时期。

曹魏都洛阳,占有今淮河两岸及以北的中原地区,和秦岭以北的关中、陇右、河西地区,西到新疆,东抵朝鲜西部[①],为三国中最强者。

任何一个统治阶级,其进行的社会控制,都应以社会稳定和社会发展为目标。东汉末年,社会动荡不安,社会经济衰颓,如何扭转这一趋势,达到社会稳

---

① 王玉德、张全明等:《中华五千年生态文化》(上册),华中师范大学出版社,1999 年,第 285 页。

定和社会经济发展的双重目的,是摆在曹魏政权面前的一道难题。

社会是由诸多因素组成的综合体,稳定和发展是其中重要的两个因素,二因素相辅相成,良好稳定的社会环境是恢复和发展社会经济的前提。曹魏政权在进行边疆开发时,首要条件就是营造一个良好的社会控制秩序。

在曹魏政权建立前后,曹操、曹丕父子针对西北边疆群雄割据,一方面实行求静求稳的策略①,以发展社会经济,增强自身实力;另一方面致力于平定叛乱,维护安定。建安十九年(214年),曹操派夏侯渊等讨平割据枹罕(今甘肃临夏)达30年之久的河首平汉王宋建。第二年,斩韩遂,消除金城等地的割据势力。曹魏黄初元年(220年),先后降服武威三种胡(卢水胡、屠各胡、西域胡)叛乱,二年(221年),遣军击破河西凉州卢水胡伊健妓妾、治元多等的叛乱,安定了河西局势。曹魏对西域地区奉行羁縻政策,对其实行怀柔而治,并且收效甚显:"魏兴,西域虽不能尽至,其大国龟兹、于阗、康居、乌孙、疏勒、月氏、鄯善、车师之属,无岁不奉朝贡,略如汉氏故事。"②以曹魏之实力比之于汉时,能得西域诸国每岁朝贡,可见其羁縻怀柔之策较为成功。

对于西北地区民族众多,情况复杂多变,稍不慎即易引起严重的民族纠纷,甚至武装冲突,不利于当地生产的发展和社会的稳定,曹魏前期统治者较为重视这一情况,任命了一批能干的地方官员,实行民族和睦政策,一定时间内保持了这一地区政治关系的稳定,民族的和谐相处。如曹魏时的名臣敦煌太守仓慈在民族问题上,积极执行和睦政策,对丝路交通,往来客贩,以民族平等的态度视之,保护西域客商到内地经商,必要时还派遣专人保护,赢得了广大敦煌和西域人民的拥护和爱戴。

东汉末年长期动乱的情况下,武人专权和官吏横行一直是当时存在的严重社会问题。以河西为例,即使河西在归附曹魏后,官吏仍"倚恃特权,恣行贪暴",成为了严重制约经济复兴的社会因素。为整顿吏治,曹魏颁布"策试罢退浮华诏",推行以"经"取仕制度,逐步遏制武夫专权现象,起到了以文吏治理地

---

① 彭丰文:"论曹魏统一北方边疆地区的策略",《北京社会科学》,2002年第4期。
② 《三国志》卷30,《魏书·乌丸鲜卑东夷传》。

方的良好作用。曹魏在河西还推行"进善黜恶"措施,即一方面选举有才干之人充任各郡太守,另一方面令地方官选贤与能,治理地方,从而使"风化大行,百姓归心"①。

曹魏汲取东汉豪强势力坐大,与中央皇权相抗衡的教训,为强化中央集权,推行抑制豪强势力的政策,达到了良好的社会效益。如敦煌太守仓慈"抑挫权右",制止豪强兼并小民土地,"甚得其理";金城太守苏则明令禁止豪强干扰、阻遏民夷归附,对犯禁者"辄戮"无赦②。曹魏的这些措施,对安定东汉中后期以来动荡不安的社会环境起到了积极作用,为复兴社会经济,创造了良好的社会条件。

社会稳定后,经济发展便提上了日程。曹魏政权一方面招集流民,大兴屯田,军屯、民屯并施,以满足军需和恢复社会经济。在西北地区,屯田范围以河西为中心,南统湟中,北辖居延③,东接陇右,西连西域,再加上朔方一带,构成了这一阶段西北屯田的主体④。

曹魏政权还十分注意西北边地农业生产技术的改进。为了振兴河西经济,恢复个体小农生产,曹魏对当地落后的水利灌溉和耕作技术进行了较大改进。徐邈任凉州刺史时,十分重视兴修水利,在屯田过程中,发动民众,"广开水田,募贫民佃之",从此出现了"家家丰足,仓库盈溢。乃支度州界军用之余,以市金帛犬马,通供中国(中原)之费"的少有繁荣景象。⑤ 敦煌农民本来"不甚晓田,常灌溉蓄水,使极濡洽,然后乃耕,又不晓作耧犁,用水、及种、人牛功力既费,而收谷更少",敦煌太守皇甫隆到任后,积极推广早已盛行中原的耧犁技术和平整土地以灌溉的衍灌法。史载:"隆到,教作耧犁,又教衍溉,岁终率计,其所省庸力过半,得谷加五。"⑥使当地耕作技术有了明显改进,提高了劳动效率和单位面积产量。

---

① 《三国志》卷27,《魏书·徐邈传》。
② 《三国志》卷16,《魏书·苏则传》。
③ 东汉建安中置西海郡,但居延旧名仍存。
④ 赵俪生:《古代西北屯田开发史》,甘肃文化出版社,1997年,第81页。
⑤ 《三国志》卷27,《魏书·徐邈传》。
⑥ 《三国志》卷16,《魏书·仓慈传》注引《魏略》。

曹魏政权还积极招怀流民,扶持个体小农生产,恢复自耕农经济。曹操破张鲁以后,以苏则为金城太守,"是时丧乱之后,吏民流散饥穷,户口损耗,(苏)则抚循之甚谨。外招怀羌胡,得其牛羊,以养贫老。与民分粮而食,旬月之间,流民皆归,得数千家。乃明为禁令,有干犯者辄戮,其从教者必赏。亲自教民耕种,其岁大丰收,由是归附者日多"①。这对于稳定农民,使其附着于农事起了积极作用。敦煌太守仓慈积极推行"抚恤贫羸"的政策,同样起到了恢复个体小农生产的作用。以忠于职守闻名的武威太守毋丘兴,在"吏民及郡杂胡弃恶诣(毋丘)兴,(毋丘)兴皆安恤,使尽力田"②,竭力实行"内抚吏民,外怀羌胡"的政策,这也有利于个体小农生产的恢复。

2. 蜀汉的西部经营

三国中的蜀汉政权,都成都,主要占有今四川、云南的大部分,贵州全部,陕西汉中和甘肃白龙江流域的一部分。③

蜀汉政权建立后,为免除蜀汉的后顾之忧,诸葛亮专心平定"南中"诸部,早在"隆中对"中诸葛亮就提出了"西和诸戎,南抚夷越"的策略。刘备取成都后,对南中(晋时越嶲、永昌、牂柯、朱提、建宁等郡的总称,地域有今云、贵两省,四川西南部分地区,广西百色地区部分县)即着力经营,置庲降都督,是蜀汉治南中的最高行政官员,先后驻节于南昌(今云南镇雄)和平夷(今贵州毕节)。蜀汉章武三年(223年),刘备卒,南中大姓公开反蜀汉,诸葛亮实行"攻心为上,以抚为主"的"和抚"政策,采取政治攻势,恩威并用,对南中豪酋孟获"赦获,使还合军,更战。凡七房、七赦,获得心服"④,初步平定了南中,削弱了南中夷帅的势力。诸葛亮强化了蜀汉政权对南中的政治控制,改设郡县,任命官吏。改益州郡(今云南境)为建宁郡,分建宁、永昌郡(今云南境)为云南郡;又分建宁、牂柯(今贵州境内)为兴古郡(今云南、广西、贵州边境)。对南中的治理,据《三国志·蜀书·诸葛亮传》注引《汉晋春秋》载曰,"南中平,皆即其渠

---

① 《三国志》卷16,《魏书·苏则传》。
② 《三国志》卷28,《魏书·毋丘俭传》注引《魏名臣奏》。
③ 王玉德、张全明等:《中华五千年生态文化》(上册),华中师范大学出版社,1999年,第289页。
④ 《华阳国志》卷4,《南中志》。

帅而用之",在维护蜀汉控制的前提下,起用少数民族上层分子。这些措施进一步打破了这一地区闭塞状态,利于西南夷地区社会的文明开化。

诸葛亮治蜀时,继承和发展了秦汉封建统治者所实行的一系列较为清明之政策:正身以教人、行令;纳言以采众下之谋;治国之道务在举贤;法纪严明为治之主要。蜀国在诸葛亮这一儒法合流思想的治理下,政治清明,官吏比较廉洁奉公,开明守法,阶级矛盾比较缓和,是三国中治理最有条理者。① 蜀汉的政治清明,为经济开发提供了一个理想环境。

蜀汉政权十分注意当地的经济开发,大兴屯田,发展生产。诸葛亮平定南中后,即于建宁郡设五部都尉,配以夷汉部曲,进行屯垦。在山区进行屯垦,一方面改变了当地刀耕火种的状况,使当地山民由原始的狩猎经济逐步向农耕经济过渡;另一方面,也推进了文化融合,传播了中原文化。《三国志》称赞诸葛亮开发西南地区的成就是"田畴辟,仓廪实,器械利,积蓄饶",反映了当时社会经济较为繁荣的景象。蜀汉除在南中屯田外,还在陇右屯田,据《三国志·诸葛亮传》记载,建兴十二年(234年)春,"亮悉大众由斜谷出……与司马宣王对于渭南。亮每患粮不继,使己志不申,是以分兵屯田,为久驻之基。耕者杂于渭滨居民之间,而百姓安堵,军无私焉"。渭滨屯田之区域即今陕西扶风一带。此外,蜀汉还曾于"西安、建威、武卫、石门、武城、建昌、临远(今陕西汉中至甘肃武都一带)皆立围守"②,守围战士且战且耕,当属屯田性质。

蜀汉还实行轻徭薄役与民休息的政策,对豪强地主过分压榨农民进行了适当的约束。这有利于提高劳动者生产积极性,利于农业生产的发展。

三国时期,各政权均较为重视先进生产工具的改进和推广,为了提供更多的铁制农具,利于农业发展。据《三国志·蜀书·张裔传》载,蜀汉置有铁官,"典作农战之器"。冶铁业的发展,有利于生产工具的制造,这促进了耕作效率的提高。个体小农经济是国家财政收入的重要支撑,蜀汉亦十分重视个体小

---

① 朱大渭:"论诸葛亮治蜀——兼论诸葛亮是儒法合流的典型人物",载《魏晋隋唐史论集》第1辑,中国社会科学出版社,1981年,第91~124页。
② 《三国志》卷44,《蜀书·姜维传》。

农经济的发展。刘备定益州后,对于流民回乡,实行"田宅皆可归还,令安居复业"①的政策。流民减少,这既有利于社会秩序的稳定,流民恢复原有田业,也有利于个体经济的发展,进而带动整个社会经济的复兴。

3. 西晋的西部经营

265年,司马炎代魏称帝,都洛阳,是为西晋。西晋的统一实际上只有11年时间,便爆发了"八王之乱",接着永嘉之乱和"五胡乱华",自后便开始了长达两个半世纪的分裂割据局面。

在西北,西晋初沿魏的建置,泰始五年(269年),分雍州陇右五郡及凉州之金城、梁州之阴平,置秦州,镇冀城(今甘肃甘谷东)。太康三年(282年)废秦州,七年复置,镇上邽(今甘肃天水)。永宁中(301~302年)于姑臧(今甘肃武威)北置晋兴郡。在西南,西晋初沿魏于南中置四郡,废庲降都督,属益州刺史管辖。泰始七年(271年),晋武帝"以益州地广,分益州之建宁、兴古、云南,交州之永昌,合四郡为宁州"②。至晋太康三年(282年),武帝复罢宁州,诸郡还益州,置南夷校尉,统兵镇南中,统58部夷族都监事,是为专门统治少数民族的军事机构。

司马氏代魏之际,废止了境内民屯,但边境战略要区的军屯仍然存在,河西地区且随着局势的紧张,军屯规模有所扩大。据《晋书·宣五王传》曾有记载,咸宁初,河西鲜卑酋帅树机能降而复叛,进攻武威,曾任都督雍凉等州诸军事、主持军屯的司马骏督军进讨。为扩大、巩固战果,西晋政府"又诏骏遣七千人代凉州守兵",令其且耕且战,坚守自固。另据《嘉峪关壁画墓发掘报告》中道,嘉峪关魏晋"三号墓所见兵屯经营的生产项目,主要为农业和畜牧业"③。可见,除农垦之外,魏晋时期河西屯田还兼营畜牧业。西晋时期陇右地区亦实行屯田,在缓和西北紧张局势,维护统一方面曾起到积极作用。

西晋时期恢复了自东汉中期以来一度废置的由中央直接任命西域长史的惯例,体现了西晋对西域经营的重视。在西域的楼兰、高昌均有屯田区,随着

---

① 《三国志》卷36,《蜀书·赵云传》注引《云别传》。
② 《晋书》卷14,《地理志上》。
③ 甘肃省文物队等:《嘉峪关壁画墓发掘报告》,文物出版社,1985年,第77页。

吐鲁番文书的相继出土，这一地区的屯田将会更趋明了。

二、十六国时期有关割据政权的西部经营

316年，西晋灭亡，此后，北方先后建立了20多个割据政权，是为十六国时期。十六国中，后赵、前燕、前秦都曾占据过北方的大部分疆域，尤其前秦曾基本上统一了北方，不过时间都很短，百余年来，北方战乱基本上没有停息过。

最早的是由略阳、天水等六郡流民起义后在益州建立的成汉政权（306～347年）。其首领是賨人李特及其子李雄、李班、李期等。成汉以成都为都城，占有汉中、巴、蜀等地。李特"与蜀人约法三章，施舍振贷，礼贤拔滞"①，很受人拥护。成汉政权建立后，更是"虚己受（爱）人，宽和政役。远至迩安。年丰谷登，乃兴文教，立学官。其赋，男丁·岁谷三斛，女丁一斛五岗（斗），疾病半之。户调绢不过数丈，绵不过数两。事少役稀，民多富实，至乃闾门不闭，路无拾遗，狱无滞囚，刑不滥及"②，造就了一片清明的景象。

接着是割据陕西的前秦、后秦，割据兰州的西秦，以及割据陕北的赫连夏，都为地方的开发作出了重要贡献。尤其是以河西为基地的五凉，在河西的开发史上有着突出的地位。

西晋永宁初，张轨任凉州刺史，是为前凉伊始。从张轨据凉州到前凉为前秦所灭，前后共计76年。前凉统治阶级乱中求安，对河西经济作出了较大贡献。

前凉统治阶级首先从安定社会，建立凉州行政秩序入手，以期恢复和发展社会经济。张轨到河西后首先拉拢河西著姓势力，使为己用。他颁布了"擢贤良"的命令，实行选拔贤才的政策。于是，张轨便吸引了河西名望，中州士人，各类贤才，形成了"以宋配、阴充、氾瑗、阴澹为股肱谋主"③的政治局面，宋氏、阴氏、氾氏等均为河西著姓代表。东汉以来形成的世家大族对封建社会经济

---

① 《晋书》卷120，《李特载记》。
② 《华阳国志》卷9，《李特雄期寿势志》。
③ 《晋书》卷86，《张轨传》。

影响重大。河西著姓们将自己家族长期沉淀的政治影响转化为地主的控制能力，他们各自家庭靠封建地主庄园积累起来的经济实力和管理经验，作为社会经济中生命力极其顽强的细胞，对恢复发展社会经济，具有重大积极影响①。

在生产技术落后的封建社会，人口直接表现为生产力。张氏政权特别是前期政治清明，社会稳定，中原流民大量涌入，"中州避难者日月相继"，出现了"秦川中，血没腕，唯有凉州倚柱观"②的情况。张氏前凉政权实积极安置流民的政策，合秦、雍流民于姑臧西北置武威郡，后又增设晋兴、广武等郡，划出土地供流民耕种，为经济的恢复和发展创造了基础性条件。

十六国时期，政权争纷激烈，屯田对各割据政权意义重大，各政权均十分重视屯田。前凉张骏时，乘前赵、后赵更替之际，张乘机夺得河南地，并抓紧时机开展军屯，耕战兼顾，以图将这里经营为前凉捍卫河西的战略基地。其后后赵赵麻秋进攻枹罕，"率众八万，围堑数重，云梯雹车，地突百道"，而终未攻下，致使石虎感叹："吾以偏师定九州，今以九州之力困于枹罕。"③前后战局之演变，足以佐证前凉军屯的重大作用。如上言，前凉时期，流民大量涌入河西，为解决人口与耕地不足之矛盾，前凉在屯田过程中创"徙石为田，运土殖谷"④的"治石田"之法。这对于开发边缘戈壁，防止绿洲继续沙化，均能发挥长远的积极效益。前凉灭亡之后，河西地区归附前秦，前秦设"典农都尉"，管理屯田事务，曾强徙民户至西北，由政府提供生产资料，组织屯垦。

北凉是继前凉之后的一个较为强大的统治河西的割据政权。据史载，北凉军队擅长屯垦，在作战间隙随时开展，并以之为一种克敌制胜的有效手段。北凉主沮渠蒙逊攻打南凉时，曾下令军队于乐都城外"筑室返耕，为持久之计"⑤。以至引起南凉恐慌。作为与北凉并存的另一个割据政权西凉，其屯田措施并不亚于北凉。西凉政权建立之初，立即"遣宋繇东伐凉兴（今甘肃安西

---

① 吴廷桢、郭厚安：《河西开发研究》，甘肃教育出版社，1993年，第73页。
② 《乐府诗集》卷88。
③ 《晋书》卷86，《张轨传》。
④ 《魏书》卷99，《张寔传》。
⑤ 《晋书》卷126，《秃发傉檀载记》。

县东),并击玉门已西诸城,皆下之。遂屯玉门、阳关,广田积谷,为东伐之资"。① 西凉屯田获得了较大的经济与社会效益。史载"年谷频登"、"嘉禾众瑞",其中无疑有屯田的功绩。西凉政权仰赖屯田繁荣了河西经济,维持了其相对稳定的统治。

前凉时期,为了打破封闭,沟通与外部的联系,积极经营西域,于西域地区设置西域长史府和戊己校尉。张骏时,遣杨宣战龟兹、鄯善,击俘不附已妄图割据的赵贞,迫使西域诸国归附前凉,在戊己校尉驻地"置永昌郡,立田地县"②,恢复了河西与西域间的政治、经济、文化联系。高昌郡和田地县是第一次在西域设置的地方行政管理机构,此后,北凉、西凉都继承了这一设置,并进一步完善,为更好地利用丝绸之路创造了条件,对两地经济发展十分有利。西域和"五凉"商贸往来十分频繁,文化交流密切,不仅丰富了西域人民和河西人民的物质和精神生活,也丰富了两地人民的民族感情。

十六国时期,五凉政权实行农牧工商并行的经济举措。除实行屯田外,前凉张轨时期,还在农业生产中推行"课农桑",即依靠行政和法律效力,由各级政府对民间农事进行督促和指导,以提高粮食产量及包括桑麻在内的各种农副产品产量,将农业与农村家庭手工业结合起来进行管理,把土地的分配、使用,赋税的征收、交纳,农村经济的效益和对官吏的考核结合起来,综合管理,其意义不言而明。五凉时期由于军事和生产所需,各割据政权还重视畜牧业。前凉时,张轨对祁连山牧场实行统一管理,专门"置汉阳县以守牧地"③,有计划地开发和配置牧场。南凉政权是鲜卑建立的,鲜卑惯于马背征战,对畜牧业的依赖程度更大。其在较长时间内实行"胡汉分治",以"晋人"专力于农,其他部族则专力于牧,各分工协作,发挥优势资源,这是合乎提高劳动生产效率规律的。由于措施的得力及资源的得天独厚,五凉时期畜牧产业兴旺发达。"凉州大马,横行天下",虽然是赞颂前凉骑兵的强劲,但亦可窥河西马牧之兴盛。

前凉张轨时期,随着河西的安定,农业生产有了稳定的发展,为适应经济

---

① 《晋书》卷87,《李玄盛传》。
② 《初学记》卷8,引顾野王《舆地志》。
③ 《晋书》卷14,《地理志上》。

发展的需要,变更当时广大城乡之间的以物易物的交换方式,在河西地区"立制准布用钱"①,实行货币流通政策,促进了河西的商业的繁荣,影响深远。

这一时期,各割据政权重视文教,敦崇儒学,采取各种方式,以振兴文教事业。前凉设崇文祭酒,征九郡胄子,立学校,行乡射之礼,表彰忠、孝、节、义。西凉主李暠在敦煌后园中起"嘉纳堂",高悬古代圣贤的画像和赞文,让群僚和学生时时瞻仰,他身边聚集了大批学者,其中刘昞、宋繇等,与他们执师友之礼,同室而处,研习学问,乐此不倦。②统治者重视人才,优礼士人。前秦苻坚重用汉人寒士王猛,使国力昌强,一度统一北方。南凉主秃发乌孤与宗敞,北凉主沮渠蒙逊与宋繇等,均留下了统治者求贤若渴,尊重人才的佳话。宽松的教育和学术氛围,促进了文化事业的繁荣昌盛。河西文化不仅继承了汉时之传统文化,也融合了这一地区氐、羌、鲜卑等各少数民族文化特点,形成了自己独具特色的文化内涵,受到后人的称誉,唐初人称区区河右,而学者埒于中原,司马光则称凉州多士。河西文化的融合,也带来了民族的融合,也有利民族大一统思想的不断形成和完善。

三、北魏、西魏、北周的西部经营

439年,北魏出兵河西,灭掉北凉,结束了中国北方长期分裂割据的局面。陕甘宁全部及内蒙古大部、新疆东部均为北魏所有,北魏沿魏晋旧制于西北设凉州,领十郡;设河州,领四郡;设秦州(治上邽城,今甘肃天水),领三郡。此外还设有统万镇、薄骨律镇、高平镇、仇池镇、敦煌镇等(这些镇于北魏后期相继改为州的建置)。

随着兼并战争的激烈开展,军粮来源成为亟待解决的问题,北魏对西北屯田给予了高度重视,登国元年(386年),拓跋珪幸定襄之盛乐(今内蒙古和林格尔),"息众课农",北魏屯田遂发展起来。据《魏书·食货志》载:"太祖定中

---

① 《晋书》卷86,《张轨传》。
② 赵向群:"五凉开发河西的业绩",《甘肃文史》,2002年第1期。

原……民废农业。方事虽殷,然经略之先,以食为本,使东平公仪垦辟河北(河套以北地区),自五原(今包头市西)至于稒阳(今包头市东,属汉代朔方屯田区)塞外为屯田。"395年,后燕军队进击五原,"降魏别部三万余家,收穄田百余万斛"①。这从一个侧面反映了当地屯田获得了较大经济、军事效益。继五原屯田开展后,北魏前期还在薄骨律镇(今宁夏灵武县西南)屯田。据史载,太平真君七年(446年),沃野镇军粮匮乏告急,而薄律骨镇将刁雍一次就给运去了50万斛屯谷。孝文帝时,北魏政权发展到鼎盛,西北屯田也更趋兴旺,然而到了北魏后期,随着世族所有制的变革,北魏政治的昏暗,土地兼并趋势抬头,西北屯政也逐渐废弛。

北魏时期,统治者还贯彻因地制宜的经济开发方略,实行移民政策。"送雍州流民七千家于长安"②,使遭长期战乱破坏的关中经济有所恢复。北魏还重视河西畜牧业资源的优势,设置官营牧场。"以河西水草善,乃以为牧地"③,将被征服的畜牧民族编为牧户、牧子,课其畜牧。长年养马200余万匹,骆驼近1万峰,牛羊等杂畜则多至无可数计。河西牧场开辟后,河西成为中原战马、牛羊、皮毛的供给地。北魏畜牧业的发展,还为隋唐时期官营马牧在河西的兴盛,提供了借鉴。

北魏分裂后,其西北边疆主要为西魏和北周承袭。西魏、北周在河西走廊普遍实行均田制,是为北朝时期最重要的经济活动之一。敦煌文献S.613"西魏大统十三年(公元547年)瓜州效谷郡计账",记载了西魏均田制实行的一些具体情况。残卷所涉及的农户中,有按照政府规定的正田(露田)、麻田、宅田数额基本如数授足者,但据文书的内容,大多数农户的实际授田数只有法定规定的2/3或1/2,甚至更少。虽然由于各地具体土地宽窄的不同,导致了实际授田数目与法定数目有所出入,但是均田制的实施,国家通过给农民以土地使用权的办法,将农民与土地结合,是发展农村小农经济的一种土地分配制度,既有利于农业生产的发展,也有利于社会稳定。

---

① 《资治通鉴》卷108,《晋纪》孝武帝太元二十年。
② 《魏书》卷4上,《世祖纪》。
③ 《魏书》卷110,《食货志》。

北魏、西魏、北周时期,还重视商业经济的发展。北魏初实行"不设科禁,卖买任情"①的政策,加之西域交通的通畅,河西仍发挥着东西贸易的桥梁作用。"商胡贩客,日奔塞下",②使敦煌、武威等城市人烟辐凑,更加繁华。北魏还实行优待胡商蕃客的政策,如在禁止给百官"例酒"的命令中格外规定"远蕃使客不在断限"。③ 北周时中外贸易兴盛,"卉服毡裘,辐凑于属国;商胡贩客,填委于旗亭"④,西域商人荟萃,经济繁华。

四、综　　述

魏晋南北朝时期,既有局部暂时的统一,也有割据政权的林立,但客观上各民族及其文化融合的趋势并未止步,经济在民族冲突和融合中仍然继续发展,民族大一统思想具有普遍性,分裂中孕育着新的统一。这一时期各政权为维护和巩固自身的统治地位,对西部地区的政治、经济、文化等方面进行了积极的经营,并取得了一定的成效,有益于当地社会经济、文化的发展。

首先,魏晋南北朝时期,西北地区战乱频频,个体小农经济较难独立存在与发展。这一时期,各政权大都着力于经营屯田。屯田一方面解决了军事政治之所需,另一方面也为破产农户提供了可资耕种的土地,利其生活。屯田对于耕地面积的扩大作用十分明显,自不敷言,而且在这一时期的西北屯田中,一些政权还注意大量修治石田、沙田,具有生态改造的意义。屯田还有利于对农业生产技术的革新和生产工具的改进和推广。各族政权还倡导植树造林,以改善生态环境。如张骏在"治石田"时,从秦陇一带引进槐、楸、柏等大量优良树种,在河西四郡土地上广为播植。酒泉一带撒下的树种直到百余年后还破土而出,西凉主李暠特作"槐树赋"以志其事。五凉的植树造林,为后世瞩目,唐代元稹就曾热情讴歌道:"吾闻昔日西凉州,人烟扑地桑林稠。"总之,这

---

① 《魏书》卷 60,《韩麒麟传》。
② 《洛阳伽蓝记》卷 3。
③ 《魏书》卷 110,《食货志》。
④ 《周书》卷 49,《异域传上》。

一时期的屯田,能总结各族劳动人民的生产经验,推行了先进的生产工具,促进了农业经济的发展,对于保障西北乃至中原的社会安定,意义重大。屯田不仅对保障西北地区安宁起了作用,而且对促进西北与中原地区的文化交流和民族融合,对于支持兼并,促进各割据政权的统一都有着积极意义①。

其次,魏晋南北朝时期各割据政权的一个突出特点就是注重各自辖区的社会安定与发展。蜀汉诸葛亮平定南中之乱,前凉张轨安置流民,重建封建统治秩序,修文偃武,均是为了安定内部统治。社会的稳定,不但为经济的恢复与发展提供了良好的前提条件,也给人民的生活、生产提供了保障,这一点在魏晋南北朝战乱频仍的年代更显突出,正因为如此,才有中原流民如潮水般涌入河西的景象,这正是前凉政权社会稳定的表现。可见,社会稳定是任何经济活动的必要前提。

还有,这一时期"五凉"政权中的统治者如张轨、沮渠蒙逊、李暠等均重视文化教育,敦崇儒术,振兴学校教育,重视人才,优礼士人,使得当时"五凉"文化一度领先,影响深远。正如陈寅恪先生在"隋唐制度渊源略论稿"中所言:"秦凉诸州西北一隅之地,其文化上续汉魏、西晋之学风,下开(北)魏、(北)齐、隋唐之制度,承前启后,继绝扶衰,五百年间绵延一脉。"这说明了"五凉"文教政策的影响之深远。

然而,综观魏晋南北朝时期,在对西部地区做出有益开发的同时,由于政权林立,一些好的政策未能普遍推行,或局限于一隅,或因战乱频仍,使得一些本应取得的开发成就大打折扣。郑炳林先生在其"十六国时期姑臧建都的自然和人口条件"一文中,对当时姑臧(时凉州治所,今甘肃武威)建都前后的自然、经济状况进行了论述,并认为战争对姑臧经济、自然生态的破坏就是影响姑臧衰落的重要原因之一②。

---

① 赵俪生:《古代西北屯田开发史》,甘肃文化出版社,1997年,第140~153页。
② 郑炳林:"十六国时期姑臧建都的自然和人口条件",《西北史地》,1987年,第21~29页。

魏晋十六国北朝西北的经济开发思想

李清凌

（西北师范大学文学院，兰州 730070）

  魏晋十六国北朝，中国历史再一次陷入政治分裂的漩涡。继三国分立，西晋短暂统一之后，进入五胡十六国时期，匈奴、鲜卑、羯、氐、羌、吐谷浑等民族上层和汉族豪强地主，先后在西北或整个北方地区建立了前赵（304～329年）、后赵（319～349年）、前凉（314～376年）、前秦（351～394年）、后秦（384～417年）、西秦（385～431年）、后凉（386～403年）、南凉（397～414年）、北凉（397～439年）、西凉（400～420年）、夏（407～431年）、仇池、吐谷浑（4世纪初至663年）等政权。在今新疆地区，还有20多个小的民族国家。与中原内地日事干戈、杀伐相继，人民丧离，闾里生蒿，虽有沃土而无法正常生产和生活的惨象相比较，陇右、河西等西北地区粗具"独安"的局面。在这一政治环境下，不论是西北的分割性政权还是作为个人的政治家、思想家，都从当时的客观实际出发，提出了不少的经济开发思想或政策措施。下面择要予以介绍。

一、各政权一般的经济开发思路和措施

  魏晋十六国北朝分裂局面下的统治者，谁都知道经济尤其是粮食供应对一个政权存亡的决定性作用。魏武帝曹操就说过："夫定国之术在于强兵足食，秦人以急农兼天下，孝武以屯田定西域，此先世之良式也。"[1]问题是在战火弥漫的中原内地，甚至包括关中地区，一时骨岳血海，井湮木刊，很难得到恢

---

 ① 《晋书》卷26，《食货志》。

复和发展生产的条件。陇右河西与中原内地及关中地区相比较,战争较少,社会相对安定,加上这里土地广袤,水利便当,外来人口较多——他们大都是中原、关中等地富有生产经验的农民,这一切为农业的开发提供了难得的条件。此外,西北传统畜牧业,"丝绸之路"贸易的历史悠久,现实条件也很优越。因此,从曹魏、前凉到北朝后期,西北各分割性政权的统治者大都能以军需供应为目标,以官营屯田、官苑牧马、丝路贸易为主营,多管齐下地进行开发,从而在不同程度上实践了当时南北几乎所有割据者都想到而难以办到的梦想。

屯田。这是汉武帝时期创建的解决军粮供应的有效方式。魏晋十六国北朝西北各割据政权普遍继承了这一开发思路。三国魏时,"州郡列置田官,所在积谷"①。邓艾"留屯上邽"②,蜀汉诸葛亮与曹魏对垒于渭南,"分兵屯田,为久驻之基"③。甘肃嘉峪关魏晋墓壁画中的"屯垦图",生动地反映了魏晋军士"出战入耕"、"且佃且守"的生活主题。五凉时期,西凉李暠遣军"屯玉门、阳关,广田积谷,为东伐之资"④。北魏太和十二年(488年),孝文帝令河西取州郡户十分之一兴办屯田,一夫之力,岁责六十斛。⑤ 北周保定四年(564年),河州总管李贤在驻地"大营屯田,以省漕运"⑥。以上都是在这一思路下展开的,可以说,魏晋十六国北朝分裂局面下,西北屯田的规模或许不是很大,但在开发的思想政策上与统一时期没有什么两样。

占田和均田。要解决军需供应,实现"富国强兵",单有屯田尚不够,还必须在更大范围内"劝课农桑",发动百姓甚至无职官员普遍地参加农业生产。西晋永嘉之乱后,"宇内横流,亿兆靡依"⑦,连昔日极其繁华的关中也是"人皆流散,道路断绝,千里无烟"⑧。针对这一情况,西晋最高统治者在平吴以后,

---

① 《三国志》卷1,《武帝纪》注引《魏书》。
② 《晋书》卷48,《段灼传》。
③ 《三国志》卷35,《蜀书·诸葛亮传》。
④ 《晋书》卷87,《凉武昭王李玄盛传》。
⑤ 《北周六典》卷3。
⑥ 《周书》卷25,《李贤传》。
⑦ 《晋书》卷60,《贾疋传》。
⑧ 《晋书》卷114,《苻坚载记下》。

提出并颁布了占田令,对王公、贵族、官员的占田额作了必要的限制。① 与此同时,规定普通农民:"男子一人占田七十亩,女子三十亩。其外丁男课田五十亩,丁女二十亩,次丁男半之,女则不课。"②与其相配套的还有农民向国家负担赋税的"户调之式"③。北魏以后,北方仍然地广人稀。且在宗主督护制下,豪强世族隐占人口的现象更加严重,极不利于经济开发和国家赋税的征收。为此,北魏孝文帝按李冲和李安世等人的建议,实行了户口编制的"三长制"和土地分配的"均田制"④,将大量流徙和无地农民安置到农业生产中去,形成稳定的赋役源泉。有些割据者还像南方政权那样,建立了侨郡县,安顿各地区包括中原内地来的流民。前凉张轨于姑臧西北置武兴郡,辖武兴、大城、乌支、襄武、晏然、新鄣、平狄、司监等县;又分西平界置晋兴郡,统晋兴、枹罕、永固、临津、邻鄣、广昌、大夏、遂兴、罕唐、左南等县。⑤ 西凉李暠时,江汉、中原的大批流民涌入敦煌、晋昌一带。西凉迁都酒泉后,将这部分流民随之迁来,"分南人五千户置会稽郡,中州人五千户置广夏郡"⑥,为流民提供了相对安全的生产生活环境,同时扩大了当地的开发规模。

此外,还在选拔人才、实行郡县长吏负责制、减轻民众赋役等方面动脑筋,提措施,从不同侧面调动官民的开发积极性。

官私牧业。河陇广大地区是中国历史上最著名的牧业区之一。魏晋十六国北朝时期,许多塞外民族涌入西北各地,它们都擅长于畜牧业,对于农业比较陌生,加上人口死丧耗减,劳动力不足,而牧业经济形式,能用较少的劳动力利用更大面积的自然资源。所以,这一时期西北的产业结构形式似又在向牧

---

① 占田令规定:官品第一至于第九,各以贵贱占田,品第一者占五十顷,第二品四十五顷,第三品四十顷,第四品三十五顷,第五品三十顷,第六品二十五顷,第七品二十顷,第八品十五顷,第九品十顷。国公侯还可以在近郊占刍藁田:大国十五顷,次国十顷,小国七顷(《晋书》卷26,《食货志》)。

② 《晋书》卷26,《食货志》。

③ 《晋书》卷26,《食货志》。

④ 三长制后有详述。均田令规定:男夫十五以上,受露田四十亩,妇人二十亩,奴婢依良,丁牛一头受田二十亩,限四牛。所受之田率倍之,三易之田再倍之。诸民年及课则受田,老免及身没则还田,奴婢、牛随有无以还受。露田之外,又有桑田。桑田不在还受之限。

⑤ 《晋书》卷14,《地理志上》。

⑥ 《晋书》卷87,《凉武昭王李玄盛传》。

业经济相倾斜,包括陇中黄土高原,河湟地带,祁连山区,天山东部、南部、北部,河套南,陕北高原等地区,各政权在力所能及的范围内,建立了大量的官营牧场。还通过"按赀配生马"等制度,督促民户养畜。西晋惠帝永兴中,前凉张轨在官营牧场规模较大的今甘肃山丹县南"置汉阳县以守牧地"。到张玄靓统治时期,又改汉阳县为祁连郡①,提升了行政管理规格,仍然负责管理当地的畜牧业,这一地区的官营牧场此后就一直保留下来,直到今天还以山丹军马场的名字,在国家西部边防建设中发挥着应有的作用。

北魏太武帝始光六年(429年),魏军西巡至张掖,北度燕然山,沿途见南徙的柔然等族放牧的马牛羊漫山遍野。被魏军带回的战利品中仅马就有100余万匹。杂畜不可胜计。北魏太武帝统一秦陇后,"以河西水草善,乃以为牧地。畜产滋息,马至二百余万匹,橐驼将半之,牛羊则无数"②。这是西北也是古代中国官营马牧业史上见于记载的最高数字。魏孝文帝时,"每岁自河西徙牧于并州,以渐南转,欲其习水土而无死伤也,而河西之牧弥滋矣"③。兴旺发达的畜牧业从战马、肉食等方面支撑了北方各政权的统一战争;局部或大范围的统一局面也为西北畜牧业的进一步发展提供了社会条件。历史证明,无论在统一时期还是分裂局面下,农牧经济的发展都需要有相对安定的社会环境,魏晋十六国北朝西北之所以能建立起中国历史上号称独盛的牧业经济区,其源盖出于经济环境的相对安定。

丝路贸易。这一时期的政治家、思想家在重点开发农牧业资源的同时,还特别重视疏通商品流通渠道,采取鼓励通商的政策。尽管史书上有北魏时一度"钱货无所周流"④的记载,但从实际情况看,仍然是富商大贾周遍天下,官私贸易,包括西域与内地,西北割据政权与中原王朝及西北地方性贸易都在丧乱夹隙中发展,有时还呈现出相当活跃的景象。著名的"丝绸之路","前有二道,今有三道"。中亚、西域各民族国家的使臣、商人,就是通过这三条道路进

---

① 《晋书》卷14,《地理志上》。
② 《魏书》卷110,《食货志》。
③ 《魏书》卷110,《食货志》。
④ 《魏书》卷110,《食货志》。

入玉门关,经河陇而与中原王朝进行政治联系和经济文化交流的。西域使臣或商人入玉门关后,当地政府有一套严密的接待和管理制度,如曹魏仓慈作敦煌太守时,鼓励中西通商,西域商人"欲诣洛者,为封过所,欲从郡还者,官为平取,辄以府现物与共交市,使吏民护道路"①。这是让一部分西域商人在河西市场上就近交易;一部分经河陇进入内地直至京师,只要胡商在当地办理了"过所"即通行证,就可以放行,并在贸易后由官府护送出境。前凉张祚以敦煌郡为商州②,倡导商业贸易。北魏"不设科禁,买卖任情"③。正光间(520~525年),由于水旱兵荒,国家粮储缺乏,停给百官例酒,惟"远蕃使客不在断限"④。这是为了鼓励通商而采取的照顾远使客商的做法。"丝绸之路"在当时也有新的发展。史载:"其出西域,本有二道,后更为四:出自玉门,度流沙,西行两千里至鄯善,为一道;自玉门度流沙,北行二千二百里至车师,为一道;从莎车西行一百里至葱岭,葱岭西一千三百里至伽倍,为一道;自莎车西南五百里,葱岭西南一千三百里至波路,为一道焉。"⑤四条道路中,能够穿越葱岭的只有从莎车出发的两条。降至隋朝裴矩作"西域图记"时,从敦煌经新疆过葱岭西去的"丝绸之路"就在原来两道的北面又踏出一条北新道,即从敦煌出发,经伊吾(今新疆哈密)、蒲类海(今巴里坤)、铁勒部(在准噶尔盆地西南一带)等地而到西海(地中海)之道。这一事实,说明在魏晋十六国北朝分裂战乱的年代里,中西经济文化交流既是人们社会生活的的需要,又得到统治者的重视和维护。同时,西北各地方政权还重视和开拓与内地的贸易渠道。曹魏凉州刺史徐邈在与当地少数民族交易中,将"州界军用之余,以市金帛犬马,通供中国之费"⑥。"西域虽不能尽至,其大国龟兹、于阗、康居、乌孙、疏勒、月氏、鄯善、车师之属,无岁不奉朝贡,略如汉氏故事。"⑦《太平广记》卷272引王子年《拾遗

---

① 《三国志》卷16,《仓慈传》。
② 《晋书》卷14,《地理志上》。
③ 《魏书》卷60,《韩麒麟传附显宗传》。
④ 《魏书》卷110,《食货志》。
⑤ 《北史》卷97,《西域传》。
⑥ 《三国志》卷27,《徐邈传》。
⑦ 《三国志》卷30,《魏书·乌丸鲜卑东夷传》。

记》云:西晋大豪富石崇有个名叫翾风的小婢,"妙别玉声,能观金色"。石氏之富,财比王家,骄侈当世,珍宝瑰奇,视如瓦砾,聚如粪土,皆殊异国所得。莫有辨识其处者,使翾风别其声色,并知其所出之地。可见,石崇从西方得到的珠宝玉器是很多的,他的侍婢能"妙别玉声"而"观金色",是因为见过的金珠玉器,听过的玉声多了,因而能掌握各地玉声的特点,珠宝的出处,这从一个侧面,反映了西北地区与内地经济交流的盛况。重视农牧业开发,也重视商业开发的思路,使各割据政权在获得必要的粮、马等军需的同时,又通过与内地的贡赐贸易,各政权之间的贸易,各民族之间的贸易,增加了经济收入,促进了中西经济文化的交流,各民族政权及人民之间的经济、思想、文化和政治联系也更加畅通了,这无疑是有进步意义的。

二、傅玄的经济思想

魏晋时北地(治今甘肃宁县)人傅玄的政治思想我们将另文论述,这里着重介绍他的经济思想。傅玄在社会劳动力配置上提出分民定业论,他一方面要求最高统治者采取措施,将浮游于生产之外的民众按照社会分工和维护正常社会秩序的需要,按比例安顿到士、农、工、商的不同岗位,使他们各安其业;另一方面又要求首先保证农业的劳动人手,将那些没有实际职务的散官们也安置于农业生产,为国家提供适当的租税。他说:"禹、稷躬稼,祚流后世,是以《明堂》、《月令》著帝藉之制。伊尹古之名臣,耕于有莘;晏婴齐之大夫,避庄公之难,亦耕于海滨。昔者圣帝明王,贤佐俊士,皆尝从事于农矣。王人赐官,冗散无事者,不督使学,则当使耕,无缘放之使坐食百姓也。今文武之官既众,而拜赐不在职者又多,加以服役为兵,不得耕稼,当农者之半,南面食禄者参倍于前。使冗散之官农,而收其租税,家得其实,而天下之谷可以无乏矣。夫家足食,为子则孝,为父则慈,为兄则友,为弟则悌。天下足食,则仁义之教可不令而行也。为政之要,计人而置官,分人而授事,士农工商之分不可斯须废也。若未能精其防制,计天下文武之官足为副贰者使学,其余皆归之于农。若百工商贾有长者,亦皆归之于农。务农若此,何有不赡乎!"①魏晋十六国北朝政治上的一个突出现象,就是人口流失严重,行政区划过度细密,官多民少,十羊九牧。因此,傅玄(还有一些官员也有类似提议)的这一建言,既反映了他对那些闲散无事、坐食百姓的官员的不满,又从一个侧面表现出当时社会劳动力的奇缺。

在傅玄的农业思想中,特别强调改变广种薄收,实行集中功力,少种多收的重要性。他在泰始四年(268年)上晋武帝便宜五事的第四事中说:"近魏初课田,不务多其顷亩,但务修其功力,故白田收至十余斛,水田收数十斛。自顷以来,日增田顷亩之课,而田兵益甚,功不能修理,至亩数斛已还,或不足以偿种。非与曩时异天地,横遇灾害也,其病正在于务多顷亩而功不修耳。"②他建议召回精练水利事业及农业的河堤谒者石恢,详细询问有关情况,总结经验,改进经营方式,必然会对加强农业生产有所补益。他还强调水利对农业的重要性,认为"陆田者,命悬于天也。人力虽修,苟水旱不时,则一年之功弃也。水田制之由人,人力苟修,则地利可尽"。这就是"天时不如地利,地利不如人和"③。在地租分成问题上,他认为"旧兵持官牛者,官得六分,士得四分;自持私牛者,与官中分,施行来久,众心安之。今一朝减持官牛者,官得八分,士得二分;持私牛及无牛者,官得七分,士得三分,人失其所,必不欢乐"。因此他建议应恢复旧制:"宜佃兵持官牛者与四分,持私牛与官中分,则天下兵作欢然悦乐,爱惜成谷,无有损弃之忧。"④他还认为应加强对郡县官的刑督,因为"二千石虽奉务农之诏,犹不勤心以尽地利。昔汉氏以垦田不实,征杀二千石以十数。臣愚以为宜申汉氏旧典,以警戒天下郡县,皆以死刑督之"⑤。

在赋役征发上,傅玄提出应坚持平、俭、常的原则。认为这是黄帝、夏禹之所以成其功的原因所在。"后之为政,思黄帝之至平,夏禹之积俭,周制之有

---

① 《晋书》卷47,《傅玄传》。
② 《晋书》卷47,《傅玄传》。
③ 《太平御览》卷821引《傅子》佚文。
④ 《晋书》卷47,《傅玄传》。
⑤ 《晋书》卷47,《傅玄传》。

常,随时益损,而息耗之,庶成虽劳不怨矣。"就是说,向百姓征收赋役,一定要"俭而有节",至平有常制,"上不兴非常之赋,下不进非常之贡",这样,百姓就会劳而无怨。他举例说:"黄帝之时,外有赤帝、蚩尤之难,内设舟车门卫甲兵之备,六兴大役,再兴天诛,居无安处,即天下之民,亦不得不劳也。劳而不怨,用之至平也。禹凿龙门、辟伊阙,筑九山,涤百川,过门不入。薄饮食,卑宫室,以率先天下,天下乐尽其力,而不敢辞劳者,俭而有节,所趣公也。故世有事,即役烦而赋重;世无事,即役简而赋轻。"①他指责了赋税征收中所调非所生的情况,指出:"先王之制,九州异赋;天不生,地不养,君子不以为礼。若河内诸县,去北山绝远,而各调出御上党真人参,上者十斤,下者五十斤。所调非所生,民以为患。"②他进一步认为:"赋一物非民所生,而请于商贾,则民财暴贱;民财暴贱,而非常暴贵;非常暴贵,则本竭而末盈;末盈本竭,而国富民安者,未之有也。"③

三、李冲的改革和劳动编组思想

李冲(450～498年),字思顺,陇西狄道人。他是十六国时西凉国王李暠的曾孙。在魏孝文帝的改革中,提出许多好的建议和措施,对于社会的进步有深远的影响,是北朝历史上一位了不起的政治家。这里只说他的经济改革思想。

魏晋以来,在社会经济领域里占支配地位的世族地主所有制,经过连续不断的农民起义的打击和统治阶级内部的火并,到北魏中期,已出现了变革的迹象。私家佃农纷纷脱离世族地主庄田,变为自由农,他们对高门世族的人身依附关系开始减轻。世族地主为了保护其经济、政治利益,就一方面加强对现有劳动人手的控制,尽量追回逃亡人口;另一方面又处心积虑地挖封建政府的墙脚,用兼并的手段,将国家税户抢夺过去。政治上的一致性与经济利益上的分

---

① 《傅子·平赋役篇》。
② 《傅子·平赋役篇》。
③ 《傅子·检商贾篇》。

割性,构成世族地主与封建国家间关系的两个方面。著名的北魏孝文帝改革,就是要解决政府与高门大族、鲜卑显贵争夺劳动人手的问题,加强中央集权力量和对农民的统治。李冲积极参与孝文帝改革运动,他提出的三长制、租调力役制,与前此已经推行的均田制相辅相成,是北魏政府与私家地主争夺农民剩余劳动最有力的武器,也是北魏孝文帝改革的主要内容之一。

三长制是参照我国古代的乡、里组织制定的,它规定:五家立一邻长,五邻立一里长,五里立一党长,取乡人强谨者充当。三长享有免除征戍的特权,每个邻长免一丁,里长免二丁,党长免三丁。三年没有过失,还可以升等录用。李冲提出的租调制是:一对夫妇每年向国家交帛一匹,粟二石。百姓15岁以上还未结婚的,四人出一对夫妇的调;奴婢能耕织者,八人出一对夫妇的调,耕牛20头的调额与一对夫妇相同。不养蚕而产麻的地方,一夫一妇交布一匹,未婚者、奴婢、牛等按桑乡比例少交。所交之帛,每十匹中五匹为公调,二匹为调外费,三匹为京官和地方官俸。除此之外,百姓还要负担一定数额的杂调。80岁以上的百姓,免除一个儿子的力役,孤寡老病贫穷而失去生活能力的,由三长内百姓共同扶养。①

李冲在当时提出三长制和革新租调力役制是有进步意义的。首先,三长制、新租调力役制使北魏政府"混天下一法",从而作到"课有常准,赋有恒分",改变了过去乱征滥要的状况。三长制创立之前,北魏实行宗主督护制,"人多隐冒,五十三十家方为一户"②。国家赋役按需征收,没有一个确定的标准。如泰常三年(418年)九月"甲寅,诏诸州调民租,户五十石,积于定、相、冀三州"。泰常六年二月,"调民二十户输戎马一匹、大牛一头。三月……乙亥,制六部民,羊满百口输戎马一匹"③。始光二年(425年)五月,"诏天下十家发大牛一头,运粟塞上"④。兴安二年(453年)正月,"诏与民杂调十五"⑤,延兴三

---

① 《魏书》卷110,《食货志》。
② 《通典》卷3。
③ 《魏书》卷3,《太宗纪》。
④ 《魏书》卷4上,《世祖纪》。
⑤ 《魏书》卷5,《高宗纪》。

年(473年)七月,"诏河南六州之民,户收绢一匹,绵一斤,租三十石",同年十月,"诏州郡之民,十丁取一以充行,户收租五十石,以备军粮"①。以上征发,全无定制。北魏的赋税制度,至迟在孝文帝"始班俸禄"。太和八年(484年)的时候,已经有了比较固定的数额:"先是,天下户以九品混通,户调帛二匹、絮二斤、丝一斤、粟二十石;又入帛一匹二丈,委之州库,以供调外之费。"②但由于"无乡党之法",故以上数额可以是50家的负担,也可以是30家的负担,人户大小不同而负担一样,政府督课没有一致的标准,致使居边之民,"小户者一丁而已,计其征调之费,终岁乃有七缣","或有货易田宅,质妻卖子,呻吟道路"者③。这显然不利于社会秩序及政权的稳定。三长制和新租调力役制建立后,政府将赋役征收的最小单位统一确定为"一夫一妇",将征收的数额确定为帛一匹,粟二石。有了基本确定的标准,就使农民的负担较为均平,法行之后,"公私便之"④。

其次,三长制确立后,北魏政府有组织、有规模地"校比户贯",检括出了大量的"苞荫之户"。北魏中期以来,世族地主开始衰落,出现了地主对劳动者失控的现象,为了弥补他们的损失,高门世族便不断向国家争夺佃农,荫庇户口,国家与私家大地主争夺劳动者的斗争相当尖锐。在这种形势下,李冲创立三长制,交给三长检括户籍的任务,同时在中央设立"定户籍大使"⑤,向各地委派官员专主其事⑥,上下结合,法令严格,制度严密,强宗豪族,不再容易隐占侵凌劳动人手,国家控制的税户因而增加。孝明帝正光(520～525年)以前,北魏户籍达到五百余万户⑦,当与三长制的推行有密切关系。

再次,三长制的建立,阻止了"侥幸之人""包藏隐漏,废公罔私"的活动。以前,由于制度不严,世族地主隐瞒户口,逃避赋税的问题相当严重。依法免

---

① 《魏书》卷7上,《高祖纪》。
② 《通典》卷5。
③ 《通典》卷44。
④ 《通典》卷5。
⑤ 《魏书》卷83,《闾毗传》:"太和中,初立三长,以(柳)庄为定户籍大使,甚有时誉。"
⑥ 《魏书》卷42,《尧暄传》:"于时始立三长,暄为东道十三州使,更比户籍。"
⑦ 《通典·食货典·历代盛衰·户口》。

除税役的民户,也是户有大小,而"赋税齐等,无轻重之殊;力役同科,无众寡之别。虽建九品之格,而丰埆之土未融;虽立均输之楷,而蚕绩之乡无异"①。李冲的三长、租调制推行后,各地三长在中央政权的强大后盾下,理直气壮地核比户口,催督赋役,富强者既难以包藏人户,又无法隐漏税役,使这一制度成为国家与私家争夺的有力武器。

最后,三长制、租调制的建立,健全了北魏政权的基层统治机构,它既使均田制的推行有了可靠的组织保证,又使北魏政府推行均田制的目的——增加赋役来源如愿以偿,对于北魏政权的巩固和加强有着极其重要的意义。所以说,没有均田制,就没有北魏长期统一的专制政权,而没有三长制和租调制的紧密配合,北魏均田制便无法推行,统治者也无法实现其赋役的征发。由此可见,李冲提出的三长制和租调制,不仅是孝文帝改革的核心内容,而且对于北魏整个政权的加强也起到了杠杆的作用。北魏以后,直至隋唐中叶,各代虽有变化损益,但都基本沿袭了北魏三长制和租调制的基本形式。这一制度在中国历史上的影响是相当深远的。

与各政权开发西北经济的思路不同,傅玄和李冲的经济思想带有全局性,而不是专对西北而发的。

---

① 《魏书》卷 110,《食货志》。

略论和亲结盟政策在汉唐开发和治理西部中的作用

梁向明

(中央民族大学历史系,北京 100081)

历史上的西部是一个多民族聚居的地区,先后生息繁衍过众多的少数民族。民族关系好坏,直接关系到该地区乃至全国经济的发展和政治的稳定。

汉唐作为中国历史上最为强盛的两个封建王朝,在解决西部地区民族矛盾,协调西部民族关系上均倾注了大量精力,制定了多种多样、各具特色的民族政策,和亲结盟政策即是汉唐两代在开发和治理西部中实施得较为成功的一项民族政策。本文拟就汉唐和亲结盟政策的类型及其在开发、治理西部中的历史作用略作讨论。

一、汉唐和亲结盟政策的类型

和亲结盟是指我国古代中原汉族统治者与边疆少数民族首领之间,或者两个不同少数民族政权首领之间的通婚联姻,它与一般的民间通婚迥然不同,具有更为复杂的背景和目的。实质上是不同民族政权间为了协调民族关系,缓和民族矛盾和冲突,借以达到彼此政治和军事同盟目的而采取的一种手段和策略,因而具有浓厚的政治色彩。

和亲结盟政策在我国有着悠久的历史。一般认为,它肇始于炎黄时期,经春秋、战国时期的发展,到西汉正式形成。自是之后,和亲结盟逐渐成为中央朝廷对周边少数民族的一项基本政策,成为历朝统治阶级调解民族关系,处理民族间矛盾的一种手段。特别是汉唐两个封建王朝,出于开发、经营和治理西部地区的政治需要,长期奉行和亲结盟政策。

就汉唐两代与西部各族间的和亲结盟而言,有两个政权间的和亲,如西汉与匈奴、唐与吐蕃的和亲;为孤立敌国、结盟友国的和亲,如西汉与乌孙、唐与突厥的和亲结盟;为借外援平息内乱的和亲,如唐与回鹘的累世姻亲;为笼络羁縻边地民族的和亲,如唐对吐谷浑的和亲;对臣服者的和亲,如西汉与南匈奴呼韩邪的和亲。

1. 两个敌对政权间的和亲结盟

汉唐两代与西部各民族政权间有战有和,时战时和。在战时,两个敌对政权的统治者出于各自的战略目的,基于政治、军事或经济上的需求,彼此缔结和约,形成联姻关系,这是当时最常见的一种和亲结盟方式。西汉刘邦首开此种和亲结盟之先例。当时,汉朝初建,战乱甫息,疲于兵革,府库空虚,百废待兴。是时,西汉王朝面对的是"控弦之士三十余万"的匈奴,其首领冒顿单于乘中原内乱,东并东胡,西破月氏,南降楼烦、白羊,北服丁零、鬲昆,势力强盛,不可一世,并不时南下攻太原,侵代、雁门、云中等地。在敌强我弱的形势下,刘邦并未放弃一试锋芒的机会。高帝七年(公元前200年),他御驾亲征,统兵32万,北击匈奴,结果被匈奴围困于平城(今山西大同东北)附近白登山达七日之久,几陷绝境。经过此番交锋,汉高帝自知难以武力征服匈奴,更不可能有效地经营和开发西北地区,遂被迫采纳谋士刘(娄)敬建议,"奉宗室女翁(公)主为单于阏氏,岁奉匈奴絮缯酒食物各有数,约为兄弟以和亲"[①]。高祖以后,历经惠、文、景三帝,一直奉行与匈奴和亲结盟的政策。

西汉初期之所以采取这种委曲求全、妥协退让的屈辱性"和亲"政策,一是由于"天下初定,士卒罢(疲)于兵"[②],无力遏止匈奴的南侵,不得不屈辱求和;二是汉高祖"新遭平城之难",需修养生息,蓄力待时,以备再战;三是通过"约结和亲,赂遗单于",借以减少匈奴对汉边的袭扰,"冀以救安边境";四是对匈奴"与之厚利以没其意"[③],挫败其锐气和斗志。正如《汉书·匈奴传》所言:"自汉兴以至于今……与匈奴,有修文而和亲之矣,有用武而克伐之矣,有卑下

---

① 《汉书》卷94上,《匈奴传》。
② 《史记》卷99,《刘敬列传》。
③ 《汉书》卷94下,《匈奴传》。

而承事之矣,有威服而臣畜之矣。"可见,"和亲"只是西汉对匈奴的策略和手段之一。

和亲结盟是双方和平交往的一种形式,而非一厢情愿之事,倘若和亲结盟仅对西汉有利,必难实现。匈奴在敌弱己强的有利形势下,之所以答应与汉和亲结盟,也是由其自身的利益所决定的。其一,处于奴隶制发展阶段的匈奴,发动战争的目的在于掠夺人口和食物,非为攻城掠地,所谓"得汉地,单于终非能居之",取城掠地,并非匈奴南侵的主要目的。其二,和亲结盟后,汉朝"输遗匈奴甚厚","岁奉匈奴絮缯酒米食物",对匈奴而言,既得了人和物,满足了单于"好汉物"的欲望和要求,又能"寝兵休士养马",何乐而不为之。其三,"通关市"后,汉"出物与匈奴交易"①,这对生产单一、手工业落后的匈奴来说,是有很大诱惑力的。总之,汉、匈双方利益的满足,是和亲结盟得以实现的前提。

唐与吐蕃的和亲结盟也属于这种情况。据史书记载,贞观八年(634年),吐蕃赞普松赞干布遣使赴唐求和亲遭拒后,遂于贞观十二年(638年)以兵击唐属国吐谷浑,连破党项、白兰诸羌,并率20万大军进攻唐松州(治所在今四川松潘),声言"若大国不嫁公主于我,即当入寇"②。贞观十四年(640年),吐蕃复遣其大相禄东赞请和,献黄金5 000两,珍宝数百。次年,唐太宗以文成公主妻之,首开唐蕃和亲结盟之先河。

2. 为孤立敌国、结盟友国的和亲

汉唐时期,和亲又是结盟友国、孤立敌国的一种有效手段和策略。汉与西域乌孙和亲结盟、共拒匈奴即其一例。汉元封三年(公元前108年),汉室"遣江都王(刘)建女细君为公主",妻乌孙昆莫猎骄靡,且"赠送甚盛"。细君死后,汉"复以楚王(刘)戊之孙女解忧为公主,妻岑陬"(官号,猎骄靡之孙,名军须靡),旨在"妻以公主,与为昆弟,以制匈奴","欲与乌孙共灭胡"③。

唐代通过和亲对付突厥也是其实行和亲结盟的主要目的。唐初,东突厥"兵马强盛,有凭陵中国之志"。其首领颉利可汗自恃其强,不仅对唐"言辞悖

---

① 《汉书》卷94上,《匈奴传》。
② 苏晋仁等校证:《〈册府元龟〉吐蕃史料校证》,四川民族出版社,1981年,第21页。
③ 《汉书》卷96下,《西域传》。

傲,求请无厌",而且屡率兵攻雁门、朔州、太原等地,对初定中原的唐朝构成极大威胁,唐高祖遂利用东西突厥之间的矛盾,听从裴矩"远交近攻"的建议,应西突厥统叶护可汗之请,派人至西突厥表示"许之婚"。后虽因东突厥颉利可汗连年入寇唐朝边境,唐与西突厥之间的道路梗阻,"未果为婚",但唐王朝对西突厥和亲的目的是非常明确的,即在于"权许其婚,以威北狄",待"中国盛全,徐思其宜"。① 可见,和亲结盟乃权宜之计,战略目标是为了争取西突厥,孤立东突厥。东突厥灭亡后,唐与西突厥的矛盾上升为主要矛盾,于是,唐又以和亲结盟作为对付西突厥的策略之一。贞观九年(635年),因"与突厥不平","率众内属"的阿史那社尔,太宗即"诏尚衡阳长公主为驸马都尉"②,借以分化瓦解西突厥势力。社尔后屡统兵征战,战功赫赫。贞观二十一年(647年),在领兵征龟兹途中,曾大败西突厥属部处密、处月。

3. 为借外援平息内乱的和亲结盟

笼络少数民族首领,借助外援平息内乱,以巩固自己的统治地位,亦是汉唐统治者实施和亲结盟政策的目的之一。唐皇朝之所以与"回鹘累代姻亲"③,"回鹘世称中朝为舅",一个重要原因就是回鹘"出兵助国讨平安史之乱"④。天宝十四载(755年),范阳节度使安禄山起兵反唐,使唐朝的半壁江山陷于长期战乱之中,严重威胁着唐朝的统治。在此危难关头,唐肃宗为了与回纥"修好征兵",丁至德元年(756年)遣敦煌士李承寀和郭子仪部将铁勒人仆固怀恩出使回纥,请求发兵援助。回纥葛勒可汗派其子叶护领兵四千"助国讨逆","两京克定",肃宗遂于乾元元年(758年)"以幼女封为宁国公主出降"回纥英武威远毗伽可汗,并以荣王女为公主媵。及宁国公主归,荣王女亦为可敦,"回纥号为小宁国公主,历英武、英义二可汗"⑤。肃宗还曾以大臣仆固怀恩女嫁葛勒可汗次子移地健。及移地健继可汗位后,唐代宗又册其为"波墨光

---

① 《旧唐书》卷194下,《突厥传》。
② 《新唐书》卷110,《阿史那社尔传》。
③ 《会昌一品集》卷3。
④ 《宋史》卷490,《回鹘传》。
⑤ 《旧唐书》卷195,《回纥传》。

亲丽华毗伽可敦"。毗伽可敦逝世后,大历四年(769年),代宗又"以(仆固)怀恩幼女为崇徽公主继室"①,嫁给回纥牟羽可汗。

4. 为笼络羁縻西部少数民族的和亲结盟

历朝统治者为了巩固自己的统治地位,多实行羁縻之策,而和亲结盟则是笼络羁縻西部各族统治者,改善和保持朝廷与西部边地民族关系的重要策略之一。唐太宗就曾明确指出:"遂其来请,结以婚姻,缓辔羁縻,亦足三十年安静。"②唐对西北地区吐谷浑的和亲,就是为此目的实行的。吐谷浑自诺曷钵嗣位后,因年幼,大臣争权,国中大乱,唐太宗遣兵援之,并册封其为河源郡王、乌地也拔勒(勤)豆可汗③。从此,吐谷浑用唐历,奉唐国号,并遣子弟入侍,成为唐之属国。贞观十四年(640年),应诺曷钵请求,"太宗以弘化公主妻之"④。后唐高宗又以会稽郡王李道恩第三女金城县主许其子苏度摸末(慕容忠)、宗室女金明县主妻其子闼卢摸末。自是,直至龙朔三年(663年),吐谷浑始终与唐修好,奉唐年号,朝贡不绝。吐谷浑国亡后,诺曷钵率属众数千帐内属,被徙往灵州之地,置安乐州,以诺曷钵为刺史。是后,其子慕容忠、孙慕容宣赵、曾孙慕容曦皓,始终与唐保持和好关系,接受唐之册封,沿袭乌地也拔勒(勤)豆可汗号。

5. 对臣服者的和亲结盟

和亲结盟作为一种政治行为,是借新的联姻来扩大自己势力的手段和工具。因此,它已经超越了单纯的通婚现象。在历史上的和亲事例中,许多统治者常常通过和亲结盟之策,达到扬己抑敌之目的,而对臣服归顺者的和亲结盟则是其中的一种。在诸强争雄或各种势力逐鹿中原的形势下,任何势力的归服,都有助于个人势力的扩大。因此,无论是汉族,抑或是少数民族统治者,多采取联姻的办法,借以稳定来附者之心,使之忠心不二地效力于己。在这方面,西汉统治者表现得尤为突出。汉元帝时,以王昭君和亲匈奴呼韩邪单于就

---

① 《新唐书》卷217,《回纥传》。
② 《旧唐书》卷199,《铁勒传》。
③ "勒豆",依武威南咀喇嘛湾出土的《慕容忠墓志》应作"勤豆"。
④ 《旧唐书》卷198,《吐谷浑传》。

是一个典型的事例。甘露元年(公元前53年),呼韩邪在与郅至单于争战不利的情况下,采纳左伊秩訾王建议,"称臣入朝事汉,从汉求助"。甘露三年(公元前51年),呼韩邪亲至长安朝觐汉宣帝刘询。汉宣帝对其"宠以殊礼,位在诸侯王上,赞谒称臣而不名",并令其所过七郡各发二千骑于道迎护,以为宠卫。由于呼韩邪的归服,遂使"边垂长无兵革之事"①。自是,汉、匈双方彼此相约,"汉与匈奴合为一家,世世毋得相诈相攻。有窃盗者,相报,行其诛,偿其物;有寇,发兵相助"②,汉、匈奴和好达50余年。

二、和亲结盟政策在汉唐两代开发和治理西部中的作用

1. 和亲结盟政策缓和了汉唐政府与西部各民族间的矛盾,避免了战争与抄掠,为中央王朝开发、治理西部创造了安定的政治环境。在中国历史上,各民族间有战有和,时战时和,形成了和和战战、战战和和的历史局面。通观历史上和亲结盟的实例,不管和亲双方的统治者出于何种政治目的,和亲是主动的还是被动的,是持续的还是短暂的,和亲结盟多起到了避免战争、缓和民族矛盾、推动西部各族社会经济文化发展的作用。

汉初,高祖遭白登之围,"汉兵中外不得相救饷",后代郡、雁门、云中又屡遭匈奴袭扰。慑于匈奴的威力,汉与匈奴"约为兄弟以和亲"。在此时期,汉、匈间虽未完全"寝兵修士",停止争战,但由于汉高祖在敌强己弱的情势下,坚持奉行和亲政策,惠帝、文帝、景帝时又屡与匈奴结和亲约,汉匈关系基本上是好的。史载:"终景帝世,时时小入盗边,无大寇",双方"通关市"③,实现了"文景之治"。自武帝元光元年(公元前133年)马邑事件后,汉、匈关系破裂,"匈奴绝和亲,攻当路塞,往往入盗于边,不可胜数","杀略吏民甚众"。汉武帝在国力强大之后,先后三次大规模对匈奴用兵,追"匈奴远遁,而漠南无王庭"。

---

① 《汉书》卷9,《元帝纪》。
② 《汉书》卷94下,《匈奴传》。
③ 《汉书》卷94上,《匈奴传》。

直至宣帝甘露二年(公元前52年),呼韩邪单于附汉。元帝竟宁元年(公元前33年),呼韩邪单于"自言愿婿汉氏以自亲。元帝以后宫良家子王嫱字昭君赐单于"。汉、匈双方和好关系得以恢复。《汉书·匈奴传赞》称:"是时边城晏闭,牛马布野,三世无犬吠之警,黎庶亡(无)干戈之役。"王莽篡汉后,由于奉行大汉族主义的民族歧视和压迫政策,擅改"匈奴"为"恭奴",更"匈奴单于"为"降奴服于",致使"边境之祸构矣"。和亲中断,和好关系破裂,战事又起。是后,匈奴"入塞寇盗,大辈万余,中辈数千,少者数百,杀雁门、朔方太守、都尉,掠吏民畜产不可胜数,缘边虚耗"①。直至后汉建武二十四年(48年),南匈奴单于再度附汉,"愿永为蕃蔽,捍御北虏",并"奉藩称臣,献国珍宝,求使者监护,遣侍子,修旧约"②,汉与南匈奴联手对付北匈奴,最终导致北匈奴消亡。从上述史实可以看出,汉、匈双方经历了战—和—战—和的数次反复。对汉、匈奴间的战和,起决定作用的固然是经济和军事实力,但和亲结盟对于双方和解也起到了不可忽视的作用。对比战争与和平时期的历史记载,不难看出,战争不但使人民蒙受了无穷灾难,而且给双方社会经济带来了极大的破坏。而每当和亲结盟得以实现之时,不仅给双方带来数年乃至数十年和平安定的生活环境,而且获得了恢复和发展生产的时机,促进了社会经济的发展。史载:"北边自宣帝以来,数世不见烟火之警,人民炽盛,牛马布野。及(王)莽挠乱匈奴,与之构难……数年之间,北边虚空,野有暴骨矣。"③由此可见,和亲结盟是符合社会发展规律的,而这乃是和亲结盟在中国历史上长期沿袭、经久不衰、具有强大生命力的原因所在。

2. 和亲结盟促进了汉唐王朝与西部各族的经济交流,推动了西部边疆地区的经济开发。和亲结盟是民族间和平交往的一种有效形式。双方和亲结盟后所形成的较为和平安定的社会环境,在很大程度上增进和扩大了彼此间的交往,为民族间经济的广泛交流创造了有利条件。互通有无,互补余缺,从而有力地促进各民族经济的发展。这正是和亲结盟所带来的客观效果,也是和

---

① 《汉书》卷94下,《匈奴传》。
② 《后汉书》卷89,《南匈奴列传》。
③ 《汉书》卷94下,《匈奴传》。

亲结盟在历朝得以沿袭、具有强大生命力的重要原因。

在和亲结盟过程中相互馈赠以及联姻后周边民族对中原王朝的贡奉和后者对前者的赠赐,虽然表现形式是政治的,但客观效果却是经济的,这是中国历史上民族间经济交流的一种特殊形式,这种交流在农耕民族与游牧民族间显得尤为重要。由于献赐给对方的物品都是己有余、彼所缺的生产和生活资料,既有双方统治者消费所需的米、酒、缯或皮毛之类,也包括大量对提高生产力、促进经济发展有益的生产资料和生产技术,这对推动西部地区经济的发展,无疑是大有裨益的。

首先,从各族统治者对其重视程度,足可见其重要性。刘敬曾向汉高祖谏言:只要与匈奴结和亲约,"以岁时汉所余彼所鲜数问遗","兵可无战"①。而匈奴统治者历"耆汉财物",乃至以兵压境强求之。武帝征和四年(公元前89年),匈奴狐鹿姑单于即表示:"今欲与汉闿大关,娶汉女为妻,岁给遗我蘖酒万石,稷米五千斛,杂缯万匹,它如故约,则边不相盗矣。"②可见,和亲双方都有所余或所缺,互补余缺正是和亲结盟的经济基础之一。

其次,从互相馈赠的具体实物中也不难看出,许多物品对发展生产,改善生活,甚至对解救经济困难,都有着重要作用。如匈奴呼韩邪单于附汉后,汉除赐给金银什物外,还"转边谷米糒,前后三万四千斛,给赡其食"③。东汉时,南匈奴单于附汉,求和亲,并遣子入侍。汉帝除赐予"诸种什物外,并有棨戟甲兵"④,又转河东米糒25 000斛,牛羊36 000头接济,这无疑对解决南匈奴牧民的生活困难,恢复和发展生产都是有着重要意义的。唐文成公主入嫁吐蕃时,"带去谷物3 800类,牲畜5 500种,工匠5 500人"⑤。这虽不乏夸张之词,但也从一个侧面反映出唐朝与吐蕃之间经济上的交流与互补。唐高宗即位之初,松赞干布也曾遣使向唐"请蚕种及造酒、碾、铠、纸、墨之匠,并许焉"⑥。这

---

① 《史记》卷99,《刘敬列传》。
② 《汉书》卷94上,《匈奴传》。
③ 《汉书》卷94下,《匈奴传》。
④ 《后汉书》卷89,《南匈奴列传》。
⑤ 王辅仁:《藏族史要》,四川民族出版社1980年,第18页。
⑥ 《旧唐书》卷196,《吐蕃传》。

表明,在此时期,中原的缫丝、纺织、酿酒、碾磨、造纸墨等先进生产技术陆续传入吐蕃,这对吐蕃全盛时期经济文化的发展,无疑起到了积极的促进作用。

第三,与和亲结盟相伴而来的还有关市的开放和交易活动的扩大,而这对于促进西部各民族经济的发展有着更为重要的意义。互市贸易虽然对西部游牧民族来说更迫切、更需要,他们可以从中获取必要的生产和生活必需品,然而,对汉唐两个中原王朝来说,互市也并非无利可图。西部游牧民所提供和交换的物品虽然比较单一,主要局限于牲畜、皮张等畜牧业产品,但这对汉唐王朝所急需之战马、皮制盔甲、运输和农耕用畜亦不是可有可无的。从汉廷与匈奴的关系中不难看出,互市在民族关系中具有十分重要的地位和作用。匈奴"尚乐关市,耆汉财物",每每"欲与汉阗大关","自单于以下皆亲汉,往来长城下"。中原汉廷乃至常常通过启闭关市制约匈奴,"汉亦通关市不绝以中之",借互市取悦匈奴。每当双方和亲关系正常时,即"通关市,给遗单于","厚遇关市,饶给之"①;而当和亲破裂时,则封闭关市,断绝往来。

唐与回纥的互市始于安史之乱以后。据《新唐书·食货志》记载:"时回纥有助收西京功,代宗厚遇之,与中国(唐朝)婚姻,岁送马十万匹,酬以缣帛百余匹。"从唐朝与回纥的市易亦可看出,在双方和亲友好时期,和市的次数不断增加,数量日益扩大,使互市获得空前的发展。"自乾元之后,屡遣使以马和市缯帛,仍岁来市,以马一匹易绢四十匹,动至数万马。"②这是大历八年(773年)的记述,若从乾元元年(758年)算起,计有16年,如每年以马万匹计算,则双方互市额高达16万匹马,640万匹绢。譬如大历八年,"回纥使使赤心领马一匹求市";贞元六年(790年)"赐马价绢三十万匹";贞元八年(792年)"仍给市马绢七万匹","又赐马价绢七万匹",再"发缯帛七万匹赐之";大和元年(827年)"以绢二十万匹……赐回鹘(纥)充马价";大和三年(829年)"以绢二十三万匹赐回纥充马价"。③如此可观的贸易额,对双方经济的发展和生活的改善,都是大有益处的。

---

① 《汉书》卷94上,《匈奴传》。
② 《旧唐书》卷195,《回纥传》。
③ 《旧唐书》卷195,《回纥传》。

3. 和亲结盟促进了西部各民族文化的发展。和亲结盟期间，汉唐王朝与西部各族间文化交流频仍不断，这对促进西部各族文化的发展和繁荣起着重要作用。

匈奴俗原"无城郭常居耕田之业"，"自君王以下咸食畜肉，衣其皮革，被旃裘"，"无文书，以言语为约束"。自汉、匈奴和亲结盟后，"岁奉匈奴絮缯酒食物各有数"，汉使亦"教单于左右疏记，以计识其人众畜牧"①，这无疑对改善和提高匈奴的物质和文化生活水平起到极其重要的作用。吐蕃俗"有城郭庐舍不肯处，联毳帐以居号大拂庐"，"衣率毡韦，以赭涂面为好"，"其吏治，无文字，结绳齿木为约"，"其乐，吹螺、击鼓"。自唐蕃和亲结盟后，发生了明显变化。吐蕃赞普松赞干布"为（文成）公主筑一城以夸后世，遂立宫室以居。公主恶国人赭面，弄赞下令国中禁之。自褫毡罽，袭纨绡，为华风。遣诸豪子弟入国学，习《诗》、《书》。又请儒者典书疏"。中宗也向金城公主"赐锦缯数万，杂伎诸工悉从，给龟兹乐"②。入吐蕃后，"'公主请《毛诗》、《礼记》、《左传》、《文选》各一部'。制令秘书省写与之"③。对照和亲结盟前后吐蕃的社会生活面貌，不难看出，和亲结盟对促进今西藏地区文化的发展具有重大意义。

---

① 《汉书》卷94上，《匈奴传》。
② 《新唐书》卷216，《吐蕃传》。
③ 《旧唐书》卷196，《吐蕃传》。

草原丝绸之路探析

潘照东　刘俊宝

(内蒙古社会科学院,呼和浩特 010000)

在"大漠长河共沧桑——草原文化对中华文明的历史贡献"一文中,笔者曾提出,在我国的各条丝绸之路中,草原丝绸之路是起步最早(大禹时代)、历史年代最多(自夏代至民国)、跨越时间最长(4 000多年)、覆盖地域最广(整个北方中国)、通行路线最多(自山海关至额济纳旗)的。文章发表后,专家、学者有的表示赞同,有的提出商榷,也有人认为所谓"草原丝绸之路"纯属子虚乌有,完全不能成立。笔者认为,这一问题不是一个单纯的学术问题,也关系到对中华民族、中华文明形成与发展的正确认识,以及一系列的相关问题。因此,有必要进一步加以分析。

一、草原丝绸之路的起源与形成

"丝绸之路"是中国历史上黄河、长江流域的中央王朝与周边地区并延伸到更远地区的贸易通道的称谓。经过多年研究,史学界一般认为有自长安经河西走廊通西域的丝绸之路(绿洲丝绸之路、沙漠丝绸之路),自长安经青藏高原通向南亚的丝绸之路(高原丝绸之路),自成都经滇西通南亚的丝绸之路("蜀身毒道"),自泉州经台湾海峡通东南亚的海上丝绸之路。各条丝绸之路形成、发展的客观条件存在明显的差异,贸易对象、贸易内容也具有不同的特点,对外输出的商品以丝绸、瓷器、茶叶等为大宗,相沿成习,以"丝绸之路"名之。而草原丝绸之路则因其特点还有"皮毛路"、"茶马路"的称谓。

丝绸之路的形成必须有两大要素。首先是要有相对稳定的大宗商品交换的需求,其次是要有在一定时期相对稳定的贸易通道。当然,这种通道有两种形式:一种是自然形态的,即所谓"世上本没有路,走的人多了,变成了路",或者说"路是人走出来的";另一种是人工修筑而成的路。两种形态既可以相互衔接,又可以相互演变,如自然形成的路可经人工修筑成为大道通衢,坦途大道也可以因为失修而退化成自然通路甚至废弃。

对于草原丝绸之路来说,大宗商品交换的需求起源于原始社会农业与畜牧业的分工,中原旱作农业地区以农业为主,盛产粮食、麻、丝及手工制品,而农业的发展则需要大量的畜力(牛、马等);北方草原地区以畜牧业为主,盛产牛、马、羊及皮、毛、肉、乳等畜产品,而缺少粮食、纺织品、手工制品等。这种中原地区与草原地区在经济上互有需求、相依相生的关系,是形成草原丝绸之路的基础条件。

但是,作为草原丝绸之路的相对稳定的贸易通道形成于什么年代,目前还难以下定论。考诸史籍,黄帝时期可能是草原丝绸之路形成的重要年代。翦伯赞先生认为:"在神农、黄帝的时代,正是由采集、狩猎经济转化到农业、畜牧业经济的时代。"①

据史书记载,黄帝出身于北方游牧部落有熊氏,即以熊为图腾的氏族,并首先发明了车辆,因此号为"轩辕氏"。黄帝统率以熊、罴、虎、貙、貔、貅作为图腾的六个氏族,战胜炎帝部族联盟、蚩尤九黎部族联盟,平定四方,"披山通道,未尝宁居","迁徙往来无常处,以师兵为营卫"。② 交通往来的区域已经十分广阔。黄帝统一了众多游牧部族与农耕部族,使草原牧区与中原农区的经济交换关系大为发展,"北和禺氏之玉,南贵江汉之珠",使"大夫散其芭粟,与其财物以市虎豹之皮",互通有无,各得其所,从而形成中原与北方草原贸易往来的第一个繁荣时期。

至尧、舜时期,已设立"司空"之职,专司管理路政。夏代又设"车正",掌管车辆舆服之政,设"牧正"掌管牧马之事,可见交通运输已经具有了相当重要的

---

① 翦伯赞:《先秦史》,北京大学出版社,1995年,第79页。
② 《史记·五帝本纪》。

作用。舜在承继尧位之前,也曾在部落之间从事贸易,故史书中有"舜贩于顿丘"①之说。这一时期,北方草原与中原地区的贸易也大为发展,其主角即是兴起于内蒙古东南部赤峰地区的商族。

据史书记载,商的始祖名契,大禹同时代的人。其母简狄,为有娀氏之女。"狄"、"戎"皆为北方或西北草原游牧民族的称呼,可见其出身于游牧民族。这一民族原居住于红山、老哈河即史籍中所称"紫蒙川"、"砥石地方",因是处于燕山以北的草原牧区、燕山以南的农业地区、环渤海渔业地区毗邻之地,具有贸易往来的有利条件,在契的统领下,举族从事贸易活动。因其长袖善舞,多财善贾,又是举族经商,故被称为"商人"、"商族"。而由契的后代商汤代夏而立的王朝,也称之为"商朝"。

自契至汤历 14 代,商族大规模迁居八次,逐渐从北方草原进入中原。其间,汤的十一世祖相土发明了先进的马车,七世祖王亥发明了先进的牛车,载货运输,十分方便,遂为天下所学习②。商族的畜牧业和贸易都很发达,甲骨文中多有牲畜繁衍,一次祭祀可用牛、羊数百的记载。因此,周谷城先生认为:"商代的畜牧生活,大概是众人所承认,而不成问题者。"③王亥率领牛车队,以牛、帛充当货币,在华北从事贸易。王亥的财富引起世人的觊觎,狄人有易族杀死王亥,掠夺了他的牛车队。王亥之弟王恒战败有易,夺回牛车④。王亥的子孙祭祀他要用 300 头牛,礼节十分隆重。在自契至汤的数百年间,商族人自赤峰地区南越燕山,到达河北的易水流域,并溯黄河进入中原;或向东南,到达辽西、河北东部渤海湾一带,乃至山东半岛,应当形成了若干条较为稳定的贸易通道。

因此,自黄帝时代至夏朝,应当是草原丝绸之路起源与形成的时期。

---

① 《尚书·大传》。
② 《管子·轻重篇》。
③ 周谷城:《中国通史》,上海人民出版社,1957年,第44页。
④ 《山海经·卷十四·大荒东经》:"王亥托于有易、河伯仆牛。有易杀王亥,取仆牛。"

二、草原丝绸之路的延续与发展

1. 商朝

商朝是畜牧业、农业、手工业、商业都十分繁荣的朝代。商朝为征服北方的游牧民族进行了长期的战争。高宗武丁时期，征伐鬼方的战役多达300多次。武丁平定北方，号称商朝的"中兴之主"。当时的人们歌颂道："武王靡不胜……邦畿千里，维民所止，肇域彼四海。四海来假，来假祁祁。""自彼氐羌，莫敢不来享，莫敢不来王。曰商是常。"①这就形成了北方较为安定的社会局面，以至于朝贡、贸易之旅不绝于途，氐、羌之属也成为中原的常客。殷商之际，是中原与草原经济、贸易交往大发展的时期，中原地区出土的大量畜骨及甲骨文记载，内蒙古地区考古发现的商代青铜器及中原风格的工艺品等，都是历史的明证。但是，当时的贸易通道，则有待于考古发现与研究论证。

2. 周朝至春秋、战国时期

周朝的先民起源于西北的古羌族，在关中地区建立中央王朝之后，为保证北方安全，曾多次大规模用兵。周武王征伐戎狄，"放逐戎夷泾、洛之北，以时入贡，名曰荒服"②。这就形成了具有一定规范的岁贡，即戎夷以土特产贡献周王朝，周王朝则按贡品价值给予答赐的朝贡贸易。周康王曾一次俘获鬼方人众13 000多名及大量牲畜、车辆。周穆王征伐犬戎，一次即"得四白狼四白鹿以归"，即战胜并俘获了四个以白狼为图腾、四个以白鹿为图腾的犬戎部落。周宣王曾数次派大军打到猃狁故地大原——河套北部地区，并派大将南仲在鄂尔多斯高原西部的黄河南岸（今鄂尔多斯市杭锦旗境内）修筑了朔方城，派兵驻守③。这应当是中原王朝在北方草原建筑的第一座城。不论是大军征伐，还是保证朔方城驻守将士的军需供应，都必须要有运输通道。和平时期，这样的通道也就成为"商道"。据史书记载，周朝的道路建设达到相当高的水

---

① 《诗经·商颂·玄鸟》，《诗经·商颂·殷武》。
② 《国语·周语上》。
③ 《诗经·小雅·出车》："天子命我，城彼朔方。赫赫南仲，猃狁于襄。"

平,尤其是京城及周边地区,"周道如砥,其直如矢"①。

据《穆天子传》记载,穆王十七年(公元前930年),周穆王曾出京城成周,北行山西至内蒙古河套一带,西行至青海、新疆,至昆仑丘,会见西王母。周穆王出行与返回时,均曾于犬戎、河宗氏之地停留并宴会,并互赠礼品,反映当时内蒙古中部地区与中原已有便利的交通。

春秋、战国时期,是中原与北方民族大交流、大融合的时期。赵武灵王"胡服骑射",攘地北至燕、代,西至云中,设置云中郡。云中成为重要的交通枢纽,东行可通达代郡(今河北蔚县)、原阳(今呼和浩特市东南),西行可经九原(今包头市麻池古城)达高阙(今包头市西昆都仑沟),或南行经榆中(鄂尔多斯市东部)至秦国都城咸阳,也可由云中直接西行榆中至咸阳。

燕国位居河北省东北部、辽宁西部、内蒙古赤峰市地区,与东胡接壤。燕将秦开"袭破走东胡,东胡却千余里"②。遂于燕山北麓设置右北平郡,修筑道路,南行可经七老图山(五虎玛梁)、渡濡水(今滦河)、过渔阳(今北京市密云县西南)至蓟(今北京市),北行可沿老哈河、过西拉木伦河至大兴安岭以西的呼伦贝尔地区。

3. 秦汉时期

秦始皇扫平六合,一统华夏,分天下为36郡,修筑驰道以方便运输。在赵国"直南"路的基础上,拓展延伸,修筑了著名的"直道"。秦直道自云阳(今陕西省淳化县西北)经陕北、鄂尔多斯高原直达九原,因其"堑山埋谷,直通之",故名"直道"。秦直道全程为秦制"千八百里",合今制700公里左右。路宽50步,并"隐以金锥,树以青松",是一项浩大的工程,虽未全部完工,但是已经具备了通行的条件。秦始皇死后,其运尸体的辒辌车就是从九原经直道运达咸阳的。

秦始皇还修筑了北方边郡大道,自碣石(今河北省昌黎县北)西北行,沿燕山南麓出雁门、抵云中、渡黄河、经上郡(今陕西省榆林市东南)至咸阳。秦始

---

① 《诗经·小雅·大东》。
② 《史记》卷110,《匈奴列传》。

皇北巡曾走过这条大道。

汉武帝数破匈奴，廓清漠南，将蒙古高原正式纳入汉朝版图，中原与大漠南北道路畅通，主要有：稒阳道，自九原经石门水（今昆都仑沟）、光禄城（今达茂旗百灵庙林场汉古城）西北至受降城（今乌拉特后旗乌力吉境内汉长城附近）；云中经五原至陇西道；定襄至匈奴漠南单于庭道，即著名的"白道"，于今呼和浩特北越阴山的蜈蚣坝至草原；代郡至瀚海（今贝加尔湖）道；右北平郡至弓卢水（今克鲁伦河）道；朔方高阙塞至漠北匈奴龙城（今蒙古国鄂尔浑河西侧的和达木湖一带）道；西河郡经鸡鹿塞至受降城道；北地至居延道；自酒泉至居延、北行至匈奴龙城的居延道路。

4. 北魏至隋唐时期

拓跋鲜卑发祥于大鲜卑山（今大兴安岭北麓嘎仙洞），经数百年辗转迁徙，南越阴山，建立代国。至拓跋珪更国号为魏，史称"北魏"。北魏统一了北部中国，相继建都盛乐（今呼和浩特市和林格尔县）、平城（今山西省大同市）、洛阳（今河南省洛阳市），并建成了平城经盛乐至五原、平城经牛川（今乌兰察布市黄旗海）至和龙（今辽宁省朝阳市）、平城经云中至统万城（今乌审旗南白城子）、平城越阴山至大漠南沿（今锡林郭勒盟苏尼特右旗北境）、平城至安北六镇以及连通安北六镇的交通要道；通往漠北的交通要道主要有五原至兔园水（今蒙古国图音河）、已尼陂（今俄罗斯贝加尔湖）、石水（今蒙古国色楞格河支流齐老图河）的道路，张掖经居延塞北行的道路，牛川至弱洛水的道路，盛乐经白道至鹿浑海的道路。

隋唐时期，大漠南北与中原地区的交流十分密切。隋朝在漠北形成了突厥五可汗之间的东西间道路，漠南形成了以定襄即大利城东西延仲的道路；自漠南通往漠北的则有黄龙道、卢龙道、幽州道、恒安道、白道、夏州道、灵武道等多条南北通衢。

唐贞观四年（630年），东突厥被唐攻灭，大漠南北统一于唐。唐朝于阴山南麓置三受降城，道路相通，并可南达长安，北抵碛口（今阴山北麓草原）；并有胜州经麟州、银州、夏州、盐州、灵州至甘州；丰州至天德军、丰州至夏州南北两条道路，史称"夏州塞外通大同"道；单于大都护府南行至朔州、太原府，北行经白道至碛口的道路,从而形成干道相连的交通网络。漠北诸部酋长尊唐太宗为"天可汗"、"天至尊",遂开辟了自漠北回纥牙帐(即唐安北都护府,在今蒙古国杭爱山哈拉和林一带)经鹳鹈泉达西受降城南行至长安的"参天可汗道"、"参天至尊道"。唐太宗在这条路上设置了68个驿站,备有马匹、酒肉、食品,以供使臣往来之需,各部每年贡貂皮作为赋税[①]。

发达的道路网络有力地促进了贸易的发展。以唐与回鹘的马绢贸易为例,"安史之乱"以后,自唐肃宗至德元年(756年)至回鹘西迁前的80年间,回鹘向唐王朝输出马匹上百万,赐回丝绸达2 000万匹以上。回鹘购得的丝绸除少量为贵族使用外,大部分向西运输到大食、印度,甚至辗转运销至罗马。

5. 宋、辽、金、西夏时期

宋、辽、金、西夏时期,虽然常有战争,但是贸易并未禁绝。北宋与辽在边境地区设置榷场互通有无。保持时间较长的有宋方于雄州(今河北省雄县)、霸州(今河北省霸县)、安肃军(今河北省徐水市)、广信军(今河北省徐水市东)设置的榷场;辽方于新城(今河北省新城县旧城)、朔州(今山西省朔州市)设置的榷场。宋方输出的主要是香料、茶、瓷器、漆器、缯布、稻米、书籍等,辽方输出的主要是羊、马、骆驼、盐等。

北宋与西夏的贸易范围广、规模大,西夏输出的主要有马匹、青盐及牛、羊、骆驼、毛皮、甘草等,北宋输出的主要是粮食、茶叶以及铁器、丝绸等。

南宋与金的榷场贸易也很繁荣,双方在淮河沿岸及西部边境设有六个榷场,南宋输出的以茶叶、棉花等为大宗商品,金输出的主要是北珠、毛皮、北绫、番罗等。

此外,民间的黑市贸易规模也很可观,仅光州(今河南省潢川县)一处,每年私相交易的茶叶即可达数十万斤,牛七八万头。

由于贸易规模大,运输量也十分客观。

辽朝以连通上京(今赤峰市巴林左旗林东镇南)、中京(今赤峰市宁城县大明城)、东京(今辽宁省辽阳市)、南京(今北京城西南)、西京(今山西省大同市)

---

① 《新唐书》卷217,《回鹘传》。

的道路网为骨干,形成了可北达室韦、乌古,东北至黄龙府、渤海国、奴儿干城,西北至突厥、吐谷浑,西至丰州、朔州、夏州达西夏,南通北宋的道路网络。

金代辽而立,道路亦有扩展,可通至龙驹河(今中蒙边境之克鲁伦河)、移米河(今呼伦贝尔市伊敏河)、斡里扎河(今蒙古国东方省乌尔集河)等地。

西夏自国都兴庆府(今宁夏回族自治区银川市)至辽上京筑有"直路",至居延故城筑有黑水镇燕军道,至狼山筑有黑山威福军道,黑山威福军至黑水镇燕军道,至漠北阻卜、拔母思部的通道等。

宋、辽、金、西夏之间,商旅往来,十分繁忙。

6. 蒙元时期

成吉思汗建立横跨欧业的蒙古汗国,道路四通八达,并建立站赤(驿站)制度,窝阔台汗时期加以完善。至元朝建立,以上都(今内蒙古锡林郭勒盟正蓝旗金莲川)、大都(今北京城)为中心,设置了帖里干、木怜、纳怜三条主要驿路,构筑了连通漠北至西伯利亚、西经中亚达欧洲、东抵东北、南通中原的发达的交通网络。元代全国有驿站1 519处,备有马、牛、驴、骆驼、车、轿等。并在交通枢纽处设有车站,全国约有站车4 000辆,大都陆运提举司的站车即多达500辆,专门运输金、银、宝、货、钞帛、贡品等急需贵重物资。如站车不够,可以随时雇佣民间牛车①。

蒙元时期是草原丝绸之路最为鼎盛的时期,欧洲、阿拉伯、波斯、中亚的商人通过草原丝绸之路往来中国,商队不绝于途。著名的意大利旅行家马可·波罗、摩洛哥旅行家伊本·白图泰等都曾记述过这一状况。元上都、元大都成为世界闻名的商业中心,诚所谓"酒馆书填金,市中商贾集,万货列名琛"②。为方便贸易,白窝阔台汗时"诏印造交钞行之"③,与银并行流通。1982年,在呼和浩特市东郊的万部华严经塔(俗称白塔,位于元代丰州治所)发现了世界上现存的最早的钞票实物——"中统元宝交钞";在额济纳旗相继发现"中统元

---

① 《经世大典·站赤》,《元史·兵志·站赤》,卷101。参见德山:《元代交通史》,远方出版社,1995年。

② 胡助:《纯日斋类稿》卷2,《京华杂兴诗》。

③ 《元史》卷2,《太宗纪》。

宝交钞"、"至元通行宝钞",即是历史的证明。在内蒙古各地发现过大量蒙元时期的瓷器。特别是1970年于呼和浩特东郊丰州故城发现的元代钧窑香炉,造型雄浑大气,制作极其精美,堪称国宝。在元代集宁路故址发现的窖藏瓷器,汇聚了内地各大名窑的精品,足以说明当时贸易的兴盛。在内蒙古各地发现的基督教、伊斯兰教遗迹,也充分说明了当时东西方文化交流的盛况。

7. 明代

明朝建立以后,与北元经历了长期战争,蒙古各部之间也战乱不断,道路废弃,贸易停滞。至永乐年间(1403～1424年),明朝廷与蒙古兀良哈部在辽东互市。正统年间(1436～1449年),明朝廷与蒙古在大同开展互市贸易。但受战争影响,时断时续。明中叶,漠南蒙古阿拉坦汗强盛,因蒙民"嗜乳酪,不得茶,则困以病",通过战争得以与明朝廷达成协议,开边互市,沿长城各镇东自宣大、西至延宁开放互市场所13处,蒙民以马匹及其他牲畜、皮毛等换取内地粮食、茶叶、布帛、瓷器、农具、铁器等。据统计,万历六年(1578年)至万历十年(1582年),张家口、大同、宁夏等地互市销售的梭布从50万匹增加到100万匹左右[①]。阿拉坦汗所建的归化城(今呼和浩特市旧城)成为商业中心、交通枢纽,其商路南达山西大同、河北宣化,西南达陕西榆林、宁夏银川,北达哈拉和林、克鲁伦河。具体为:归化城向南过云川卫(今呼和浩特市和林格尔县)、过杀虎口达长城内侧水泉堡;归化城往东南经奄遏下水海(今乌兰察布市凉城县岱海)抵大同;归化城往东沿元代丰州至上都驿路至独石口、蓟镇边外一带;归化城往北经白道越阴山至漠北哈拉和林、胪朐河(今克鲁伦河);归化城往西南经鄂尔多斯至陕北、宁夏,进入河西走廊[②]。

8. 清代

清代康熙皇帝平定噶尔丹叛乱,在内蒙古设五路驿站。喜峰口驿路,自北京出喜峰口北行卓索图盟、昭乌达盟、哲里木盟至札赉特旗哈达罕为终点。杀虎口驿路,自北京行经杀虎口至归化分为南至鄂尔多斯、北至乌拉特三公旗的

---

① 中国公路交通史编审委员会:《中国公路运输史》第一册,人民交通出版社,1990年,第80页。
② 内蒙古公路交通史志编委会:《内蒙古古代道路交通史》,人民交通出版社,1997年,第169～170页、第186～191页、第218～222页。

二条路线。古北口驿路,自北京出古北口行经昭乌达盟至锡林郭勒盟乌珠穆沁左翼旗阿鲁噶木尔为终点。独石口驿路,自北京出独石口经察哈尔、昭乌达盟至锡林郭勒盟浩济特旗胡鲁图为终点。张家口驿路,自北京西行经张家口、察哈尔右旗抵归化城。[①]

清政府又设置自北京至外蒙古库伦(今乌兰巴托)、科布多、乌里雅苏台军台及中俄边境卡伦站道,黑龙江西北路军台及呼伦贝尔中俄边境卡伦站道,形成了覆盖蒙古草原的道路网络,不但保证了军事需要,也为旅蒙商的兴盛创造了条件。

自康熙征伐噶尔丹始,为保证军粮、草料及其他用品供应,即批准汉商进行随军贸易,俗称旅蒙商。经康熙、雍正、乾隆二世,旅蒙商发展兴旺,内蒙古的归化、多伦诺尔、包头,以及赤峰、经棚、小库伦等地逐渐形成商贾云集的商业城镇。外蒙古的大库伦、科布多、乌里雅苏台、恰克图等也成为旅蒙商汇聚的商业城镇。以这些商业中心城镇为枢纽,则形成了沟通大漠南北的商路:以归化、包头为枢纽,至库伦、乌里雅苏台、新疆、北京、张家口的商路;以多伦诺尔为枢纽,至贝子庙(今锡林郭勒盟锡林浩特市)、库伦、恰克图、呼伦贝尔、哈尔滨、沈阳、承德、北京、张家口的商路;还有阿拉善厄鲁特蒙古自定远营至宁夏、北京、民勤、达来库布、库伦的商路,额济纳土尔扈特蒙古自达来库布至酒泉、外蒙古三音诺颜部、土谢图汗部、库伦的商路。[②]

旅蒙商的发展是草原丝绸之路最后的辉煌。1911年中华民国成立之后,外蒙古在沙俄策动下独立,旅蒙商遂走向衰落。至20世纪20~30年代,曾经盛极一时的旅蒙商趋于式微。

三、草原丝绸之路的历史影响

如前所述,草原丝绸之路在历史上不仅是真实地存在的,而且世代延续,

---

① 内蒙古公路交通史志编委会:《内蒙古古代道路交通史》,人民交通出版社,1997年,第169~170页、第186~191页、第218~222页。
② 内蒙古公路交通史志编委会:《内蒙古古代道路交通史》,人民交通出版社,1997年,第169~170页、第186~191页、第218~222页。

演变发展,并对中国乃至世界文明的发展产生了深远的影响。

首先,草原丝绸之路形成最早、延续时间最长、通道最多、覆盖地域最广。

西北沙漠丝绸之路、西南丝绸之路皆兴于汉代,高原丝绸之路兴于唐代文成公主入藏与松赞干布和亲,东南海上丝绸之路兴于宋代、元代,草原丝绸之路的形成则早得多。值得重视的是,中华民族最早的龙、凤造型都是发现于赤峰地区,后来成为中华文明尤其是中央王权的重要象征,说明早在四五千年之前,就形成了从赤峰地区通达中原的重要通道。

西北丝绸之路、高原丝绸之路自唐朝后期走向衰退,东南海上丝绸之路受明、清政府实行海禁的影响而式微。惟有草原丝绸之路,在历史上屡次衰而复兴,直至民国初叶,延续数千年而不辍。

各条丝绸之路都是一条主要通道,相对稳定。惟有草原丝绸之路,是以多条南北向、东西向通道呈网络状展开,覆盖了极其广阔的地域,而且在历史上屡有变迁,在不同的朝代形成了不同的格局。有的学者据此认为草原丝绸之路不存在,无疑是不符合历史事实的。草原丝绸之路贸易通道的变易,受到自然、社会各方面因素的影响,从总体上分析,是适应了时代发展的要求,因而能够在漫长的历史进程中、在不同的社会条件下保持旺盛的生命力,贸易通道变而不断、变而常新,蔚为历史大观。

其次,草原丝绸之路表现出中原民族与草原民族自古以来就形成了相互依存的共同利益。

由于中原地区、草原地区自然环境迥然相异,经济结构特点不同,形成了长期的、相对稳定的、大宗的商品交换的需要。这种需求是中原农耕民族与草原游牧民族形成相依相生、互惠互利的经济关系的客观基础。在漫长的历史发展中,草原地区提供的牛、马等牲畜有力地推动了中原农耕文明的发展,草原民族的生活习俗"胡风南渐",也深刻地影响了中原民族;同时,中原地区提供的大量生产资料、生活资料,也适应了草原民族的生产、生活需要,促进了草原地区的开发与繁荣。

因此,草原丝绸之路的兴衰对中原与草原地区的社会局势关系十分紧密,商路通则休兵息戈,社会稳定,人民安居乐业,社会繁荣昌盛;商路不通则烽烟顿起,兵戈相向,生灵涂炭,人民流离失所。所以,草原丝绸之路在中国历史上,是关系国计民生的"血脉线",是中原人民与草原人民休戚与共的"生命线"。

第三,草原丝绸之路不是单纯的"商路",而且对中华文明的形成、中华民族的发展产生过广泛、深远的影响。

草原丝绸之路是草原民族南下、中原民族北上的通道。自古以来,狄、戎、匈奴、鲜卑、氐、羯、突厥、契丹、女真等草原游牧民族融入汉族,使长江以北的汉族属蒙古人种,与草原民族血脉相通。这是汉族形成、壮大的重要原因。

在中国历史上,不乏草原民族循草原丝绸之路南下,定鼎中原,建立中央政权的例证。中国封建社会的第二次大统一,是由拓跋鲜卑建立的北魏奠定基础,而由具有相当鲜卑血统的隋朝杨氏政权、唐朝李氏政权完成的。中国封建社会的第三次大统一,则是由蒙古族的成吉思汗至其子孙完成的。

在中国历史上,也不乏中央政权循草原丝绸之路拓地开疆,维护国家统一的例证。汉武帝派遣卫青、霍去病、李广利、赵破奴等数伐匈奴,将大漠南北正式纳入中国版图;唐太宗击破突厥而收置其众,并设安北都护府以辖其地;康熙皇帝平定噶尔丹叛乱,使漠北草原统一于中央政权,都为今天中国的版图奠定了基础。

因此,草原丝绸之路"阅尽人间沧桑",是国家统一、民族团结、各民族共同发展的历史见证。

第四,草原丝绸之路对推动东西方经济、文化交流发挥了至关重要的作用。

草原丝绸之路自古以来就是联结中原文明、草原文明、中亚文明、西亚文明、欧洲文明的纽带。早在约8 000年前的兴龙洼文化时代,草原先民就与西方交往。在4 000多年前,在横跨欧亚大陆北部的草原地带,形成了绵延万里的细石器文化带。西周时期,东胡的青铜文化经西伯利亚向西,影响到波罗的海沿岸。匈奴崛起大漠,其统治中心龙城成为草原文明与中原文明、西方文明的交汇地。在内蒙古各地,曾多次发现东罗马帝国的金币、波斯萨珊王朝的银币,以及东罗马商人的墓葬、基督教聂斯脱利派(即景教)墓葬,产自西亚、欧洲不同时期的金器、银器、琉璃制品、工艺品等,说明在不同的历史时期,草原丝绸之路在东西方文化交流方面均发挥了不可替代的作用。

特别是,匈奴西迁、突厥西迁、契丹耶律大石西迁并建立西辽国、成吉思汗及其子孙率蒙古大军的西征,深刻地改变了世界历史的政治版图,留下了不可磨灭的深远影响。

追忆历史,草原丝绸之路曾经书写了辉煌的篇章。在全面推进现代化建设的新的历史条件下,内蒙古走上了沿边开放主攻手的位置,特别是满洲里、二连浩特、策克等18个重点口岸,成为"向北开放"的战略前沿,草原丝绸之路必将重现生机,再创辉煌。

汉唐宁夏牧马业

薛正昌

(宁夏社会科学院历史研究所,银川 750021)

马是人类最早驯服的动物之一。闻一多先生在《伏羲考》中谈到"龙"的形象时,认为"龙"头的雏形与"马"头造型有关。中华民族龙图腾与马的关系,反映的是人类早期马与古代人们生活的密切关系。马政,伴随着整个封建社会而来。它不仅是历代社会生产和社会生活的主要畜力,而且是驿传交通尤其是与战争密切相关的重要军事工具,历代有远见卓识的统治者无不重视马政建设。宁夏境内历史上的马政及其繁衍与宁夏地理环境有密切关系;同时,与历代中原安危相关。如果作些历史考察,马政的生成始于周秦,盛于汉唐,衰于清代,前后延续 3 000 年左右时间。《老子·四十六章》记载:"天下有道,却走马以粪;天下无道,戎马生于郊。"形象地说明和平年代马可以种田,遇有战争时连怀胎的母马也要用于战争。宁夏的马政及其意义,在历史上是一种很值得研究的历史文化现象,它不仅是农业文明的重要畜力,而且是伴随着整个历史进程,尤其是北方沿边军事与战争走过来的。

一、秦 汉 时 期

1. 先秦牧马业

早在殷商时代,中国的养马业已经有了很大发展。《礼记·月令》里已有"马政"词。到了周代,马匹不但用以配备战车,而且与贵族阶层的享乐生活联系起来。周朝起源于黄河上游的泾水和渭水流域,地理环境生成的自然条件为畜牧业的发展提供了十分优越的条件。西周中叶,周穆王迁西戎族于泾水上游的"大原"(今宁夏南部固原一带)。当西戎族在大原一带再次逐渐兴盛起来时,对西周又带来一定程度的威胁。及周夷王时,命虢公率军伐大原之戎,获马千匹①。说明西周时固原牧马业已经兴盛起来。

《史记·秦本纪》载,秦祖先非子为周孝王在今甘肃华亭、陕西陇县一带管理马匹,"马大蕃息"。周穆王传奇性的西巡,就是以八骏马作为交通工具的。周制以四时祭马祖、先牧、马社、马步诸神,这种宗教文化一直延续到隋唐时期。20世纪80年代考古发掘,在宁夏南部固原市原州区中河乡出土的西周时期奴隶主墓葬及车马坑,不仅说明固原在西周时交通畅达,而且揭示了西周早期固原已经有了养马业。春秋战国之际,各国骑兵已介入战争,增加了对马匹的大量需求。这种历史进程,直接推动了当时养马业的发展。秦国借周平王东迁不断向东推进,不但占有原西周在泾渭间的养马地,而且将牧地扩展到甘肃东部、宁夏及陕西北部,以地域论,固原已成为主要的牧马地。春秋战国之际养马技术的长足进步和牧马业的持续发展,直接推动了宁夏的牧马业。

2. 乌氏倮经营畜牧与秦代马政

秦汉以后,尤其是汉代以来,面对北方匈奴民族的不断侵扰,需要建立强大的骑兵部队,这就使得牧马业非但不能削弱,而且还须尽力加强。突出的标志就是在中央政府设置专门的马政机构太仆寺。太仆寺下属的苑监,是具体负责马政的地方管理机构。秦朝虽然短暂,但在马政建设方面却起了承前启后的作用。战国时,秦国就是养马大国,《战国策》所载苏秦、张仪的言论,后人已看到秦国有"骑万匹"。商鞅变法前夕,秦国的市场贸易已出现新的变化,即出现专门的牛马市,实行牛马专卖②。秦朝统一后,开始设置专门管理马政的太仆寺。夏朝已有太仆之官,主要职掌传王命、侍从出入;而秦朝的太仆寺,则专管舆马。此后历代马政管理基本没有脱开这一称谓和管理体制。由此可见秦代马政承前启后的历史意义和深层影响。

秦代宁夏境内畜牧业已经相当发达。当时宁夏南北生态环境良好,雨量

---

① 王钟翰主编:《中国民族史》,中国社会科学出版社,1994年,第128页。
② 刘景纯:"秦市场发展述略",《唐都学刊》,1994年第3期。

充沛,草场茂密。虽属边郡之地,却大规模牧养马群。宁夏南部固原人乌氏倮,就是秦始皇时期善于养马的能手,牛马之多无法计算,只好用山谷来比照。经营畜牧的历史过程,足以说明当时宁夏南部牧马业的兴盛程度。

3. 汉代苑马格局与牧马业

汉承秦制,在中央政府设置九卿,九卿之中的太仆寺掌管马政,太仆之下设牧师苑令,牧师之下有马苑。西汉是我国马政空前兴盛的时期。汉初,由于长期战争,影响、制约和毁坏了牧马业的发展,马匹十分缺乏。《汉书·食货志》载:"自天子不能具醇驷(同一种毛色的马),而将相或乘牛车。"此说虽不免夸张,但马匹奇缺是当时的历史真相。汉初,统治者对马政极为重视。文景时期,采取各种措施加速马政事业的发展。文帝时颁布有减免租赋以刺激民间养马的"马复令"[1]。景帝时禁止马龄在十年以下的马匹出境,同时确保马匹饲料的供应,以利于养马事业的繁衍。自文景之治到汉武帝初年,中间经过六七十年的休养生息,社会经济呈繁荣景象,马政亦随之大发展。在国家养马的同时,西汉政府还鼓励民间养马,鼓励边远地区百姓畜牧,内地百姓凡养马者可免三人徭役[2]。西汉时期,边郡地区到处是骏马成群的景象。

西汉时期边郡地带是官马的孳生地。汉景帝二年(公元前155年),在西北边郡牧马苑的基础上"益增造苑马以广用"[3]。当时在宁夏南部固原已设有管理养马机构"牧师苑"。据《汉书·百官公卿表》颜师古注引《汉官仪》称:"牧师诸苑三十六所,分置北边、西边,分养马三十万匹。"这里的三十六处军马场所指的北边和西边,以当时关中为中枢看周边地域,宁夏是重要的牧马地之一。

汉武帝时设置安定郡,宁夏南部固原有了郡级建置,汉武帝也数次巡幸安定郡。汉代安定、北地、上郡等边郡之地的老百姓都习骑射,又长于养马。宁夏境内南北更是重要畜牧地,也是汉武帝时期组建骑兵的主要兵源与基地。当时人以"六郡"地域来论骑射,六郡即为陇西、天水、安定、北地、上郡、西河之

---

[1] 《汉书》卷24,《食货志》。
[2] 《汉书》卷24,《食货志》。
[3] 《史记》卷30,《平准书》。

地。"汉兴,六郡良家子选给羽林、期门,以材力取官,名将多出焉。……故此数郡,民俗质木,不耻盗寇。"①可见,宁夏所在的安定、北地二郡不仅是出武人的地方,更是马匹牧养的天然牧场和重要地区。自武帝元光二年(公元前133年)至征和四年(公元前89年)的近50年间,由于大规模征伐匈奴和对其他少数民族间不断发动战争,其所需战马多出自宁夏南部辖境内的牧师苑。同时,战争致使大量马匹耗损,尤其是对匈奴的战争过程,动辄以数万计。漠北战役,一次"军马死者十余万匹"②。战争带来的是马匹严重受损,马政受挫。作为边郡之地的宁夏,牧马业也受到严重破坏。汉宣帝以后,中原与北方匈奴和好,西北边地战争空间消除,呈现出一派和平景象。安定和平的生活环境,是畜牧业兴盛的基础。数十年之后,边郡又是一幅景象:"北边自宣帝以来,数世不见烟火之警,人民炽盛,牛马布野。"③这时的宁夏马政,伴随着政治背景和军事环境的改善而呈兴旺之势,是一个较好的发展期。

东汉时期的马政,其管理模式基本是沿袭西汉的程式。马苑主要分布在陇西、天水、安定、北地、上郡、西河六郡。宁夏境内仍是主要的牧马地之一。建宁元年(168年),先零羌攻占了宁夏的大部分地区之后,东汉将领段颎率兵围剿,战事历时三冬二夏,获牲畜42万头,说明当时宁夏牧马业是相当可观的。东汉初年,侵扰西北边郡的北方匈奴民族因发生内讧而分裂,南匈奴归附中原。之后,北匈奴也不敢轻易南下犯边,数十年间处在相对和平时期,社会经济又获得了恢复和发展。相反,东汉政府没有对与军事密切相关的马政给予足够的重视。但东汉时期马援曾在宁夏南部驻牧数年,畜产数万,也是宁夏历史上马政发展的一个重要时期和标志。扶风茂陵人马援,曾亡命北地(固原),在这里从事畜牧业,牛马数千头(匹),也是历史上固原发展畜牧业的典范。

历史地看,汉代苑马格局与牧马业的发展,奠定了宁夏历代传统官马畜牧业发展的地位。

---

① 《汉书》卷28,《地理志》。
② 《汉书》卷24,《食货志》。
③ 《汉书》卷94,《匈奴传》。

二、隋唐时期

1. 隋唐马政的背景

魏晋以来,中原呈动荡之势。一方面,北方游牧文化的侵染加剧,鲜卑、柔然、敕勒等游牧民族已先后进入宁夏境内;一方面战乱也刺激着畜牧业的发展,人们崇尚武功,匡扶社稷的憧憬,建功立业的热情,以及审美价值与马意象结合的多重文化内涵得以张扬。《乐府诗集》卷63《乐府题解》里记载沈约的话说:"白马紫金鞍,皆言边塞征战之事。"马与战争,马与人成为一个主体的多个方面。"马者甲兵之本,国之大用。"①战乱中牧马业仍在夹缝中发展。前秦时,宁夏固原设有高平牧官都尉,专司畜牧。北魏统一北方后,牧马业又是一个发展期。北魏高平镇的牧马业仍处在兴旺期,如北魏天兴五年(402年)二月,魏主拓拔珪遣兵5万人攻没奕于(高平公)所在的高平(固原),没奕于南逃,魏兵追至瓦亭,获其辎重库藏,其中有马4万匹,即是对固原马牧业发展的诠释。

2. 突厥不断南下给隋朝牧马带来的灾难

有了魏晋以来马政不断发展的背景,隋炀帝大业三年(607年),即于陇右设置监牧机构,宁夏南部马政仍得以持续发展。隋朝重视马牧,在宁夏南部固原设置了不少专门的管理机构,除马牧机构外,还有驴骡牧和羊牧、原州驼牛牧,在北部盐州地区也设有统辖诸羊牧的盐州牧。隋朝立国后,居住在漠北的突厥民族开始强大。隋开皇以后,突厥势力已突破河套而南下侵扰关中。开皇三年(583年),突厥叩汗带兵40万南下,由木峡关(今宁夏固原西南红庄附近)、石门关(固原西北黄铎堡)两路攻入当时的平凉郡治(固原)境内。陇东地区的庆阳、陇右地区的天水和陕西北部的延安等地皆遭战火的蹂躏,使这些地区"六畜咸尽"②。这种掠夺性的战争,不仅破坏了宁夏境内的养马业,而且也

---

① 《后汉书》卷24,《马援传》。
② 《隋书》卷84,《北狄》。

祸及周边地区。

3. 马政兴盛的唐代

历史上有作为的统治者都没有忽视马政,唐太宗便是其中的典型。唐太宗是以骑兵为主力取得天下的①,在与突厥骑兵作战的过程中,深知游牧民族军队组成及其作战的特点。缘此,他不凭借长城,而大兴马政,以充足的马匹装备强大的骑兵。唐太宗的这一防御思想,把唐代国家牧马业推向一个新的高峰,成为中国历代马政的一个里程碑。同时,对后代影响较大。

唐代马政最盛,宁夏是重要的牧马基地,也是西北地区马政管理的中枢。唐代马政有两大系统:一是国家养马系统,称"监牧",主要是养殖和训练大量优质马匹,供军队使用;二是皇家养马系统,称"尚乘",以驯养的马匹用于皇宫及禁军使用。"监牧"和"尚乘"这两大养马系统在西北地区都有建制,在宁夏者主要是"监牧"。贞观初年,唐太宗将赤岸泽"牝牡三千马匹"徙于陇右,首设边地监牧②,于宁夏南部原州(固原)置陇右群牧监,由原州刺史兼任群牧监使,"监牧之制始于此"③。同时,还出台一套完整的马政管理制度。中央设监牧官领太仆,太仆下属有监牧、副监,监有丞,有主簿、直司、团官、牧尉、排马、牧长、群头等,"凡五千匹以上为上监,三千匹以上为中监,以下为下监"④。为便于管理这八使四十八监牧马,"自长安至陇右,置七马坊,为会计都领。岐、陇间善水草及腴田,皆属七马坊"⑤。在幅员辽阔的西北地区,设置了星罗棋布的监牧,平凉郡(固原)就是当时西北四大监牧地之一。当时设置东西南北四个监牧使掌管牧马,除南监牧使设在原州西南180里处,西监牧使在临洮军以西外,北使和东使都设在原州城内。由于固原是监牧中枢,贞观二十年(646年),唐太宗李世民往灵武途中"逾陇山,至西瓦亭观马政"⑥。太宗视察固原马政,既显示了唐朝统治者对固原马政的重视,也说明固原马政的规模及其重

---

① 汪篯:"唐初之骑兵",《汪篯隋唐史论稿》。
② 《唐会要》卷72,《马》。
③ 《新唐书》卷50,《兵志》。
④ 《唐六典》卷17,《太仆寺》。
⑤ 《旧唐书》卷141,《张茂宗传》。
⑥ 《资治通鉴》卷189。

要意义。

由马政演绎的故事,至今仍在沿袭。唐贞观十五年(641年),唐太宗重用当时精于养马的畜牧专家张万岁督理马政,先后执掌群牧监管理权达24年之久,"唐之国马,唯得一能臣而掌之,不数十年而其多过于二百倍,由其任职之专也"①。唐玄宗时,命宰相张说撰写了"大唐开元十三年陇右监牧颂德碑",追述了张万岁牧马的功绩,盛赞了开元以来陇右牧马的昌盛。张万岁督理马政,与西北地区有缘。至今,陕甘宁地域上的人们论马龄,只言"齿"而不称"岁",就是为避张氏之讳。唐朝仪凤年间(676～679年),唐朝又增设牧马场,在宁夏南部者有乌氏、长泽、木峡等畜牧苑,宁夏的官马畜牧进一步加强。同时,国家畜牧场和军屯的发展,也促进了民间牧马业的发展。

唐玄宗时期,一度松懈的马政又逐渐恢复起来,至开元年间,马匹又达40多万匹。平凉郡(固原)仍是马牧业的重要地区之一。除官马外,贵戚和地方富豪亦设置私立马场,民间百姓养马之风也很盛行。仅当时官马而言,唐朝开设48监,马场横亘陇右、平凉、金城、天水四郡之地,"牛驼马羊之牧布诸道",正是"秦汉以来,唐马最盛"的繁荣景象。宁夏牧马业成为靠近京城长安的一块宝地。

"安史之乱"动摇了唐代政治基石,西北地区监牧苑马因战争消耗和被劫掠而为之一空。"安史之乱"起初,吐蕃没有进占原州之前,宁夏的马牧业仍保持着先前的繁荣景象。如756年安禄山乱起,唐玄宗逃往四川,太子李亨带领部分官员回军北上,于5月19日进驻原州(固原)。在原州逗留期间,各监牧就集中战马数万匹。此时宁夏南部马牧业仍沿袭着惯性,马牧业依旧发达。此后马政渐废,"至德后,监牧使与七马坊名额尽废"③。这期间,马匹极缺,甚至州郡中"刺史有马,州佐以下多乘驴"③。监牧系统遭到破坏,对唐代国家养马业是一次严重打击。难怪当时人元稹说:"臣闻平时七十万匹……如今垌野

---

① 《唐鉴》卷5。
② 《唐会要》卷65,《闲厩使》。
③ 《封氏见闻录》卷10,《狂谲》。

十之一。"①究其原因,安史之乱起,驻守西北的军队东调,吐蕃趁机内侵,唐代经营的西北农牧经济区丧失殆尽,马政一蹶不振。宁夏境内的养马业也伴随着战争的冲击而走向衰落,尤其是以原州为中枢的宁夏中南部大半区域,成了吐蕃铁蹄下的征战之地,前后陷入吐蕃达80余年。监牧场成了战场,耕地荒芜,一片荒凉景象。正是从这个意义上,马牧业的繁荣象征着政权巩固,也象征着经济文化的兴盛,是历代西部开发过程中的晴雨表。

849年,吐蕃退出宁夏之后,包括马政在内的地方政权建设等都在逐渐恢复,但辉煌的历史已经过去,时代的年轮已转到了唐代的末期。

---

① 《元氏长庆集》卷24,《阴山道》。

论西夏对河套地区农业的开发

杜建录

(宁夏大学西夏学研究中心,银川 750021)

  河套主要指黄河大湾以南,东、西、北三面为黄河环绕,南面以长城为界的广大地区(阴山以南的黄河北岸平原也属于它的范畴)。它大致包括今黄河河套平原与鄂尔多斯高原两大板块。自秦汉以来,中原王朝就在这里移民屯垦,开发生产,西夏对河套的开发,就是在继承前代的基础上发展起来的。

一、农田水利的开发与管理

  河套地区气候干燥,冬天是西北干寒季风冲击的方向,夏天是东南温湿季风的末梢地区,降水量稀少且集中于夏季,当年降水量为 150～400 毫米,而年蒸发量在 1 000 毫米左右。这种干旱的自然环境决定了农业必须以灌溉为前提,历代对这一地区的开发也是以灌溉为中心的。秦始皇派蒙恬收复河南地后,于始皇三十三年(公元前 214 年)沿河置郡县,发内地贫民徙戍,屯垦实边。汉武帝元朔二年(公元前 127 年)北逐匈奴,遂取河南地,筑朔方,复缮故秦时蒙恬所为塞,因河为固。随后徙关西贫民数十万口于朔方,开渠屯垦,以实边关,从此揭开了河套地区引黄灌溉的历史。自后经历代疏浚开凿,形成了纵横交错、密如蛛网的渠道灌溉系统,有史可考的有秦家渠、光禄渠、汉延渠、唐徕渠、艾山渠、七级渠、特进渠、御史渠、胡渠、百家渠、尚书渠等,上述灌溉渠道基本上都被西夏继承下来。《元史》卷164《郭守敬传》明确指出:"先是,古渠在中兴者,一名唐来,其长四百里,一名汉延,长二百五十里。它州正渠十,皆长二百里,支渠大小六十八,灌田九万余顷①。兵乱以来,废坏淤浅。守敬更立闸堰,皆复其旧。"在继承前代留传下来的灌溉工程的同时,劳动人民还开凿了新的渠道,相传位于今银川市西的"昊王渠",就是开国皇帝李元昊组织修筑的,只因选址过高,终未凿成。发达的水利灌溉,为西夏的农业生产奠定了坚实的基础,诚如《宋史·夏国传》所说:"其地饶五谷,尤宜稻、麦。甘、凉之间,则以诸河为溉,兴、灵则有古渠曰唐来,曰汉源,皆支引黄河。故灌溉之利,岁无旱涝之虞。"

西夏农田水利的开发,不仅表现在灌溉渠道的数量上,而且更重要的是以法律的形式,制定了一系列农田水利开发与管理制度。② 这些制度继承了唐代《水部式》,又远远详细于《水部式》。③

兴灵平原处于沙厚风多的沙黄土地带,渠道极易淤塞崩坍,水利工程远非一劳永逸,它要求每年夏灌之前,必须组织大批人工疏浚渠道并整修渠道水口。④ 这一年一度的大规模"春工"和全灌区的用水管理,决不是一家或几家地主所能胜任的,必须依靠封建国家或地方官府出面主持。⑤《天盛律令》明确规定,每年例行的春开渠大事,先由局分⑥处提议,夫事小监,诸司及转运司大人、承旨、前宫侍等"于宰相面前定之,当派胜任人,自□局分当好好开渠,修造垫版,使之坚固"。

由宰相主持的会议除了确定开渠(即开挖清淤)的负责人及有关质量要求外,还要计量"沿水渠干应有何事","至四十日期间依高低当予之期限,令完毕"。夫事小监具体负责工程质量和进度,同时,在 20 个民工中,抽派一和众、

---

① 关于元初宁夏溉田亩数,《弘治宁夏新志》卷 4《沿革考证》记载为万余顷,齐履谦《郭守敬行状》与《元史》本传记载为 9 万余顷。陈明猷先生考证为 1 万余顷,甚为确当,见《贺兰集》,第 75~77 页。
② 杜建录:"西夏农田水利的开发与管理",《中国经济史研究》,1996 年第 4 期。
③ 郑炳林:《敦煌地理文书汇辑校注》,甘肃教育出版社,1989 年。
④ 西夏文"垫草"释:"此者垫草也,并壅渠口垫草之谓。"(《文海研究》第 474 页)利用垫草,减轻水流对渠口的冲刷,保证渠道安全通畅,反映出西夏人治水技术的进步。
⑤ 《嘉靖宁夏新志》卷 1《水利》载:"每岁春三月,发军丁修治之,所费不赀。四月初,开水北流。其分灌之法,自下流而上,官为封禁。修治少不如法,则水利不行,田涸而民困矣,公私无所倚。"
⑥ 局分,西夏文二字,原文为"职官",《番汉合时掌中珠》,28 页有"局分大小"一语,可供参考。

一支头为工长。挖渠的人工按沿渠干受益田亩的多寡来摊派,自 1~150 亩,分别出 5~40 个工日,最多"勿过四十日"。①

春开渠自 3 月 1 日起至 4 月 10 日止,共 40 天。自 4 月 10 日至入冬结冰前约五个月为灌水期。灌水期间水利工程的维修、保护及用水分配由夫事小监、渠水巡检、渠主、渠头分别负责。渠头相当于斗门长,专司渠口管理及送水工作。供水期间,值班渠头应昼夜守护在渠口,如果渠头"放弃职事,不好好监察,渠口破而水断时",损失 1 缗至 5 000 缗,分别处以有期徒刑 3 个月至 12 年,损失 5 000 缗以上一律绞杀。"其中人死者,令与随意于知有人处射箭、投掷等而致人死之罪状相同。夫事小监、巡检、渠主因指挥检校不善,依渠主为渠头之从犯,巡检为渠主之从犯,夫事小监为巡检之从犯等,依次当承罪。"②

渠水巡检巡察较大区域的水利设施,渠主专管某一支渠或某一段干渠。他们的日常任务为"于所属地界当沿线巡行",若发现问题,当立即依次上报,由有关局分指挥维修。如果渠主所辖渠干、闸口等不牢,"预先不告于渠水巡检,生处断破时,与渠头放弃职事而致渠口断同样判断。渠水巡检因指挥检校不善,以渠主之从犯法判断"。③

为了进一步加强水利灌溉设施的维护,西夏统治者还广泛发动灌区人民参与管理。沿唐徕、汉延、新渠等大渠,千步为界,立石书监护人名字,这些"各自记名,自相为续"的渠道监护人,从渠干两边租户与官私家主中派遣,他们的职责为"好好审视所属渠干、渠背、土闸、用草等,不许使诸人断抽之。若有断抽者时,当捕而告管事处,罪依律令判断"④。

渠道是公共设施,由于水源有大小、远近、足否之分,得水有早晚,需水有多寡,农户有阶级、强弱之别,因此,往往出现豪强官僚霸占水利或渠头收受贿赂,不依次放水的情况。为此,《天盛律令》明确规定:"节亲、宰相及他有位富贵人等若殴打渠头,令其畏势力而不依次放水,渠断破时,所损失畜物、财产、

---

① 史金波、聂鸿音、白滨译:《天盛改旧新定律令》卷 15,《春开渠事门》,法律出版社,2000 年。
② 史金波、聂鸿音、白滨译:《天盛改旧新定律令》卷 15,《渠水门》,法律出版社,2000 年。
③ 史金波、聂鸿音、白滨译:《天盛改旧新定律令》卷 15,《渠水门》,法律出版社,2000 年。
④ 史金波、聂鸿音、白滨译:《天盛改旧新定律令》卷 15,《渠水门》,法律出版社,2000 年。

地苗、庸草之数,量其价,与渠头渎职不好好监察,致渠口破水断,依钱数承罪法相同。所损失畜物、财产数当偿二分之一。"又,"诸人予渠头贿赂,未轮至而索水,致渠断时,本罪由渠头承之,未轮至而索水者以从犯法判断"。①

毛细渠进水最容易引起纠纷,各农户、地主的田地往往只隔小渠,下水田进水要经过上水田。还有上水田进水完毕,若不立即堵塞斗口,或将渠水引入排水沟,势必要冲淹下水田苗,对此《天盛律令》也作了规定:"租户家主沿诸供水细渠田地中灌水时,未毕,此方当好好监察,不许诸人地中放水。若违律无心失误致渠破培口断,舍院、田地中进水时,放水者有官罚马一,庶人十三杖。种时未过,则当偿牛工、种籽等而再种之。种时已过,则当以所损失苗、粮食、果木等计价则偿之。舍院进水损毁者,当计价而予之一半。若无主贫儿实无力偿还工价,则依作错法判断。若人死者,与遮障中向有人处射箭投掷等而致人死之罪相同。"②

水利灌溉是一个系统工程,除纵横交错的渠道外,还有各种防护林带与大大小小的桥梁道路。西夏政府明文规定:"沿唐徕、汉延诸官渠等租户、官私家主地方所至处,当沿所属渠段植柳、柏、杨、榆及其他种种树,令其成材,与原先所植树木一同监护,除依时节剪枝条及伐而另植以外,不许诸人伐之,转运司人中间当遣胜任之监察人。"

从转运司人中间抽派植树监察人,反映出西夏对防护林带的建设非常重视。负责所属渠段的植树造林也是渠水巡检与渠主的重要职责,如果他们"沿所属渠干不紧紧指挥租户家主,沿官渠不令植树时,渠主十三杖,渠水巡检十杖,并令植树"。租户家主"若违律不植树木,有官罚马一,庶人十三杖。树木已植而不护,及无心失误致牲畜入食时,畜主人等一律庶人笞二十,有官罚铁五斤"。③

至于灌区大小桥道的建设也有专门的规定:"沿诸渠干有大小各桥,不许诸人损之。若违律损之时,计价以偷盗法判断。""大渠中唐徕、汉延等上有各

---

① 史金波、聂鸿音、白滨译:《天盛改旧新定律令》卷15,《渠水门》,法律出版社,2000年。
② 史金波、聂鸿音、白滨译:《天盛改旧新定律令》卷15,《地水杂罪门》,法律出版社,2000年。
③ 史金波、聂鸿音、白滨译:《天盛改旧新定律令》卷15,《地水杂罪门》,法律出版社,2000年。

大道、大桥,有所修治时,当告转运司,遣人计量所需笨工多少,依官修治。""沿诸小渠有来往道处,附近家主当指挥建桥而监察之,破损时当修治。若不建桥不修治时,有官罚钱五缗,庶人十杖,桥当建而修治之。""诸租地中原有官大道,不许断破、耕种、沿道放水等。若违律时有官罚马二,庶人徒三个月。""诸大小桥不牢而不修,应建桥而不建,大小道断毁,又毁道为田,道内放水等时,渠水巡检、渠主当指挥,修治建设而正之。若渠水巡检、渠主见而不告,不令改正时,与放水断道等罪同样判断。"①

二、农作物种类丰富多样

1. 粮食作物

西夏对河套地区农业的开发取得了显著效果,它基本解决了西夏统治中枢的供给问题,作物种类也相当丰富,主要有水稻、小麦、大麦、荞麦、糜、粟、黍、黄谷、稗子、大豆、小豆、豇豆、豌豆、荚豆、荜豆、红豆、黑豆、赤豆、绿豆等。

水稻是一种高产作物,性喜温湿,按地理分布、形态特征与生理特性,可分为粳稻与籼稻。粳稻秆硬不易倒伏,比较耐寒,耐弱光,适合于温带地区生长。籼稻耐热,耐强光,适宜于热带与亚热带气候,西夏所产的稻自然为粳稻。《圣立义海·九月之名义》曰:"粳稻、大麦,春播灌水,九月收也。"宋初郑文宝"至贺兰山下,见唐室营田旧制,建议兴复,可得杭稻万余斛,减岁运之费。"②《宋史·夏国传下》曰:"其地饶五谷,尤宜稻麦。"

宋元丰四年、夏大安七年(1081年),北宋五路伐夏,十一月,直抵灵州城下的宋军就扎营在收割后的稻田里。③

小麦是北方旱地作物中食性最好的一种,在西夏河套地区广泛种植,灵武郡人缴纳的租税就有小麦。④ 上引《宋史·夏国传下》曰:"其地饶五谷,尤宜

---

① 史金波、聂鸿音、白滨译:《天盛改旧新定律令》卷15,《桥道门》,法律出版社,2000年。
② 《宋史》卷277,《郑文宝传》。
③ 《续资治通鉴长编》卷320元丰四年十一月辛丑。
④ 史金波、聂鸿音、白滨译:《天盛改旧新定律令》卷15,《催缴租门》,法律出版社,2000年。

稻麦。"

荞麦，亦称甜荞麦，以别于苦荞，一年生草本。生长周期短，一般两个月左右，在河套旱地农作区广有种植。《圣立义海·地之名义》曰："坡谷地向柔，待雨宜种荞麦也。"西夏文本《碎金》云："回鹘饮乳浆，山讹嗜荞饼。"①山讹乃横山党项，《宋史·夏国传下》曰：元昊"苦战倚山讹，山讹者，横山羌，平夏兵不及也"。"山讹嗜荞饼"，明确地反映了横山地区广种荞麦以及荞麦在当地人民生活中的重要地位。宋人陈师道说："胡地惟灵夏如内郡，地才可种荞豆，且多碛沙，五月见青，七月而霜，岁才一收尔。"②这段文字有一定的片面性，但却反映出荞麦夏种秋收的特点。

粟亦称为谷子，去壳后叫小米，是一种耐瘠耐旱，适应性极强的旱地作物，也是河套地区最适宜种植的作物之一。可春播夏收，亦可夏播秋收，宋夏沿边地区的小米最为有名。"葭芦、米脂里外良田不啻一二万顷，夏人名为'真珠山'、'七宝山'，言其多出禾粟也。"③延州金明西北有浑州川，川尾桥子谷水土平沃，宋将狄青将万人筑招安寨于谷旁，"募民耕垦，得粟甚多"④。

稷，又称糜子，耐旱且生长季节短，广泛种植于黄河中下游干旱地区，为河套平原与鄂尔多斯高原重要的粮食品种。《天盛律令》卷15《催缴租门》记载："糜一种，定远、怀远二县人当交纳。"宋元丰四年、夏大安七年(1081年)，宋五路伐夏，河东军至宥州境，主帅王中正"遣开封府界将官张真、知齐州折克行分兵二千余人发糜窖"⑤。

菽即豆类，分大菽、小菽。大菽即大豆，小菽即小豆。西夏菽的种类较多，仅西夏汉文《杂字》记载的就有赤豆、豌豆、绿豆、大豆、小豆、豇豆、荜豆、红豆等，《天盛律令》记载有黄豆。⑥

---

① 聂鸿音、史金波："西夏文本《碎金》研究"，《宁夏大学学报》，1995年第2期。
② 《宋文鉴》卷119，陈师道《上曾枢密书》。
③ 《宋史》卷176，《食货志上四·屯田》。
④ (宋)曾巩：《隆平集》卷5，《宰臣》。
⑤ 《续资治通鉴长编》卷318元丰四年十月甲戌。
⑥ 史金波、聂鸿音、白滨译：《天盛改旧新定律令》卷15，《催缴租门》，法律出版社，2000年。

2. 经济作物

桑麻，从历史上看，河套地区早就有蚕桑。唐"安史之乱"前，"中国盛强，自安远门西尽唐境凡万二千里，闾阎相望，桑麻翳野，天下称富庶者无如陇右"①。郦道元《水经注》卷 3 载："河水又北薄骨律镇城（今宁夏灵武）。城在河渚上，赫连果城也。桑果余林，仍列洲上。"②西夏的桑蚕业正是在继承前代的基础上发展起来的，西夏汉文《杂字》"农田部"明确提到桑麻。西夏文法典《天盛律令》卷 17《物离库门》规定："缫生丝百斤，九十八两实交中，优九十一两半，劣四两，混二两半，二两耗减。"缫丝所需的蚕茧显然是西夏自己养殖，而非从宋、辽、金境内进口。

我国古代麻类作物主要有大麻、苎麻与葛麻。其中苎麻生性喜温好湿，适宜于热带、亚热带气候生长。葛麻简称葛，产地也多在南方。因此，西夏的麻主要指大麻。大麻适应性很强，不论在干燥炎热地区还是在高寒地区都能生长。大麻皮可织麻褐，子实可榨油、制烛或入药。《天盛律令》卷 15《催缴租门》："麻褐、黄豆二种，华阳县家主当分别交纳。"这里的麻褐就是用大麻织成的粗麻布。

水果，河套地区的水果主要有桃、李、杏、梨、枣。《武经总要·前集》载："怀远镇，本河外县城，西至贺兰山六十里。咸平中陷，今为伪兴州。旧管盐池三，管蕃部七族，置巡检使七员，以本族酋长为之。有水田果园，本赫连勃勃果园。"③唐代诗人韦蟾《送卢藩》诗对此有生动的描述："贺兰山下果园成，塞北江南旧有名。"西夏文百科全书《圣立义海·山之名义》也指出："贺兰山尊，冬夏降雪，有种种林丛，树果、芫荑及药草。"秋天为塞上水果成熟的季节，八月，"果木熟时，桃、粟、榛、蒲桃等熟"。九月，"果木尾熟，栗子、胡桃、李子熟也"④。

瓜类，回纥瓜、大食瓜为西夏境内最有名的瓜。《契丹国志》记载，胡峤出

---

① 《资治通鉴》卷 216 天宝十二载。
② 《水经注》卷 3，《河水三》，上海人民出版社，1984 年。
③ （宋）曾公亮：《武经总要·前集》卷 18 下，《西蕃地界》。
④ 罗矛昆等：《圣立义海研究》，宁夏人民出版社，1995 年，第 53 页。

使辽朝,"自上京东去四十里至真珠寨,始食菜。明日东行,地势渐高,西望平地,松林郁然,数十里遂入平川,多草木,始食西瓜,云契丹破回纥得此种,以牛粪覆棚而种,大如中国冬瓜而味甘"①。西夏汉文《杂字》所载的回纥瓜应是上述的西瓜。大食瓜,可能因来自大食而得名,当属甜瓜类。《圣立义海·八月之名义》载:"八月末,储干菜,瓜熟冷食。"

林木,河套除贺兰山有少量的原始森林,其他地区的树木主要靠人工种植。《天盛律令》规定:"沿唐徕、汉延诸官渠等租户、官私家主地方所至处,当沿所属渠段植柳、柏、杨、榆及其他种种树,令其成材,与原先所植树木一同监护,除依时节剪枝条及伐而另植以外,不许诸人伐之。转运司人中间当遣胜任之监察人。若违律不植树木,有官罚马一,庶人十三杖。""渠水巡检、渠主沿所属渠干不紧紧指挥租户家主,沿官渠不令植树时,渠主十三杖,渠水巡检十杖,并令植树。"②

监护与种植同样重要,"树木已植而不护,及无心失误致牲畜入食时,畜主人等一律庶人笞二十,有官罚铁五斤。其中官树木及私家主树木等为他人所伐时,计价以偷盗法判断"。"沿渠干官植树木中,不许剥皮及以斧斤砍刻等。若违律时,与树全伐同样判断,举赏亦依边等法得之。"③

在统治者的大力重视与劳动者的辛勤努力下,以防沙与取材为目的的灌区林业建设取得了很大的成就,到处林木交错,郁郁葱葱。④

蔬菜,西夏蔬菜品种较多,见夏、汉文《杂字》与《蕃汉合时掌中珠》记载的就有蔓菁、萝卜、胡萝卜、苦苣、茵陈、半春菜、马齿菜、菠菜、香菜、芥菜、葱、韭、蒜、茄子、瓠子、笋蕨、越瓜、春瓜、冬瓜、南瓜等。这些蔬菜或为当地汉族所种,或来自西域与南方。

---

① (宋)叶隆礼:《契丹国志》卷25,《晋胡峤陷北记》,四库影印本,第383~789页。
② 史金波、聂鸿音、白滨译:《天盛改旧新定律令》卷15,《地水杂罪门》,法律出版社,2000年。
③ 史金波、聂鸿音、白滨译:《天盛改旧新定律令》卷15,《地水杂罪门》,法律出版社,2000年。
④ 元丰四年随宋军到灵州城下的张舜民《西征诗》云:"灵州城下千株柳,总被官军斫作薪。他日玉关归去路,将何攀折赠行人。"见《嘉靖宁夏新志》卷3,《灵州守御千户所》。

三、农业生产工具与耕作技术的进步

西夏河套地区农业生产的发展还表现在生产工具与生产技术的先进。见于《番汉合时掌中珠》与《文海》二书的农具有犁、铧、耙、镰、锹、镐、子耧、石磙、碾、刻叉、簸箕、扫帚等。《文海》"犁"释:"犁铧也,耕用农器之谓也。"①这种木柄铁农具,如犁、耙、锹、镢在安西榆林窟西夏壁画中亦有形象的描绘,其形状类似近代农具,可见西夏的耕作工具已相当先进了。

农田耕作方法与宋代北方地区基本相同,首先,西夏人凭借故有而发达的畜牧业,广泛采用牛耕。《文海》"耧"释:"埋籽用,汉语耧之谓。"②"种"释:"撒谷物籽种田地之谓。"③说明播种主要有耧播与撒播两种。大致糜粟、小麦耧播,荞麦撒播,因为荞麦颗粒大而呈三角形,耧播下籽不畅,加之播种时要拌以灰肥,只能撒播,时至今日仍沿袭这种传统的播种方法。文献没有记载点播,但自秦汉以来就对来不及秋耕的茬地,用犁浅耕开沟,点下种子,西夏也可能存在这种播种方式。

此外,《文海》"渠"释:"挖掘地畴中灌水用是也。"④"地畴"释:"地畴也,畦也,开畦种田之谓也。"⑤"田畴"释:"田畴也,种田也,出粮处也。"⑥"开畦种田"是否畦种法,我们不得而知,但至少反映了农田耕作的精细程度。

汉代赵过总结出"代田法",把每亩地分成三甽(垄沟)三垄(垄台),每年互换位置,以休养地力。同时,把谷物种在垄沟里,待幼苗长起来后,把垄背的土推到沟里,这样作物入土深,能抗风旱,很适合西北干旱地区的农业生产,故"教边郡及居延城,是后边城、河东、弘农、三辅、太常民皆便代田,用力少而得

---

① 史金波、白滨、黄振华:《文海研究》,中国社会科学出版社,1983年,第479页。
② 史金波、白滨、黄振华:《文海研究》,中国社会科学出版社,1983年,第521页。
③ 史金波、白滨、黄振华:《文海研究》,中国社会科学出版社,1983年,第504页。
④ 史金波、白滨、黄振华:《文海研究》,中国社会科学出版社,1983年,第404页。
⑤ 史金波、白滨、黄振华:《文海研究》,中国社会科学出版社,1983年,第472页。
⑥ 史金波、白滨、黄振华:《文海研究》,中国社会科学出版社,1983年,第521页。

谷多"①。西夏时期可能仍延续这种耕作方法。

西夏农业生产工具与生产技术,首先是对前代的继承,除上述"代田法"外,还有铁农具与牛耕。唐代西北地区的牛耕与铁农具的使用已较为普遍,"诸屯田应用牛之处,山原川泽土有硬软,至于耕垦用力不同,土软处每一顷五十亩配牛一头,强硬处一顷二十亩配牛一头,即当屯之内有硬有软亦准此法。其稻田每八十亩配牛一头。诸营田若五十顷外更有地剩,配丁牛者所收斛斗皆准顷亩折除。"②唐朝的生产工具与耕作技术,必然对后来的西夏产生深刻的影响,或者说西夏的铁农具和牛耕与汉唐有着一定的承袭关系。

其次,受同时代宋朝的影响。宋朝是我国历史上农业生产高度发展的一个朝代,广大农民经过辛勤劳动,开垦了大量的田地,并因地制宜,创造了圩田(围田)、梯田、淤田、沙田等。铁耙、镢、铡刀、锄头、镰刀等生产工具的形制亦有所改进,轻巧耐用。铁制犁铧也多样化,以适合耕作不同的土质的需要。耕作技术比前代也有所进步,种粟后,"辗以辘轴,则地坚实",科木茂盛,稼穗长而颗粒饱满。种麦则注意"屡耘而屡粪"。种稻方面,对水田、旱田、晚田及山川原隰之地,都有不同的耕作方法,像水田种稻,耘田先要放水,不问有草无草,都要进行排擁,使稻根周围干干净净。在稻田里拔掉的杂草,随埋在秧根底下,作为肥料。等到地面干裂再灌水,这样可以使"田干水暖,草死土肥"。

宋朝还是我国农作物品种南北大交流的一个朝代,耕种粟、麦、豆在南方增多,水稻在北方较为普遍推广,特别是生长周期短、耐旱、不择地而生的"占城稻"在北方移植成功。这些先进的生产工具、耕作技术与优良品种,随着宋夏两国人民的友好往来,尤其是通过战争俘获和掳掠的汉人,源源不断地传到西夏境内。毫无疑问,西夏得汉人脆弱者,"迁河外耕作"③,不仅仅是增加劳动力的问题,而且具有普遍的技术推广意义,它对西夏农业生产的发展,起到了非常巨大的推动作用。

---

① 《汉书》卷24上,《食货志》。
② 《通典》卷2,《食货二·屯田》。
③ 《宋史》卷486,《夏国传下》。

其三，冶铁业与畜牧业推动了农业生产技术的进步与牛耕的普及。文献记载与出土文物证明，内徙不久的党项人在物质文化上已进入铁器时代，通过对外交换，能够打制简单的铁器。西夏建国后利用境内铁矿资源，设置专门机构，进行冶炼铸造。《文海》"铁"释："此者矿也，使石熔为铁也。"①《天盛律令》卷二十《罪则不同门》规定将部分罪犯配往官方"熔铁"处服苦役。《圣立义海》在"山之名义"中记载：巴陵峰，"黑山郁郁溪谷长，生诸种树，熔石炼铁，民庶制器"②。汉文史籍也有这方面明确的记述："横山亘袤，千里沃壤，人物劲悍善战，多马且有盐铁之利，夏人恃以为生。"③"西贼所恃，茶山铁冶、竹箭财用之府。"④

西夏铁器种类繁多，仅《天盛律令·物离库门》反映的就有镢头、斧头、钉七寸、五寸、四寸、三寸、二寸、斩刀、屠刀、铁罐、镰、城叉、推耙、铡刀、锹头、刀、剑、剪刀等。安西榆林窟西夏壁画中，有一幅《锻冶图》，描绘两人手举铁锤，共同对着一个铁砧锻打铁器，另一个人正在拉动一座形体高大的竖式风箱为锻炉鼓风。这种竖式双扇风箱能够"推拉互用，将风连续吹入锻炉，使炉膛始终保持所需高温"，表明西夏的冶铁技术已相当先进。⑤

冶铁业的发展，为农业生产提供了更多的铁农具，特别是铁制犁铧，而西夏的畜牧业比较发达，又不缺乏耕垦畜力，因此，在农业生产中普遍使用牛耕，《番汉合时掌中珠》与《文海》对此有着明确的记载。榆林窟西夏壁画《牛耕图》，描绘二牛挽一杠，耕者一手扶犁，一手持鞭驱车，形象生动逼真。20世纪70年代，在宁夏贺兰山麓西夏陵区101号墓甬道东侧出土了长1.20米、宽0.38米、高0.45米、重188公斤的镏金铜牛⑥，又从一个侧面给我们提供了使用牛耕的实物资料。

牛耕与铁犁推广为扩大耕地面积和深翻土地提供了条件，提高了劳动生

---

① 史金波、白滨、黄振华：《文海研究》，中国社会科学出版社，1983年，第487页。
② 罗矛昆等：《圣立义海研究》，宁夏人民出版社，1995年，第59～60页。
③ 《续资治通鉴长编》卷328元丰五年七月丙戌。
④ 《续资治通鉴长编》卷220熙宁四年二月壬戌。
⑤ 王静如："敦煌莫高窟和安西榆林窟中的西夏壁画"，《文物》，1980年第9期。
⑥ "介绍西夏陵区的几件文件"，《文物》，1978年第8期。

产率。正如恩格斯在《家庭、私有制和国家的起源》一书所指出的:"铁使更大面积的农田耕作,广阔的森林地区的开垦,成为可能。"[①]铁对农业提供了犁,犁完成了重大改革。可见,铁农具尤其是铁犁的广泛使用,使西夏农业生产水平跃进到一个崭新的历史阶段。

---

① 《马克思恩格斯选集》第 4 卷,人民出版社,1995 年,第 162 页。

西夏对宁夏古代城池的开发与建设

杨满忠

(宁夏大学西夏学研究中心,银川 750021)

宁夏古代的城池建设,发轫于西周,发展于秦、汉,崛起于大唐,鼎盛于西夏,衰落于元,复兴于明。来自于青藏高原的党项民族,为宁夏古代城池的开发建设作出了巨大贡献,尤其对都城兴庆府的建设,把宁夏古代城池开发推向了一个高峰。

一、西夏以前宁夏古代城池的开发与建设

宁夏古代城池建设,始于西周。《诗》曰:"天子命我,城彼朔方。"宋儒朱熹认为,"朔方,今灵、夏等州之地。"①秦惠文王时,首次在宁夏置县安民,修筑了乌支城(固原市原州区南部)、朐衍城(今盐池县张记场古城)。秦始皇时,逐匈奴于漠北,大将蒙恬在河套一带筑城44座(一作34座),并置县移民,屯军垦田,号为"新秦中"。其中在宁夏境内,筑有富平(今吴忠市北)、神泉障(今吴忠市西南)、塞外浑怀障(今平罗县陶乐镇西南)、朐衍、乌支等城池。这是宁夏大规模修建城池的开始。

西汉时,国力鼎盛,再逐匈奴族于漠北后,重修秦代城池,新筑三水(今同心县下马关红城水)、灵武(今青铜峡市邵岗堡西)、灵州(今吴忠市西北)、南典农(今青铜峡市邵岗褒西)、北典农(今银川市掌政镇洼路村)、上河(今永宁县西南)、廉县(治今贺兰县暖泉附近)、参㴲(?今同心县南部)、昫卷(读 xún

---

① 《诗经·小雅·出车》,见(宋)朱熹:《诗集传》,上海古籍出版社,1958年,第107页。

jùn,治今中宁县古城乡)等城,是宁夏古代城池开发建设的第一个重要阶段。西汉后期到东汉,国力衰弱,战事频繁,加之刘秀迁都洛阳,宁夏偏远,战略地位不再重要,城池建设处于停止状态。东汉后期"羌胡为乱,塞下皆空"[①],无行政建制达200年,使宁夏古代城池建设跌入了低谷。

东晋、北魏、西魏、北周时,是宁夏古代城池开发建设的第二个重要阶段。十六国时,赫连勃勃在今陕北靖边北修筑统万城,建立大夏国后,改灵州城为果园城,北典农城为丽子园城。北魏时改丽子园为怀远县,果园为薄骨律镇,并任刁雍为薄骨律镇将。同时修筑回乐(今吴忠市北)、鸣沙(今中宁县鸣沙镇)等城,又迁徙大夏赫连昌残部胡户于南典农城,号曰胡城,迁历下之民居历城(今陶乐县西南)。又设宏静镇(今永宁县望洪乡附近),移关东汉人屯田,俗曰汉城。薄骨律镇守将刁雍施政有方,功绩卓著。在宏静镇屯田储粮,修筑薄骨律仓城,诏赐为刁公城,同时"开艾山旧渠,通河水,溉公私田四万余顷"[②],使黄河灌区繁荣发展。

西魏时,新修临河郡(今永宁县东北,一说在平罗县境)、鸣沙等城,复筑灵州城。北周时,是怀远、灵州城开发建设的重要时期。北周建德三年(574年),移民2万户于怀远县,并升置怀远郡。[③] 宣政元年(578年),大将军王轨,破陈将吴明彻于吕梁,斩俘三万余人,"迁其人于灵州,其江左之人,尚礼好学,习俗相化,因谓之塞北江南"[④]。这是"江左文化"首次移入灵州,给灵州城市文化注入了新鲜血液,促使了"朔方"游牧文化与"江左"礼乐文化的交流融合。于是有了唐代诗人韦蟾的"贺兰山下果园成,塞北江南旧有名"[⑤]的著名诗句。

唐代是宁夏古代城池开发建设的第三个重要阶段。唐为经略突厥、铁勒、回鹘、党项、吐蕃等少数民族,修筑了大量的城池。唐肃宗继位于灵武,提升了

---

① (唐)李吉甫:《元和郡县图志》卷4,中华书局,1983年,第99页。
② (唐)李吉甫:《元和郡县图志》卷4,中华书局,1983年,第93页。
③ (宋)乐史:《太平寰宇记》卷36,载《四库全书》469册(史部·地理类),上海古籍出版社,1987年。
④ (宋)乐史:《太平寰宇记》卷36,载《四库全书》469册(史部·地理类),上海古籍出版社,1987年。
⑤ (唐)韦蟾:《送卢藩尚书之灵武》,载《全唐诗》卷566,中华书局,1960年,第6558页。

灵武的政治地位,更促使了城池建设的进一步发展。唐为经营池盐,新筑了温池县城(今盐池县惠安堡)。为安置吐谷浑王室,修筑了安乐州城(今同心县韦州镇)。"为行军计集之所",修筑了定远城(今平罗县姚伏镇),"后信安王祎更筑羊马城,幅员十四里"。① 为安置归附的铁勒、突厥等少数民族,修筑了高丽、燕然、六胡州等 11 个羁縻州城②。同时还修筑了丰安(今中宁县石空镇)、新昌(今平罗县北)、雄州(今中卫市城区附近)、萧关(今同心以南)等城。唐仪凤二年(677 年),怀远城(今银川市兴庆区掌政镇洼路村)为河水汛损,三年于故城西更筑新城③(今银川老城)。

五代、北宋时,中原战乱,宁夏偏远,城池开发建设停滞衰退,再次跌入低谷。五代时,怀远县城守将王彦忠居城反叛,遂废弃怀远县。北宋时,初设怀远县,后又废县为镇。咸平时"管蕃部六、汉户主、客二百三十"④,守军李赞"戍兵数不满百"⑤。就是当时的重镇灵州,"军民不翅六七万"⑥。

综上所述,西夏建国前,宁夏古代城池的开发建设,虽然经过了秦汉、北周、隋唐三个重要发展阶段,达到了一定的水平。但也有很多局限性。首先,宁夏北部是边关和农、牧交错地带,地处偏远,战争频繁,加之黄河游移改道,因此,城池是随着战乱和水害而时修时迁,时兴时衰。其次,宁夏远离大都长安、洛阳,属于小区域自我发展经济,虽有黄河之利,贺兰之险,灵州、高平(今固原市原州区)之重,但终是军事边关,非政治中心,所以城池的开发与建设,常处于先天不足的被动状态。其三,宁夏古代城池的开发建设,与历代政治中心转移关系极大。大凡都城在长安时,宁夏为护卫京城、抗击外敌入侵的军事重地,因而城池建设也进入重要发展期,如西周、秦、西汉、唐、北周。当都城东迁到洛阳、开封后,这里的军事战略地位就相对地不重要,城池建设就自然而

---

① (唐)李吉甫:《元和郡县图志》卷 4,中华书局,1983 年,第 96 页。
② (后晋)刘昫:《旧唐书·地理志》卷 38,中华书局,1975 年,第 1415 页。
③ (唐)李吉甫:《元和郡县图志》卷 4,中华书局,1983 年。
④ (宋)乐史:《太平寰宇记》卷 36,载《四库全书》469 册(史部·地理类),上海古籍出版社,1987 年。
⑤ (宋)李焘:《续资治通鉴长编》卷 49,咸平四年十月丁未,中华书局,2004 年。
⑥ (元)脱脱:《宋史》卷 265,《张齐贤传》,中华书局,1977 年,第 9155 页。

然地处于低谷期,如东周、东汉、魏晋、五代、宋。其四,西夏以前,宁夏古代城池的行政级别较低,最高为郡城。唐时灵州虽为朔方节度使所在地,也有过大都督府的时期,但城池仍属于州、县建制。直到党项族进入后,修筑兴庆都城,建立大夏王国,和平发展了216年,才第四次把宁夏古代城池的开发建设,推上了一个前所未有的高峰,并大大地超过了汉、唐时代。同时,他们以大夏都城为平台,以党项民族文化为基础,广泛吸收汉、契丹、回鹘、吐蕃、鲜卑、吐谷浑等多民族文化,创造了灿烂辉煌的西夏文化,为宁夏古代的城池建设和文化发展作出了巨大的贡献。

二、西夏对宁夏古代城池的开发与建设

1. 西夏都城——兴庆府城的开发与建设

兴庆府,初名兴州,是李德明所建,李元昊继位后改为兴庆府城,仁孝时改为中兴府。宋太平兴国七年(982年),宋太宗下令堕毁党项据守121年的夏州王城(今陕北靖边的统万城),并迁其民数千帐于银、绥一带,从而使夏州城遭到严重的破坏。997年,李继迁从宋朝手中夺回银(今陕北米脂以北)、夏(今陕北靖边)、绥(今陕北绥德)、宥(今内蒙古鄂托克前旗城川)四州八县后,进一步把对外扩张的矛头指向北宋西北重镇灵州(今宁夏吴忠市北)。宋咸平四年(1001年)九月,李继迁攻破定州(今平罗县姚伏镇)、怀远(今银川市)、保静(今永宁县望洪镇)、永州(今永宁县)。五年三月,最终攻克朔方重镇灵州,改为西平府,令弟李继瑗率众"立宗庙,致官衙,絜宗族"①,并将夏州王城迁于灵州,完成了党项民族第一个战略大转移。

灵州(西平府)虽然"北控河、朔,南引庆、凉,据诸路上游,扼西陲要害"②,但"地居四塞,我可以往,彼可以来。不若怀远,西北有贺兰之固,黄河绕其东南,西平为其障蔽,形势利便"③。于是李德明于宋天禧元年(1017年)六月,以

---

① (清)吴广成撰,龚世俊等校:《西夏书事校证》,甘肃文化出版社,1995年,第85页。
② (清)吴广成撰,龚世俊等校:《西夏书事校证》,甘肃文化出版社,1995年,第85页。
③ (清)吴广成撰,龚世俊等校:《西夏书事校证》,甘肃文化出版社,1995年,第120页。

怀远温泉山(贺兰山)显瑞龙呈祥为由,决定迁都怀远,"命贺承珍督役夫,北渡黄河筑城,构门阙、宫殿及宗社、籍田"①,天禧四年(1020年)冬十一月,城成,李德明率众"而居之,号兴州",取兴旺发达之意。从此,党项民族又完成了第二个战略大转移,既拥有了东障黄河,西固贺兰,北盾大漠,南卫萧关,银、夏为左臂,甘、凉为右膀的兴庆府城政治枢纽中心,又有"山水形胜","四塞险固","形势利便","攻守兼备"的军事战略要地。同时还以此为平台,依靠黄河灌溉和农业文明,拉开了党项民族吸收多元文化,创造西夏灿烂文明的序幕,并由此走向鼎盛与辉煌。

元灭西夏后,有关兴庆府城规模、格局的资料丧失殆尽,现能见到的唯一间接资料,是明宣德年间朱旃编的《宁夏志》。朱旃记到:"旧城未知筑自何代,城周回十八余里,东西长倍于南北,相传以为人形。"此后,一些学者以此材料为基础进行研究,但由于他们没有把兴庆府城与夏州城(统万城)、北宋汴京城(开封城)很好地结合起来,进行系统的对比研究,因而存在的一些历史疑难问题,始终没有得到很好的突破和解决。诸如:兴州城的方位为何偏离15度以上?格局为何是"东西倍于南北"?城和宫城的布局如何?等等。

笔者通过对兴庆府城与夏州城的调查对比,以及对汴京城资料的综合分析,认为李德明修筑兴庆府城时,既吸收了夏州城的格局与模式,又参照了汴京城的规模与布局。兴庆府城方位不正,偏位15度以上,是按照夏州城方位而筑;兴庆府城"坐北朝南","东城西郭","东西倍于南北",是全仿夏州城格局而作;兴庆府城"西南不满","西北突出","双水环抱",是参照夏州城的格局而建;兴庆府城宫城,在西城偏西北,也同于夏州宫城的位置。

当然李德明十分仰慕华风,"大辇方舆,卤簿仪卫,一如中国帝制"②,因此,在修建兴州城时,在行政机构布局方面自然吸收了汴京城的特点。据现存资料分析,兴庆府城分为东城、西城。中央大道(主街)从东城、西城中间穿过,又把东城、西城分为南北两部分。西城是宫城、行政机构所在地。宫城位于西

---

① (清)吴广成撰,龚世俊等校:《西夏书事校证》,甘肃文化出版社,1995年,第85页。
② (清)吴广成撰,龚世俊等校:《西夏书事校证》,甘肃文化出版社,1995年,第120页。

城的西北,《天盛律令·内宫待命等头项门》载,宫城有三门:车门(头道门)、摄智门(二道门)、摄智门中门(三道门)。中门内即皇家办公的政务大殿,大殿后有广寒门、南怀门、北怀门,北怀门后为皇帝、后宫住所。宫城内有寝宫、祖庙、祭坛、侍从住所、宗室小学,还有枢密院、中书省等。宫城西北有戒坛寺、马营、武库等。东城主要为民居、行市、作坊所在地。

李元昊时,兴庆府城的开发建设,再次进入辉煌的高潮。李元昊阴鸷雄峻、神武锐强,精通番、汉之语,又善绘画,明律法,好浮图,峻诛杀。他为了建立大夏王国,延揽人才,制礼革乐,建国号、创官制、立军名、别服饰、令秃发,"以本国语言,兴起蕃礼,制造文字,翻译经典,武功特出,德行殊妙,治理民庶,无可比喻"①。不但使兴庆府成为大夏都城,并迅速发展成为大夏国的政治、经济、文化中心。宋明道二年(1033年)五月,他"广宫城,营殿宇",设"飞龙苑,专管防护宫城,警捕盗贼"。②庆历六年(1046)四月,又在宫城之西"大作避暑宫,逶迤数里,亭、榭、台、池,并极其胜"。③同时,还以兴庆府为中心向周边辐射。在兴庆城东15里处,"役民夫建高台寺及诸浮图,俱高数十丈,贮中国所赐《大藏经》,广延回鹘僧居之,演绎经文,易为蕃字"④。又"大役丁夫数万,筑离宫与贺兰山,绵延数十里,台阁高十余丈,极为壮丽"⑤。还修建了西夏王陵和天都山离宫(在今宁夏海原县西安乡),同时,也可能对兴庆府周边的定远、怀远、临河、保静、灵武五座京畿卫城,进行过一定规模的修建。

李元昊被刺后,幼子谅祚继位。谅祚母没藏氏好佛,为贮宋仁宗所赐《大藏经》和西天高僧所进的佛手、佛中指骨、佛顶骨舍利,又于大夏福盛承道三年(1055年)冬十月,"役兵民数万,相兴庆府西城西偏","大崇精舍,中立浮

---

① 德国藏西夏文《妙法莲华经》的序文,《国立北平图书馆馆刊》4卷3号,前图版中柏林民俗博物馆藏佛经书影之二,又参见同书192页罗福苌译文。
② (清)吴广成撰,龚世俊等校:《西夏书事校证》,甘肃文化出版社,1995年,第133页。
③ (清)吴广成撰,龚世俊等校:《西夏书事校证》,甘肃文化出版社,1995年,第210页。
④ (清)吴广成撰,龚世俊等校:《西夏书事校证》,甘肃文化出版社,1995年,第212页。
⑤ (清)吴广成撰,龚世俊等校:《西夏书事校证》,甘肃文化出版社,1995年,第213页。

图"①。修建了著名的"承天寺","延回鹘僧登座演经"②。谅祚为了发展城市人口,还"尽发横山民族帐,徙之兴州"。夏仁宗时"崇儒学,禁奢侈,修国史,制新律,建太学,尊孔子为'文宣帝',增弟子员三千人,典章文物灿烂成一代宏规"③。新修的"太学"十分壮观,是京都的最高学府。西夏文士撰写《新修太学歌》大加赞颂:"无土筑城,天长地久光耀耀。除灰养火,日积月累亮煌煌。""天神欢喜,不日既与大明堂。人时和合,营造已成吉祥宫。""冬暖百树阁,装饰以宝,执缚狻猊□风□。""夏凉七级楼,图绘以彩,神祇交坐与云同"。④ 同时全国各地新修的"文宣帝(孔子)庙",也"殿庭宏敞,并如帝制"。⑤

兴庆府城,不但是党项西夏唯一的都城,也是宁夏历史上最大的城池。根据现存资料记载,西夏以前,宁夏历史上最大的城,是唐代信安王祎在定远废城(今平罗县姚伏镇一带)基础上筑的"羊马城","幅员十四里"。而李德明筑的兴庆府城,周回20里以上,其"东西倍于南北"、"坐北朝南"、"西南不满"、"双水环抱"、"位偏15度"的特点,优美的"人形"布局,以及筑城的技术、造型方法,更是"羊马城"无法比拟的。

2. 省嵬城的开发与建设

天圣二年(1024年)二月,李德明为了"驭舆诸蕃,膏腴樵牧",在定州北省嵬山西南,修筑了"省嵬城"(今石嘴山市惠农区庙台乡)。现省嵬城遗址尚存,但毁坏严重,城址为正方形,周回4.8里,面积0.36平方公里,墙基宽13米,残墙高15米,南墙中部有门,宽4.1米,长13.4米,有月城。是宁夏境内有文献记载的最早党项城池遗址。据笔者在省嵬城调查,省嵬城墙底基筑层厚15~20厘米,是用青、红沙、黏土、碳酸钙混合夯筑而成,色青红而牢固如石,坚可砺刀斧,上为黄土筑成。这种城墙基部的筑造技术,直接采用了统万城的筑基方法。省嵬城的修筑,一是保障了兴州北大门的安全,二是又"驭舆诸蕃、膏

---

① (明)胡汝砺:《嘉靖宁夏新志》卷二,《夏国皇太后新建承天寺瘗佛顶骨舍利轨》,宁夏人民出版社,1982年,第153页。
② (清)吴广成撰,龚世俊等校:《西夏书事校证》,甘肃文化出版社,1995年,第226页。
③ (清)吴广成撰,龚世俊等校:《西夏书事校证》,甘肃文化出版社,1995年,第453页。
④ 聂鸿音:"西夏文《新修太学歌》考释",《宁夏社会科学》,1990年3期。
⑤ (清)吴广成撰,龚世俊等校:《西夏书事校证》,甘肃文化出版社,1995年,第416页。

腴樵牧",保证了这一带社会的稳定。

3. 天都山离宫的开发与建设

天都山是著名的半农半牧区,山上"云雾不退,谷数源泉,山下耕灌"①,同时,交通便利,攻守兼备,南拒镇戎(今固原市原州区),北固西寿(今中卫市中宁县喊叫水乡),东障会州(今甘肃省靖远县)、西援静塞(今同心县韦州镇北)、萧关(今海原县高崖乡),"为镇、会之咽喉,甘、凉之襟带"。与西寿、萧关互为犄角,是护卫灵、兴通往河西、兰州的咽喉要道,也是进攻宋镇戎军一带的重要军事要地。李元昊占据后,屯兵聚民,修文备武,迅速铺开了宋夏战争史上惊心动魄、鬼哭神泣、瑰丽奇幻的画卷,也迎来了天都山一带城池、堡寨开发建设的繁荣和发展。宋夏著名的好水川、定川堡之战,就是在这里策划实施的。西夏内部残酷的权力争夺,都是在这里开始的。宋夏长达百余年的犬牙交错的拉锯战,都是以这里为导火索的。

夏天授礼法延祚五年,宋庆历三年(1042年)八月,李元昊,为稳固政权,窥视关中,实现南下战略,于庆历二年(1042)八月,在天都山营建了极其壮丽的"离宫",并纳"没移氏以居其中"②。从此,天都山离宫不仅仅是"国主游幸处",更重要的是成为进攻宋秦凤路、泾原路的前沿军事指挥中心和屯军根据地。李谅祚时期,天都山离宫已发展为规模宏大的南牟会城,"内有七殿,府库、官舍皆备"③,极壮丽。李秉常时,被宋将李宪全部焚毁,宋元丰五年(1082年)正月,夏相梁乙埋重修时,又"近天都创立七堡,量兵为守"④。元符二年(1099年),宋将折可适再次攻破后筑南牟会新城,诏赐为西安州,建有宋四大粮仓之一的裕边仓。此后,西安州一直为宋所有,同时,西夏筑的"石门峡堡"(今固原市原州区三营镇毛家台子)、"没烟峡垒"(今固原市原州区黑城镇至海原县郑旗乡一带)一带,也被宋军夺回,宋军在石门峡口处修筑为平夏城,后展为怀德军,从此,西夏失去天都山根据地后,逐渐走向衰落。

---

① (俄)克恰诺夫、李范文、罗矛昆:《圣立义海研究》,宁夏人民出版社,1995年,第60页。
② (清)吴广成撰,龚世俊等校:《西夏书事校证》,甘肃文化出版社,1995年,第186页。
③ (宋)李焘:《续资治通鉴长编》卷319,中华书局,2004年。
④ (清)吴广成撰,龚世俊等校:《西夏书事校证》,甘肃文化出版社,1995年,第293页。

天都山是古人类生活的重要地带,既有南华山、曹洼、菜园等新石器时代遗址,也有汉唐时期匈奴、鲜卑、突厥、吐蕃等民族活动的足迹,但真正设行政建制的却是西夏王朝。是李元昊首先为天都山城池、寨、堡的开发建设作出了重要的贡献,结束了天都山一带无行政建制的历史,也迫使北宋对这一带进行了大量的开发与建设。西夏时,天都山一带修建了元昊离宫(后为南牟会城)、天都七寨、"没烟前、后峡垒"、"石门峡堡"等城池、寨、堡数十处。宋军也先后在这一带,修筑60余处城池、寨堡。较著名的有西安州城(今海原西安古城)、平夏城(今原州区黄铎堡古城)、三川寨(今原州区彭堡镇隔城子)、定川寨(今原州区大营城),宋夏榷场高平寨等。这些城池、寨堡的遗址至今犹存,它们既是当时宋夏战争的产物,也是当时城池、堡寨开发建设的历史见证,尤其是南牟会城遗址,呈正方形,周围五里六分,高阔各三丈二尺,壕深阔与城等,是目前宁夏境内保存较好的西夏古城。

4. 韦州城的开发与建设

今同心县韦州镇是西夏东南路的重要的军事屏障,也是中国历史上多民族融合的居集之地。自然环境优美,"地土高凉,人少疾病"[1],西有大蠡山,南有小蠡山,东有东湖,东湖北有鸳鸯湖。"水甘土沃,有良木、薪秸之利。约葫芦、临、洮二河,压明沙、萧关两戎,东控五原,北固峡口,足以襟带西凉,咽喉灵武"[2]。大唐咸亨三年(672年),为安置内附的吐谷浑王慕容诺曷钵及其亲信,在此设立安乐州,后敕为威州,领鸣沙、温池(今盐池县惠安堡)两县。五代时,迁威州于方渠镇(今甘肃省环县)后,此地逐渐衰落,北宋初因未设行政建制,更趋荒凉。直到宋咸平五年(1002年)李继迁占有灵州后,遂为党项所有。

李元昊建立西夏国后,为控扼镇戎、萧关、环庆要路,护卫西平、兴庆安全,呼应萧关、天都、鸣沙,在唐威州西更筑韦州新城,置静塞军司。其子谅祚继位后,改为祥祐军。现古城遗址,南距韦州一公里,城呈正方形,"周回三里余"[3]。今实测,东西为571米,南北为540米,设马面,辟四门,南门有瓮城。

---

[1] (明)胡汝砺:《嘉靖宁夏新志》卷3,宁夏人民出版社,1982年,第212页。
[2] (元)脱脱:《宋史》卷277,《郑文宝传》,中华书局,1977年,第9426页。
[3] (明)胡汝砺:《嘉靖宁夏新志》卷3,宁夏人民出版社,1982年,第212页。

城墙马面共 49 座,间距 43 米,总面积 307 800 平方米。城内现有西夏古塔两座,号为康济寺塔,一座为 13 层八角密檐式砖塔,另一座为喇嘛教式墓塔,俗称小白塔。

由于韦州军事战略地位十分重要,既是宋夏战争的前沿阵地,又是宋夏贸易的地带,南有宋夏贸易的和市——折姜会(今同心县马高庄东),西北鸣沙有"储粮百万石"的西夏御仓①,西南有萧关、天都、西寿保泰军,北有耀德城、溥乐城等。西夏曾在这里集兵十万,进攻宋镇戎军(今固原市),并取得了重大的胜利,为当地经济、文化的发展起到了重要的促进作用。

5. 灵州城的开发与建设

灵州是党项族从陕北进入宁夏的第一个王城,从历史上,灵州作为政治、经济、军事文化的发展中心,要比怀远城(今银川)早得多。秦始皇时就是富平县(今吴忠市北)所在地。汉惠帝四年(公元前 191 年)始设灵州,赫连勃勃时改灵州作为果园城。北魏时先改为薄骨律镇,后改为灵州。北周时,灵州管辖的面积相当今天的宁夏平原。隋大业三年(607 年)改灵武郡。唐武德元年(618 年)改灵州,并置总管府,七年(624 年)改为都督府。唐开元九年(721 年),置朔方节度使,统七军府。唐至德元年(756 年),唐肃宗继位于此,改大都督府。五代时诸侯割据,灵州发展受限。北宋初,灵武军民才六七万人,发展更加缓慢。

李继迁攻占灵州后,"立宗庙、置官衙、契宗族",并迁夏州王城于灵州,使灵州城焕然一新。李德明继位后,又在灵州发展了 16 年,迁入兴州后,灵州仍成为京城东南最重要的军事屏障,是西平府所在地。李元昊建立大夏王国后,为加强防卫,在灵州设翔庆军司,以 5 万精兵来护卫。李德明、李元昊、以及李谅祚、李秉常、李乾顺时,肯定对灵州城进行过大规模的修缮,但现无资料佐证。直到西夏天盛十七年(1165 年)五月,仁宗李仁孝的宰相任得敬格"役夫十万大筑灵州城,以翔庆军监军司所为宫殿"②。后任得敬妄图分裂国家的阴

---

① (宋)李焘:《续资治通鉴长编》卷 318,中华书局,2004 年,第 7697 页。
② (清)吴广成撰,龚世俊等校:《西夏书事校证》卷 37,甘肃文化出版社,1995 年。

谋败露,被诛灭族。

　　灵州是西夏第二政治、军事、经济、文化中心,其城池的建设规模远远超过了唐、宋时期。单从城市人口和兵力来讲,以盛世著称的唐开元年间,灵州共有"9 606 户"人。"朔方节度管兵 64 708 人,马 24 300 匹。灵武郡城内,管兵 20 700 人,马 3 000 匹"①,北宋时,军民才六七万人。而西夏元昊时,仅驻防精兵就达 5 万人②,护卫城市及周边居民最少在 10 万人以上,远远超过唐代和北宋人口。根据党项全民皆兵的特点,西夏灵州能参战的兵马数,也远超过唐朔方节度使的规模。据《续资治通鉴长编》载,宋元丰四年(1081 年)十一月,宋将高遵裕集鄜延、环庆两路"兵及夫三十万有奇","围攻灵州,十有八日不能下",③后损将折兵,败溃而去。宋宝庆二年(1226),西征归来的成吉思汗大军,驻兵六盘山,派大将木华黎,三子窝阔台,四子拖雷等围攻灵州。灵州西夏守军与蒙古军展开了生死存亡的决战。据《多桑蒙古史》记载:蒙夏灵州大战,是蒙古军攻城历史上最惨烈的一战,后蒙古军虽攻破了灵州,但夏军死 7/10,蒙古军也死 3/10。由此可见,灵州城池之坚固,西夏兵马之强盛勇悍。

三、几点认识

　　历史证明,某一地区城池、堡寨的建设,是某一地区经济文化开发建设的基础,行政建制的依托。相反,没有相应的行政建制,就没有相应的城池、堡寨的开发和建设。党项西夏对宁夏古代城池堡寨的开发与建设,首先是建立在国家政治强大的基础上,建立在行政设置的基础上,是与州、郡、县、镇、堡、寨的军政设置同步进行的。因此,其特点体现在两个方面,一是对宁夏古代原有城池的修复和利用,二是根据国家行政辖区的需求新筑。据西夏《天盛律令》载,西夏最盛时"有 3 府、2 州、17 监军司、5 军、2 郡、9 县、35 城堡寨"。在这 35 城堡寨中,一大部分是原有城池的修复和利用。如宁夏境内的有灵州、盐

---

① (唐)李吉甫:《元和郡县图志》卷 4,中华书局,1983 年,上册 91~92 页。
② (元)脱脱:《宋史》卷 496,《夏国传》,中华书局,1977 年。
③ (宋)李焘:《续资治通鉴长编》卷 319,中华书局,2004 年。

州、会州、南威州、定州、怀州、永州、韦州等。一部分是党项西夏新筑,如李德明时期兴州城、省嵬城,李元昊时期的天都山离宫、高台寺城、贺兰山离宫、西夏王陵,李谅祚时期的承天寺,秉常时期的南牟会城、天都七堡,乾顺时期的没烟峡垒、石门峡堡等。

客观地说,党项族驻足宁夏,建立王国的 200 余年中,对宁夏城池开发建设作出了巨大的贡献。尤其是兴庆府都城,是一个光辉的典范,它既是党项民族积极进取,努力奋斗的产物,也是党项族政治、经济、军事、文化发展的辉煌标志,代表了党项筑城史上的最高水平。

西夏王朝对丝绸之路的经营

彭向前

(宁夏大学西夏学研究中心,银川 750021)

西夏地处辽(后来是金)、宋、吐蕃、回鹘之间,河西走廊在西夏控制之下长达 191 年,其统治者号称"丝绸之王"[1],对 10~13 世纪的西北陆上丝路贸易不能不产生重大影响。由于史籍的缺载,在 20 世纪 80 年代以前,一般都认为西夏的存在阻断了中原与西域的联系,传统丝路在西夏境内断绝。之后随着西夏文献《天盛律令》的公布,人们发现其中有反映西夏与大食和西州回鹘友好、贸易关系的法律条文,始知所谓西夏阻断丝路的观点是错误的,由陈炳应先生首倡其说,转而普遍认为西夏时期丝路贸易基本上是畅通的。在这个前提下,对西夏经营丝绸之路有了更为深入的认识,如对"重税"政策的考辨,西夏的强盛得力于对丝绸之路的控制,居延路依然发挥沟通东西的功能等[2]。本文在前人研究的基础上,对西夏经营丝绸之路的措施作了全面总结,并把它们放在辽宋西夏金时期西北民族关系大背景下进行考察,认为这些经营措施为西夏自身带来巨大的利益,在客观上也有利于东西方物质、文化交流,但必须清醒地认识到,西夏王朝对丝绸之路的经营自始至终要受西北民族政权分立这个历史环境的制约。不妥之处,敬请指正。

---

[1] 弭药人将其君王取名为"当贵杰波(tang kus rgyal po)","当贵"一词是藏语中"达阔(dar gos)"的变音,木雅话中现在仍把绸缎叫做"当贵"。参见木雅·贡布著,孙文景译:"从吐蕃先民嘎(gha)党(ldong)两氏族繁衍看藏弭药(木雅)"(第二届西夏学国际学术研讨会提交论文),2005 年。

[2] 陈炳应:"西夏的丝路贸易与钱币法",《中国钱币》,1991 年第 3 期;钱伯泉:"西夏对丝绸之路的经营及其强盛",《西北民族研究》,1993 年第 2 期;李学江:"西夏时期的丝绸之路",《宁夏社会科学》,2002 年第 1 期;杨蕤:"关于西夏丝路研究中几个问题的再探讨",《中国历史地理论丛》,2003 年第 4 辑。

一、西夏经营丝绸之路的措施

作为内陆国家的西夏王朝无时不把对丝绸之路的经营放在首位,为最大限度地获得丝绸之路贸易的丰厚利益,在攻占河西地方并稳定局势后采取了一系列的经营措施。

1. 积极利用前代遗留下来的丝绸古道

在前代遗留下来的丝绸古道中,西夏对丝绸之路主干道河西路的利用毋庸赘言,需要着重指出的则是居延路。由汉经唐到西夏,都对居延这一交通枢纽特别重视,汉置居延县,唐设宁寇军,西夏于建都立国前夕在此设置黑水镇燕监军司。实际上西夏很早就占据了黑水城,根据日本学者长泽俊和考证,当在1026～1027年左右。① 此处出土的众多文献、文物,尤其是西夏文、汉文、藏文、回鹘文、突厥文、波斯文、叙利亚文、女真文、蒙古文等多语种文献,应该是黑水城地区曾经与外界有过频繁交流的产物。而"西夏文天盛廿二年卖地文契"表明黑水城附近有回鹘民众存在②。宋代以降,回鹘人成为丝绸之路贸易的主宰,他们的出现使黑水城具有丝路驿站的性质更加明显。此外,在内蒙古西部发现的一系列西夏古城,如高油坊古城,位于内蒙古自治区巴彦淖尔盟临河县东北约40公里处,北距狼山口15公里。1958年在该城东门内出土大批严重锈蚀的铁钱,其中少数尚可辨读为"乾祐通宝"。"乾祐"是西夏仁宗仁孝的年号,时间为1170～1193年。1959年在古城东北角出土金银器27公斤;1966年又在该窖藏附近发现一影青小瓷罐,内藏金器约250克。③ 上述文物表明,高油坊古城不单纯是一个军事城堡,还兼具商业贸易的功能。从包头往西,沿途还发现有宿亥古城、狼山口古城、西勃图古城等④。这些城址在

---

① (日)长泽俊和著,钟美珠译:"西夏之侵入河西与东西交通",《丝绸之路史研究》,天津古籍出版社,1990年。
② 黄振华:"西夏文天盛二十二年卖地文考释",《西夏史论文集》,宁夏人民出版社,1984年。
③ 陆思贤、郑隆:"内蒙古临河县高油坊出土的西夏金器",《文物》,1987年第11期。
④ 杜玉冰:"西夏北部边防与古城",《首届西夏学国际学术会议论文集》,宁夏人民出版社,1998年。

西夏北部边境呈东西向排列在一起,这种城镇分布格局表明西夏时期的居延路仍然发挥着重要的桥梁作用。①《金史》中有"大定中,回纥移习览三人至西南招讨司贸易"②的记载,金西南招讨司治所在丰州(呼和浩特东的白塔城),从最佳路线来考虑,应该走的就是"高昌—黑水城—丰州"一线。

2. 开辟新丝路

西夏时期新开辟的丝路主要是指通辽"直路"。西夏向辽国称臣后,由兴庆府开"直路"直达辽上京临潢府,这是继秦始皇、隋炀帝之后开辟的又一条直道。《辽史·地理志》记载:"河清军。西夏归辽,开直路以趋上京。重熙十二年建城,号河清军。徙民五百户,防秋兵一千人实之。属西南面招讨司。"③由此可知西夏境内的通辽"直路"以兴庆府为起点,出境后与辽河清军城址(内蒙古自治区伊盟东胜市东北)相接。关于这条路线,史无明确记载,仅《隆平集》卷二十简略提到:"其地东西二十五驿,南北十驿,自河以东、北十有二驿,而达契丹之境。"④庆幸的是《西夏纪事本末》卷首所附《西夏地形图》详细标注了此条驿道,共有 12 个驿站,恰与《隆平集》吻合。《西夏地理研究》认为这条驿道的具体走向可描述如下:由兴庆府向东到怀州,在横城渡过黄河,然后向东北穿过鄂尔多斯,至辽国的河清军。⑤ 既然是直道,交通便捷,那么西域商人由夏入辽利用最频繁的莫过于这条驿路了。在夏金对峙期间,双方交聘极为频繁,由于金朝定都中都,随着都城位置的北移,利用的应该也是这条驿路。《松漠纪闻》中有关于回鹘商人经过西夏到辽、金进行贸易的记载详见下文。这些"过夏地"的回鹘人,除走居延路外,剩下的只能取道河西走廊,经兴庆府沿"直路"进入辽、金。地下出土文物也可以间接地证实这条商路的存在。如内蒙古伊金霍洛旗先后发现几批西夏窖藏文物。⑥ 尤其是乌审旗陶利

---

① 杨蕤:"关于西夏丝路研究中几个问题的再探讨",《中国历史地理论丛》,2003 年第 4 辑。
② 《金史》卷 121,《粘割韩奴传》。
③ 《辽史》卷 41,《地理志》。
④ 曾巩:《隆平集》卷 20,文渊阁四库全书影印本。
⑤ 王天顺主编:《西夏地理研究》,甘肃文化出版社,2002 年,第 186 页。
⑥ 高毅、王志平:"内蒙古伊金霍洛旗发现西夏窖藏文物",《考古》,1987 年第 12 期。

窖藏和土默特右旗马留村等地均发现大量西夏钱币①。

此外,由兴庆府通往河西走廊这一段也是西夏时期新辟的。以往西域诸国经河西走廊,取道灵州入贡于宋,西夏建都立国后,兴庆府的交通地位超过灵州而成为东西往来的重镇。《西夏地理研究》在描述兴庆府的交通地位时说,河西走廊为传统中西交通所必经之地,西夏定都兴庆府后必然正式开辟驿路通河西,其具体走向是:从兴庆府西至贺兰山东麓,经"西夏祖坟"(今西夏陵)向南,沿黄河西岸至雄州(中卫县),再经鸡勒会(待考)至凉州。② 然后经甘州、肃州、瓜州、沙州通西域。

3. 和睦西邻,实行商业优惠政策

西夏立国后为保持丝路的畅通,以从中获取丰厚的利益,对同样处于丝绸之路上的西邻,采取了睦邻友好的政策。回鹘西迁后建立起三大回鹘汗国政权:甘州回鹘、西州回鹘和喀喇汗王朝。1028 年甘州回鹘汗国为西夏所灭。1036 年西夏挥师西进,夺取瓜、沙、肃三州后,西州回鹘汗国便成了西夏的西部近邻。宋宝元二年,即夏天授礼法延祚二年(1039 年),元昊遣使以称帝入告,表章中称"衣冠既就,文字既行,礼乐既张,器用既备,吐蕃、塔塔、张掖、交河,莫不从伏"③,"交河"即指西州回鹘。说明西夏建国伊始,西州回鹘迫于西夏的强大,吸取甘州回鹘与西夏为敌而遭到灭亡的教训,与西北其他民族一道,对西夏采取了臣服的政策。西夏对西州回鹘也格外优待,《天盛律令》卷 7《敕禁门》规定,在特殊情况下可供给西州回鹘、大食使者、商人驮物牲畜、粮食、弓箭等敕禁物;对他们违法购买敕禁物品时的处罚也较别国使者、商人为轻。出于共同维护丝路贸易的需要,西夏与西州回鹘配合默契,双方建立起比较友好、密切的政治关系和正常、互惠的贸易渠道。对处在更远的喀喇汗王朝,西夏也曾一度采取和平共处的政策。宋元丰五年,即夏大安八年(1082

---

① 伊克昭盟文物工作站、乌审旗文物保管所:"内蒙古乌审旗陶利出土西夏窖藏古钱",《内蒙古金融研究》,1989 年第 3 期;史银堂:"内蒙古土默特右旗马留村发现西夏钱币",《考古》,1995 年第 1 期。

② 王天顺主编:《西夏地理研究》,甘肃文化出版社,2002 年,第 187 页。

③ 《宋史》卷 485,《夏国传上》。

年),夏西南都统、昂星嵬名济乃致书宋边臣求和,书中有:"况夏国提封一万里,带甲数十万,南有于阗作我欢邻,北有大燕为我强援,若乘间伺便,角力竞斗,虽十年岂得休哉!"①其中不免有夸大之词,但至少可以说明西夏是愿意与喀喇汗王朝和平共处的。然而喀喇汗王朝与西夏处于敌对关系,曾经多次与北宋王朝联手夹击西夏,并没有成为西夏的"欢邻"。这是受宋夏矛盾支配的结果,从西夏经营丝绸之路的总方针来看,并非西夏王朝的本意。在夏金对峙期间,由于夏金关系比较稳定,西域诸国与中原王朝夹攻西夏的战争不复出现,二者的敌对关系便宣告结束。宁夏灵武瓷窑堡西夏遗址出土一枚喀喇汗王朝铜币,所反映的应该是,在夏金对峙时期喀喇汗王朝与西夏在河西路有着直接的商业往来。② 即便在已占领的瓜、沙地区,西夏王朝也作出很大的让步,对沙州回鹘实行羁縻政策,允许他们有自己的政权、军队和外交、贸易权。③ 羁縻关系比敌对关系更有利于丝绸之路贸易的进行。

4. 驻军保护丝路驿站,抽取关税

西夏在各地设立的监军司不仅是为了防范外敌的入侵,显然兼有控制这一地区商业贸易的意图,如黑水镇燕监军司控制着居延路。而前述高油坊古城规模比黑水城址大一倍多,其所在的地理位置与《西夏地形图》所标出的黑山威福军司基本吻合④,看来黑山威福监军司西与黑水镇燕监军司相呼应,共同控制着从西域经居延进入辽金一线。位于庄浪河与祁连山地之间的卓啰和南监军司、位于西凉府的右厢朝顺监军司、位于甘州的甘肃监军司、位于瓜州的西平监军司控制着河西大道。西域商人取道河西走廊,经兴庆府到达宋都汴梁的道路,从《西夏地形图》上看有两条,一条是"国信驿路",一条是由兴庆府经夏、绥二州至汴梁的驿道。位于宥州的嘉宁监军司和位于石州的祥祐监军司就分别坐落在这两条路线上。西夏就是这样严密控制着境内的丝绸之

---

① 《宋史》卷486,《夏国传下》。
② 彭向前:"论西夏丝路贸易的阶段性",《固原师专学报》,2005年第5期。
③ 关于西夏与沙州回鹘的关系,目前学界有两种意见。一种认为1036年西夏攻占瓜、沙后,不久就被沙州回鹘赶走,后重新占领,二者是敌对关系;一种认为西夏对沙州回鹘采取羁縻政策。本文采用后者。参见陈炳应:"西夏与敦煌",《西北民族研究》,1991年第1期。
④ 宋耀良:"西夏重镇黑山城址考",《宁夏社会科学》,1993年第5期。

路,并以地主的身份依靠抽取关税而自肥。根据《松漠纪闻》记载:"(回鹘)为商贾于燕,载以橐它过夏地,夏人率十而指一,必得其最上品者,贾人苦之。后以物美恶杂贮毛连中,然所征亦不赀。其来浸熟,始厚贿税吏,密识其中下品,俾指之。"①此段文字是南宋初年出使金朝遭扣留15年、熟谙松漠情况的洪皓所记之见闻,想必在辽代也是如此。据此可知,西夏对过境商贾征收1/10的商税,这应该是一种定制。以往有人认为西夏商税过重,"贾人苦之",被迫绕道青唐或取海道入贡于宋。这是基于西夏阻断丝路贸易的错误认识而得出的结论,与实际并不相符。即便绕道青唐政权的商贾,也要交纳1/10的商税,所谓"货到每十橐驼税一"②。陈炳应先生通过将西夏的税率与宋朝、大食巴士拉等进行比较,认为当时许多国家的税率都在1/10左右,自然不能说西夏的税率太重。更何况经过一段时间的摸索后,途经西夏的商人们又找到了减税的办法,"后以物美恶杂贮毛连中,然所征亦不赀。其来浸熟,始厚贿税吏,密识其中,俾指之",即通过贿赂西夏税吏,以最差的物品充税,从而使税率远低于1/10。因此,税率问题不至于对西夏丝路贸易有严重影响。③

5. 开发土特产品,投放国际市场

西夏在对外贸易中,还特别重视对本国特色产品的开发。西夏各山区盛产优质的大黄,根大味浓。西北地燥,人多肉食,夏秋之间多便秘或感染时疫,非大黄不能医治。蒙古攻破西夏灵州,耶律楚材专门搜取大黄,为上万的蒙古军治疗疾病。④ 因此大黄的贩卖应是西夏对外贸易的土特产品中的强项。元初马可·波罗东行,即见西夏河西所产的大黄输往西方的情况:"前此所言之三州(即沙州、哈密州、欣斤塔剌思州)并属一大州,即唐古忒也。如是诸州之山中,并产大黄甚富,商人来此购买,贩售世界。"⑤马可波罗所记,虽然是元初之事,但此时距西夏灭亡不远,所反映的应该是西夏时期的贸易情形。

---

① 洪皓:《松漠纪闻》,文渊阁四库全书影印本。
② 张舜民:《画墁录》卷1,文渊阁四库全书影印本。
③ 陈炳应:"西夏的丝路贸易与钱币法",《中国钱币》,1991年第3期。
④ 《元史》卷146,《耶律楚材传》。陶宗仪《辍耕录》卷2有相同记载。
⑤ 冯承钧译:《马可·波罗行记》第六十章,上海世纪出版集团,2001年。

西夏输出的土特产品中还包括部分畜产品及其副产品。如《天盛律令》卷19《畜患病门》记载"马院所属熟马、生马及予汉、契丹马中之患疾病、生癞者,当告局分处,马工当遣医人视之",可知西夏贩往金、西辽的商品中有一定数量的马匹。《马可·波罗行记》中记载,西夏故都兴庆府"城中制造驼毛毡不少,是为世界最丽之毡;亦有白毡,为世界最良之毡,盖以白骆驼毛制之也。所制甚多,商人以之运售契丹及世界各地"①。

6. 大做转手贸易

西夏占据丝绸之路的孔道,地处东西方之间,得天独厚的"地利"条件使转手贸易成为其对外贸易的主要特征。许多产品并非西夏所产,经西夏中转后,或东进辽、北宋、金,或西入西域、中亚。茶叶和丝绸是西夏向西中转的重要商品。如西夏从宋朝获得茶叶,转手卖给西北其他少数民族,"以茶数斤可以博羊一口",故"惟茶最为所欲之物"。② 西夏每年通过岁赐、回赐、贸易等途径从北宋获得大量丝绸。苏轼曾说过:"(西夏)每一使至,赐予、贸易,无虑得绢五万余匹。归鬻之其民,匹五六千,民大悦。一使所获,率不下二十万缗,使五六至,而累年所罢岁赐,可以坐复。"③西夏法典《贞观玉镜将》和《天盛律令》规定,以丝绸、银两、茶叶来奖励有功的文臣、将士,可以看出丝绸之类的物品不是人人所能轻易得到的。其境内丝绸的商品率不可能很高,从北宋带来的丝绸应是卖给境内外的商贾,通过他们再向西贩运。

西夏从西方购买、转手卖给东方的产品种类繁多,基本可以认定的计有乳香、安息香、檀香、木香、沉香、麝香、硇砂、玉石、珊瑚、玛瑙、琥珀、琉璃、玻璃、白氎等。④ 西夏文献中汉文本《杂字》、西夏文本《杂字》、《番汉合时掌中珠》、《天盛律令》、《文海》等都有关于这些来自西方的产品的记载。⑤ 上述物品的来源不外乎有两个,一是西夏从过境的西方商人中以关税的形式抽取的,一是

---

① 冯承钧译:《马可·波罗行记》第七十二章,上海世纪出版集团,2001年。
② 《续资治通鉴长编》卷149,庆历四年五月甲申。
③ 《续资治通鉴长编》卷405,元祐二年九月丁巳。
④ 杨蕤:"西夏外来商品小考",《宁夏社会科学》,2002年第6期。
⑤ 杜建录:《西夏经济史》,中国社会科学出版社,2002年,第54~63页。

西夏商人直接从西方购买的,西夏起到中转贸易的作用。

二、对西夏经营丝绸之路的认识

在分裂割据局面下,西夏王朝为获取丝路丰厚利益而采取的一系列经营措施是灵活务实的,并具有深远的影响。西夏及时调整民族政策和对外政策,羁縻沙州回鹘,与西邻和平共处。西夏在丝路贸易上所起桥梁作用,主要因有西州回鹘的帮助、合作而表现出来。在夏金对峙时期,与喀喇汗王朝也有着直接的商业往来。实行商业优惠政策的目的很明显,意在招徕西州回鹘、大食商人,此举对西域商人颇具吸引力。经河西走廊入贡于宋的多为西州回鹘,而文献资料表明,起初西州回鹘有时也走青海道,"厮啰居鄯州,西有临谷城通青海,高昌诸国商人皆趋鄯州贸卖,以故富强"①。但到北宋末年,便有回鹘贡使"往来皆经夏国"的记载:"然回鹘使不常来,宣和中,间因入贡散而之陕西诸州,公为贸易,至留久不归。朝廷虑其习边事,且往来皆经夏国,于播传非便,乃立法禁之。"②驻军保护丝路驿站则是分裂割据局面在西夏经营丝绸之路上打下的鲜明烙印,为官府抽取巨额关税提供了保障。西夏在积极利用前代遗留下来的丝绸古道的同时,还开辟新丝路,包括西夏通辽"直路"在内的横贯鄂尔多斯的通道,其突出意义表现在把东西向的河西路与居延路连接在一起。正如长泽俊和所指出的:"金以后,元、明、清历代王朝的首都都在燕京,而这条河西—鄂尔多斯—蒙疆—燕京的贸易路线,随着时代的推移变得越发重要。"③

在西夏王朝的苦心经营下,丝路贸易为其自身带来巨大利益。西夏地处西北一隅,抗衡宋、辽、金,因丝路贸易而增强的社会经济,无疑是其政治和军

---

① 《宋史》卷492,《吐蕃传》。
② 《宋史》卷490,《回鹘传》。当宋神宗时北宋对西夏由战略防御转入战略反攻后,喀喇汗王朝积极响应,多次配合宋军进攻西夏,笔者认为,北宋末年这些"往来皆经夏国"的贡使只能是西州回鹘所遣。
③ (日)长泽俊和著,钟美珠译:"西夏之侵入河西与东西交通",载《丝绸之路史研究》,天津古籍出版社,1990年。

事力量的重要支柱。而西夏客观上在内地与西域及欧亚之间所起的桥梁作用,从其转手贸易的物品可以清楚地看出。西夏不仅是丝绸之路上最大的贸易中转站,也是丝绸之路上重要的文化中转站。如大批精通汉、藏、西夏语,并具有较高佛学修养的回鹘僧人深入西夏,在带来回鹘大乘佛教的同时,又为西夏统治者把汉、藏文佛经译成西夏文。西夏境内的丝绸之路也是伊斯兰教传入中国的重要路径。总之,西夏王朝在丝绸之路上的优势地位是不容忽视的,在 10~13 世纪东西方物质、文化交流中起着重要的媒介作用。

　　当然,对西夏王朝经营丝绸之路的历史局限更不容忽视。宋以后陆上丝路开始衰落,海上丝路日渐兴盛,这虽然与航海技术的成熟、造船业的发展以及经济重心的南移有关,但与包括西夏在内的西北诸民族政权对丝路的分割垄断也密不可分。这种历史环境不能不对当时西夏经营丝路贸易产生重大影响。西夏的转手贸易经常面临着尴尬的境地,且不说一旦交恶则关闭榷场,即便在和好时期,也不见得每次转手贸易都能实现。而当中转贸易达到一定的规模,因为政权的对立性,还将引发贸易纠纷。夏金对峙期间,在相对和平的环境中,西夏在东西贸易上的桥梁作用得以最大限度地发挥。[①] 但由于西夏通过贸易获得很大的利益,导致金对西夏禁限贸易,部分榷场的关闭及贡使贸易的停止,给西夏带来很大的损失,最终由贸易纠纷引发战争。[②] 上述表明,西夏王朝对丝绸之路的经营,始终要受当时西北民族政权分立这个历史环境的制约,其在东西方物质和文化交流中的作用不宜夸大。

[①] 彭向前:"论西夏丝路贸易的阶段性",《固原师专学报》,2005 年第 5 期。
[②] 《金史》卷 134,《西夏传》。

西夏对贺兰山东麓佛教文化的开发

杨志高

(宁夏大学西夏学研究中心,银川 750021)

贺兰山东麓泛指贺兰山东山坡及山下的宁夏平原大部。其范围包括今银川市及其周边贺兰、平罗、中宁、青铜峡等市县。在中世纪,这里曾是西夏京畿兴庆府所在地,由于执政者对佛教的倡导和国都的特殊地位,贺兰山东麓成为西夏佛教文化开发的中心之一。

一、佛教在贺兰山东麓根植的人文与自然优势

在宁夏平原,黄河襟带东南,贺兰山蹲峙西北,经济发达。位于平原中部的首都兴庆府,成为党项族和汉、回鹘、吐蕃、契丹等众多民族集聚以及文化交融的重要地区。史载,李继迁攻取灵州时,"尽逐居民城外,数万百姓皆徙怀远"[①]。在这些民族或以他们为主体建立的宋、吐蕃、辽等政权中,佛教成为其民族、国家崇奉的主流。相传为十六国时匈奴赫连勃勃重修之海宝塔(黑宝塔、北塔)和元昊之妃没藏氏早年出家为尼的戒坛院,应是西夏新都兴庆府之前就有的佛教场所。因此,对西夏来讲,在一定程度上,佛教成为维系各民族关系的共同文化(心理基础)。

此外,兴庆府作为西夏军政、文化的中心,是中央官署所在地,皇室贵族、臣僚百官集聚,辽宋金吐蕃等国使节往来。随着国家倡导佛教,在京畿地区兴建服务于皇室及国家重大佛事活动的塔寺,是形势所需。

---

① 龚世俊等:《西夏书事校证》卷 10,甘肃文化出版社,1995 年,第 120 页。

位于平原西北部的贺兰山,西夏语称之为"兰山"①。南北长约200公里,东西宽15~30公里,主峰海拔3 556米,为平原的天然屏障。山之东麓分布有众多东西走向的沟谷,各沟南北地势平坦,地理、生态环境优越。"冬夏降雪,有种种林丛,树果、燕麦及药草。藏有虎豹鹿麚,挡风蔽众。"②由于气候凉爽宜人,林果茂盛,加之重峦叠嶂、清泉长流,环境幽雅,很早成为禅僧修契胜地,也便于避暑和信众进香。据《宋高僧传》载,唐至五代时就有新罗国王子无漏、增忍等多位僧人入驻贺兰山修道③。到宋咸平五年(1002年)时,李继迁攻陷灵州,党项族随即占据贺兰山。天禧元年(1017年)"夏,龙见于温泉山。山在怀远镇北。德明以为瑞,遣官祀之,于是有迁都之意"④。定都立国后,贺兰山与河西走廊的积雪山、焉支山被西夏人奉为三大"神山",贺兰山则为"神山"之首⑤。西夏王朝在这里大兴土木,建寺院、修离宫、驻军营,把它作为与京畿平原地区相呼应的山林佛教活动的场所和皇家林苑、军塞要地。

与此同时,西夏立国的10~13世纪,是佛教在中国北传以中原、吐蕃两大系统的新发展、新传播时期,也是辽宋夏金多国并存,民族交往频繁的阶段。为了巩固政权,数百年深受汉文化影响的党项族,还必须借助宗教。开国者元昊通晓佛学、汉文,又受其父德明崇佛的熏陶。因此,以息心去欲、清净善性为劝世宗义的佛教,成为西夏宁邦御民的主要治国方略和文化组成部分。

二、西夏发展佛教文化的措施

贺兰山东麓是西夏佛教文化政策的直接实施地区。赎经翻译、雕印刊行和建寺修塔,是西夏历朝政府都相沿袭的三大措施。下文对前两者作一论述,寺院(洞窟)建设放第三部分。

---

① 聂鸿音:"大度民寺考",《民族研究》,2003年第4期。
② 克恰诺夫、李范文、罗矛昆:《圣立义海研究》,宁夏人民出版社,1995年,第58页。
③ (宋)赞宁:《宋高僧传》卷21、23、26,中华书局,1987年,第545~546页、第596页、第667页。
④ 龚世俊等:《西夏书事校证》卷18,甘肃文化出版社,1995年,第118页。
⑤ 克恰诺夫、李范文、罗矛昆:《圣立义海研究》,宁夏人民出版社,1995年,第58~59页。

西夏佛经的来源主要赎自宋朝,还有一部分从吐蕃等地传入。建国前,即宋景祐元年十二月(1035年),元昊继承德明向宋请经的做法,"献马五十匹,以求佛经一藏,诏特赐之"①。建国当年,元昊"国师白法信及后禀德岁臣智光等,先后三十二人为头,令依蕃译"②。国师白法信和白智光是回鹘人。元昊之后的西夏前期86年间,当朝者又四次向宋赎经,这样六部宋《开宝藏》传入西夏。仁孝时随金兴灭辽攻宋,西夏又转向金购买佛经,并请藏传佛教高僧来京畿传法。史载,天盛六年(1154年)"夏使谢恩,且请市儒、释书"③。同时随藏传佛教在河西走廊的发展,仁孝也与吐蕃高僧有了直接的交往。噶玛噶举派和萨迦派的高僧藏索哇、迥巴瓦国师觉本先后来到西夏京城被奉为上师,传授翻译藏传佛教经籍④。仁孝朝的《天盛律令》中系统规定了僧人、寺院等方面的制度。其中规定中央次等司设功德司;只有包括佛殿神庙在内的皇家建筑可装饰大朱、大青、大绿等。仁孝后期,又开中国"帝师"设置之先河,吐蕃僧人有很高的地位。

佛经的取得和不同的版本为其下一步翻译、校勘提供了底本。西夏佛经的译校分别集中于前期和后期仁孝朝。在此过程中,西夏皇帝、皇后亲自挂帅;众多寺院高僧承担了实际的翻译、刊印重任。他们中有御封帝师、国师。特别是回鹘僧、吐蕃僧先后为西夏文佛经的翻译、集结,作出了重大贡献。国家图书馆藏《西夏译经图》反映了秉常及其母梁太后亲临译经场、国师回鹘僧白智光主持译经的情景。还有不少佛经题款都有"××皇太后御译"、"××皇帝御译"、"××皇帝御校"、"××奉敕译"、"××令依蕃译"字样⑤。以京畿为基地,自元昊开始,历经50多年到乾顺时期,西夏大体译就了362帙、820部、3579卷的《西夏文大藏经》。仁孝时除对前期形成的西夏文佛经进行重校外,还翻译一些藏传佛教的经典。据可考的5位帝师、24位国师中,有7位是

---

① (宋)李焘:《续资治通鉴长编》卷115,中华书局,1985年,第18页。
② 史金波:《西夏佛教史略》,宁夏人民出版社,1988年,第66页。
③ (元)脱脱:《金史》卷60,中华书局,1977年,第1408页。
④ 史金波:《西夏佛教史略》,宁夏人民出版社,1988年,第52~53页。
⑤ 史金波:《西夏佛教史略》,宁夏人民出版社,1988年,第72~73页。

直接参与了兴庆府地区佛经的传译,且多位是吐蕃高僧①。他们自撰的佛教著作,有的也被翻译。如噶举派大乘玄密帝师所传著《解释道果语录金刚句记》,为北山大清凉寺沙门慧忠译就。大度民寺慧照国师,曾作《双供顺略集要语》。当时翻译校勘的西夏文佛经数量大,种类多。

佛经的印施和其翻译同属佛教文化传播的最重要手段。在贺兰山东麓地区,西夏佛经的大规模刻印往往是与皇帝发愿、皇室举行各种法会中的施经是联系在一起的。元昊时钦定每年四季之孟朔日为官民礼佛的圣节。但有关西夏前期的发愿文、法会的资料较少。目前所能见到的这类文献多集中在西夏后期的仁孝、纯佑朝。仁孝为先皇故去、皇太后周忌之辰、本命之年等,皇室多举行了大规模的法会。据统计,仁宗时期京畿大的法会有八次之多②,印施番、汉文佛经几千卷、几万卷、十几万卷、二十几万卷不等。吐蕃佛经、蕃僧居首位③。大度民寺在举办仁孝继位五十周年庆典大法会上,恭请诸多高僧参加,诵读散施大量佛经,做法事达十昼夜④。仁孝后 30 多年中,虽然朝政动荡战事频繁,但西夏皇室崇信佛教政策没有减弱。襄宗应天四年(1209 年)散施佛经并作广大法事,烧施道场等作 1 758 遍⑤。

西夏佛经的施印者有政府刻字司、皇室寺院为主的官刻。其形式有刻本、活字本、写本等。仁宗时印经次数多、数量大、质量也高。仁孝在自己本命年时,"仍敕有司"印造《圣大乘三归依经》等西夏文、汉文 51 000 余卷,彩画功德大小 51 000 余帧。仁孝、纯祐执政时的皇后、皇太后罗氏不仅在大度民寺皇家寺院法会上,散施番、汉文佛经,计 25 万卷,而且还发愿抄写《西夏文大藏经》⑥。宏佛塔所出 2 000 余西夏文雕版残块,说明该寺院是皇家印制佛经的一处重要场所。私刻中还有达官贵人。仁孝时权臣任德敬曾施印佛经以求速愈疾患。中书相贺宗寿为汉文密典《密咒圆因往生集》作序施印。可见,由于

---

① 史金波:"西夏的佛教"(上),《法音》,2005 年第 8 期。
② 史金波:"西夏佛教新探",《宁夏社会科学》,2001 年第 5 期。
③ 史金波:《西夏佛教史略》,宁夏人民出版社,1988 年,第 53 页。
④ 史金波:"西夏佛教新探",《宁夏社会科学》,2001 年第 5 期。
⑤ 史金波:"西夏佛教新探",《宁夏社会科学》,2001 年第 5 期。
⑥ 史金波:《西夏佛教史略》,宁夏人民出版社,1988 年,第 40 页。

皇室的倡导，帝师国师等高僧参与，京畿地区成为西夏佛经译印的中心。

三、佛塔寺院的建设

佛塔寺院是佛教文化的集中体现，是佛经翻译刻印和珍藏的重要场所。塔是寺院的标志。贺兰山东麓的西夏寺院，既有皇家寺院，也有普通寺院；有城市型寺院，也有山林型寺院。就整个西夏时期几大地区塔寺来看，乾顺时也在河西走廊地区修建凉州感通塔寺、甘州卧佛寺，但京畿地区似是西夏皇家佛教建筑主要分布地，河西走廊西夏窟寺等建筑和佛事多是重修前代和地方所为。

西夏在贺兰山东麓的塔寺建设贯穿了王朝的始终。史载，元昊时在兴庆府"致东土名流，西天达士，进舍利一百五十颗……馨以银椁金棺，铁匣石匮……下通掘地之泉，上构连云之塔"①。又下令建高台寺"贮中国所赐大藏经"②。到明代高台寺成"夏废寺，台高三丈"③。1987年，在银川市东郊发现高台寺遗址④。曾出家为尼的谅祚母后没藏氏听政后，又建承天寺。"金棺银椁瘗其下，佛顶舍利阒其中"⑤，并"延回鹘僧登座演经，没藏氏与谅祚时临听焉"⑥。此塔后经清代重修，今依然耸立。秉常时，在贺兰山拜寺沟建修方塔寺院。前述兴庆府大度民寺，在仁宗乾祐年间，传习汉传佛教和藏传佛教，有党项国师与吐蕃国师⑦。

西夏的大型寺庙群建筑有五台山寺。该寺位于贺兰山，仿宋五台山寺文

---

① （明）胡汝砺编，管律重修，陈明猷校勘：《嘉靖宁夏新志》卷2，宁夏人民出版社，1982年第154页。
② 龚世俊等：《西夏书事校证》卷18，甘肃文化出版社，1995年，第212页。
③ （明）胡汝砺编，管律重修，陈明猷校勘：《嘉靖宁夏新志》卷1，宁夏人民出版社，1982年，第154页。
④ 汪一鸣："饮汗城城址考证"，《宁夏社会科学》，1983年第1期。
⑤ （明）胡汝砺编，管律重修，陈明猷校勘：《嘉靖宁夏新志》卷2，宁夏人民出版社，1982年，第153页。
⑥ 龚世俊等：《西夏书事校证》卷19，甘肃文化出版社，1995年，第226页。
⑦ 聂鸿音："大度民寺考"，《民族研究》，2003年第4期。

殊道场而建,又称为北五台山、北山、五台净宫等。在西夏后期汉译藏密经典《大乘要道密集·解释道果语录金刚句记》和纯祐时汉密《密咒圆因往生集》题记中分别有"北山大清凉寺沙门慧忠译"、"北五台山大清凉寺出家提点沙门慧真编集"之语①。敦煌莫高窟444窟窟柱有"北五台山大清凉寺僧沙□□光寺主……"②,系贺兰山游僧到此题记。西夏对山西五台山的修寺供佛始于德明、元昊时。后来由于夏宋交恶,西夏便自建"菩萨圣众现生显灵、禅僧修契、民庶归依处"五台净宫③。兴盛的道场及其后的败落,引得明初安塞王朱楧斋咏诗发叹:"文殊有殿存遗址,拜寺无僧话旧游"④。据今存贺兰山拜寺沟有众多的西夏塔寺等遗迹分析,西夏五台山寺似位于此处。另外,贺兰山还有夏末元初党项族僧人李慧月⑤、一行沙门慧觉曾分别修行的佛祖院、慈恩寺⑥。

分布于贺兰山、宁夏平原的西夏寺院。历经战争破坏,多已毁坏。在明代时贺兰山仅有"颓寺几百所,并元昊故宫遗址"⑦。经文物部门考古确认,迄今在贺兰山十多处沟谷台地上都发现包括寺庙在内的大量西夏建筑遗迹。在拜寺沟口有双塔寺、62座佛塔残基,其周边台地有几万平方米的佛殿建筑残存。其沟内方塔寺周边同类遗址达10万平方米。宁夏平原现存西夏佛塔有宏佛塔、一百零八塔、田州塔、安庆寺塔等。这些西夏古塔寺院,都出土了丰富的文物文献。

似建于西夏中晚期的拜寺沟双塔同为13级、35米左右的八角密檐砖塔。出土绢质彩绘佛画、佛像等⑧。从地面残存大量与西夏陵相似的建筑残件,说

---

① 陈庆英:西夏及元代藏传佛教经典的汉译本——简论《大乘要道密集》,《西藏大学学报》,2000年第2期。
② 史金波:《西夏佛教史略》,宁夏人民出版社,1988年,第118页。
③ 克恰诺夫、李范文、罗矛昆:《圣立义海研究》,宁夏人民出版社,1995年,第58页。
④ (明)胡汝砺编,管律重修,陈明猷校勘:《嘉靖宁夏新志》卷1,宁夏人民出版社,1982年,第17页。
⑤ 李际宁:"关于'西夏刊汉文版大藏经'",《文献》,2000年第1期。
⑥ 史金波:《西夏佛教史略》,宁夏人民出版社,1988年,第119页。
⑦ (明)胡汝砺编,管律重修,陈明猷校勘:《嘉靖宁夏新志》卷1,宁夏人民出版社,1982年,第12页。
⑧ 宁夏文管等:"宁夏贺兰山拜寺口双塔勘测维修简报",《考古与文物》,1991年第8期。

明这里曾是西夏等级很高的皇家寺院。位于双塔北侧山坡的北寺塔群残基，出土最具特色的泥制小塔——彩绘法身舍利"擦擦"①。已成废墟的拜寺口方塔为13层、高约30米的密檐式实心砖塔。清理发现了西夏文、汉文佛经、仁宗发愿文以及"擦擦"等10多个种类20万字的珍贵文物。其中有产生重大影响的西夏文译藏传密教《吉祥遍至口合本续》，也有汉文藏传佛教经典《初轮功德十二偈》等。方塔成为现知西夏唯一有明确纪年的西夏早期古塔，年代为大安二年（1075年）。塔心柱题记记载了秉常和其母发愿建塔的史实②。从仁宗发愿文和沟南遗址散布的绿琉璃瓦当，证明方塔寺院也与西夏皇族有关。位于今贺兰县境内的宏佛塔残高27.24米，是传统中原楼阁式与喇嘛塔结合的花塔，出土藏密绘画雕塑54幅（件）、西夏文木雕板2 000余块等。其中绢质彩绘有大日如来、菩萨、护法金刚等藏密形象。由地基发现大量绿色、黄色琉璃建筑构件和雕板残块，说明宏佛塔所在寺院曾是一座能雕版刻印佛经的皇家寺院，始建于西夏晚期③。一百零八塔位于今青铜峡黄河西岸，为覆钵式三角形塔林，出土西夏文帛画④。安庆寺塔，《嘉靖宁夏新志》记载为"寺内浮屠相传建于谅祚之时"⑤。

西夏不仅有砖木材料的佛塔寺院，还有多座石窟寺。西夏石窟寺主要发现于贺兰山山嘴沟，现存四座，残留有佛教显宗、密宗壁画等⑥。大量壁画和新近出土西夏文献，使其面貌渐露端倪⑦。贺兰山一些沟内还有与西夏佛教相关的崖刻古塔、摩崖造像和岩画。

通过上述文献文物遗存，我们可看出贺兰山东麓是当时西夏皇家寺院的

---

① 宁夏文物考古研究所等："宁夏贺兰县拜寺口北寺塔群遗址的清理"，《考古》，2002年第8期。
② 宁夏文物考古研究所等："宁夏贺兰县拜寺口北寺塔群遗址的清理"，《考古》，2002年第8期。
③ 宁夏文管会等："宁夏贺兰县宏佛塔清理简报"，《文物》，1991年第8期。
④ 宁夏文管会等："宁夏青铜峡市一百零八塔清理维修简报"，《文物》，1991年第8期。
⑤ （明）胡汝砺编，管律重修，陈明猷校勘：《嘉靖宁夏新志》卷1，宁夏人民出版社，1982年，第236页。
⑥ 牛达生、许成：《贺兰山文物古迹考察与研究》，宁夏人民出版社，1988年，第82～83页。
⑦ 谢继胜："贺兰山山嘴沟石窟西夏壁画的初步分析"，载"第二届西夏学国际学术讨论会论文摘要"，2005年8月，第49页。"石窟中的秘密——贺兰山西夏考古重大发现过程"，《宁夏日报》，2005年9月23日。

中心和寺院的雄伟、气魄。

四、创制出辉煌的佛教文化艺术品

西夏通过对贺兰山东麓的佛教文化开发,不仅形成了除藏文佛经外我国最早的少数民族文字《西夏文大藏经》,出土被称为"是迄今为止世界上发现最早的木活字印本实物"《吉祥遍至口合本续》[1],而且也创制了辉煌的佛教文化艺术品。透过这些已超越其本身具有宗教含义的绘画、雕塑和佛塔建筑等,我们可以管窥并领略西夏宗教文化艺术风采。

山嘴沟石窟现存壁画有六臂金刚、护法力士、佛、上乐金刚和说法图等佛教显、密两宗内容。六臂金刚具有藏密风格。头光椭圆形,背光覆钵形,分孔雀蓝、土黄内外两圈。坐像左右六臂,结跏趺坐于仰莲座上,下接"S"型云气。红、白、蓝、黑几种色彩显明,搭配强烈。说法图中佛身着通天袈裟,结跏趺坐,头光石绿色,背光褐色,15 尊菩萨弟子神态庄重围坐四周,面佛聆听。线条流畅,用色厚重[2]。此外,塔藏佛画,形式多样,有木版画、卷轴画(唐卡)等,题材有中原和吐蕃风格。方塔所出顶髻尊胜佛母版画,高 55 厘米、残宽 10 余厘米。佛母结跏趺坐,三面八臂。宏佛塔有绢质卷轴画 13 幅,内容有阿弥陀来迎、观音、大日如来、炽盛光佛等。在一幅炽盛光佛画上,主尊居中结跏趺坐,施说法印。上方绘黄道十二宫、祥云和星宫图。左右两侧及下部绘九曜星官图[3]。

贺兰山西夏佛教岩画有石刻塔及相关佛事的西夏文题记。塔形以喇嘛式居多。由于断代上的缘故,我们仍可通过刻塔、西夏文题记及与西夏现存塔、文物等比较中,进行了解。在中卫县老虎嘴沟 53~54 组中,有 处五层楼阁式方形塔,画面 26×58 厘米。塔上方有西夏字"佛",画面 15×16 厘米。喇嘛式塔在石嘴山韭菜沟、青铜峡广武口等处都有发现。有的呈葫芦状、圆角三角

---

[1] 牛达生:《西夏活字印刷研究》,宁夏人民出版社,2004 年,第 24 页。
[2] 汤晓芳主编:《西夏艺术》,宁夏人民出版社,2003 年,第 29~31 页。
[3] 宁夏文物考古研究所编著:《拜寺沟西夏方塔》,文物出版社,2005 年,第 382~390 页;宁夏文管会等:"宁夏贺兰县宏佛塔清理简报",《文物》,1991 年第 8 期。

形,有的是平面梯形,均为鼓腹,塔刹有尖锥顶和宝珠顶。它们与前述佛塔遗存中出土的"擦擦"相似。岩刻还有西夏文"能昌盛正法"①。这些岩画反映了西夏民间艺术。

雕塑也主要出自塔藏,有彩绘泥塑造像、木雕胜乐金刚、菩萨女伎像和脱模泥塑"擦擦"等。拜寺口西塔出土的木雕藏密胜乐金刚像,主尊金刚蓝色、裸体,头戴骷髅冠,三目四面十四臂,主臂抱明妃,双足踩魔。明妃通体红色,高鼻,右腿盘于金刚腰际。各塔出土"擦擦",数量千、百不等。如方塔中"擦擦"为模制,背部多呈偏平,有三角形、半圆形;佛结跏趺坐,头有高肉髻,作禅定印。北寺塔群"擦擦",上部脱模多刷金粉,下部手制用以彩绘。它们既是一种舍利,同时也是一种圣物②。"擦擦"本源于印度佛教,直接来源于藏传佛教,是中印两国、内地与西藏间文化交流的结果。

不言而喻,西夏的佛塔建筑艺术水平也是极高的。西夏前期佛塔从建筑风格上沿袭中原传统。承天寺塔和拜寺沟方塔分别为楼阁式、密檐式。西夏后期佛塔在中原基础上已吸收藏传佛教艺术,有的甚至来源于藏传佛教。双塔、宏佛塔虽沿袭宋金制度,但其塔顶和塔身上部分别出现藏传佛教覆钵式塔刹、覆钵式塔样。覆钵式、等腰三角形排列的一百零八塔则源于藏传佛教③。

当然,佛教文化在西夏贺兰山东麓的生根发展、影响变通过程的每个细节尚有待于进一步揭示,但现存这里的佛教文化遗存无疑是当代宁夏历史研讨、宗教文化旅游、开发生态建设的资源宝库和经验借鉴。同时,贺兰山东麓地区也是藏传佛教的流传、东传的重要桥梁。

近些年来,通过科学规划、合理保护开发贺兰山东麓的佛教文化遗存,已成为政府、学界、企业等部门的共识。相信随着西部大开发的进行,当年西夏人留给这里光辉灿烂的大量佛教文化,必将重放异彩。

---

① 韩小忙等:《西夏美术史》,文物出版社,2001年,第89~91页。
② 韩小忙等:《西夏美术史》,文物出版社,2001年,第131页;孙昌盛、朱存世:"拜寺口北寺塔群的发现——兼论'擦擦'的用途",《寻根》,2000年第2期。
③ 宁夏文管会等:"宁夏贺兰县拜寺沟双塔勘测维修简报",《文物》,1991年第8期;宿白:《藏传佛教寺院考古》,文物出版社,1996年,第311~312页。

乾隆时期对西部疆域之经营

罗中展
（中华技术学院专任助理教授，台北）

一、前　　言

我国疆域经历代经营以来，现有版图大致形成与确立于清代，而更进一步明确地说，是在盛清之际，经康熙、雍正、乾隆三帝盛世，其中维护与巩固则特别集中于乾隆朝。清代经过了康熙、雍正两位帝王的精心治理，国力与政事到了乾隆时期已是极于顶峰，顺势之治，所以必然为一国运昌盛、民康物阜的太平盛世。

乾隆一朝是满族进入关内建立政权以来最巅峰的时期，与清代其他时期相较，乾隆朝所面临的局势变化最多，文治武功都有极丰硕的成绩足以夸示后来。

乾隆自谓其有十大武功足以夸示，其十大武功依年代发生顺序分别为：乾隆十三年（1748年）征大金川莎罗奔乱事，乾隆二十年（1755年）往征厄鲁特蒙古准噶尔部，乾隆二十一年（1756年）征讨厄鲁特蒙古辉特汗阿睦尔撒纳，乾隆二十三年（1758年）征服天山南路回部布拉尼效霍集占，乾隆三十一年（1766年）降服缅甸，乾隆三十七至四十一年（1772～1776年）间平大小金川乱事，乾隆五十一年（1786年）靖台湾林爽文乱，乾隆五十三年（1788年）平安南（今越南），乾隆五十三年（1788年）反击廓尔喀入侵，乾隆五十六年（1791年）二击廓尔喀入侵。

在这些武功方面，乾隆的事功中有几样值得称道的。首先看到，其统一了整个新疆地区。乾隆时期，先后两次派兵平定了新疆准噶尔的叛乱，安定天山南北,并引发使蒙古土尔扈特部回归,更进一步,有效并统整个新疆的行政管理。此后,清政府在喀什噶尔等地设置参赞大臣、办事大臣等职官;乾隆还设置了伊犁将军,实行军府制,修筑城堡,驻扎军队,巡查边界;并移民屯边,加强了对西域的管理。

不仅是新疆地方全面的巩固,同时漠南、漠北蒙古尽数臣服,新疆、准噶尔蒙古亦已完全纳入大清版图。此外,更加强完善对西藏地方的统治管理,成为清乾隆皇帝的首要政事。在乾隆皇帝的格外重视下,清政府对西藏地方施行了一系列的政治改革,如废除藏王、设四噶伦共管西藏政事,相对地也限制原有之贵族、大地主的势力,并相当程度地提高藏传佛教领袖的地位,特别是新兴的格鲁派,使之有了一定的政治实权,从而建立格鲁派在有清一代的特殊权位。

这些作为今日看来,不仅是为当时清皇朝巩固疆域,更重要的是为今日子孙留下来足以发展生计的场域。西部开发的主要几个省区就恰恰在清代的西部疆域中,在此不能不佩服乾隆的远见及其文治与武功。

本文拟以此为题进行讨论,探讨乾隆一朝对西部疆域经营之策略与重要事功。

二、乾隆时期之民族互动

满族自入关前就很清楚其自身人数不足与蒙古族、汉族等人数众多的民族相抗衡,采取远交近攻这种策略应是其主要的政策之一。而面对其建立政权以来,受其他少数民族挑战的机会也不谓少,举其大者约有蒙古族、回族、维吾尔族、藏族等,以下分别讨论之。

1. 蒙维民族互动

清政府对蒙古族的政策,因其归附时间的先后与居住地区的不同,对待而有所差别。自清太宗皇太极起至高宗乾隆为止,游牧于漠南漠北和漠西的蒙古诸部先后归附于清,其中并非均为一团和气,其中曲折以下进一步讨论。

就所见得知,清代对蒙古族的编组有三种,分别为"八旗蒙古"、"内属蒙古"、"外藩蒙古"。早在满族开国建政的过程中,地居接壤的漠南科尔沁、喀尔喀等部,慑于满族兵威首先内附。皇太极在天聪九年(1635年)将满洲旗内大部分早先归属的蒙古族与新近归附的蒙古族编成"八旗蒙古"。并依满族旗号分为正黄、镶黄、正白、镶白、正红、镶红、正蓝、镶蓝八个旗。此八旗因深得清室信任成为满族共同体的一部分。

而"内属蒙古"则是指大清帝国建立以后陆续归附和被征服的蒙古部。这部分的蒙古旗性质是属于清皇室的直属领地,归内务府总管,皇帝分封诸子时,亦可成为王公封地[1]直属于清皇室的内属旗,"官不得世袭,事不得自专"[2],与外藩蒙古各部扎萨克旗不同,他们直接为皇室服务,是皇室的私产。

"外藩蒙古"则指包括漠南蒙古、漠北蒙古和漠西蒙古等地域的各部。外藩各部是根据归附先后及居住地特性逐渐建立来的。为避免彼等过于集中,故采分而治之策。在蒙古原有的部落制上改编建立扎萨克旗,旗上设盟,逐步形成盟旗制。

清廷对蒙古族各部渐次采行蒙旗制度,就安定边疆的意义所见,实际产生了相当大的功效。自乾隆平定准噶尔部之后的150年间,蒙古不曾再发生大的变乱。在相对稳定的环境下,蒙古族得以稳定发展。

清初维吾尔族主要聚居地为天山南路地区,清初以南疆诸城逐步形成之叶尔羌汗国是为维族主要的领导力量。

叶尔羌汗国在史籍中亦称"蒙兀儿汗国"或"赛义德汗国"等,因所辖地面首城为叶尔羌(今莎车)故名。叶尔羌统治者为察合台蒙古后裔,叶尔羌汗国最强盛时的疆域,包括天山南部、巴尔喀什湖以东以南地区、伊赛克湖地区、费尔干纳盆地、巴达克山和瓦汗地区,管辖着中国西部的实际版图。叶尔羌汗国从1514年建立,历经六代十一主,到1678年被准噶尔部灭亡,存在了165年。

顺治十二年(1655年)起,叶尔羌便派出使者前往北京,携带礼物前去建立关系表示友好。因基于稳定南疆商路的通畅与所带来的利益,清廷与叶尔

---

[1] 翁独健:《中国民族关系史纲要》,中国社会科学出版社,1990年,第725页。
[2] 魏源:《圣武记》,台北世界书局,1980年,第66页。

羌双方均蒙其利,双方保持基本的友好。

叶尔羌汗国后期,由于宗教中自称穆罕默德后裔的和卓势力的介入,汗国发生分裂,权力被伊斯兰教中的所谓"白山派"和"黑山派"中的首领相继控制。清朝圣祖康熙十九年(1680年),在争权中失势的白山派首领阿帕克和卓联合这时统治天山以北广大地区的蒙古准噶尔部首领噶尔丹,引准噶尔蒙古军12 000余人越天山南下,攻灭了叶尔羌汗国,建立了由准噶尔蒙古控制下的"和卓政权"。

和卓势力虽然成立,但因措施背离新疆各城及土著居民,很短期内就分崩离析,虽然本事件影响时间短,但却让天山南北路的许多民族离开家园或原居地,造成相当规模的人口迁移。

清廷承继明代高度君主专制的政治文化,以一元方式领导中国,在政治上拔擢无数汉人,经济上亦重视有无的互通,社会上容许满、蒙古、汉、回等的通婚,文化上尊崇与推广汉文化,但是亦允许少数民族维持传统,虽说有其局限,但是确能带动西部疆域中某种程度的民族互动与往来。

2. 乾隆时期与藏传佛教相涉之事功

乾隆年间,诸多事功,若以乾隆自认的十大武功来看,就有二平廓尔喀及平准部几项有关,值得讨论。然除此之外与藏地藏情有关的事,仍有几项值得提出来讨论。

首先是清廷对管理西藏善后章程的订定,与驻藏大臣权位的确认与提升一事。

康熙四十八年(1709年)正月,因青海众台吉与拉藏汗不和,故朝廷以为藏地事务不便仍令拉藏汗独裁,遂经议政王大臣议准派侍郎赫寿前往西藏,协同拉藏汗办理事务,此乃清初设置驻藏大臣之开端。

乾隆十五年(1750年),掌握西藏地方行政的郡王珠尔墨特那木扎勒有聚党谋变之举,驻藏大臣傅清及新到之左都御史拉布敦设计除杀珠尔墨特那木扎勒不成,反被围攻身亡。奉命入藏处理的四川总督策楞与提督岳钟琪率军平乱。乾隆十六年,策楞经与达赖喇嘛及藏地贵族等人士商议后,奏报乾隆皇帝一份名为"酌定西藏善后章程"十条,后经乾隆皇帝批准后实施。其主要内容如下。

(1) 规定西藏嘎厦(地方政府)的嘎隆人数,按照旧例,仍为四人,但"应选放深晓黄教一人",赏给其"扎萨克大喇嘛名色",以便与其他三人共同办理藏务。①

(2) 嘎隆办理政务,应在嘎厦公所衙门,不得于私宅办事;裁革过去嘎隆私自添放之官。嘎隆在处理事务方面,凡是地方些小事务,应由众嘎隆秉公会商,协同办理,但上奏朝廷的重大政务,须请示达赖喇嘛并驻藏大臣酌定办理。

(3) 对补放第巴头目等,嘎隆不得私放,必须共同禀报达赖喇嘛并驻藏大臣酌定;而对官员革除治罪,亦务须秉公查明,分别定拟,请示达赖喇嘛并驻藏大臣指示遵行。

(4) 各寺院堪布喇嘛,或遇出缺,均由达赖喇嘛酌行选派,各嘎隆不得仍按陋规,专擅办理,私自选派。

此一章程的主要意义为废除了在藏封颁郡王(俗称藏王)的制度,并确立驻藏大臣与达赖喇嘛共同处理西藏地方事务的管理体制,至此更明确地使驻藏钦差大臣兼领了管理西藏地方行政的实权与职能。

乾隆五十三年及五十八年清廷两度进军西藏反击廓尔喀入侵获胜后,入藏统帅大将军福康安奉皇帝之命及循已颁行之治藏章程为基础,汇集编成"善后章程二十九条",其中包含规范西藏方面关于内政、涉外事务、宗教、军事、法律、职官及贸易等方面的制度。此章程将上述西藏地方的行政管理权限,全部划归驻藏大臣统筹办理,确立了自后由驻藏大臣主持藏政管理的体制。这份"善后章程二十九条"所规范的许多措施原则,直至清朝结束进入民国,不少概念则至今仍在使用,举其大者如,金瓶掣签确认达赖喇嘛与班禅转世灵童的选出制度,就是最具代表的法条。

3. 与周边国家之互动

清代在乾隆朝与外邦发生互动日有增加,北起以朝鲜、日本,南至安南、缅甸等国,而今日所谓之东南亚诸国亦有所互动。然本文限于篇幅仅只以安南

---

① 马汝珩:《清代西部历史论衡》,山西人民出版社,2001年,第66页。

及缅甸两国为例,就其与清乾隆朝互动进行说明。

(1) 与缅甸的关系

缅甸与中国的交通时间甚为久远,早在汉唐各代即见于史籍。清朝与之建立关系始自顺治十六年(1659年),事因当时南明桂王抗清兵败退入缅甸境内求存。顺治十八年吴三桂率军攻缅,由缅相锡真持贝叶缅文纳款议和,缅人献出永历帝及太后、后妃、从臣百余人,清军乃返回云南事罢。

康熙年间,因内有三藩及台湾诸事迫在眉睫,清与缅甸中断关系,并无进展。直至乾隆年间,清缅双方才重新建立关系互动。

乾隆十六年,由云南茂隆银矿厂之课长吴尚贤居中联络,缅王蟒达喇①派遣使臣希里觉填等来华进贡。高宗皇帝御太和殿,受缅甸使臣朝贡,这是清廷入关以来,缅甸首次正式遣使来朝,纳贡求封。虽说关系自此新起,但惟因居中之吴尚贤挟缅自重而坐交通外夷等罪伏诛,又逢缅甸国内乱起,中缅外交关系又告中断。

乾隆二十八年,缅甸军入侵云南普洱地区。接着在乾隆三十年又再度侵入九龙江橄榄坝,占领车里土司城,清政府以大学士杨应琚率军迎战,击退来犯。事后中缅之间仍然争战不断。乾隆三十二年,清以将军明瑞统率进攻缅甸,此役因粮草不继而败北,明瑞战死。乾隆三十四年,高宗调集兵马数万,由傅恒统率征缅。几经激战,双方伤亡都相当巨大,遂两下罢兵停战,达成和议。自后虽屡传小争执,但中缅之间大致维持长期和平的局面。

乾隆五十三年以后,安南、暹罗等国先后来朝,并受册封,缅王孟陨乃具表纳贡,高宗正式册封其为缅甸国王。定例十年一贡,嗣后缅甸奉贡不绝。

清与缅甸之间的互动方式,虽说长久以来是以兵戎相向,但由于高宗一朝的外交策略筹划得当,运用成功,缅甸在几经战争后仍愿与清皇朝建立正式关系,由此可见,清高宗的策略确是深远。

乾隆五十五年以来中缅互市频繁,清廷在云南边境设立了杉木笼、暮福、南河口等关口通市,缅北之八莫一地则更进一步成两国贸易中心。据文献记

---

① 庄吉发:《清高宗十全武功研究》,台北国立故宫博物院,1982年。

载,"中国商队驮载货品入缅贸易所用牲口,一般每次用牛四百头数,有时多至二千匹马"①。由中国输出的物品则有铜、铜器、铁锅、雄黄、水银、朱砂、丝、纸和伞等,而由缅甸输入则有生丝、燕窝、鹿茸、食盐、宝石、象牙、羽毛等,两相往来贸易量与贸易额都极为可观,足见西南一地如能妥善筹划,当年已然是国际贸易的重要区域了。

(2) 与安南的关系

清代与安南的关系始于顺治年间,安南王遣使向清廷奉贡方物。康熙五年(1666年),清廷册封黎维禧为安南王,并赐金驼纽银印,此后以三年一贡,通商互市。

清初与安南基本上维持的一种宗藩关系,透过定期朝贡的外交运作,进行贸易往来。安南以土产香料、土布、金属矿产及其制品输入中国,清廷以"赏赐"方式回赠以人参及各种药材、丝织品和图书等物。

乾隆五十三年(1788年),安南国内因强臣阮氏与国主黎氏争权,引发变乱。黎氏等人兵败逃亡,转而向清朝求援。当年6月,广西巡抚孙永清呈报安南大乱,原国主黎氏为阮姓所攻,嗣孙黎维祁出奔。

清廷先是以广西巡抚未曾负责这方面事务,乃由两广总督孙士毅前来主理。经孙士毅传檄文后,阮氏掩旗而退,此一假象,误致清廷认为平叛极易,乾隆遂决定应孙士毅奏请出兵。

孙士毅本系文官,不通军务更无领军率队、用兵克敌之经验,遂因贪功误判情势,"一是低估了阮惠的力量,误信其狼狈奔窜不堪一击;二是不明真情,不了解黎氏政权已腐朽不堪,无力自拔,没有办法与力量恢复故国"②,孙士毅一方面昧于自知,又错觉绿营兵之战斗能力,先是轻敌冒进深入,再因治军无方,遂招致阮氏伺机反扑,大败而逃。

就进军安南一事今由文献所知,并非乾隆一人之好大喜功之举,事实所见,其对这件事谕言多次:"粮饷转运艰难。从广西边界至黎城,为供一万兵士

---

① 郑天挺编:《清史》,台北云龙出版社,1980年,第536页。
② 周远廉主编:《清朝通史——乾隆朝下卷》,紫禁城出版社,2002年,第359页。

之粮,已用役夫十五、十六万人,从云南出口至黎城,有四十站,用夫十余万。自黎城至广南,一千余公里,须安设台站五十三所,又需役夫十余万人。黎维祁不能调拨役夫,广西广南力已不支,需广东贵州派夫接济。不能因属国逋逃未获,将天朝钱粮兵马,徒滋劳费,久驻炎荒。进剿广南一事,现在非不能办,揆之天时地利人事,实有不宜。"①庙堂上筹算虽然如此,但事非所愿,清军溃不成军而返。

乾隆皇帝指出:"安南蕞尔一隅,原无难立就荡平,为扫穴擒渠之举。但朕思准噶尔、回城及两金川,俱逼近边陲,关系要紧,且地非卑湿,满洲索伦劲旅,可以展其所长,是以不惜劳费,先后底定,归入版图。安南则向多瘴疠,水土恶劣,与缅甸相同,有何必以天朝兵马钱粮,徒糜费于炎荒地。况即集兵会剿,竟收其境土,又须添兵防戍,而安南民情反复前代郡县其地者,不久仍生变故,历有前车之鉴,又安能保二十年后不复滋生事端。朕再四思维,实不值大办。"②

安南阮氏因代原黎式当国之势已定,亦无意再战,乃两下即合,阮氏上表书愿意归顺,而清高宗亦得此机会,两国停战,罢兵议和。

乾隆五十四年,高宗皇帝下达敕谕,让阮氏至承德朝觐,经数月折冲后,清廷一路护送阮氏等一行北上。乾隆五十五年,乾隆帝于避暑山庄接见阮惠及其亲随,正式册封阮惠为安南国王。依安南史传承,此称"新阮"。

乾隆五十六年,清廷重新开放陆路边境贸易,同年清制定颁布"安南通市章程",边境贸易建立秩序与管制机制。③ 自此两国商贸络绎不绝,清出口有槟榔、烟、茶、缸碗、布匹、颜料、糖、油、绸缎、药材等。由安南则进口有砂仁、大茴香、薯莨、交绢、竹木等货品,自双方恢复往来,日渐频繁,联带着政治与经济的互动由是日增。

中国与东南部各邻邦的互动与贸易至今仍源源不断,这样以经贸优先的互动关系,在今日看来是只会愈来愈频繁,因为由经贸上的互通有无建立基础,进一步建立地区性的合作与协助关系,将有助于地区的稳定与发展,使得

---

① 周远廉主编:《清朝通史——乾隆朝下卷》,紫禁城出版社,2002年,第361页。
② 《清高宗实录》卷1323,转引自李治亭主编:《清史》,上海人民出版社,2001年,第1201页。
③ 李治亭主编:《清史》,上海人民出版社,2001年,第1205页。

民族间团结繁荣。回顾这种关系的基础,不能不推崇乾隆年间的政策所致,若非当年高宗皇帝决定以退为策,获得两国和平;倘若当日全凭兵威以惩,恐怕今日尚无宁日可言。

三、平定准噶尔部

趁着中原王朝处于明末和清初一系列战争之际,准噶尔人乘势崛起西域。准噶尔人原居于天山北路一带,是蒙古的一支,但文化认同上则较倾向突厥。虽然当时准噶尔人口不足百万,却希冀再度重现成吉思汗当年的辉煌。在历代雄才大略的可汗们统领下,准噶尔汗国曾一度统一西域,西夺中亚,东取蒙古,南霸西藏,雄居中亚。成为刚进关建政的清王朝最不可忽视的竞争对手。

准噶尔一名始出何时,说法不一,"西方史学家 Ch. Denby 称公元 7 世纪时,天山北路伊里河(Ili River)流域为突厥族所占据。是时该部分裂为两半,东部称为准噶尔(Junger),西部称为波愣噶尔(Boronger)"[①],就此意所见,准噶尔之名是指天山北路突厥蒙古东边的一部的泛称。

1. 重要转折

乾隆十年(1745年),噶尔丹策零过世,准噶尔各部王公为争取汗位互不相让,内讧不已。后由达瓦齐胖出夺得汗位,争夺失利的一批准部领袖及牧民为避战祸,纷纷降清内附。

乾隆十八年,和硕特部台吉三车凌率所部1万多人来附,次年辉特部台吉阿睦尔撒纳、杜尔伯特部台吉讷默库等率2万余众降清。在乾隆之见"准噶尔一日不定,则其部曲一日不安",遂决意用兵定准。然阿睦尔撒纳之所以归附非以降清,其意乃图借清军威势削除达瓦齐,使个人成为四部总台吉,专制西域,如此用心,乾隆即指出"是其欲取多人占地方之意已经微露,似乎平定准噶尔会为伊一人集事",密谕对阿睦尔撒纳"务须留心防范,慎勿任其所行"。

乾隆二十年,清廷以班第为定北将军,阿睦尔撒纳为定边左副将军,由乌

---

① 庄吉发:《清高宗十全武功研究》,台北国立故宫博物院,1982年,第9页。

里雅苏台出北路。以永常为定西将军,萨拉勒为定边右副将军,由巴里坤出西路。因达瓦齐不得人心,故所部无心应战,清军一路皆捷,直捣伊犁,达瓦齐弃城而逃,再战再败,遂走南疆,投靠乌什,为城主霍集斯擒获,解送北京,战事告一段落,乾隆命令在格登山树碑纪功。

达瓦齐部平定后,阿睦尔撒纳异心遂表露无遗,其隐以四部总汗自居,四处招兵买马,扩充实力。乾隆二十年八月,阿睦尔撒纳以为时机成熟,悍然发动,时清军留驻北疆仅500兵力,一接战班第兵败自杀。永常所率西路军闻变不敢驰援,却疑惧退却,致使天山南北烽烟再起。

乾隆二十二年,清廷命衮札布为定边将军,舒赫德为参赞大臣,出北路;以兆惠为伊犁将军,富德为参赞大臣,出西路,进剿阿睦尔撒纳。

当时准部各地瘟疫盛行,死亡相望,清军遂能直入,阿睦尔撒纳于是兵败逃往哈萨克,继而投奔沙俄,准部纷乱至此彻底平息。

2. 新疆的内属

新疆的天山以南广大区域,古称西域,清初称为回部或回疆。此称系"泛称天山南路突厥语系穆斯林集居的地区,以别天山北路的准部,近代西方人称东突厥斯坦(East Turkestan),而当地突厥系居民亦将部分天山南路地区称为'六城'(Alti-shahr),即喀什噶尔(Kashghar)、英吉沙尔(Yangi Hissar)、叶尔羌(YarKand)、和阗(Khotan)、乌什——吐鲁番(Ush-Turfan)与阿克苏(Aksu)。至清代中期以后,天山南北路均称回部,并有时将葱岭西北西南诸部统称回国"[①]。此区域内先是属叶尔羌汗国统理,后因其国中信仰伊斯兰教派不一,乃引发激烈争斗,分成为白山派与黑山派,争执不已。

乾隆二十年,清进军北疆攻占伊犁,趁机释放白山派宗长子布拉尼敦及霍集占两兄弟,并护送他们返回叶尔羌,扶植他们成为领袖统治南疆。

乾隆二十二年,霍集占兄弟,趁清廷忙于应付准部阿睦尔撒纳之乱,自行建立政权,称巴图尔汗,公然叛清。待清廷自平息准部后,乾隆二十四年,再调集大军,正式对霍集占用兵。

---

① 张中复:《清代西北回民事变》,台北联经出版,2001年,第23页。

清军此次用兵回部,记取前次对准部用兵之教训,"对准部一役,杀戮过多,一路可用粮草罗掘殆尽,至使沃野千里人迹绝无"。故此役系一路以收抚为先,高宗皇帝再三强调"大军进剿,惟欲擒获布拉尼敦、霍集占,与回人无涉。"①避免无必要之杀戮以收揽民心。再一方面,以归降之维吾尔族等部进行心理战,以彼等喊话劝阻随和卓兄弟之部众,遂而瓦解霍集占军势。

当时布拉尼敦、霍集占自伊犁返归叶尔羌之际,因其家世为教主,回疆数十万户人对他们热情拥戴。再者,当他们发难反清自立时,多数回城、回庄之伯克、和卓、阿洪及穆民均起而响应,一时之间声势大振,全区震撼。

因布拉尼敦、霍集占自恃为圣裔,未能谦和自守,反而倒行逆施,致使情势急转直下,再因为霍集占偏听,不愿相信叶尔羌等回城土著居民,只信其由伊犁随行而来的数千维族从人及新近收纳之厄鲁特士卒。两相比较之际,其对回疆数十万人以厚敛淫刑对待,而厚给亲随部众。使得绝大多数回民,从原念敬其先世,推戴有加,转而离心绝缘,纷纷弃之潜逃,相背而去。

当时大小和卓听闻清军来攻,不敢迎战,仅携带妻室亲从等人,越葱岭西奔,拟至巴达克山保命;而巴达克山汗王以为和卓来袭,遂陈兵相对,擒杀和卓兄弟,献首级与追踪而至之清军,乱事至此告平息。

回部平定后,清廷在喀什噶尔设参赞大臣,节制南疆诸城,并在各大城设办事大臣,小城则设领队大臣,以军统政,大臣则为满族担任,但各城又设伯克以断民刑诸事,以当地维族担任。清廷对战后的回疆,为恢复过去因战事而千里鲜有人烟之惨,故采休养生息之策为主,"各地租地,改减收准噶尔或布拉尼敦兄弟时的二十分之一,使维吾尔族人得以休养生息"②。至此回疆进一步成为清廷所完全统治之境域。

3. 结果与影响

在清廷对准噶尔用兵的过程中,有一项后勤作业深刻地影响到西北各省,那即是大军所需的粮食问题。西北各省,如甘肃、山西、陕西,原就非富庶之

---

① 李治亭主编:《清史》下册,上海人民出版社,2004年,第1081页。
② 陈捷先:《明清史》,台北三民书局,2004年,第266页。

省,人多地贫,一般人仅能温饱以度生计。清廷远征大军数十万粮草必须由内地长途运输,十分缓不济急,要就近由西北省区调解,又捉襟见肘,如何解决此一困局成了乾隆当务之急。

再者,因西北连年用兵,人民流离失所颇多,一则是空有沃野千里却少有人烟;更进一步边境绵长却无人可守,乃让沙俄频频窥伺入侵。

清廷为妥善解决新疆用兵食粮之计,乃依次建立各式各样的屯田,希冀能有效解除因用兵西北所衍生出的数个问题,如何就近取粮,如何巩固边疆地面,如何安置战后诸多兵员的出路,平民百姓战后的生计,等等。

乾隆二十三年(1758年),清军即将平定阿睦尔撒纳之役时,从而出现大批绿营兵退出战场成为闲员,乾隆皇帝因而命驻守巴里坤的参赞大臣永贵率领此等兵员,"广为垦种,以裕军粮"。此策一出,永贵于是组织此等旗兵在"乌鲁木齐、辟展、托克三、哈喇沙尔、罗克伦、昌吉等地开荒种地。据永贵奏报,当年参加种地的士兵三千六百名,开垦二万九千三百亩,秋收得粮三万五千八百石,为往年三倍以上"①。由此所见在新疆个地的垦殖是具相当成效的策略,也足以更进一步推动。

经过不同时期努力之下,新疆地区之屯田制度发展出若干不同的型式,并且提供不同的功能。

军屯:目的在于提供军粮。每屯兵百名,每人耕地20亩,官给籽种牛具。屯兵都是携眷永屯,绝大多数是绿营兵。乾隆四十年(1775年)统计,新疆有屯兵1.39万名。乾隆四十二年,天山南路兵屯垦地6万余亩,北路达22.7万余亩。

民屯(户屯):招募内地汉族至新疆开垦,由政府收取屯租。每户授田30亩,自备籽种牛具,每岁征银5分或佃粮8升。据乾隆四十四年统计,新疆各地户屯垦地达70万余亩。户屯只限于天山北路。

商屯:招商承垦土地。一面屯垦,一面经商。"边民眼贾牵牛出关,至辄辟草莱,长子孙,百无一反。"

---

① 孙文良等:《乾隆皇帝》,台北知书房出版,2001年,第320页。

回屯：主要集中在伊犁地区，屯户都是来自乌什、叶尔羌、和阗、哈密、吐鲁番等地的回民，计户不计丁，计籽种不计亩。乾隆三十三年统计，共有6383户。

遣屯（犯屯）：内地因犯罪流放新疆屯田，每人授田20亩，官给籽种牛具，每岁纳粮6石。遣犯屯种人数每年约2 500人。

旗屯：由伊犁惠远、惠宁两城驻防之满、蒙、锡伯、索伦、察哈尔、厄鲁特等八旗兵丁组成，一兵耕田34亩，永为世业，自耕自食，不纳粮租。①

因为此一政策系由乾隆本人坚持而推动，是故得以多方展开与落实，所以此一政策得以显现正面结果。影响所及，首先是军粮无须再由内地长途输送，西北军需能就地自给。二则，因为实施屯田的缘故，陆续兴建或逐渐营聚出不少新城镇，使各地再度展现商业交流。三则，是由于屯垦之故，随之移来不少的汉族农民，这样一来除了人口日有增长外，更进一步的，他们带来较进步的生产工具与精进的耕作技术，连带着也改进当地原有的农耕技术。

原本粗放的农牧技术得到改良以来，随着耕地面积的扩大，农牧生产量有呈现着提高的情况。不管是农民的粮食或牧民所需的饲料都能充分取得，这样子是民生互惠互补，新疆地区的屯垦是产生相当正面的成果；更重要的是屯垦活动之推展也引导出民族大量互动，许多民族的移动与移入，使新疆地区呈现出进一步的民族融合与繁荣。

四、巩固藏地

清代的治藏政策，是其统治全国重要的一环，是经历相当长时间的研究与实施才得到的成果。由于在不同时期清廷均以灵活的方式运作，这使得藏地虽然不是清王朝以兵威取得，但西藏地方却是未曾离背。

1. 驻藏大臣制度确立

驻藏大臣始设于何时，驻藏大臣的设置"肇因于雍正四年（1726年），清廷

---

① 郑天挺编：《清史》，台北云龙出版，1980年，第424页。

派往藏地办事之鄂齐奏报"①,阿尔布巴、隆布奈及札尔鼐等人阴谋夺权掌政,雍正为因应变局,于当年下谕理藩院议定,并于雍正五年正式派遣驻藏办事大臣。

颇罗鼐协助平定乱事后,清廷一面留置重兵戍守拉萨,一方面更选派能臣担任驻藏大臣,开始进一步对西藏事务加强管理。按史料所见,乾隆皇帝谕示索拜入藏办事时:"所以命大臣驻藏办事者,原为照看达赖喇嘛,镇抚土伯特人众。遇有应行办理及王颇罗鼐请示事件自应按理裁处。"②由此可见,驻藏大臣并非临时动议的产物,是清廷有计划管理西藏地方的职官。

驻藏大臣的职能依《卫藏通志》卷20所记,其条例第一言明:"驻藏大臣督办藏内事务应与达赖喇嘛、班禅额尔德尼平等。自噶布伦以下番目及管事喇嘛,分系属员,事无大小,均应禀命驻藏大臣办理,至札什伦布诸务亦俱一体禀知驻藏大臣办理,仍于巡边之便就近稽查管束。"③此见,驻藏大臣于藏地之地位与主要职权,此职务原系应变而起,然鉴于藏地安定与否关系极大,更与清王朝息息相关,此安边之策不可不设,拉萨虽处群山间,事不可不筹。

若进一步讨论驻藏大臣职务设置,更可以远因、近因分别析之。

远因:扩张及巩固清帝国疆界领域。清帝国之发展起于东北,渐次为内蒙古、中原、西北、西藏及西南诸地。清自关外即致力于合满蒙为一家,建政中原后更进一步要合满蒙汉藏为一体。安抚藏族与安定藏地成为帝国大业的重要一环。

近因:(甲)崇黄教所以安蒙古。四辈达赖云丹嘉措出生于蒙古,为俺达汗之孙苏密尔台吉子,因此黄教更加盛行于内外蒙古,更种下日后达赖五世主动依附和硕特部及满洲之因故。早于清入关前,满族领袖即体认到,蒙古诸部尊崇藏传佛教习俗,随着更多蒙古部众归附,清廷亦加发觉藏传佛教的重要性,以至于会进一步思考利用藏传佛教,作为安抚蒙古诸部的重要关键。

(乙)绥抚西藏以御准部。自康熙朝起,清廷即与五世达赖喇嘛建立着良

---

① 萧金松:《清代驻藏大臣》,台北唐山出版,1996年,第32页。
② 西藏研究编辑部:《清实录藏族史料》第一册,西藏人民出版,1982年,第438~439页。
③ 和宁修:《卫藏通志》,台北文海出版,1965年,第531页。

好关系。清欲借达赖喇嘛之宗教声望,并自身配合军政威势,望能使扰攘西北多年的准部就范。

五世达赖时掌权的"第巴"①,桑结嘉措与准部噶尔丹在藏学经时,即深交结纳,然闻准噶尔部无主内乱之际,桑结鼓动噶尔丹速返伊犁掌权。桑结欲假其力与和硕特部相抗,借以削除蒙古和硕特部对西藏管辖的压力。噶尔丹亦图利用桑结的影响力,透过达赖喇嘛的名义,建立其个人在内外蒙古地区的威望,图谋再成霸主。

桑结遂袒护准部侵袭喀尔喀部,又嗾使噶尔丹与清廷斗,迨噶尔丹兵败后,桑结梦碎,复再因争立六世达赖,为拉藏汗所杀。和硕特蒙古势力再度掌握西藏,成为西藏地方的实力统治者。

清廷设置驻藏大臣一职在乾隆朝主要为防御准部,除派办事大臣外,并随行大批部队。为防止准噶尔与西藏勾结外,并积极训练成立藏军,还在前后藏及阿里等通往准部要地隘口驻防,并受驻藏大臣节制指挥。

为防准部而组织建立的藏军,并意外地产生其他的效果,"后颇罗鼐整军经武,训练万骑,又练步兵万有五千,于通准部各路设卡伦,影响所及,不仅准噶尔不敢窥藏,连带拉达克、布鲁克巴(今不丹)、巴勒布(尼泊尔)等国,亦先后畏威附贡,成为清朝之再藩"②。

(丙)安辑藏政。驻藏大臣乃皇帝钦差,总理西藏一切事务之大臣,并不隶属于任一中央部院,直接受皇帝指挥监督,处理藏政。

驻藏大臣之行政对象,系以西藏地方政府为主,宗教寺院为辅。就事务而言,是监督与指导西藏地方政府处理境内一切事务。由于驻藏大臣身份就是皇帝的直接代表,所以通常藏内事务,在授权范围内,均可由驻藏大臣径行办理后奏闻,若超过授权范围之事项,必须奏请核示后才能执行。

在条例表面上看到,驻藏大臣代表皇帝管理西藏事务,地位与达赖喇嘛、班禅喇嘛平等,然实际上则远超过其上,如有事驻藏大臣可以会同达赖喇嘛或

---

① 第巴:为第巴悉簪之缩写,意指摄理政务之人。
② 萧金松:《清代驻藏大臣》,台北唐山出版,1996年,第57页。

摄政任命全藏重要僧俗官员,也可以单独指针监督噶伦以下各级地方政府官员,执行管理地方事务。

由此可见,清乾隆是把藏地事务直接掌握与管辖,并不是把这块土地等闲视之,更未将此地视为边陲弃之不顾,反而更直接地介入与管理,因为远自清初时期起,康熙即认为:"西藏屏藩青海、滇、蜀,若被准噶尔部占据,将边无宁日。"①足见以当日清代诸帝观念中即视西部为一体的观念隐含其中。

2. 六世班禅所受之礼遇

班禅本系蒙古语(即蒙古人对睿智英武人物的尊称)。"这个名称封号原来在后藏地区习惯于来称呼学识渊博的高僧"②,并不是一种专门的称号,只是在固始汗赠给罗桑却吉坚赞这个称号以后,"班禅"才成为他这个系统历代转世的专用称号,其他人不再使用此一称号。罗桑却吉坚赞圆寂后,班禅转世系统系自此正式地建立起来。

乾隆四十三年(1778年),六世班禅得知乾隆皇帝要举行七十大寿庆典的消息后,透过第三世章嘉活佛主动要求入觐朝圣③。奏书中明确表示:"小僧自幼仰承文殊菩萨大皇帝养育之恩。不胜尽数非他人所能相比。小僧乃一出家之人,无以报称,虽每日祝祷文殊大皇帝金莲座亿万年牢固,并让拉萨众喇嘛等亦哔经祈祷但仍时时企望觐见文殊菩萨大皇帝……"④乾隆见到奏书后欣然同意,于乾隆四十三年十二月六日上谕:"昨据章嘉呼图克图奏称,班禅额尔德尼因庚子年为大皇帝七十万寿欲来称祝。朕本欲前见班禅额尔德尼因道路遥远,或身子尚生,不便会其远涉。今既出于本愿,实属吉祥之言,已允所请。是年朕万寿月,即驻热河,外藩毕集。班禅额尔德尼若于彼时到热河,最为便益。"⑤

乾隆得知班禅将入京的消息后,为进一步密切与藏族的关系,乾隆皇帝命

---

① 魏源:《圣武记》,台北世界书局,1980年,第139页。
② 王辅仁:《西藏佛教史略》,青海人民出版社,1982年,第214页。
③ 郭成康:《清史编年——乾隆朝》,中国人民大学出版社,2000年,第318页。
④ "中国第一历史档案馆藏宫中满文朱批奏折425",转引自陈锵仪、郭美兰:"六世班禅承德入觐述论",载清代宫史研究会:《清代宫史求实》,紫禁城出版社,1992年,第142页。
⑤ 牙含章:《班禅额尔德尼传》,西藏人民出版,1987年,第129页。

令详加准备;并命驻藏大臣在藏与班禅会面,先期商议赴承德诸事宜;皇帝并招见沿途巡抚布置沿途接待事项;下令沿途修桥铺路;向章嘉活佛学习藏语;还决定让内外蒙古首领、新疆归顺的回部首领等人均集聚承德,主要是想借助格鲁派佛教领袖的影响,进一步增强向心力,实现"兴黄教以安众蒙古"的国策,以巩固清王朝对内外蒙古与边疆地区的统治。

乾隆帝对六世班禅入觐祝寿非常重视,事前预作周密准备。乾隆参照顺治九年(1652年)五世达赖到北京朝见时,顺治皇帝在北京德胜门外建造西黄寺供达赖喇嘛居住的先例,决定仿照六世班禅在日喀则所居住的扎什伦布寺建造须弥福寿之庙,供班禅讲经居住之用,所以此庙又称班禅"行宫"。"须弥福寿"是藏语扎仁伦布的意思,扎什即福寿,伦布即须弥,意为福寿的须弥山。

在一系列准备工作中,最重要的一件事是命人为班禅仿造扎什伦布寺居所,在承德修建须弥福寿之庙。原西藏的扎什伦布寺始建于1447年,由一世达赖修建的,后成为历任班禅之居所。承德的须弥福寿之庙仅是名义上仿扎什伦布寺,然实际上是乾隆皇帝在承德又修建的一座藏式寺庙。除便于显示对六世班禅的尊崇更提供其在承德有讲经和居住之专处外,还希望能借此寺庙的出现后,让蒙古各部能就近朝佛,一免去长途进藏之苦,二则降低藏传佛教领袖对蒙古诸部的控制。

这次班禅东行路程长达两万余里,历时一年多,终于到达承德。在他来到避暑山庄澹泊敬诚殿朝觐乾隆皇帝时,乾隆特别用藏语问候班禅"长途跋涉,必感辛苦"。班禅答曰:"远念圣恩,一路平安。"乾隆皇帝曾用数十年时间先后学习蒙古文、藏文、维语等民族语文,并拜章嘉活佛为国师修习佛法、藏文,此种毅力令人不得不钦佩。七月廿二日,乾隆皇帝又亲自到须弥福寿之庙上香,看望和慰问六世班禅并用藏语和六世班禅叙谈很久,还带班禅观看了须弥福寿整个庙宇。乾隆皇帝返回行宫之后,章嘉活佛对六世班禅说:"我在皇帝身边多年,从未见到他如此高兴……圣上对您专程来祝寿是十分满意的。他对您的信仰和喜爱超过寻常。"[1]

---

[1] 土观却吉尼玛著,陈庆英、马连龙译:《章嘉国师传》,台北全佛出版,2004年,第472页。

在承德期间,六世班禅受到了清政府最隆重接待和最高等级的礼遇。由六世班禅亲自主持须弥福寿之庙的开光典礼。八月十三日,是乾隆帝七十大寿,六世班禅率众徒恭贺,递献了自己和达赖喇嘛准备的贵重礼品,还在念佛堂为乾隆皇帝念万寿经。

此次班禅能亲赴承德之意义非同小可,主要系班禅正因为是在"大兴黄教"的前提下,于乾隆四十四年(1779年)六月十七日,率众从后藏扎什伦布寺启程,此行系"不因招致而出于喇嘛之自愿"来承德朝觐乾隆皇帝,并参加其七十万寿盛典仪式。"不因招致而自愿前来祝寿",正是显示清王朝长期怀柔藏族的民族政策有了具体重要结果。其二则是班禅作为藏传佛教界的主要领袖人物,他对蒙古各部拥有着巨大的影响力,此次班禅东行实际是把蒙藏民族对清王朝中央的臣服又推向新的高峰。第三,则是在承德期间,乾隆和班禅共同商讨关于册封第八世达赖喇嘛的问题,这是西藏僧俗共同关心的一件大事,这件事情的圆满解决,亦解决了自康熙以来在达赖辈次问题(六七之世认定)上朝廷与信徒之间的矛盾,从而赢得了藏地信徒进一步拥护清中央政府。

3. 六世班禅所产生之影响

乾隆四十五年(1780年)十一月,六世班禅因感染天花,不幸在北京圆寂。乾隆四十六年(1781年),百日诵经后,由仲巴呼图克图护送六世班禅灵榇返藏。据《清史稿》记录:"初,第六辈班禅之殁,及京归舍利于藏也,凡朝廷所赐赏,在京各王公及内外各蒙古边地诸番所供养,无虑数十万金,而宝冠、璎珞、念珠、镂玉之钵、镶金之袈裟、珍庆,不可胜计。"①虽说班禅已圆寂,但因其虽收得之珍贵供养,竟成了清廷与廓尔喀之间一场战争的导火线。依魏源所著之《圣武记》载:"初,后藏班禅喇嘛,以四十六年来朝,祝高宗七旬珈,中外施舍,海溢山积。及班禅卒于京师,资送归藏,其财皆为其兄仲巴呼图克图所有,既不布施各寺庙与唐古特之兵,又摈其弟舍玛尔巴为红教,不使分惠,于是舍玛尔巴愤恚廓尔喀,以后藏之封殖,仲巴之专汰,煽其入寇。五十五年三月,廓

---

① 庄吉发著:《清史论集七》,台北文史哲出版社,2000年,第109页。

尔喀借商税增额,食盐糅土为词,兴兵闯边。"①因商务为由入侵藏地实属迟早之事,而仲巴呼图克图与舍玛尔巴弟兄不和,唆使廓尔喀抢掠后藏,仅为一导火线,并非真正的原因。

当时之廓尔喀乃今日之尼泊尔,18世纪以来势力日盛,于是积极向外发展。当时廓尔喀力量向西发展,受挫于锡金及英国人后,转而向西藏发展,是属当然之举;廓藏之冲突是迟早之问题,因商务为由入侵藏地实属必然之事,而清能再三力挫廓尔喀之势,对保全藏地有不可之功,更进一步,困廓尔喀于其原居地,终止其坐大成局。

然而,在六世班禅生前,至少经历三次具重大意义的政治活动。其一,是在乾隆十五年(1750年)西藏郡王珠尔墨特那木扎勒对抗清驻藏大臣和七世达赖喇嘛的事件中,他选择支持清中央政府的一方,让藏地的骚乱不致扩大,也得以尽快速平息。其二,为乾隆三十七年(1772年)他为反对英国东印度公司侵略不丹,出面调停了双方之间的战争;同时拒绝了东印度公司拉拢和引诱,有效地阻止了英国对西藏的侵略图谋,成功地处理了一次外交事务,成为第一个同英国人打交道,并清楚表达立场的藏族领袖。② 其三,是乾隆四十五年(1780年)他不远万里亲到承德为乾隆皇帝祝贺七十大寿,这些都是我国民族关系史上的重要历史事件,也说明着西藏地方与中央的长期密切互动。

五、用兵大小金川

清高宗乾隆年间两次用兵金川,第一次平定大金川,始于乾隆十二年(1747年)。第二回进军大小金川,则在乾隆三十六年(1771年),清军三易统帅,耗饷逾七千万两,至乾隆四十一年(1776年),才将此地平定。

乾隆朝经略西南除了改土归流外,金川地区得以开发与经营更是清廷的一件大事。平定金川事件在乾隆朝而言并非如其自夸十大武功之胜绩可称

---

① 庄吉发著:《清史论集七》,台北文史哲出版社,2000年,第109页。
② Charles Bell. 1990. *Tibet, Past and present*. New Delhi, Munshiram Manoharlai Publishers Pvt. Ltd.

颁,而是前后历时十年之久,用兵用饷都超过乾隆所预期之程度,虽然战事劳民伤财,但能将此地区进一步纳入中央管理的范围,巩固西部边疆则功不可没。

1. 事件经过

金川地区由文献所见,"金川分大金川与小金川,因河得名。大金川,当地土语称为促浸,意即大川,小金川,称为攒拉,意即小川,因临河一带,传说可以开矿采金,故促浸习称大金川,攒拉习称小金川"①。大小金川,系大渡河上游的两道支流,地处四川西北区域,主要居民为藏族、羌族等少数民族,地形多险峻,故交通多梗阻,居民依山筑成碉楼为居。

此一地区虽处边陲但与中原内地却并非毫无关系,"金川与内地的关系,其见诸记载,实始于隋代,时置金川县,唐代属维州管辖,明代封金川土司哈衣麻衣喇嘛为演化禅师,颁授印信,隶杂谷安抚司。惟明代所封金川土司,实指小金川土司而言"②。

莎罗奔自号大金川土司实早于雍正元年,然其正式得到清廷的承认则在当年之三月颁授印信后。清廷之所以承认乃为削弱明代所封建之小金川土司的势力,此举能使其假朝廷封号与小金川土司相抗,彼此牵制。"乾隆年间以降,清廷文书所称之金川土司即指大金川,而将明代以来相治已久的金川土司称为小金川土司。"③

乾隆十一年(1746年),大金川土司莎罗奔劫夺小金川土司泽旺属地,经清廷干预后释还。高宗乾隆十二年(1747年),莎罗奔又攻明正土司(今康定)等地,清廷为求抑制大金川土司,特任命张广泗为川陕总督,征讨大金川。清朝派兵前往平抚,原谓仅区区小事,然遭到莎罗奔的强烈抵制,大金川之役由是开始。

清军第二次出兵大小金川,历时五年,耗费白银7千万两,官兵死伤数以万计,地雷、火弹、大炮等武器都用尽无遗,真可谓劳师动众。事平后,清朝在

---

① 庄吉发:《清史论集七》,台北文史哲出版社,2000年,第110页。
② 庄吉发:《清史论集七》,台北文史哲出版社,2000年,第113页。
③ 庄吉发:《清史论集七》,台北文史哲出版社,2000年,第114页。

大小金川设立懋功、章谷、抚边、绥靖、崇化等五屯,驻军屯垦,以防再次发生反抗事件。

2. 经营的成效

清王朝建立以来,一直努力积极经营民族地区,一则因自身起自关外,深刻体会中央王朝对民族地区经营之重要。

清廷在对云南、贵州、四川等民族分布较多的省区,先亦采沿用明制承认当地豪酋为土司官,在其政权稳定下来后,逐渐改变治策。在该地逐步采取改土归流,特别在平服大小金川各地后,凭其强势军威,使得其他地区土司慑服于兵威,被迫接受此一制度。改土归流此一政策始于康熙,盛于雍正,继之于乾隆。历三代以来之努力,西南方面大多数区域终于纳入中央管理体系,由清廷直接管理。

经过改制后,当地各民族打破原有藩篱,往来或移栖各地的人口都增长许多,逐渐打开过去封闭的状态,经由移入或移出,民族间的混居或杂处情形更多,耕作交易日渐增加,而各民族子弟入学读书者日有所增,读书入仕逐渐与内地无异;而一般人民衣冠服饰听任自取,自愿改换,官司不加干涉。

由此所见,清廷坚持实行的改土归流制度,加上几次的用兵西南,使得过去许多相对落后的地区得到开发。先是用兵带动的人民流动,继之因交通道路开通而来之商务,这样一来直到间接地促进了地区间的往来,民族间的互动。西南地区由于进一步与内地商务经济的交流,连带地产生社会与文化的互动与影响,这样所产生的民族团结与民族繁荣是日增与正面的。

如文献中所载:"农业先进生产技术和经验,因而传入这些地区。像对土壤、气候适应性很强的苞谷和洋芋等作物,就在这时经过汉族农民手传到西南少数民族之中。一些手工业生产技术和经验,像制铁、烧窑、纺织等,这时也得以在这里传播开来。"[①]由于农业与手工业等技术有了进步与改进,西南民族地区的商业活动也较前发展起来,因此与其他民族乃至内地的往来互动增加很多,这为生产发展提供了许多前景。

---

① 郑天挺主编:《清史》,台北云龙出版社,1998年,第410页。

六、结　　论

满族入关建政以来，针对当时的现况作出许多灵活的调整与改变，使得清代是历来民族政策最为完善的朝代。我国各民族之间都有其传统文化、风俗及宗教信仰，在当时来看，相对的情况是以满族的发展显得较慢，因此，可见从努尔哈赤开始，皇太极到玄烨、胤禛乃至弘历，即努力以赴，全力提升本族文化，强调"国服骑射"。然而在取得政权以来，这些统治者不但没有表现出统治者的傲慢，更没有怀抱着强烈且狭隘的地域民族偏见，全然以满族观点来推动全民绝对的"满族化"政策。相反的，清初的几位皇帝都很能掌握情势，他们都能借用各民族传统、文化或宗教上的优点来统治人民，推动政务。

清朝的民族政策基本上采取了因俗而治的大方针，对各民族以修其教不易其俗，齐其政不易其宜。根据不同民族不同居地，进行不同的统治与管理，因为此种统理方式使得少数民族得到较多的认同，所以，自乾隆朝以来边疆地区大规模的民族动乱相对减少，显示此一政策的运用成功。事实上，这正是清廷得以统一与经营西部疆域的重要关键。

乾隆时期的民族政策，对于保障各民族在政治、经济、文化以及社会生活各方面的权利，不仅留有余地，而且在于帮助少数民族发展其政治、经济和文化的建设事业，逐步改变落后状态，也多少提供助益。在同时期中，如何消除各民族间在经济文化等方面的差距，也陆续成为安抚少数民族问题的重要关键，清廷同意安排各藩属以朝贡方式进行的商贸活动，事实上是各民族相当重要的经济活动之一，透过互市互惠，民族之间的交流增进不少，经济物质生活的满足，战乱当然就是不必要的选择了。

中国几千公里的边境线上，常驻的居民绝大部分是少数民族，清廷很清楚，少数民族问题解决得不好，国防问题就不可能解决好。因此，历次用兵后，乾隆总要再三提醒，在当地采取与民休养生息的措施，让当地在战火后的居民能有相应的政治、经济及社会措施，这样一来让少数民族能心生认同。由于休养生息的政策才能保民、养民，四方才能归心，边疆才能长治久安。

乾隆时期对西部疆域经营的各种方策，以今日所见，可以证明成效斐然。首先对蒙古地方及蒙古族的用心笼络与辑抚，透过宗教影响及加以再三地镇压反对力量，渐次地撤除了蒙古豪酋的军事武力基础，使得蒙古各部再无豪强能兴起。更进一步，更使北亚各族均无力量能威胁清帝国北疆，这样一来清帝国之疆域维持了相当一段时间的平息。

西南边疆因为西藏的稳定与金川地区的平抚，是清帝国整个国家安定的另一个面。西藏的内附起于安众蒙古所以崇尚黄教，更进一步因准噶尔之乱引起皇帝忧患意识，保西藏以确保西南平稳。所以西藏由皇帝派代表直接管理，可见西藏不论地理位置或宗教对清廷而言都是举足轻重；相对而言，藏地因久经佛教浸染与影响，武备不兴，当廓尔喀先后两次入侵，都赖清廷出兵驱逐才平抚；藏地与内地之间也是依靠各大寺院大喇嘛年班朝贡与各族间借朝佛名义之商务往来，两地往来之众，不绝于途，可见就经济发展面上来看，内地的影响力早早就已产生极大的力量。

乾隆年间由于西部疆域的开发，不论涉身其中的军民系出于主动或迫于被动，事实上都是境内的移民。由于清廷几次用兵，文献上可得知，远征各地的部队成员有满、蒙八旗及汉军绿营与锡伯、索伦等兵种。这些部队组成的民族原本不同，当此一往来调动，常驻某地，所带家眷；或军屯，招商民屯，更者因犯流边，都造成各民族的大量移动，如所见，"乾隆中叶以后，中原的事业农民和手工业者，纷纷到各省深山老林和边境地区垦荒，其人数之多，规模之大，地区之广，持续时间之长，都大大超过清代的屯田，也是历代所仅见。"①

综以上所陈，可见清乾隆时期开发经营西部疆域成效，仍有数端可引以为殷鉴。

其一是尊重传统，因俗而治。清朝至乾隆时期，对民族政策的拟定与经营已到达一种成熟的阶段。所以，对西部疆域内各民族多是以广结民心之道，顺势推动，最成功的例子莫过于"崇黄教，所以安众蒙古"，以宗教影响力确保蒙古、藏等民族齐心归附，其效果今日仍然可见，不仅蒙藏乃至其他不少民族都

---

① 许曾重："论康乾隆盛世的几个问题"（中篇），《清史研究通讯》，1985年第3期。

信仰藏传佛教不坠,若回顾乾隆所作的努力与其经营的策略,仍值得我人今日细细体会与学习。

其二以武力镇压非长久之道,收揽民心易长治久安。就乾隆朝所见几项重要的事功来看,一个国家的武备是不可少的,但是养兵之计是备而不用,许多场战役的成功是因为政治与心理的部分发生作用,武力仅是这些政策的前导。以今日的角度衡量,战争一是打经济消耗,清代在康、雍、乾三朝大致维持着经济上升的环境,国家财政犹可支持乾隆这几场战事。相对于此,少数民族便无此能力支撑消耗。如不能速战速决,则只有俯首称臣一途。如此所见,经济实力是立国之基,妥善运用资源,管理财政,这是当日清廷之胜算之处,以此基点来看,妥善发展经济,厚植国本,今日仍旧是国力升降之关键。

其三是与民共荣,以民为本。清王朝是满族所建立的,以其自身为少数民族身份入主,使得清朝能够以一种不同于汉族的视角来对待和处理边疆民族问题。清代比任何其他朝代都要重视联合各民族以及其他少数民族领袖人物(尤其是蒙古贵族),清代的几位皇帝多把边疆政策、民族政策的制定、推行和完善摆在基本国策和重要政策的位置上。虽然其主观的出发点,是为了达到以人数和文化明显处于劣势的满族能优势立足,进一步使得其统治人口众多的汉族以及其他各民族能向心巩固之目的,然此在客观上,却形成对边疆巩固、维护多民族国家统一,维护大一统局面的形成有着积极意义。清朝几个皇帝曾数次强调"中外一体"(即内地与边疆为一整体),一改历代中原王朝故步自封、消极歧视的习惯,主张以积极态度治理边疆诸民族,使彼等能产生"屏藩拱卫"的作用。并十分注重"恩威并施"与"因俗而治",强调"修其教不易其俗,齐其政不易其宜",实行"因族而制","文化多元"的统治方针,乃使得清代前期取得了令人瞩目的成功。

中国因为有着辽阔的西部疆域,而此地区地域十分广袤,所以在社会人文环境与自然地理条件方面均有极多的差异。中国的西部疆域是在历年来逐渐发展演进而成为一体的。这里所讲的统一有几种含义,首先当然是政治制度上的一统,但更重要的是经济上的一体,经济活动在今日是愈来愈看见效果,西部离不开内地,而内地亦不能没有西部,今日若能有计划地管理与经营西部疆域，未来前景应更为可观。

中国西部的民族多样性更是重要的一环，如乾隆朝的许多政策做法是因地制宜，是因民族传统发展。这种观念与作为，是值得我们思考与学习的。各民族有其传统生活环境，其中有限的资源须要审慎地利用，不要在乎开发的速度快不快，而是问这样的开发合不合当地民族需要，民族的繁荣与成长才能创造与维持团结，因为团结是为朝更美好的生活前进，在更有品质的内容中繁荣，这样的团结与繁荣才是长久的。

今天的西部开发与清乾隆时期大环境可谓不可同日而语，但许多当时进行开发所面临的困境问题还是遗留下来，并没有因此消失；如西部民族地区经济相对落后，生态脆弱，所需人力资源不足，等等，古今开发的要点和难点是相通的。乾隆时期中所涉及的行政管理、交通运输、移民垦田、民族贸易、生态环境及其与农业开发的关系等问题在当今的西部开发中同样备受关注，其启示和借鉴意义不言而喻。

深盼今人能审慎地关注这块大地，先检视中国现代化走的是什么道路，若以西方那种高消费的模式，中国环境能否承受得住，这是必须回答的问题。各部门应当从宏观上把握住自己生态环境总体上的承受力，以便制定出合理的开发政策和消费模式，如果今日不能量力而为，否则就要剥削环境、祸害子孙。我国东部的发展未能避免走西方国家"先污染后治理，先破坏后保护"的老路；那么，我国西部的发展如何才能避免重走东部的老路呢？历史上，西部的大小开发都会引发生态的破坏；今日西部大开发如何才能确保不重蹈覆辙，环境保护意识要怎样的强调才可能有效地抑止住各行各业，各式各样在利益驱动下的破坏性开发呢？

我们也看到，我国西部生态保护与开发建设是一项长期的、艰巨的事业，需要几代、甚而十几代人乃至更长时间的投入与奋斗。这件不轻松的任务既已激活，那我等有义务与有责任共同努力以赴，为明日的生存留下一片乐土来。

清代西部开发中的藏族女性

刘正刚

（暨南大学历史系，广州 51063）

西部大开发是我国 21 世纪经济发展的一个重大战略抉择，引起了海内外的极大关注。世世代代生活在西部的各族儿女以满腔的热情，积极投身于西部大开发之中。女性是其中一支最重要的生力军。西部地区民族众多，风俗不尽相同。女性在历史时期的开发中均发挥了积极的作用，尤其是藏族女性对聚居地社会经济发展作出的贡献更令人刮目相看。当今的西部大开发，如何充分调动广大女性在开发中的主人翁精神以及通过她们在开发中所扮演的角色来提高女性的社会地位，是一个值得关注的问题。我们有必要先认识历史时期女性在社会经济开发中的作用，借此找寻历史的教训与经验。本文以清代藏族地区女性在社会经济发展中的角色为例，就是试图反映这一宗旨的所在。

藏族是我国最古老的少数民族之一，主要集中分布在今西藏、四川、青海、甘肃等西部广大地区，其悠久的民族文化和博大精深的藏传佛教一直是人们关注的热点。然而，人们的目光总是聚集于历史舞台上的男性，妇女仅仅作为配角被随意地放置于历史舞台的边角。实际上，在不同区域社会经济发展的历史中，男性与女性所扮演的角色不尽相同。藏族妇女在清代藏族社会发展过程中角色相当独特，但并没有引起人们的关注。本文试图通过史料来揭示藏族妇女在创造藏族社会历史中的真实面貌，不当之处，请学者批评指正。

一、藏族妇女的经济生活

清代藏族地区的社会经济已有了相当大的发展,社会经济在保持传统游牧经济的同时,一些地区已逐渐向农耕经济转变。而在藏族的农耕经济活动中,藏族妇女不仅在田野劳作方面付出的劳动要远多于男子,而且还承担着繁重的家务劳动,甚至连传统的工商业也几乎成为她们的专利。史载:"平时操作,男逸女劳,稼穑耕耨外,妇女之力居多。主持家事,市茶布悉委诸女,供力役咸与焉。更有健于男子者,稍暇,携筥笼、捻毛线、织毡子,以供衣服。"①这里的"男逸女劳"四个字,形象地刻画了藏族妇女在藏族社会经济发展中所扮演的主角角色。近代以来,西藏女性在社会经济生活中所承担的角色,也令人闻之而愕然,史载:"西藏男子怠惰,女子强健。普通男子所操之业,在藏中大抵为妇女之职务,或耕作田野,或登山采樵,或负重致远,或修缮墙壁,建造房屋。凡普通男子所为,概为之。贸易亦多属妇人。且在家自庖厨纺织裁缝,及老幼之梳发等亦为之,并不以为劳,殆习惯使然。男子间亦耕作,不过为妇女之辅助,使牛马负载货物,亦非得女子之助不能,诚异闻也。"②

由此可见,在藏族广大的农耕地区,藏族女性在社会经济生活中至少与男性一起支撑了"半边天"的主角地位,即"男子所为概为之"。其实,就劳动量而言,女性在户外付出大量劳动之后,还要承担所有琐碎而繁重的家务劳动。藏族这种男女劳动格局逐渐形成为历史积淀,即"殆习惯使然"。妇女在社会经济各方面担负的劳动强度均远远超过男性,"妇女和男子一样的劳动,她们比男子更能吃苦,较繁重的劳动几乎都是由妇女负担"③。换句话说,藏族女性不仅主内,也主外。藏族女性在社会经济生活中内外无别的角色意识与内地汉族女性是颇不相同的。在家务劳动方面,汉族的理想模式是"男耕女织"。

---

① 中央民族学院图书馆:《炉霍屯志略·风俗》,中国民族史地丛刊之十四,第13页。
② 《中华全国风俗志》下篇卷10,《西藏》,中州古籍出版社据1936年大达图书供应社本影印,1990年。
③ 中央民族学院研究部:《西藏社会概况》(第1辑),1955年,第16页。

而藏族却是反其道而行之的趋向,"西番妇女不操针黹,男子多腰小包藏针补绽,时则捻羊毛为线"①。而在藏族传统的游牧经济中,女性也积极投身其中,据《中华全国风俗志》下篇卷10《西藏》载:"大半为游牧之生活,逐水草而转徙于四方。虽妇孺小子皆从事于畜牧。"

商业贸易是社会生活中互通有无的必须手段,汉族的商业贸易主要由男人承担,而藏族的贸易经营也凸显了女性的主角意识,"其贸易经营,妇女尤多,而缝纫则专属男子"②。乾隆《西藏志·市肆》也载:"贸易经营,男女皆为,一切缝纫专属男子。"这与汉族传统农业社会的男主外、女主内的性别职业分配格局形成鲜明对比。这种职业格局与藏民自幼就逐渐培养的性别意识有关,藏族孩童稍长,"男子教书算,或习一技;女子则教识秤作买卖、纺毛线、织氆氇,不习针工,不拘女诫"③。藏族妇女在贸易过程中,不但坐贾行商,而且还充当中介牙人,"货物辐辏,交易街市,女人充牙侩,经纪其间"④。女性能否善于贸易,甚至成为藏民判断女性是否贤淑的一个重要标准:"媳以善经营、能货殖者为淑。"⑤在康定县出现了专门以女性经营类似旅店并代客商销售货物为特色的锅庄小姐:"本城原有十八家锅庄,凡康藏行商皆住此锅庄为旅店,不取宿膳费。盖客商之货交与主人代为估卖,出入提取二分用代为膳费,形同内地之传统。凡营此者悉为女子,善为交际名为锅庄小姐。"清代汉藏边境贸易以茶叶为大宗,四川雅州府属的打箭炉厅"自改土归流,人烟辐辏,万商云集,尚为川茶入藏土产出口之商埠"⑥。乾隆《西藏志·藏程纪略》称:"打箭炉为蜀西极边,皆番地,乃藏路咽喉……其地番汉咸集,交相贸易,称闹市焉。"打箭炉成为茶叶贸易的重要集散地,乾隆《雅州府志》卷五《茶政》载:"炉不产茶,但系西藏总会口外,番民全资茶食,惟赖雅州府属之雅安、名山、荥经、天全、直隶

---

① 周希武:《玉树调查记》,民国抄本,台湾成文出版社。
② 《西藏图考·物产类》,西藏人民出版社,1982年,第198页。
③ 乾隆《西藏志·生育》,第115页。笔者注:台湾成文出版社将该志标注为康熙修纂,综观全书,内容多涉及乾隆年间,故改为乾隆刻本。
④ 曹抡彬、曹抡翰:《雅州府志》卷12,嘉庆至光绪递补刊本,台湾成文出版社,第322页。
⑤ 清抄本《西藏见闻录》,中央民族学院图书馆油印本,1978年。
⑥ 刘赞廷:《康定县图志》,民国刻本。

邛州等五州县商人行运到炉,番民赴炉买运至藏行销。"在打箭炉的茶叶贸易中,一种名为"沙鸦"的藏族妇女非常活跃,客商的茶叶几乎都要经过其手才能销售出去。"打箭炉番女,年十五以上即受雇于茶客,名曰沙鸦。凡茶客贸易听沙鸦定价。汉人不敢校,茶客受成而已。"①由于藏族女性的勤劳,尤其在商业贸易交往中的善贾行为,更令人钦佩。嘉庆《里塘志略》卷上称:"贸易之事,妇人智过男子。"清代一些汉族商人在藏区从事商业贸易,并响应官府号召,在藏区报垦土地屯田,有些人甚至与藏女组成临时家庭。如金川地区的汉商,"去家既远,中馈乏人,纳金本地头人,或他处土司可得夷妇,俗谓租妇"。一旦汉人回内地,则将妇人送归原主。这种情况在"打箭炉及杂谷脑之夷妇,有三年五年期限者"②。又有"打箭炉汉民取蕃妇家于其地者,亦多从其俗,男犹汉服,女则俨然蕃妇矣"③。

　　清朝藏族普通妇女有时还常常外出服役,"其差徭辄派之妇人"④。藏族地区的差徭摊派,往往是男女一视同仁:"凡有生业之人,毋论男女皆派,即他处来者,或仅妇女,但能自立烟灶、租房居住者亦派。多寡各量其贫富不等。"⑤藏族地区的徭役名曰乌拉。"至于土民之服役者名乌拉,凡有业之人,勿论男女皆与其选。"⑥藏族妇女任劳任怨、吃苦耐劳的行为,使她们就业的机会明显增加,"藏民体质强健,工作效率颇大,尤以女子为然。……本县各种劳动工作,雇用藏民妇女,因时有闲忙,价无一定,现在每日工价约二角有奇"⑦。与此同时,藏女还在农闲时节,主动走出家门,到成都等地打工赚钱以帮补家庭生计,嘉庆时《锦城竹枝词》载:"北京人雇河间妇,南京人佣大脚三。西蜀省招蛮二姐,花缠细辫太多憨(原注云:蜀中蛮人妇女,在省城内止肯雇佣,绝少卖作婢者)。"又载:"大小金川前后藏,每年冬进省城米。酥油卖了铜钱在,独

---

① 周蔼联:《西藏纪游》,嘉庆刻本。
② 乾隆"金川琐记"卷3,《丛书集成初编》,第3199册,中华书局,1985年。
③ (清)王锡祺:《小方壶斋舆地丛钞》第3帙,《康𬭁纪行》,杭州古籍书店影印本,第77页。
④ 乾隆《西藏志·夫妇》,台湾成文出版社,第113页。
⑤ 乾隆《西藏志·赋役》,台湾成文出版社,第140页。
⑥ 嘉庆《四川通志·西域》卷196。
⑦ 张其昀:《夏河县志》,民国手抄本,台湾成文出版社,第43~47页。

买铙钲响器回(原注云:蜀中三面环夷,每年冬,近省蛮人多来卖酥油,回时必买铜锣铙等响器,铺中试击,侧听洪音,华人每笑其状)"。① 同治《直隶理番厅志》卷 4《夷俗》载:"诸番男妇于三冬进口,赴蜀西各郡县佣工,谓之下坝做活路。……春尽则贩卖缣布、锅刀、牲畜以归所。"对此现象,时人还赋诗:"熟生新旧聚三番,服语难同庶类繁,结队远行齐力作,雌雄难辨似猱猿。"

藏族妇女在藏族社会经济发展过程中所扮演的极重要角色,并非偶然因素所致,这与藏族特殊的历史文化背景密切相关,藏民"最信佛,家有二男,则一男为僧,有男女各一,则男子为僧,女子继产,女多而男少,故一切劳苦操作之役,皆女子任之"②。由于藏民中的男性多信佛出家,在藏族地区的劳动队伍中出现"女子多而男子少"的现实,"故一切劳苦操作之役皆女子职之"③。以此而言,藏族妇女在社会经济生活中独挑大梁角色的形成,也是由藏族地区独特的民族文化所决定的。

二、藏族妇女的婚姻生活

婚姻家庭作为社会最基本的细胞单位,历来是人们关注的重要话题之一,也是与妇女日常生活联系最紧密的一个话题。清代藏族妇女由于在社会经济及家庭中的特殊角色,其享受的社会权利比汉族女性要高,藏女可以像男性一样,享受财产继承权,条件是家庭中的长子,才有继承资格。实际上,若家中男性不出家,则由男性优先承继,老大藏名为"萨达",他(她)既继承财产,又继承户名,若家有男女各一,而男子又为僧,财产则由女子继承。④ 女性继承家产,从藏族的婚姻习俗中也可管窥一斑。民国《西藏志》记载:"如家中仅有一女,女之地位即较为强固。因其夫必须入赘其家,依妻之产业为生,取妻族之名

---

① 林孔翼:《成都竹枝词》,四川人民出版社,1986 年,第 44、51 页。
② 张其昀:《夏河县志》,民国手抄本,台湾成文出版社。
③ 周希武:《玉树调查记》,民国手抄本,台湾成文出版社。
④ 张其昀:《夏河县志》,民国手抄本,台湾成文出版社。

字。妻本人,据藏人言,实为一家之根。父母死后,有主管家务之权。"① 藏女在财产继承权上与男性享有平等的继承权,这与藏女在社会经济发展中的贡献分不开。

清代藏族的婚姻家庭也有较汉族文化独特的一面,其婚姻形态一般有三种:一夫一妻家庭、一夫多妻家庭和一妻多夫家庭。② 一夫一妻制家庭在三种婚姻形态中所占数量,"据估计大约有一半左右"。三种婚姻形态中的一妻多夫制家庭只限于兄弟共娶,并不是几个不相干的男子合娶一妻,这种婚姻家庭形式是以妇女为中心,"主妇自己住一间房,各夫轮流和她同居,不轮值的各夫或外出,或居另室,很少有家庭不和睦的事情发生"③。从妻子享受的居住空间来看,藏女在一妻多夫制家庭中具有较高的地位。据余庆远《维西见闻录》记载,乾隆年间维西一带"兄弟三四人,共妻一妻,由兄及弟,指各有秧,入房则系门,以为志,不紊不争。共生子,三四人仍共妻,至六七人如二妻"。藏族一些地区的习俗甚至认为,一夫一妻制家庭是兄弟不和睦之表现,即使有身份之家,也实行共妻。"或独妻,则群谓之不友,而女家不许。以其地寒,不产五谷,乃如此……故土官头目,家非不裕,亦共妻。"④这说明藏族一妻多夫制婚姻形式的存在有其深刻的经济和社会原因。有学者认为,一妻多夫制的婚姻形式同时可以减少人口的过度繁衍,但笔者在收集相关资料时并未发现能证明此说的有力证据。⑤ 在藏族所有的婚姻家庭形态中,"主持家务的都是妇女,她们掌握着家庭的经济,同时也是家庭中的主要劳动者。男子的活动常要受妇女的支配,特别在一妻多夫的家庭中,女权更要大些,子女都是听命于母亲"⑥。因此,"西藏妇人之地位,由一方面观之,觉甚卑贱;由他方面观之则尊

---

① 《中国地方志民俗资料汇编》西南卷(下),书目文献出版社,1991年,第876页。
② 民国二十五年铅印本《西藏志》记载:以西藏全部而言,一夫一妻制当远较一妻多夫制或一夫多妻制为通行。大概卫省每二十家内,采一夫一妻制者十五家,多夫制者三家,多妻制者二家。多妻制为富有者所行。
③ 中央民族学院研究部:《西藏社会概况》(第1辑),1955年,第119~120页。
④ 龚友德:《中国少数民族道德史》,云南人民出版社,1998年,第253页。
⑤ 文华:"迪庆藏族妇女性别角色和社会地位的变迁",《中央民族大学学报》,2002年第5期。
⑥ 中央民族学院研究部:《西藏社会概况》(第1辑),1955年,第118页。

无二上,殆一家之女王也。日常自服劳动,自有财产,掌握一家之全权"①。

女性在藏族社会经济生活中独当一面的优势以及藏族特殊的民族文化背景,形成了藏族社会流行"生育以女为喜"的现象。乾隆《西藏志·夫妇》载:"西藏风俗,女强男弱。……故一家弟兄三四人,只娶一妻共之。……其妇人能和三四弟兄同居者,人皆称美,以其能治家。"清代藏族地区的徭役负担多以家庭为单位摊派,而人户统计又以妇女为主,为了减少徭役负担,也导致兄弟共娶一妻之现象。"西番兄弟共娶一妇,生子先予其兄,以次递及。余询土人:番俗重女治生贸易,皆妇主其政,与西洋同。计人户以妇为主,番人役重,故兄弟数人共妇以避徭役。"②藏族徭役又多与住屋相联系:"番人徭役以住屋计,如三层、两层楼房者,徭役最重,平房次之,黑帐房又次之。"③而一个成年已婚女子一般情况下,拥有一个家庭,由此推断,藏民的一妻多夫制在某种层面上又是为了减少所需住房的数量,从而也达到减少徭役的目的,减少家庭经济生活的压力。而且共妻在一定程度上还能够加强家庭内的团结合作。这些因素,最终形成了藏族"生女重于生男"之习俗。④ 民国《西藏志》中对此现象亦罗列了多种解释,其中一种说法与藏族地区真实的婚姻状况更为符合,即多夫制因恐家庭分裂、家产分散而设。多夫制之盛行于藏族地区,实因其地土壤较贫瘠所致。同时藏族地区土地面积较广大,需要多人照管,这也是多夫制流行的一个因素。

藏族妇女在繁荣藏族商品经济发展过程中,贡献巨大,由此也造成藏族男女在婚姻选择上,那些善于理财经商的女性,更被男性看重,"藏民上等社会之风俗,必择门户,男子以识字为佳,女子以善贸易识物价理家务为善"⑤。这在乾隆《西藏志·婚姻》中也有类似记载:"男识字者佳,女以善生理识货价理家

---

① 民国铅印本"西藏",载《中国地方志民俗资料汇编》西南卷(下),书目文献出版社,1991年。
② 《小方壶斋舆地丛钞》(第3帙),《康輶纪行》,杭州古籍书店影印本,第77页。
③ 周蔼本:《西藏纪游》,嘉庆刻本。
④ 陈登龙:《里塘志略》卷2,嘉庆刻本,台湾成文出版社,第55页。
⑤ 《中华全国风俗志》下篇卷10,《西藏》,中州古籍出版社据1936年大达图书供应社本影印,1990年。

务为善。"①

通过婚礼中的一些仪式,我们还可以管窥藏民男女在服饰方面享有平等权利。"男穿大襟小袖以皮褐为衣,女则短袄长裙足穿皮底袜,男多佩刀,男女俱持素珠,风俗男女无别。"②从藏女的装束上还可区分女性未婚、已婚之区别,"女子未嫁时,脑后别分一辫,辫上戴宝石、珍珠、珊瑚之类,若已受夫家所聘之物。已嫁则不打复辫,以示区别"。在藏民的婚宴中,"男女相娶同坐,彼此相敬,歌唱酬答,终日始散。男女团聚,手趺坐而歌,至于门外,歌唱于街中而散"③。《西藏图考·颜检卫藏诗》记载,婚宴过后,便出现"引袂杂男女,踏歌非醉颠",或是"男女盛饰,群聚歌饮,带醉而归,以度岁节"④的景象:"夷俗每逢喜庆辄跳歌妆,自七八人至一二百人无分男女,附肩联臂绕径而歌。所歌者数十百种,首尾有定局,其中所歌在人变换之巧拙。其语有颂扬者,有言日月星辰者,有论阴阳晴风雨者,有男女相爱悦者,有互相赠答者,有互相讥讪者,有叙离合忧思者,有怀野田草露者,悉以足之疾徐轻重为节,呕哑嘲哳,虽难为听,周折转旋颇甚寓目,亦歌舞中之别派也。"⑤

在藏民结婚礼仪上,除了婚前一些必经婚礼习俗外,同治《章谷屯志略》载,藏民婚礼宴会后,"男女数十百人联臂呼躩,跳歌妆以为戏。是日夫妇不同室,越日妇随姐妹回母家,力作如初。婿家则日月至焉,而已及翁姑授以家事或生子女后则长依婿操作"⑥。即使在婚娶期间,女家也处于较高地位。藏族男女多为自由婚配:"男女率先私合,然后婚配。男家请喇嘛拣择吉日,通知女家。至期,两家各延喇嘛诵经礼忏,亲戚邻里,咸集女家。"在女家摆婚宴酒席,男家请一人往女家参加婚宴,其间,"男家人长跪而后饮之,女家者端坐不动

---

① 乾隆《西藏志·婚姻》,台湾成文出版社,第44页。
② 张海:《西藏纪述》,宣统刻本,台湾成文出版社,第73页。
③ 《中华全国风俗志》下篇卷10,《西藏》,中州古籍出版社据1936年大达图书供应社本影印,1990年。
④ 《西藏图考》,《天时类》篇,西藏人民出版社,1982年,第181页。
⑤ 吴德煦:《章谷屯志略》,同治刻本,第61页。另《炉霍屯志略·风俗》,第16页,也有类似记载。
⑥ 乾隆《西藏志》、《西藏图考》中对西藏地区的婚俗多有详细记载。

也,饮毕,群拥新妇至夫家"①。在婚礼宴会上,女方可以"见舅姑不为礼,依母家女伴坐同饮"②。显示了女性及其家庭的尊贵。

爱美是女性的天性,藏族妇女同样也有爱美之心。"番女涂面多用孩儿茶,亦有用葡萄捣和涂泽者,云避风日,如中华之施铅粉也。水洗之后亦多洁白。"这些美容习俗甚至连汉女也效仿。"西藏妇女以糖脂涂面,初以为怪,嗣在云南缅宣见有以草染齿如漆者,询之则意在贡媚也。别觅一草洗之,其白如故,华人亦效之。"③

可见,在高原文化背景下,清代藏民在婚姻礼节上表现的男女双方同坐、同饮,甚至男女在歌舞中相互嬉戏的活动,在一定程度上显示了男女在社会生活中的平等。这与汉文化历来强调的"男女授受不亲"有巨大反差。

三、藏族妇女的政治生活

藏族进入文明社会以来,政治上基本实行的是父系继承制,以父权为大,并以法律形式约束妇女,规定"不听妇人言","妇女不准参加盟誓会广议"等,约束妇女参与政事。"家庭在分工上,男子主要负政府和宗教的事务,其余财产的管理,社交来往等都由妇女负责,在宗教活动上,妇女的地位是比较低的。"④但事实上,由于女性平时要协助男性的赞普和大臣们处理社会经济诸公务,难免不涉及政治生活,尤其在紧要政治关头,还会出现女性执掌权柄的现象。⑤

女性在政治关键时刻执掌权柄的现象,到清朝受到官方的认可。《大清会典事例·兵部》第589卷记载,清代对土司承袭规定:承袭者首先是嫡子嫡孙,无嫡子嫡孙者,以庶子庶孙承袭,无子孙者,以其弟或族人承袭,族无可袭者,

---

① 《金川琐记》卷3,载《丛书集成初编》,第3199册,中华书局,1985年。
② 同治《章谷屯志略》,第67页。
③ 周蔼联:《西藏纪游》,嘉庆刻本。
④ 中央民族学院研究部:《西藏社会概况》(第1辑),1955年,第119页。
⑤ 关东升:《中国民族文化大观》,中国大百科全书出版社,1995年,第152页。

或妻或婿有为"土民"所服者,也准承袭。这一规定其实为女性承袭土司一职提供了法律依据。藏女在一定条件下可以承袭土司一职,成为管理本地民众的首领,藏族称之为母土官。嘉庆刻本《西藏纪述》中记载了四川雅州府属董卜韩胡宣慰司与明正司在康熙、雍正时期土司职承袭情况。康熙元年清政府颁给董卜韩胡宣慰土司印信,康熙四十九年该土司"出兵宁番,在事身故",其子坚参达结年幼"不能理事",由"其妻桑结护理印务"。桑结乃明正土司工喀之侄女保女所生。康熙五十六年,工喀病故乏嗣,奉部准令桑结至打箭炉暂行护守明正司印务。明正土司驻扎打箭炉,噔争吒吧印信是康熙五年政府颁发的,康熙二十年噔争吒吧病故,子宅蜡查吧承袭,康熙三十九年宅蜡查吧意外死亡,因其乏嗣,"其妻工喀以继夫职"。后工喀病故无子,工喀侄女保女也于康熙四十一年身故,保女生四女,其四女就是桑结。清政府于康熙五十七年颁发印信给桑结,令其视事。① 四川巡抚年羹尧对此上奏:"河西宣慰司故土官蛇蜡喳吧之土妇工喀病故,并无应袭之人,请将蛇蜡喳吧嫡女桑结承袭。应如从请,从之。"②雍正三年,打箭炉发生地震,土司桑结被压身故。其儿子坚参达结于该年承袭了董卜宣慰司的职务,雍正七年又因"明正员缺,无亲支族舍可议袭替","请以董卜宣慰司坚参达结兼袭母职"。雍正十一年二月,坚参达结病故,以长子坚参囊康承袭董卜宣慰司职务,因其"年未及岁","印务暂令坚参达结次妻王氏幺幺护理",并以次子坚参德昌承袭明正司,同样因其年幼,又由坚参达结之妻喇章署理,喇章乃小金川土司汤鹏之女。③

上述的工喀、桑结、喇章、王氏幺幺四位妇女,其中明正司母土官工喀因夫死乏嗣而继夫职,随后因桑结乃其夫侄女之女而继明正司一职;另桑结又与喇章、王氏幺幺两儿媳皆因其丈夫身故,子尚幼而先后长官地方土司印务。由此可见,清代藏族社会的政治权利仍是以男子为中心的,妇女们只能在其夫死后且缺乏后嗣或是与无后嗣的身故土司属近亲关系的情况下,才可担任土司一

---

① 保女生四女,长女乌金布、次女作兜小俱先故,三女索浪远嫁藏番,四女桑结出嫁董卜土司雍中七立。
② 西藏社会科学院西藏学汉文献编辑室:"西藏史大纲",1993年,第603页。
③ 张海:《西藏纪述》,宣统刻本,台湾成文出版社,第1~8页。

职。特别是桑结在护理董卜宣慰司印务同时,还以其亲属身份袭举明正司一职。当然如身故土司有子则由子继承,子若年幼,则先由其妻代为护理印务。这一现象在藏族地区较为普遍,乾隆年间,明正、木坪两土司,各因其子年幼,皆系土妇任事。① 但不管怎样,藏族女性在政治舞台中有了大显身手的机会:"凡土司死或其子尚幼,则其妻暂行袭职,谓之土妇。明正土妇工喀乃宣慰司蛇蜡吒吧之妻,于康熙五年归诚,即今土司甲木恭语尔布之祖母也。里塘亦系土妇名阿错,绣蟒数珠帽上缀以红顶,迎送拜跪与土司无异。"②

藏族传统的游牧生活,决定了藏族传统文化的崇尚武力,女性对此耳濡目染,也养成好武之习俗。"夷俗尚武,咸工击刺之术。虽妇女亦解谈兵。"女性甚至也可以统兵治理一方。"崇化属之独角寨屯千总肯朋死,子幼,其妻板登尔跻摄职,抚治番民,岁时随各屯弁参谒。服男子顶带。"③这一史料透露了藏女尽管可以主政,但男权的阴影仍然笼罩着女性,所以板登尔跻要"服男子顶带"。但在同时期的汉文化中,男权社会中的妇女是排斥在政治之外的,即使子幼,汉族女性最多也只能躲在幕后垂帘听政而已,女性根本不可能走到政治舞台的前方。而藏族女性在特定的条件下则可以享受土司继承权,并受到法律保护,妇女的政治生活空间得以延伸,可以与男性一样行使土司职权。当然,这些妇女是清代藏族妇女中的特殊阶层,而她们所参与的各种政治活动,也成为这一阶层妇女政治生活的代表。

也有极少数女性为争取爱情而被卷入到男权社会政治争斗漩涡之中。如乾隆时大金川安抚史莎罗奔之女阿扣,十分美丽,史载她"两颊如天半蒸霞,肤莹白,为番女冠",但这却给她本人及社会带来了一场灾难。其父莎罗奔出于自身的政治需要,将阿扣强行嫁给小金川土司泽旺为妻,意图寻劫泽旺,并夺其印,"乃以女妻泽旺,掌印管地,全在土妇"④。但阿扣对这场婚姻非常不满,惟独钟情于川陕总督岳钟琪。而此时的明正土司与面革布扎什酋也因欢喜阿

---

① 西藏社会科学院西藏学汉文献编辑室:"西藏史大纲",1993年,第920页。
② 周蔼联:《西藏纪游》,嘉庆刻本。
③ 《金川琐记》卷3,载《丛书集成初编》,第3199册,中华书局,1985年。
④ 西藏社会科学院西藏学汉文献编辑室:"西藏史大纲",1993年,第922页。

扣,意夺之,并以助泽旺进攻大金川为条件。同时泽旺之弟也长期迷恋阿扣美丽,乃献计当时的云贵总督张广泗,要求其助莎罗奔。张广泗趁机以此为由,执阿扣为质。后阿扣因张广泗在政治斗争方面的需求,又被迫委身于大学士讷亲。然而,阿扣终于寻求到机会逃至岳钟琪处,与岳朝夕相处。总之,在这场政治争斗中,阿扣不愿做政治牺牲品,勇敢地追求自己的爱情,这一勇气是汉族女子所不具备的。①

即使在宗教信仰方面,藏族女性同样也可以与男性一样享有平等的出家权利,虔诚地进行着自己的宗教信仰。"藏民笃信佛教,所生子女,出家者居多数,男子为喇嘛,女子为觉魔子,犹如比丘尼"②。《西藏纪游》卷二也记载:"番中女尼号觉母子,自藏以西多有寺院,亦有耕种为业者,遇官差仍供乌拉也。浪噶考有江珠胡图克图寺在海子边,相隔巨浸约二十余里,亦觉母女尼也。"而子女较多的家庭也一定会让其中一二人出家,"凡儿女有三五人者,必舍一二以为僧尼"③。同时在藏族的宗教事务者,女性甚至还可以晋升为住持,金川的"勒乌围,旧有喇嘛寺。女喇嘛住持,能先知未来事,为夷人推信"④。

综观全文,有清一代,藏族妇女在社会经济、婚姻家庭及政治舞台等各方面均展示了女性的丰采。在藏族性别文化观念中,没有汉族传统文化强调男女性别的主从观念,也没有汉族士大夫们制造出来的对女性的种种行为规范,女性在藏族社会经济生活中承担了应有的角色,由此也给她们带来了一定的社会地位。当今的西部仍是一个民族众多的地区,在西部大开发中,我们要积极挖掘传统文化中女性对社会经济发展的精华成分,充分调动广大女性投身开发的热情,并通过女性自身在社会经济发展的贡献,提高女性的社会地位。

---

① 《中国野史集成》第 40 集,《金川妖姬志》,1993 年。
② 《中华全国风俗志》下篇卷 10,《西藏》,中州古籍出版社据 1936 年大达图书供应社本影印,1990 年。
③ 清抄本《西藏见闻录》,中央民族学院图书馆油印本,1978 年。
④ 《金川琐记》卷 3,载《丛书集成初编》,第 3199 册,中华书局,1985 年,第 27 页。

清代新疆遣犯移民研究的几个误区[*]

胡铁球 霍维洮

(宁夏大学人文学院,银川 750021)

有清一代,新疆一直是统治者安置全国各地罪犯的主要地区之一。对这部分因触犯各种法律而被发遣到新疆安置役使的犯人,史称"遣犯",也称"流犯"、"配犯"。遣犯作为国家强迫式移民的一种,在西北移民开发中,占有重要地位,但由于其人群的特殊结构,加上当时特殊的历史条件,其过程显得非常复杂,因而人们在研究它的过程中容易走上误区。其主要表现在以下几个方面。

一、从遣犯安置的方式来看,"遣屯"之说只是一个虚拟模式

"安插"是安置新疆遣犯的基本方式,根据罪犯的犯罪性质不同,"安插"具体方式也不同。对于一般的刑事重犯,一般作为兵丁之奴被"安插"在军中屯田。乾隆二十六年(1761年)十二月,甘肃巡抚明德奏:"请嗣后遣犯……俱解乌鲁木齐,酌量安插。"[①]乾隆二十九年八月庚辰,刑部奏:"应发新疆各项人犯,一体解交陕甘总督衙门,分发乌鲁木齐、伊犁等处,给种地兵丁为奴。"[②]而"安插"的原则,则视兵屯的需要而定,乾隆二十六年(1761年)八月,军机大臣

---

* 此文为国家社科基金资助项目"近代西北民族社会变迁"的阶段性成果,批准号:02BMZ008。
① 《清高宗实录》卷651,乾隆二十六年十二月,第20页。
② 《清高宗实录》卷716,乾隆二十九年八月庚辰,第3~5页。

等议复:"陕甘总督杨应琚奏称,巴里坤原设之屯田兵撤回,派安西兵五百名,及巴里坤遣犯四百八十名,给与口粮同往屯田……应如所奏办理。从之。"①这里兵丁之数与遣犯之数基本一致,说明每一个兵丁几乎配有一个遣犯,且随屯兵换班而更换主人。对于这一点,乾隆和刑部说得更加明白,乾隆二十七年三月壬寅,上谕:"发遣伊犁、乌鲁木齐等处人犯,定例只发给种地兵丁为奴字样……以前发遣人犯,俱随屯田兵耕作……在乌鲁木齐以外者,听伊犁及乌鲁木齐办事大臣酌发,其某犯给某营兵丁,令该管官记档,至换班时,交接班兵为奴,或撤回及调他所,亦另拨给附近种地兵,随同力作。"②从上述两则材料来看,学术界所认定的"遣屯"实际上根本不存在,而仅是兵屯附属,这是其"为兵丁之奴"的身份所决定的。甚至遇到特殊情况,如绿营兵难以约束"积恶盗贼"之凶顽遣犯,则多被"改赏能约束之满兵为奴"③。总之,在一般情况下,遣犯是不能单独为群,自然就不存在所谓的真正意义上的"遣屯",其含义与"兵屯、旗屯、民屯、回屯"完全不同。当然这也有个别特例,如乾隆中期,安南王莫氏为黎氏所灭,安南国民黄公缵等率眷属一百余人内附,清廷认为其"实非安静之人",令地方官员将其悉数迁移至乌鲁木齐之地,安插在迪化城所属之土墩之地方,"每户拨地三十亩,并借给农具、籽种、马匹、房价,责成头屯把总弹压"④,这些人并无作奴字样,而且后来由于安分生产,允许其有自己的"头人",但这仅是个例。如果说存在"遣屯"的话,可能仅此一个。

对于内地为非作歹的地方豪族大姓、犯案团体或者内附的夷民等几种类型,因为犯罪人数众多,为了防止他们在边疆地区形成团体力量,都要把他们拆散,一小股一小股地零碎分别安插于新疆各地,其原则是"败类析居,散其党羽"⑤。如湖北武昌府属马迹岭地方,有吴姓大户,"盘踞为匪",成为当地一大祸害。清政府为了根除祸患,将吴姓"该族三十余户,男妇大小将近百人",分

---

① 《清高宗实录》卷642,乾隆二十六年八月辛巳,第37~38页。
② 《清高宗实录》卷656,乾隆二十七年三月壬寅,第14~15页。
③ 《清高宗实录》卷761,乾隆三十一年乙酉,第4页。
④ 《清高宗实录》卷893,乾隆三十六年九月,第27~28页。
⑤ 《清高宗实录》卷779,乾隆三十二年二月丁巳,第14页。

三次迁移到天山北麓的乌鲁木齐、巴里坤和甘肃的安西府瓜州一带,"第一起九户,递发乌鲁木齐,分交宁远城通判及特纳格尔巡检收管,第二起七户,递发巴里坤,交该同知收管。均由各驻扎大臣酌量安插。其第三起六户,即交安西属渊泉县收管"①。又如乾隆三十二年(1767年)八月,甘肃固原州徐帽儿庄,有回民五十八户,"为匪犯案者三十八户",其他未曾犯案的农户受到株连,清政府决定将"未伙同行窃"的剩余农户,"臣按照巴里坤、穆垒、乌鲁木齐三处地方,酌量户口多寡,分拨安插,分作三起,遴员户解",因其是株连人员,所以清政府采取了"照民户例,酌给房产籽种农具,以裨耕屯"②的政策,但为了防范起见,把他们拆散得七零八落。乾隆四十九年(1784年)二月甲戌,"雅德奏,台湾械斗焚杀案内各犯,应从重改发伊犁、乌鲁木齐者,共二百八十九名口"③,显然这289名犯人被强行分别安插在新疆北路5 000余里的地带。乾隆四十年代,云南有大批投诚之"土夷",人数众多,分为十几起陆续起解,分别安插于新疆各地④,后来此民族融合于新疆各民族之中。由于零碎安插,采取"败类析居,散其党羽"的原则,这类遣犯更不可能形成集群式的"遣屯","遣屯"之说,对他们而言只能是个天方夜谭。

对于谋反的各类教民,清政府的防范尤为严密,不仅零碎安插,而且按照"异教安插"的原则,把他们安插于不同民族的地区,甚至拆散家庭,重配婚姻。如渭南县王子重为天地会震卦掌教(清政府称之为八卦邪教),因与清政府对立,被清发遣到新疆喀什噶尔,为该处伯克之奴。后来因伯克去世,其无人管束,便"安闲贸易,生计宽裕"⑤,于是开始联络新疆随其发遣的旧属,在新疆重新发展该教组织,在喀什噶尔、叶尔羌有封号的教徒就有六人,于是势力渐大,地方官府也为其所买通,因其侄子告密,为清政府察觉。此事使乾隆皇帝甚为震惊,上谕:"将王子重迅速解京,再行根究同教匪犯,尽法处置,沿途务须小心

---

① 《清高宗实录》卷779,乾隆三十二年二月丁巳,第14~15页。
② 《清高宗实录》卷793,乾隆三十二年八月,第28页。
③ 《清高宗实录》卷1199,乾隆四十九年二月甲戌,第5页。
④ 《清高宗实录》卷1044,页7下至8上,又见同卷1043,第3~4页,又见同书卷1054,第6~7页。
⑤ 《清高宗实录》卷1384,乾隆五十六年八月庚戌,第16~17页。

管押,毋使乘间脱逃,此等邪教人犯,到处皆有伙党……此等邪教匪犯,原以新疆回子等向不信佛,是以发往该处为奴,乃该犯等到彼,仍各互相勾结,联络声气,甚至妄加封号,可见喀什噶尔、叶尔羌等四处邪教遣犯如此,其余回疆地方均有邪教案内发往为奴之犯,自必在彼仍行传教煽惑。"①根据此材料,我们至少可以得到安插"教匪"原则的有二:一是"异教安插"原则,王子重他们信佛,于是把他们安置在信仰伊斯兰教群体中;二是"零碎安插"原则,这从"其余回疆地方均有邪教案内发往为奴之犯"中可知。而对于势力较大的新教回民的安插其尤为苛刻,乾隆四十六年(1781年)五月丙戌,"前据勒尔谨奏报,收复河州时,除将贼犯歼毙外,擒获苏四十三之侄苏二个,胞侄苏五个,并要犯马八十三等十七名,又擒获子女回妇二十三口,并节次生擒逆贼一百零九名,妇女幼孩一百数十口,现在严行监禁等语……其妇女小口,亦即就近发往伊犁之索伦、察哈尔、厄鲁特等兵丁为奴"②,"妇女幼孩一百数十口"被清政府零碎安插在三个不同民族的兵丁中,且这些民族都不信伊斯兰教,反映清政府的"零碎、异教安插"的原则。乾隆四十二年(1777年)十二月己亥,上谕,"河州逆匪王伏林等聚众念经拒捕伤差一案……例应缘坐之妇女幼孩……但此等究系逆恶党类,不值照常金妻发配,而此女犯孩童与男犯不同,即发往新疆,亦属无碍。著传谕勒尔谨,资商索诺木策凌,查乌鲁木齐一带屯种人丁及云南新迁置之无妻室者,量行赏给完配,办理更为便易"③。这种"异教婚配"遭到回族的反对,于是新疆地方官员言,"此内回妇不少,除发来本处,并旧有河州回与百姓,不便配给等语",对此,皇帝用了"所办尚未妥合"来表达其不满,接着说:"只须俟该犯妇等到时,将其原系回民妇女即酌量配给屯兵,其原系回民,或可将汉妇配给,不动声色,自行酌办,不必明示其故,方为妥善,将此传谕索诺木策凌知之。"④这是拆散家庭、重配婚姻的典型案例。可见清政府在"安插"此类犯人时颇费心机,以消除其反抗精神为目的。由于清政府对这类遣犯,采取"零碎

---

① 《清高宗实录》卷1382,乾隆五十六年七月丙戌,第23~27页。
② 《清高宗实录》卷1130,乾隆四十六年五月丙戌,第26~27页。
③ 《清高宗实录》卷1046,乾隆四十二年十二月乙亥,第8~10页。
④ 《清高宗实录》卷1049,乾隆四十三年正月辛卯,第24页。

安插"、"异教安插"的原则,且明显带有消除其反抗精神为目的,"遣屯"这个形式对他们来说,仅是一个梦幻的追求。

二、从遣犯移民的政策演化来看,遣犯后来基本上成为新疆永久居民之说,也是个假命题

遣犯流放新疆的政策,根据当时新疆的移民形势有一个变化的过程,起初主要把遣犯本人安插于军屯之中,作为兵丁之奴随军屯垦,但后来随着新疆边防屯垦的需要,清政府开始鼓励遣犯携眷,并给予相当的优惠政策。如乾隆二十七年正月,上谕:"旌额理等奏称,发往乌鲁木齐屯田遣犯等,请先给地十二亩,与兵丁一体计亩纳粮,伊等亦有携眷者,酌给地五亩,自行开垦,其未收获以前,官为养赡家口等语,著照所请行。"①四年后清政府由于"招募民人一时难以足数",为了留住遣犯,扩大移民规模,清政府不仅鼓励遣犯携眷而且勒令有眷遣犯一律带眷前往,并且开始大规模执行"遣犯转民"的政策。乾隆三十一年(1766年)四月庚申,军机大臣等议奏:"雅尔办事大臣阿桂奏,请将各遣犯携眷者尽该发乌鲁木齐屯田等语,乌鲁木齐土地肥美,招募民人一时难以足数,且起程一切需费亦繁,不如将应遣人犯悉令携眷遣发该处,其能改过者,拟定年限,给予地亩,准入民籍……请照阿桂所奏,不分例应携眷与否,凡携眷者一并给予口粮车辆……现在乌鲁木齐遣犯未曾携眷者,皆以该处地广田腴,易图生理,自悔未曾携眷,请令乌鲁木齐大臣等,晓谕伊等,有情愿在彼入籍者,即行文该省督抚,将伊等家眷照送遣犯例,办给口粮车辆送往。从之。"②紧接着这种政策从乌鲁木齐地区推广到伊犁地区各地,乾隆三十一年五月乙酉,军机大臣议奏:"查现在发遣乌鲁木齐人犯,不分例应金妻与否,概令携眷前往屯田,伊犁亦系新疆,应照乌鲁木齐一体办理,嗣后发往伊犁者,概将该犯眷属遣往……从之。"③但对于此材料所说的"应遣人犯悉令携眷遣发该处"不要理解

---

① 《清高宗实录》卷653,乾隆二十七年正月丙辰,第7页。
② 《清高宗实录》卷759,乾隆三十一年四月庚申,第12~13页。
③ 《清高宗实录》卷761,乾隆三十一年五月乙酉,第4页。

为所有的遣犯都携眷前来,如乾隆三十五年,仅乌鲁木齐就有"年满无眷之犯数百名",显然"无眷之犯"的数量是相当庞大的,从此材料来看,所谓"携眷前往"乃是有眷遣犯。移民新疆的最初阶段,由于民户移民数量不够理想,不得不把遣犯作为一个重要对象,为此清政府采取一系列优惠政策。一是为了加快遣犯移民步伐和规模,清政府大大缩减遣犯服刑时间,规定遣犯转民的期限为三至五年,乾隆三十一年(1766年)九月壬午,副都统温富等奏称:"乌鲁木齐发遣人犯,有情愿携眷者四百名……其现有家属者,当视其情罪轻重,将原拟死罪者,作为五年军流罪,轻者作为三年,年满无过犯者,陆续编入民册。"① 清政府之所以这样做,原因在于当时在新疆屯田的兵丁有限,一个兵丁一般只能约束和改造遣犯一人,如果遣犯服刑时间太长,占用兵丁数会过多,会造成遣犯无法安置。二是为了遣犯能够安心留在新疆,清政府执行"遣犯为民与民同等"的政策,乾隆三十三年(1768年),乌鲁木齐办事大臣温福奏准:"遣犯为民,每户拨地三十亩,籽种小麦八斗,粟谷一斗,青稞三斗,房价银一两,每六人给农具一副,马两批,每批做价银八两,拨地之次年升科,房价、马匹分作三年带政。"② 三是为了安定遣犯家属,巩固遣犯移民成果,清政府推出了身故遣犯的妻子"照民例办理"的政策。清代罪及妻儿是一个普遍现象,不仅犯人的妻子是犯人身份,甚至"小口"也是犯人身份,如上述"其妇女小口,亦即就近发往伊犁之索伦、察哈尔、厄鲁特等兵丁为奴"③,显然小口也是"为奴的对象"。因此遣犯本人死后,如何把他们妻儿留在新疆以便巩固移民成果,是清政府必须考虑的事情,乾隆三十二年三月乙丑,刑部奏,"前议发遣新疆人犯俱令金带妻子,定以三年五年无过准其为民,其年限已满,本犯身故者,妻子已入民籍者,即照民例办理,惟未满例限以前,本犯病故,其妻子应否回籍,及可否入民籍安插之处,未经议及"④。对此,处理方案是"一体入民籍安插,不必复令为奴"⑤。

---

① 《清高宗实录》卷768,乾隆三十一年九月壬午,第22~23页。
② 《乌鲁木齐政略》,《遣犯》。
③ 《清高宗实录》卷1130,乾隆四十六年五月丙戌,第26~27页。
④ 《清高宗实录》卷780,乾隆三十二年三月乙丑,第11~12页。
⑤ 《清高宗实录》卷780,乾隆三十二年三月乙丑,第11~12页。

四是扩大了"遣犯转民"的范围,起初"遣犯期满归民"的政策只适应有眷犯人,后来便推广到单身无眷犯人。乾隆三十五年(1770年)正月,军机大臣等议复:"有眷遣犯,经奏准,酌定年限,编入民籍,仍有年满无眷之犯数百名,能悔过安分当差者,或因无力娶妻,遂无复作良民之望,应如所请……与有眷者一体为民。"①紧接着清政府为了充分利用遣犯的特长,遣犯不仅可为民,还可为兵,乾隆三十五年十二月乙未,"兵丁、民人发遣伊犁效力赎罪,充当苦差者,于三年期满时,能改过者,满兵驻扎塔尔巴哈台为兵,汉军入绿营为兵,民人为民,分晰办理……查罪人准其为兵为民,原予以自新之路,然须视其犯罪之轻重分别办理……请嗣后所犯重罪之人,内如有改过奋勉者,定为十年期限,期满,该将军大臣奏明请旨,从之"②。总之,在乾隆二十七年至乾隆三十五年期间,清政府想方设法,采取各种政策推动遣犯移民新疆并留在新疆成为永久性居民,这段时期是遣犯移民新疆的高潮。

  上述清政府积极推行遣犯携眷及期满编入民籍,强令遣犯永久移民于新疆的政策,随着新疆移民数量的增加和边防日益巩固的形势,开始有所松动,并逐渐推行遣犯期满后回归原籍的政策。早在乾隆三十八年,乌鲁木齐都统索诺木策凌在该地开办铁厂,为鼓励遣犯在这种累重而又危险的工作中老实干活,对在铁厂挖矿和为铁厂捐助钱粮的遣犯,特规定"五年为民,八年回籍",并在乾隆三十九年,对非重刑罪犯清政府就已实行了"赎罪回籍"的政策,如该年陆培元等三人请求"赎罪回籍",但因他们罪大恶极没有批准③,说明当时对于新疆遣犯回籍的问题有所松动,但允许部分遣犯回籍的政策真正推行,则始于乾隆四十三年(1778年)正月壬申,刑部奏:"查照乾隆十一年之例,省释军流人犯,查彼时西陲尚未平定,故原案内无新疆人犯条款,今逢恩旨,未便令其向隅,惟新疆正资民人耕作,又不便概令回籍,应请令将军等,于已过十年人犯内,查有年逾七八十及衰病不任耕作者准令回籍,其年力强壮者,留为该地种

---

  ① 《清高宗实录》卷851,乾隆三十五年正月丙辰,第5页。
  ② 《清高宗实录》卷875,乾隆三十五年十二月乙未,第10～11页。
  ③ 《清高宗实录》卷971,乾隆三十九年十一月庚午,第17页。

地民人,起除刺字,仍令该将军照例造册送部核办,从之。"①上述材料说明清政府开始欲对新疆遣犯采取全国统一的法律规定即"期满回籍"的政策,但考虑到新疆"正资民人耕作"的客观需要,只允许"年老和衰病"两类遣犯回籍,但随着移民形势的发展,可允许遣犯期满回籍人越来越多,如乾隆四十九(1784年)三月丙午,"铅边效力遣犯,八年期满之潘长善等十四名,摘录案由,可否准令一体回籍一折"②,从"可否准令一体回籍一折"可感受到当时遣犯期满回籍人不在少数,到乾隆四十九年(1784年)四月戊戌时,只禁止"情罪重大"(一般为逆犯之人)并为奴者不能回籍。其余的年满十五年后,可回籍。据伊犁将军伊勒图奏称:"遣犯到配后,实在悔过安分方准入厂,五年内始终奋勉,准为民,再效力十年,准回籍,为奴者期满止准为民,不准回籍,应如所请,并行知乌鲁木齐都统,一体遵照,从之。"③乾隆五十五年(1790年)四月乙卯,"军机大臣等议复,伊犁将军保宁奏称,伊犁、乌鲁木齐二处为奴罪犯将及二千名,人数众多,不无滋事,请照旧例,择情罪稍轻者,令其采挖铜铁,在厂佣工,逾五年为民,十年准回原籍,予以自新……从之"④。乾隆五十九年,一次释放回籍的重案官犯子孙达 94 名之多并允许他们"充伍资粮,以资养赡"⑤。可见后来允许期满回归故里的犯人越来越多,且不断松懈。道光时期,因战功而获准回籍的甚多,在平定张格尔叛乱中,除南疆各城不少遣犯帮助官兵守城外,"时伊犁之川、楚客民及流犯内……奏选二千从征"⑥,这两千人中,绝大部分是为民遣犯和未为民遣犯。平定张格尔叛乱后,清政府论功行赏,于道光七年(1827年)首先把帮助官兵守城打仗出力的阿克苏遣犯 1 000 名提前释放回原籍⑦。道光十一年二月,又把伊犁从征遣犯,因"派赴喀什噶尔军营搜捕出

---

① 《清高宗实录》卷 1048,乾隆四十三年正月壬申,第 16~17 页。
② 《清高宗实录》卷 1201,乾隆四十九年三月丙午,第 12~13 页。
③ 《清高宗实录》卷 1204,乾隆四十九年戊戌,第 30~31 页。
④ 《清高宗实录》卷 1353,乾隆五十五年四月乙卯,第 40 页。
⑤ 《清高宗实录》卷 1456,乾隆五十九年七月甲午,第 20~21 页。
⑥ 魏源:《圣武记》卷 4。
⑦ 《清宣宗实录》卷 120,中华书局影印本,1986 年,第 1019 页。

力",全部提前释回原籍①。同年九月,又把南疆各城帮助官兵作战的遣犯、军犯34名提前释回原籍②。同期,乌鲁木齐运送粮饷的"出力遣犯三名",也被释回原籍。道光二十七年,也有遣犯九名因帮助官兵平定七和卓之乱立功,被提前释放回籍③。

新疆遣犯移民政策的演化,说明乾隆前期大部分遣犯留在了新疆,就这段时期而言"遣犯后来基本上成为新疆永久居民之说"是成立的;但到乾隆中后期以后,大部分的遣犯刑满可回籍也是事实,因此就整个清代史而言,"遣犯后来基本上成为新疆永久居民之说"是不成立的。

三、从遣犯的稳定性和发配数量的起伏性来看,学界往往高估遣犯移民新疆的数量

1. 遣犯的稳定性考察

遣犯属于一种强制性的人口迁移类型,其身份十分复杂,有豪富,也有赤贫者;有犯案的官员及其家属,也有株连的清白百姓;有宗教领袖,也有流氓无赖之徒;有内附的"土夷",也有因政治迫害而流落内地的"外夷"。形形色色,莫衷一是。在这些被清政府将其强行押解出关,在新疆"种地、为奴、当差"的遣犯中,真正愿意呆在新疆的主要有三类人:一是因生活无着落而铤而走险的赤贫者;二是已无自己生存土地而内附的"土夷"和"外夷";三是罪大恶极,有违"伦仁礼教",在当地已成为人人喊打的过街老鼠的部分罪犯。在这三类人中,第一种人和第二种人到新疆后最为本分安静,第三种人虽然愿意呆在新疆,但不断扰乱社会,亦是不安定的一群。其余的多数遣犯,都有强烈回归故里或逃离新疆的愿望,加上这些遣犯大多具有暴力倾向,且富有反抗精神,因此是一群高危险人群,故史称:"此等遣犯,多系顽梗性成,约束非易。"④在《清

---

① 《清宣宗实录》卷184,中华书局影印本,1986年,第916页。
② 《清宣宗实录》卷202,中华书局影印本,1986年,第1167页。
③ 《清宣宗实录》卷202,中华书局影印本,1986年,第1170页。
④ 《清高宗实录》卷782,乾隆三十二年四月乙巳,第19~20页。

实录》中记载他们逃亡或在新疆重新作案事件比比皆是。就逃亡而言,一般有两种方式。一是在解押途中逃亡。这类事在《清实录》随处可见,现仅举两例略加证实。如乾隆二十七年,"据鄂宝奏称,拿获逃犯六十七人……六十七人系旗人,自鬻为奴,因犯窃发遣,又于中途逃窜……嗣后凡发往回城人犯,中途逃脱,除将逃犯严拿外,解送之人,拟以死罪监候"①。又如乾隆四十一年,上谕"据伊勒图奏……发遣乌鲁木齐、巴里坤等处厂徒九百零三名,除沿途患兵留养、脱逃、已故一百四十名等语"②,说明中途脱逃者委实不少。二是在新疆服刑过程中逃亡。这种逃亡一般有三种情况:一是贿赂兵役脱逃。如"发遣新疆人犯胡崇德,贿瞩兵役脱逃一案"③。二是个人或合伙潜逃。如乾隆三十一年四月在乌鲁木齐脱逃的遣犯有"湖广周琳一名,山东朱国泰一名,浙江陈阿进一名,江西傅腾利一名,此等积匪猾贼……乃敢乘机潜逃"④。又如乾隆四十八年三月,"遣犯宗守孝、王成、唐张氏于上年在配所先后脱逃"⑤。就合伙潜逃而言,如乾隆三十三年十一月,"牧场马匹被逃犯二名劫夺,并伤毙牧场兵,未能及时缉获"⑥。这种个人或合伙潜逃的数目相当大,据清政府统计,乾隆三十年仅在乌鲁木齐的遣犯逃脱未获者有7名,乾隆三十一年,在乌鲁木齐的遣犯逃脱未获者达10名之多⑦,这还是脱逃成功者,而脱逃没有成功而被抓获问死者亦不少。第三种情况便是集体有组织暴力逃亡。如乾隆三十三年九月甲午,"据温福等奏,昌吉屯田遣犯,纠约二百余人……将通判赫尔喜、把总马维国戕害……温福排列兵丁围住擒拿,贼众抵死拒捕"⑧。这种情况不普遍,但危害很大。根据《钦定皇舆西域图志》记载,可再次说明遣犯逃亡或死亡的规模不小,乾隆三十一年至四十年间,晶河地区,派遣到此遣犯为103名,裁

---

① 《清高宗实录》卷672,乾隆二十七年十月癸卯,第19~20页。
② 《清高宗实录》卷1010,乾隆四十一年六月乙巳,第9~10页。
③ 《清高宗实录》卷758,乾隆三十一年四月庚戌,第14页。
④ 《清高宗实录》卷762,乾隆三十一年五月戊戌,第6~7页。
⑤ 《清高宗实录》卷1176,乾隆四十八年三月乙未,第5页。
⑥ 《清高宗实录》卷822,乾隆三十三年十一月庚申,第9页。
⑦ 《清高宗实录》卷759,乾隆三十一年四月丁巳,第6~7页。
⑧ 《清高宗实录》卷818,乾隆三十三年九月甲午,第20~21页。

减 90 名,结果此地没有一名遣犯,说明其间有 13 名遣犯逃亡或死亡,占其总数的 1/10 强;在玛纳斯地区,派遣到此遣犯为 207 名,裁减数为 184 名,结果此地也不存一名犯人,说明其间有 23 名遣犯逃亡或死亡①。假设仅以此两地为标准,逃亡或死亡的概率应在 10% 左右。此后,逃亡之事屡屡发生,且规模甚大,如咸丰二年(1852 年)一次奏折中就说:"乌鲁木齐脱逃遣犯竟至六百七十八名之多,其未经查出者,尚不知几"。② 事实上,遣犯不仅在途在配脱逃,就是为民后,也思脱逃。如乾隆三十二年乌鲁木齐办事大臣温富等奏称,"再此等人犯,既已准其为民,倘为民之后,顿思故土,或携眷潜逃,或只身远遁"③,说明当时遣犯回归内地愿望极为强烈,是极不稳定的一群。根据上述所论,遣犯移民是极不稳定的一群,故对其最终的移民数量不能估计太高。

2. 遣犯发配数量的起伏性考察

遣犯移民新疆,就其规模而言亦有阶段性,总体而言,乾隆二十三年至乾隆三十五年是遣犯移民的第一个高峰期,此后至乾隆四十年为其低落期,乾隆四十一年至乾隆五十九年为其第二高潮期,此后一直到左宗棠收复新疆,再没有出现遣犯移民浪潮般的高峰时段。在第一个阶段,遣犯迁徙的规模十分巨大。乾隆二十三年(1758 年),遣犯拨于托克逊、喀喇沙尔两屯人数 500 人④。乾隆三十一年(1766 年),乌鲁木齐种地遣犯为 1 219 名⑤,同年经甘肃押送新疆的遣犯及家属多至 1 600 余人⑥。乾隆三十二年(1767 年)四月乙巳,"军机大臣等议奏,伊犁、乌鲁木齐等处,前因新置屯田,需人耕牧,是以内地军流人犯内,酌其情节较重者,奏准改发,定例以来,每年各省改发不下六七百名,此等遣犯,多系顽梗性成,约束非易"⑦。据《皇舆西域图志》记载统计,乾隆二

---

① 《钦定皇舆西域图志》卷 32《屯政一》,《文渊阁四库全书》(影印本),台湾商务印书馆影印,1986 年版,第 500 册,第 670、667 页。
② 《清文宗实录》卷 74,中华书局影印本,1986 年版,第 963~964 页。
③ 《清高宗实录》卷 791,乾隆三十二年润七月辛酉,第 19~21 页。
④ 朱批奏折农业屯垦类,乾隆二十三年五月二十八日,黄廷桂奏折。
⑤ 中国第一历史档案馆藏:《刑科题本·军流》,乾隆三十一年四月二十五日,吴达善题。
⑥ 《清高宗实录》卷 1195,中华书局影印本,1986 年版。
⑦ 《清高宗实录》卷 782,乾隆三十二年四月乙巳,第 19~20 页。

十七年至乾隆三十四年,历年节次发遣于迪化州达 1 747 名,年均达 218.38 名。同一时期,历年节次发遣于哈密、蔡巴什湖、牛毛湖、朴城子、迪化州、玛纳斯、库尔哈喇乌苏、晶河等处屯田遣犯达 2 937 名①,年均达 367 人强。这还不包括做苦差等犯人,说明这个阶段每年发遣新疆的犯人数量十分庞大(包括新疆伊犁等其他地区),"每年不下六七百人"仅是个保守估计,以每年 700 人计,自乾隆二十三年至乾隆三十四年,这 11 年中发遣于新疆的犯人达 7 700 人。但是从乾隆三十四年开始,发往新疆的遣犯急剧减少,则可从新疆裁减与增加犯人之数的对比中看出。据《皇舆西域图志》卷三十二《屯政一》记载统计,迪化州自乾隆三十四年至乾隆三十九年共裁遣犯 1 674 人,在这期间只有乾隆三十七年增遣犯 15 名,乾隆四十年增 3 名,至乾隆四十年只存 81 名;库尔哈喇乌苏自乾隆三十四年至乾隆四十年共减遣犯 121 名,只有乾隆三十八年增 12 名,至乾隆四十年仅存 3 名;晶河在此期间共减 90 名,玛纳斯共裁 184 名,至乾隆四十年此两地遣犯无存。这些数据说明,乾隆三十四年后,发遣新疆北路东段的犯人数急剧减少,则也从当时的记载中得到佐证,如乾隆三十四年发遣新疆遣犯之数仅 34 人,史载,"据称上年发遣(新疆)之犯,徐羊子等三十四名,内有曹六、杨小偏,在配脱逃"②,说明该年发往新疆的遣犯不及往年的 1/20,与上述史料相符。

但从乾隆四十一年以安南厂徒安置为契机,又开始大规模发遣犯人于新疆各地,当年仅发遣厂徒之数就达 970 名③,到乾隆四十八年十二月时,伊犁将军伊勒图奏称:"伊犁遣犯积有三千数百名,类多顽梗不安本分之徒,最易滋事,将来日积月多,必致遣犯多于防兵,似非慎重边防之意……除情节尚非凶恶棍徒,易于约束者六条,仍照例发往,其积匪狷贼,窃盗拒捕等犯酌量改发内

---

① 《钦定皇舆西域图志》卷 32《屯政一》,《文渊阁四库全书》(影印本),台湾商务印书馆影印,1986 年版,第 500 部,第 661、662、663、666、667、669、670 页。
② 《清高宗实录》卷 830,乾隆三十四年三月甲午,第 15~16 页。
③ 《清高宗实录》卷 992,乾隆四十年十月乙亥,第 4~5 页。

地……从之"①。乾隆四十年,伊犁屯田遣犯共存49名②,说明在此八年之中,发遣到伊犁的遣犯多达3 000多人,以3 500人计,则年均达437人,到乾隆五十五年(1790年)四月乙卯,"军机大臣等议复,伊犁将军保宁奏称,伊犁、乌鲁木齐二处为奴罪犯将及二千名,人数众多,不无滋事,请照旧例,择情罪稍轻者,令其采挖铜铁,在厂佣工,逾五年为民,十年准回原籍,予以自新……从之"③。说明这段时间发遣于新疆的犯人众多,但随着"积匪猾贼,窃盗拒捕等犯酌量改发内地",至1804年后,清政府曾一度停止了遣犯发配新疆的政策。总之,从目前公布的史料来看,清代发配新疆的遣犯是极具起伏性。其根源来源于两个方面:一是新疆消化改造犯人的能力,当犯人达到一定的人数,尤其是出现了"遣犯多于防兵"的情况下,必然会减少发往新疆的犯人,反之则会增加遣犯的数量;二是国家财力,遣犯发配到新疆是需要大量的人力物力的,乾隆三十五年后一直到乾隆四十年遣犯发配数量之所以剧减,主要原因是清政府在这一时期倾力安置回归祖国的7万余人的土尔扈特蒙古,以及6 000多户满兵眷属的搬迁新疆,这需要大量的人力物力财力,故难以兼顾遣犯发配,所以造成这几年遣犯迁移新疆人数剧减。这说明清政府的财力状况,也是影响遣犯发配数量的重大因素。

总之,由于遣犯的政策变化和此群体到新疆的非稳定性,加上因各种因素所造成的遣犯发配数量的起伏性,我们不能根据清代某一段的遣犯数量来推断整个清代遣犯移民量。但是现在学术界在论述遣犯数量时,往往采取以某一阶段的遣犯移民量来推断整个清代遣犯的移民量,如目前被广泛引用遣犯移往新疆的数量的研究认为,从乾隆二十三年(1758年)到宣统三年(1911年)的148年间,共向西北地区发遣罪犯10万人左右④,加上部分罪犯携带的家

---

① 《清高宗实录》卷1195,乾隆四十八年十二月壬午,第14~15页。
② 《钦定皇舆西域图志》卷32《屯政一》,《文渊阁四库全书》(影印本),台湾商务印书馆影印,1986版,第500册,第672页。
③ 《清高宗实录》卷1353,乾隆五十五年四月乙卯,第40页。
④ 张丹、庄正风:"清代移居新疆的内地汉人",《南京建筑工程学院学报》,2001年第1期。而周轩认为清代移民新疆的"遣犯连同家属多达十几万",见周轩:"清代新疆流人与民族关系",《新疆大学学报》(社会科学版),2003年第4期。

眷,则总数有 16 万余人①,显然其根据是乾隆三十二年(1767 年)四月乙巳,"军机大臣等议奏,伊犁、乌鲁木齐等处,前因新置屯田,需人耕牧,是以于内地军流人犯内,酌其情节较重者,奏准改发,定例以来,每年各省改发不下六七百名,此等遣犯,多系顽梗性成,约束非易"②。并确定每年以 700 人为标准来计算的。这个数据是遣犯移民新疆的浪潮时期的数据,并且还假设了所有的遣犯最后都成为了永久性的新疆居民,显然是不符合历史事实。据本人研究,遣犯移民(包括遣犯及其家属)新疆并成为永久性居民的人数不超过 7 万人。

---

① 齐清顺:"清代新疆遣犯研究",《中国史研究》,1988 年第 2 期。
② 《清高宗实录》卷 782,乾隆三十二年乙巳,第 19~20 页。

徐树铮与蒙古开发

廖大伟

(东华大学历史研究所,上海 200234)

一、历史背景与问题提出

内外蒙古,曾都属于中国,"蒙古万里,尽入版图"[1]。清以戈壁沙漠为界,北为外蒙古,南为内蒙古,于外蒙分设乌里雅苏台将军、库伦办事大臣等进行治理。

蒙古地处北疆,习惯称之西北[2]。蒙古问题变得复杂棘手,始于辛亥革命前后,关键是沙俄及日本别有企图,从中插手。由于沙俄的支持,外蒙借中央政权更迭之际,宣布独立。后虽经交涉,然外蒙始终游离于祖国大门。沙俄对蒙古有野心[3],日本也有图谋。1912年7月,日俄签署第三次密约,以多伦、锡林浩特为线,将内蒙分为东西,互相承认势力范围。及至"二十一条",日本直接提出东蒙权益,要求建厂、租地、筑路、开矿、居住、经商等优先,北京政府最终屈服。

俄国十月革命后,外蒙自治失去了最大的靠山,但日本却乘机利用俄匪谢米诺夫和蒙匪富升阿,企图将内外蒙古组建为日本控制下的"大蒙古国"。主

---

[1] 《八旗通志(初集)》卷 1,东北师范大学出版社,1986 年。
[2] "西北筹边使官制",转见徐道邻:《民国徐树铮先生树铮年谱》,台湾商务印书馆,1981 年,第108 页。
[3] (俄)巴尔苏科夫:《穆拉维约夫·阿穆尔斯基伯爵(传记资料内部读物)》第 1 卷,商务印书馆,1974 年,第 486 页。

持这项工作的是驻库伦武官松井中佐。① 外蒙许多王公十分警觉,想依重中央政府来抵御厄运,并借此加重自身地位,从喇嘛集团手中夺回政权。外蒙的内向趋势,无疑给棘手的问题提供了解决的可能,于是北京政府最终委派徐树铮专赴外蒙筹边。

徐树铮以开发而筹边,以教化而治蒙,思路缜密,举措有方,勤勉实务,果敢勇事,其对职责的履行,于中央与地方均有贡献,其中意义迄今值得探讨。②

徐与原驻库伦都护使陈毅在治蒙问题上有何不同,实际效果怎样。徐之秉性和睿智究竟起了什么作用,应该如何公正评价。一时的成绩与最终的结果,又将如何区分时代与个人的关系。

二、徐氏就任与皖系利益

北京政府为什么委派徐树铮,徐又为何热衷其事。段祺瑞"陆军上将远威将军徐君神道碑"记:1919年"选徐世昌为总统。当就职之日,呈辞总理,兼开差缺,仍留边防督办一职。是时陈大员毅,与外蒙商订六十三条件,即向日俄人所主持之领土一部分。中枢已有允意。余以外蒙横亘五六千里,傥入俄人彀中,国事将不堪言。因属将军条陈边防,冀谋挽救。旋奉西北筹边使兼总司令之命"③。这段话勾勒了事出的梗概。

段祺瑞为何嘱咐徐树铮"条陈边防",注重此事,其中既有忧虑边疆,关心国事,然皖系利益也是重要考虑。

1918年10月10日徐世昌就任大总统,旋段祺瑞兑现与冯国璋同时下台之承诺,自辞国务总理,仅留参战督办一职。而此名义,随"一战"结束,已无续存理由,故1918年秋,段即未雨先筹,于督办参战事务处下,设西北边防筹备

---

① 台湾近史所:"中俄关系史料"外蒙古,1959年,第411页。
② 相关成果主要有王彦民:《徐树铮传》,黄山书社,1993年;刘兰昌:"徐树铮与外蒙撤治及其影响",《中国边疆史研究》,2001年第4期;郭剑化:"试论徐树铮历史功绩",《山西农业大学学报》(社科版),2005年第3期。
③ 徐道邻:《徐树铮先生文集年谱合刊》,台湾商务印书馆,1962年,第120页。

处,任徐为处长,以边防名义代替参战。1919年6月24日,段被任命为督办边防事务处督办,原所谓参战军,改为边防军,皖系依旧掌控。但尽管如此,自段辞别总理,皖系权势已大不如前,而派系矛盾的尖锐,又使其不得不借重边防舞台谋求施展,故"属将军条陈边防",即出自这一背景。

徐树铮,江苏萧县人,秀才出身,曾留学日本士官学校。此人才勇双全,热心政治,风流自赏,豪气实足,为段祺瑞心腹智囊和得力助手,然气度狭隘,跋扈骄横,杀气颇重。1911年外蒙宣布独立时,孙中山、徐树铮等都曾表示强烈的愤怒,被报界称为"当时中国唯一决心要不惜一切代价收复外蒙失土的两个爱国者"。徐反应强烈,出于为国深忧远虑,1912年"致靳云鹏"信中即云:"外蒙一去,内蒙震动;蒙不安,奉必危;奉危,滇藏必牵动。藩厅一撤,瞬即豆剖瓜分矣,安得不背城借一作孤注之想乎!"①

外蒙的内向给了徐一个发挥的好机会。原本皖系的失势,局势的混乱,使其抱负难以施展,而个人又树敌过多,是非不断,因此筹边一事于己于皖系皆有利。刚受命西北边防筹备处长的他,遇上这一机会,自然赶紧拟就"西北筹边办法大纲",旋于1919年4月17日递交政府,争取任事。6月10日,经国务会议同意。6月13日,被北京政府特任为西北筹边使。6月24日,又被任命为西北边防军总司令。西北筹边使官制于7月18日公布,其职权为共有六项。①政府因规划西北边务,并振兴各项地方事业,特设西北筹边使。②西北筹边使由大总统特任,筹划西北各地方交通、垦牧、林矿、硝盐、商业、教育、兵卫事宜,所有派驻该地各军队,统归节制指挥。关于前项事宜,都护使应商承筹边使筹助一切,其他长官佐理员,应并受节制。③西北筹边使办理前条事宜,其有境地毗连,关涉奉天、黑龙江、甘肃、新疆各省,及其在热河、察哈尔、绥远各特别行政区域内者,应与各该省军政最高长官及各都统妥商办理。④西北筹边使施行第二条各项事宜,应与各盟旗盟长扎萨克妥商办理。⑤西北筹边使设置公署,其地址由西北筹边使选定呈报。⑥西北筹边使公署之编制,由

---

① 王彦民:《徐树铮传》,黄山书社,1993年,第22页。

西北筹边使拟定呈报。①

显然,政府赋予他的权力不小,不仅可统兵蒙古,筹划边务,即都护使陈毅也得受其节制,凡事需"商承"。

而大总统徐世昌所以委任徐树铮,将治蒙大事托付皖系,既调虎离山,赶走这位跋扈之人,也顺便送段一个人情,因为渠任大总统,段曾鼎力,如此皆大欢喜。

三、陈毅谈判与徐氏入蒙

徐树铮领受新命之时,北京派驻库伦(今蒙古人民共和国首都乌兰巴托)的都护使陈毅,正和蒙古王公交涉撤销自治问题。1917年8月,他担任此职。

外蒙古的政制是王公管政,喇嘛管教,界限分明。迨自治后,活佛哲布尊丹巴为政教领袖,于是喇嘛专权,王公受排斥,所以王公发动撤销自治,目的在于恢复旧制,重掌政权。代表蒙古王公集团来和陈毅秘密谈判的,是外蒙自治政府外务总长车林多尔济。

谈判从1919年1月中旬开始,直到8月4日才达成两项原则。①恢复前清旧制,五部直属驻库大员(以代替活佛)。②设置地方自治议会,由王公组织之(以排斥喇嘛)。10月1日,陈毅派人将协议草案送到北京,这就是外蒙善后条件六十三条。其中值得注意的事项有五个方面。①中央政府无论何时何事,不能更改外蒙原有分盟分旗制度。各盟旗沙毕、盟长、将军、扎萨克、高卓特巴等原有之管辖治理权,永远照旧。中央政府并不得施行殖民事项,将蒙旗土地改归他人所有。②设驻札库伦办事大员一员,乌、科、唐、恰,可设参赞人员,帮办参赞一员。正副人员,必须一蒙一汉,并且轮流更换(如第一任汉正蒙副,则第二任蒙正汉副),而汉员必须以文职为限。即在北京之蒙藏院,其正副总裁之一,亦必须以外蒙王公任之。③中央在外蒙驻军,其计划布置及额数,由驻库大员及帮办大员会同商定。遇有紧急事项,增派军队,事定仍须撤回。

---

① 引王彦民:《徐树铮传》,黄山书社,1993年,第194~195页。

④内地人民建筑房屋,经营商工等业,以及开垦、种菜、伐木、割草,必须先取得该管扎萨克之许可。⑤开发矿产,兴办铁道、电报、邮政,必须由驻库大员及帮办大员会商办理。如必须借用外款,并必须先得外蒙地方议会通过,始得办理。①

陈毅虽也努力撤治,但力主持重,害怕"别生误会,致来外力干涉"。尽管如此,因外蒙王公集团没有实力,外蒙自治政权完全操纵在喇嘛手中,所以陈毅想通过王公去说服喇嘛,又通过喇嘛去说服活佛,结果呈一厢情愿,活佛哲布尊丹巴明确反对撤治。陈毅和王公们不甘心,决定由王公们单独呈文,由陈毅电达北京。时国务总理是靳云鹏,靳虽属皖系,但与徐素来不和。靳回电陈毅:"徐筹边使日内赴库,抚视所有军队,对蒙方面并无直接任务,蒙事仍由都护使完全负责,以明权限。"②实际靳不愿见徐在蒙事上立功,陈也乐得免其插手,由此徐靳之恶,延伸为徐陈之争。

不料六十三条,又遭外蒙"议会"否决,北京政府这才意识到必须加速解决蒙古问题。1919 年 10 月,徐树铮率领一旅边防军,挥师出塞,向库伦进发。徐一抵库伦,即让陈毅回内地,并否定其六十三条。时外交部对六十三条评价是:"如就条件全文加以研究,则名义上政府虽收回统治之权,仍属有限制。外蒙虽有取消自治之呈请,而按之条件,自治之精神与基础仍属照旧存在。""至于对俄国各条……则俄国在外蒙一切利益,并未因之受有损失。"③徐树铮也认为:"陈使所拟外蒙撤销自治善后条例,中有不妥之处。""治蒙之要,既欲导之富庶,被以文化,即不得不渐有兴革;纵不宜强拂旧习,要必预留相机因应地步。""今则政权统于中央……撤销自治之后,关税如何改定?财政如何整理?农商矿业如何振兴?一未计及……王公喇嘛岁俸以及地方经费,由政府从优核给,所有封册荣典,一概照旧。地方安危,一律由政府保护,外交一律由政府交涉,寥寥数条足矣。"④

---

① "中俄关系史料"外蒙古,第 538~553 页。
② "中俄关系史料"外蒙古,第 516 页。
③ "中俄关系史料"外蒙古,第 557~558 页。
④ "中俄关系史料"外蒙古,第 574~576 页。

徐首先利用外蒙"内阁总理"巴德玛多尔济巴与活佛的矛盾,把他"请"到自己的司令部,"专意结之以信,感之以情,……看操之日,示以军规之严、军容之肃"。又嘱巴"尽力以自托于中央",且许以"全力相辅"。① 同时对蒙方的托词推宕,又以严肃期限,声称"外蒙为国家领土,我身为外蒙长官,有弹压地面之责,不能坐视"②。并将其他王公及哲布曾丹巴活佛加以软禁。在威风凛凛的祖国军队面前,外蒙自治政权的高官们顿时没了威风。

北京政府此时重视筹蒙,一是机会难得,二是害怕俄国赤化波及蒙古。1919年11月17日,外蒙古正式上书大总统徐世昌,呈请取消"自治",废除中俄蒙一切条约、协议。徐树铮将军队派驻外蒙各地,如买卖城(今恰克图)、乌里雅苏台、科布多、唐努乌梁海,完成了对外蒙古的统一。尤其是唐努乌梁海,被沙俄侵占达七年之久,终于回到祖国怀抱。1920年10月5日中国政府外交部照会各国驻华公使:"外蒙自取消自治后,所有一切矿路主权,均由中央主持办理,无论外国官商人等,非经中央政府承认,不得与外蒙王公私订借款合同,以矿产路权并各项利权为押。倘有上项情事发生,其私订条件一概作为无效。"③

四、开发措施与实效

徐树铮开发蒙古,基本依照所拟"西北筹边办法大纲"④进行,其措施主要如下。

1. 发展交通

外蒙当时的交通运输极不方便,尤缺现代化的交通运输工具,仅有张家口至库伦和库伦至恰克图的公路,其余地区全靠骆驼队和架杆车运输。徐树铮

---

① 徐道邻:《徐树铮先生文集年谱合刊》,台湾商务印书馆,1981年,第28页。
② 徐道邻:《徐树铮先生文集年谱合刊》,台湾商务印书馆,1981年,第55页。
③ 薛衔天等:《中苏国家关系史资料汇编(1917—1924)》,中国社会科学出版社,1993年,第432页。
④ "中俄关系史料"外蒙古,第380~382页。

在"大纲"中提出要修张家口至满洲里、归绥至恰克图、赛尔乌苏至绥定、乌里雅苏台至唐努乌梁海等四条铁路线,总长共6千余里,为此他再三呈报北京政府,屡与蒙方官员磋商,提出拟先修张家口至恰克图铁路,并着手铁路借款,搜集国内外铁路建设的参考资料,积极进行准备。1920年2月14日,北京政府命他兼任张恰铁路督办。由于修路经费奇缺,徐要求外蒙王公"稍认股以为之倡",可是响应者寥寥无几。未几他又发起成立全国经界局,用以筹款筑路。库伦城内,原街道全是土路,雨雪之时,泥泞不堪。徐到库伦后即向美商美丰洋行购得道济牌压路车,进行整修。当时无线电通信归交通部电政司主管,徐即从电政司邀来无线电工程师杨友古,并另一位英国技师道克雷,在库伦、恰克图、乌里雅苏台、科布多、乌梁海等地勘测,拟在库伦东营子地方首先施工,以开辟国人自主的无线电通信。此前,外蒙已有俄国人在库伦、恰克图、乌里雅苏台等地经营电信,但由于设备陈旧,电信经常发不出去。

2. 垦牧

徐树铮到库伦时,市场上没有一点蔬菜,他学当年驻扎天津的淮军引种家乡合肥稻子事,嘱驻库士兵引种天津大白菜,"结果十分成功",后来大白菜就渐渐成了当地的大众菜。①

3. 采矿

为了开发外蒙地下资源,徐树铮聘请德籍专家巴尔台博士和梅约翰随同入蒙。巴尔台是一位化学教授,对无机化学、有机化学、植物、矿物均有研究。到库伦后,巴经常出外采集标本,后又被派到乌里雅苏台、赛尔乌苏等地考察,提出开发方案。梅约翰作为政治方面的顾问,随徐到库伦后,又赴乌里雅苏台、赛尔乌苏等地"作过相当长期的调查"。②

4. 教化

徐树铮治蒙,特别重视教化,他认为"有清以来,蒙部内属,迄今约三百年,率以愚蒙为策,实大背人情天理之正。此后欲蒙边日见亲治,即非力整教化,

---

① 徐道邻:《民国徐又铮先生树铮年谱》,台湾商务印书馆,1981年,第125页。
② 徐道邻:《民国徐又铮先生树铮年谱》,台湾商务印书馆,1981年,第125页。

劝谕兴学,不易为功"①。西北筹边使署成立后,徐即指派专人在署中筹办《朔方日报》,1920年6月1日出版创刊号。该报用蒙文编印,徐曾亲为审稿。有时徐树铮又以演戏等文化活动与库伦的官兵及老百姓联欢,寓教育于娱乐,也是施行教化的一种方式。徐树铮提倡教化,从自己开始的。他每日坚持读书,随身带去《孟子》、《汉书》、《古文辞类纂》、《孙子》及《日闻随笔》等书,不断向他的僚属讲学,尤对《孟子》讲得比较多。指定《孟子》、《左传》、《孙子》、《资治通鉴》为部属必修科目,并在西北边防总司令部设立编辑处,敦请林纾等人整理日籍,以辅助官兵学习。部属提出疑难,徐即进行解答。

5. 提倡诚信

徐到库伦,"就吩咐在那里经商的山西人,以后要和蒙古人诚实相处"②。当时山西商人常用赊账的方式引诱蒙古人,蒙古人以为不用立时付现就可以马上拿走,所以买了许多不需要的东西。到了年底收账的时候,山西商人连本带息一起算,原来值100头羊的东西,却要还上140头,理由是羊生小羊,小羊也是他们的。徐树铮由此不许商人们赊欠,即使赊欠,也不许讨账时索要额外的羊只。

6. 兵备

徐树铮前后三次入蒙,所带兵力,共计不过1万人,主要是褚其祥第三混成旅。为避免"蒙人多猜","与其突增多兵,俾相惊惧……不如早日兴办工商垦矿各业,俾知亲附"。他在"西北筹边办法大纲"里是这样说的,实际上也是这样做的。他想等各业稍具规模,再行陆续增兵,以资保护。

7. 开办边业银行

当时北京政府财政支绌,已到罗掘俱穷的境地。西北边防司令部筹建之初,属员就难以领到全薪,军队也曾普遍缺饷。徐树铮招用翁之熹为秘书时,首次见面就对翁谈到:"经货不足"③问题。解决经费困难的办法之一就是开办银行,发行钞票。他以开发边疆、巩固国防为由,呈准北京政府立案筹设了

---

① "中俄关系史料"外蒙古,第381页。
② 徐道邻:《民国徐又铮先生树铮年谱》,台湾商务印书馆,1981年,第124页。
③ 翁之熹:"徐树铮入蒙纪实",载"天津文史资料选辑"第40辑,1987年,第157页。

边业银行。该行享有代理国库、发行钞票的特权,总行设在北京,在张家口、库伦、天津等地设立分行。1920年4月,张家口分行成立。6月6日库伦分行成立。边业银行的总经理是李祖法。库伦边业银行的行长是曲荔斋。库行开业后,发行的钞票以骆驼队作图案,很受外蒙人的喜爱。

8. 创办医院

据翁之熹回忆,徐在库伦首创一家医院,由西北边防军军医处医官王懋义主事,还请一位名叫李大岩的朝鲜医生任主治医师。①

五、简　　论

赴蒙途中,徐树铮曾挥毫写道:"冲寒自觉铁衣轻,莫负荒沙万里行,似月似霜唯马啸,疑云疑雨问鸡鸣。中原搅辔辔孤愤,大海回澜作夜声,且促毡车趁遥曙,沉沉闾阎渐清明。"②甫抵库伦,又致电中央:"树铮祇重国家,决不以荣枯毁誉介意。"既然"承命守职",则"一日不离职,一日即暂死守更职之义,无论蒙情,无论土地,均应负其全责"③。的确,敢于任事,不避风险,心存远大,恪尽职守,为其一贯风格。

此前外蒙名为自治,实际独立,中央不得派驻军队,不得建立与内地相同行政组织,不得移民,而陈毅的撤治交涉过于软弱,以至陷入僵局。要不是徐树铮大刀阔斧,利用转机,强硬处事,杜外觊觎,后果不堪设想。孙中山曾高度赞扬徐树铮的这一功绩,曾致电徐:"吾国久无陈汤、班超、傅介子其人,执事于旬日间建此奇功,以方古人未知孰愈。自前清季世,四裔携贰,几于日蹙国百里。外蒙纠纷,亦既七年,一旦复归,重见五族共和之盛,此宜举国欢欣之不已。"④以后又说:"徐收回蒙古,功实过于傅介子、陈汤,公论自不可没。"⑤尤在

---

① 翁之熹:"徐树铮入蒙纪实",载"天津文史资料选辑"第40辑,1987年,第156页。
② 徐道邻:《徐树铮先生文集年谱合刊》,台湾商务印书馆,1989年,第96页。
③ "中俄关系史料"外蒙古,第584页。
④ 《孙中山全集》第5卷,中华书局,1985年,第169页。
⑤ 《孙中山全集》第5卷,中华书局,1985年,第177页。

当时情况下,徐树铮以开发而治蒙,以发展而固边,在蒙古所采取的一系列治理措施,无疑更具进步意义,而其个人经略边域,同样厥功甚伟。

遗憾的是,由于派系倾轧,徐树铮于1920年7月4日被免去西北筹边使,边防司令也随之裁撤。陈毅旋又入蒙主持,结果外蒙于1921年2月9日再度独立,徐氏苦心经营,终而付之东流。

就事论事,徐树铮以开发而筹边,以智勇而收蒙,见效斯时,利于一统,不仅播文明,而且求发展,理念恰当,举措相宜,是启蒙古近代化,立功建业于边域。论其一生,毁誉均着,然开发蒙古,实瑕不掩瑜。徐的思路与实施,当有启示意义。

近代青海举办垦务之始末

崔永红

(青海省社会科学院历史研究所,西宁 810000)

近代以来,随着西北地区经济社会的发展,人口的增多,该地垦荒业得到迅速发展。这一时期,今甘、宁、青、新、内蒙古等省区的大量荒地得到垦辟,这些荒地或原为纯牧区之草原,或原为半农半牧区的草场。近代西北地区的垦务,有的是民间自发进行的,有的则是在政府主持下进行的。对近代西北垦务的研究,是中国历史上的西部开发研究内容之重要组成部分。

清末及民国时期,青海境内曾出现过声势浩大的垦荒运动。宣统年间在青海牧区兴办的垦荒,在全国有较大影响,可以说是轰动一时的一件大事。因为在青海举办垦务之动议与筹划青海建省有关,当时朝廷内部曾对青海是否建省出现分歧意见,一种意见主张即行设省,另一种意见则主张暂缓设省,先行试办垦务。后来主张办垦务的意见占了上风,于是就有了大规模垦荒的举措。民国时期,垦务机构名称几经改易,垦务虽时断时续,但总体上一直仍在进行。另外,国民政府曾两次作出决定,拟在柴达木大兴兵屯、办理垦殖,但均因故未获成功。本文就清末以来青海垦荒之始末试作系统性整理与研究。

一、宣统年间的垦务

光绪三十三年(1907年)四月,两广总督岑春煊首次提出青海建省之议,光绪皇帝感到此事事体重大,便令军机处将奏折分发给徐世昌、袁世凯、升允、赵尔巽、锡良、唐绍仪、长庚、庆恕等大臣"体察情形,各抒所见,妥议具奏"①。这年六月,西宁办事大臣庆恕奏上关于建议在青海设官、立学、驻兵的奏折;十二月,陕甘总督升允又奏上《青海缓改建省,先行试垦》一折,认为"不必徒侈改制之名,而当先尽振兴之实;不必大耗度支之力,而当先谋生殖之图"。朝廷政务处权衡利弊,认为先行试垦的主张比起设官立学驻兵及即刻建省来较为切实可行,因为在他们看来,青海这块地方系"蛮荒沙漠,部族杂居,论开化则尚未及时,言利益则只知游牧,若欲遽建行省,不独风俗制度未易强同,且恐设官而民无定所,钤束维艰;兴学而人无所知,开通不易。即谓添设重镇,先固边疆,而迁内地之兵,转运之费太巨;用彼族之众,简练之术未精。矧以建筑之资,饷需之用,一切取给浩繁。当此库帑支绌之时,协饷不足之际,更觉难于筹拨。似不如照准该督所奏先行试垦一节,较为切实易行。迨至蒙番一心,振兴实业,再为徐议建置。庶几地利出而兵可以养,学可以兴,因以设官分职,划地而治,较得先后缓急之序也"②。光绪皇帝批准了先行试垦的意见,于是朝廷下令让西宁办事大臣庆恕会同升允着手谋划筹款、招募、测绘等事宜,详订章程,开始做垦荒的各项准备工作。

光绪三十四年六月,升允、庆恕联名奏道:"伏查青海地面,向为蒙番游牧之区,不准汉回各民前往开垦,其实可耕之地,随在有之,任其荒芜,殊为可惜。现奉谕旨先行试垦,而再三体察,有不能不详审其间者。青海有各族番民及庙户杂处,与纯系蒙古之地不同,素性桀骜不驯,遇事梗命,可虑者一。即使勉强许垦,而反复无常,荒则容之,熟则逐之,徒劳无益,反酿仇雠,可虑者二。各省开办招荒,均交领费,穷民无业,始肯轻去其乡,牛种尚难,何能责其缴价?势必至无人应命而止,可虑者三。蒙番各族虽未讲求农业,究以畜牧为生,若尺寸不遗,听民自占,结党成群,反客为主,恐将来之效尚未彰,而目前之变已立见,可虑者四。又有汉民已入番地,耦俱无猜,若因其尚未经官,夺此予彼,逐客招客,集怨必多,可虑者五。夫图始莫要于图终,而言利必先求无害。奴才

---

① (清)朱寿朋:《光绪朝东华录》,光绪三十三年四月,第5册,总第5674页。
② 朱寿朋编:《光绪朝东华录》,光绪三十三年十二月,总第5823页。

等管见所及,有宜就蒙番筹者,有宜就小民筹者。就蒙番筹者,则以此项牧地,皆若辈生计所关,宜许酌留若干以资牧养,然后令将可垦之地自行报出。升科之日,公家只占六成,余皆留为地主租课。惟地自报出以后,应分之课,只准赴官请领,不得私向农民求索增加,及任意驱逐等事,以免横争而安农业。此其就蒙番筹者也。就小民筹者,则以招垦宜自近始,方不致来无所考,去无所稽。但西宁各属居民,穷多富少,而富民又不愿远徙,其乐充包户者,大抵皆不甚安分之人,意在奴使穷民,坐收厚利。不如不取领费,听民自报,但使负耒以来,皆可受廛而处;升科之后,亦只责其不欠课钱,不侵余地而已。此其就小民筹者也。惟开办伊始,殊费经营,必须设立垦局,然后可以握纲维;必须派驻勇营,然后可以资保护。而筹款一层,相因而起,青海并无丝毫进款,西宁又无闲款可裁。事关保境殖民,奴才升允自当力任设法,拟以每年认筹银二三万两,为设局驻兵经费。俟三年升科之后,再议停供。……至于蒙番散处,统属不齐,拟恳天恩饬下理藩部转谕青海蒙古王公台吉、番民千百户,及各庙呼图、僧纲、法台、香错等,令其将可垦地段报出,派官接收,招民开垦。酌量户口,以均领地,分别腴瘠,以定升科,皆由垦局临时查明造册,详报青海大臣衙门,由奴才庆恕核明给发执照,便民经业。其尚未升科以前,俱不得花费分文。如此办法,在蒙番各歆其利,不同迫以难堪;在小民别无所需,不致穷于应命,而始而成聚,继而成邑,终而成省。既无凌节以施之事,当有推行尽利之时。"①

这份奏折详细分析了青海的形势,设想了一旦举办垦务可能遇到的问题,也初步提出了解决这些问题的思路和办法。应该说,庆恕等人还是做了一些调查研究的,所作分析基本符合实际,所提解决问题的思路和办法总体上也还是比较稳妥可行的,如提出设立垦务总局主持垦务工作,派驻军队以资保护,自筹启动经费等,均切实可行。还分别提出"就蒙番筹"及"就小民筹"的一些政策措施,兼顾了各方利益,特别是留意了调处民族之间和农牧之间的矛盾,又有一定的可操作性,因而上报后即得到光绪皇帝的允准。光绪下旨:"著妥

---

① 朱寿朋编:《光绪朝东华录》,光绪三十四年六月,总第5950页。

慎筹办,务令蒙、番、客民彼此相安。"①

宣统元年(1909年),青海境内大规模的垦荒行动正式开始,垦荒行动是在设于西宁的垦务总局的领导下进行的。当时垦务总局的组织结构怎样,不太清楚。不过,据两年后庆恕关于裁撤垦务局之前拟暂留人员的奏折可知其大概。庆恕在奏折中说:"总局只留提调一员,坐办一员,经划五名,茶役一名,把门一名,局勇五名,以办理造册报部各事宜;分局只留委员四员,武弁二员,贴书六名,通丁三名,马勇二十名,以办理更换各事宜。所留官役等仍照章支给薪工口食盘费银两,如将来存饷不足,仍拟由甘藩库补领,俟将公事办完,一概裁撤。"②可见总局之下还有分局,但当时有多少分局仍不清楚。据上所引,对总局与分局的组织结构虽不能全部了解,却也能有个大致的了解。

当时的做法是,总局委派专职人员前往农牧交界地区勘察可耕之地,再让这些地方的土地所有权人申报可垦地段,出具"缴地切结",官府接收后,招募汉、回等族农民前往领垦,由官府勘丈监收,核发执照。当时的招垦章程规定:承垦熟荒地者,当年起科;承垦生荒地者,满三年后升科。所垦之地按肥沃程度分为上、中、下三个等次,各等次每亩应纳税粮分别为五升、三升、二升。

关于垦务的进展情况,如第一年开垦了多少亩耕地?第二年又开垦了多少?惜未见到确切记载。不过,税粮科则后来发生了变化,在庆恕的奏折中有记载。

宣统三年七月,庆恕奏上"青海垦地重定科则片"称:"庆恕据垦务局详称,现据众垦户再三恳诉,番地僻处偏隅,山高地寒,所下籽种不过燕麦、菜子等物,种青稞者尚少。按年气候,孟夏犹未解冻,新秋早经飞霜。每亩丰年所收不过仓粮四五升,一被雪雹之灾,即颗粒不收,比比皆然。如升科每亩上则收粮五升,中则三升,下则二升,诚恐终岁所获之粮,不足供征收之数,小民困苦难堪,总求酌量从轻定科则,沾恩不浅矣等因。据此,卑局查原定升科章程上则地每亩纳粮五升,中则三升,下则二升,是照西宁县《赋役全书》内载科则数

---

① 《光绪朝东华录》,总第5950页。
② 西宁办事大臣庆恕奏:"海垦务出力各员请奖片",《内阁官报》,宣统三年十月第106号。

目详定。惟查西宁系属内地,开辟已久,田尽膏腴,二麦、青稞、豌豆、菜子等粮全收,比口外之地大不相同。若口外照此地定赋,未免苦乐不均。揆其情形,似非从减不可。应否准如所请,奏明更正,每亩上则定为纳粮三升,中则二升,下则一升,以示体恤。……以广皇仁。"①

七月十日,宣统皇帝作的批示是:"著照所请。钦此。"

这年十月,辛亥革命的第一枪已在武昌打响,清朝统治者一片惊慌,青海垦务势难再办下去了。这时庆恕奏上《青海垦务出力各员请奖片》称:"臣督办青海垦务自宣统元年开局起,迄今将及三年,河北已将蒙古群科、扎藏寺、栋阔尔寺、恰布卡、郭密等处各地共放出十三万余亩,河南只放出磨渠沟等处荒地二万余亩。河北近处大段可垦之地业经放竣,河南可垦之地尚多,惟路途弯远,粮运不易,费款亦多。现甘肃藩库款项奇绌,复闻湖北告变,各省协饷绝不肯来。即有些许存款,自备将来急用,何暇顾此局外缓图?臣确闻现在情形,只得将垦务暂时停缓,俟有款项,再行开办。臣遂于九月初一日饬令垦务局一律停办,……再,开垦不及三年,已放出地十五万余亩,试办已有成效,该委员等冒风冒雨边地奔驰,不无微劳,足录前奏定三年准臣照异常劳绩保奖,兹仅欠数月,限期已满三年,可否准臣择尤(优)保奖之处,出自圣裁。所有停缓垦务并请奖励各缘由谨附片具陈,伏乞圣鉴。"②这里说的"群科",在今海晏县境内;"扎藏寺、栋阔尔寺"在今湟源县境内;"洽布卡(今作恰卜恰)、郭密"在今共和县境内,"磨渠沟(今作莫渠沟)"在今贵德县境内。

十月十二日,奉旨"著照寻常劳绩请奖,毋得浮滥"。

当时辛亥革命已经爆发,清朝廷朝不保夕,从上到下人心惶惶,青海垦务难以为继是不足为奇的。即便兴办垦务之初,由于清朝处在没落时期,政治腐败,贪污盛行,垦务也不可能办得很好。对这三年垦务的绩效,民国时学者基本持否定态度。如黎小苏认为:"至宣统元年,青海办事大臣亦曾举办垦务,耗库款二千余万两,以所用皆候补官吏,只知自肥。结果不过指熟为荒,敷衍了

---

① 西宁办事大臣庆恕奏:"青海垦地重定科则片",《内阁官报》,宣统三年七月十五日第 15 号。
② 西宁办事大臣庆恕奏:"青海垦务出力各员请奖片",《内阁官报》,宣统三年十月第 106 号。

事,徒耗国帑,至为可惜。"①

二、民国年间青海建省前的垦务

民国八年(1919年),甘肃当局在兰州设立了青海屯垦使署,后并归省财政厅兼理,其实仍不过是遥领虚衔、虚耗国帑而已,并未开展实际工作。民国十二年(1923年),甘边宁海镇守使马麒实力渐强,他认为在青海举办垦务十分重要,便呈准甘肃省长陆洪涛,在西宁设立了甘边宁海垦务总局,他自兼督办,由西宁县长赵从懿任总办,并在各县设立分局十处,大力推行垦务。当时十处分局的名称、所辖地域见表1。

表1　甘边宁海垦务总局所辖各分局名称及其辖域②

垦区	名称	所辖地域
第一区	西宁垦务分局	上下郭密(今共和与贵德相邻地区)
第二区	湟源垦务分局	恰卜恰、东坝、西尼等处
第三区	大通垦务分局	北大通、永安、俄博、琼科滩一带
第四区	循化垦务分局	保安、甘家滩(在今甘肃临夏县)、隆务寺、拉布楞寺等处
第五区	贵德垦务分局	昂拉(在今尖扎)、鲁仓(今贵南)等处
第六区	都兰垦务分局	都兰、香日德、巴隆、宗加等处
第七区	玉树垦务分局	结古、扎武、安冲、迭达、竹节休马等地
第八区	囊谦垦务分局	杂曲河及苏尔莽一带
第九区	大河坝垦务分局	切吉、河卡、班禅玉池一带
第十区	拉加寺垦务分局	黄河南蒙古四旗及果洛各族地区

从表1所列机构名称看,全省所有宜垦区甚至不宜垦区都被列入了拟垦范围,计划不可谓不宏伟。当时,各分局局长由各县知事及理事员担任,按说

---

① 黎小苏:"青海之经济概况",《新亚细亚》,1934年第8卷,第1期。
② 黎小苏:"青海之经济概况",《新亚细亚》,1934年第8卷,第1期。

兴办垦务比较顺利,但由于蒙古族、藏族的牧地被汉、回等族领垦后,出现的纠纷较多,垦务不时受到阻挠,更重要的是甘肃省财政入不敷出,垦务所需经费没有着落,加之人才缺乏,困难重重,所以开办未及一年,不得不宣告停办。

民国十五年(1926年),西北边防督办冯玉祥部将刘郁芬出任甘肃省政府主席,急欲发展经济,改善财政。当时舆论界普遍认为青海的可耕荒地很多,但埋没于荒烟野蔓之间,未事开辟,"地利不用,良可叹息"。刘郁芬便想开发利用青海的土地资源,遂于次年令西宁道尹公署积极筹划,兴办垦务。于是,原甘边宁海垦务总局更名为"西宁道属垦务总局",由西宁道尹(这年10月废西宁道,改设西宁行政区,长官称行政长)林竞兼总办,以朱绣为会办,在道属七县(西宁、大通、碾伯、循化、化隆、湟源、贵德)辖区内放荒。局设总务、清丈、调查、测绘、统计五股,每股设主任一员。① 当时也沿用前制,在各县设立分局,以县长兼任局长,积极推行该县垦务,不再另支经费。唯西宁一县垦务,由总局兼办。所放荒地,仍按三等九则收取地价(表2)。一开始领地垦荒者"极为踊跃",但由于遇到与几年前相同的经费困难、纠纷迭起等问题,加之1928年5月以马仲英为首的反国民军河湟事变爆发,西宁政局变得异常紊乱,林竞出走,朱绣在莲花台事件中被害,垦务因而再次停办。但西宁区属垦务总局运行两年,仍收到了一定成效,共丈放荒地2.828万亩,查丈私垦熟地8 914亩,两项共获地价银21 240余元银元,收税粮150余石。

表2　西宁道属垦务总局荒地每亩缴价等则　　单位:元(银元)

等则	上则	中则	下则
上等	2	1.5	1
中等	0.8	0.7	0.6
下等	0.5	0.4	0.3

---

① 佚名:"青海之垦务",《新亚细亚》,1936年第11卷第1期。

其实从民国初以来,办垦务的目的已主要不是开荒了,而主要是为了收取地价和执照费,增加收入,官府把办垦务看作牟利的机会。当时各垦户先向主管分局购买"呈请书",填清姓名、承领地名称及四至,由主管局根据原书派员清丈,核定等则,收取地价,发给执照,该地的所有权即归领垦人所有。每领照1张,收照费2元。承垦地领垦三年后升科。如查出无照垦种熟地者,即勒令加倍缴价领照,并于本年内一律照章升科。

三、民国年间青海建省后的垦务

1929年青海建省后,省主席孙连仲将西宁区属垦务总局改组为"青海省垦务总局",委任邓德堂为局长,继续在各县放垦。由于建省后粮食需求量急剧增加,又逢甘肃大旱,青海粮价飞涨,领垦荒地的人数随之猛增,于是当局乘机提高地价(表3),但领垦人数仍居高不下。一年下来,丈放荒地及私垦熟地共达20.775万亩,当局收取地价银15.42万银元,增加升科地2.576万余亩,这是清末举办垦务以来最好的垦绩。这年10月,国民军东下参与中原大战,马麒任省政府代主席,他委任居占鳌为局长,继续开展垦务。但由于省内人口减少,粮价回落,出现领垦者日形减少的局面,当局遂将前定地价每则减少4角,"而领垦者寥寥如故,致垦务形同驽末"①。此后青海垦务日趋消沉。

表3 青海省垦务总局荒地每亩缴价等则   单位:元(银元)

等 则	上 则	中 则	下 则
上 等	2.6	2.4	2.2
中 等	2.0	1.8	1.6
下 等	1.4	1.2	1.0

---

① 佚名:"青海之垦务",《新亚细亚》,1936年11卷1期。

1930年10月,青海省垦务总局归并省财政厅兼办,改名为"青海省财政厅清垦总处",以财政厅厅长魏敷滋兼任总办,并委任马肇业为坐办。清垦总处内部人员大为缩减,下设二股,每股设主任一员;各县改设清垦分处,县长兼任坐办,不另支给经费,允许抽取所收地价的15%作为办公经费。① 清垦总处仍执行此前所制定的垦务章则,但对不太合宜的内容略作了修改,形成清垦条例三十二条。所定地价见表4。②

表4　青海省财政厅清垦总处荒地每亩缴价等则　　单位:元(银元)

等　则	上则	中则	下则
上　等	2.2	2.0	1.8
中　等	1.6	1.4	1.2
下　等	1.0	0.8	0.6

以前所办垦务,遗留的纠纷很多,清垦总处不得不进行调处。其处理办法是依照以前所定章程"凡持有执据者,为私有,他人不得冒领,准其交价领照开垦;若无契照者,为官有,以先领人有优先权,准其交价领照,以事开垦,他人不得借口占垦,出而争持。倘有不服者,饬即径向法院依法起诉。"③

民国二十二年(1933年)4月,南京国民政府要求各省设立土地局,青海省撤销财政厅清垦处,临时改设青海省土地局。当时,人员多为兼职,事权未能独立。第二年3月,国民政府再次饬令各省限期成立地政机关,青海省遂正式成立土地局,省政府委任第一百师副官长兼任局长,下设第一、第二科,另有秘书处,着手拟定《清丈办法》等垦务章则,并继续办理前垦务局遗留事务。1936年,青海省土地局改设为省地政局,继续以清丈土地、征收地款、"整理地籍"为主要工作,对垦荒之事,虽未明言放弃,但切实的举措不多。

---

① 佚名:"青海之垦务",《新亚细亚》,1936年11卷1期。
② 陆亭林:"青海省垦务概况",《西陲宣化使公署月刊》,1936年第1卷第4～5期。
③ 佚名:"青海之垦务",《新亚细亚》,1936年11卷1期。

四、柴达木屯垦

1933年，国民政府计划在青海西部柴达木地区实行屯垦，并曾紧锣密鼓地进行了一系列准备工作。这年5月27日，冯玉祥等在张家口组织"抗日救国同盟军"，派人与当时驻防在张家口以东沙城的国民党第四十一军军长孙殿英联络，欲争取他与"察哈尔民众抗日同盟军"合作。6月初，抗日救国同盟军的计划失败，冯玉祥在被迫下野通电中提出善后办法六条，其中有建议孙殿英出任青海屯垦督办的内容。6月17日，蒋介石以国民政府的名义，任命孙殿英为"青海西区屯垦督办"，令其率部西移。蒋的用意一是为了削弱冯玉祥号召抗日的势力，防止冯孙结合；二是为了使杂牌军彼此冲突，两败俱伤，以收渔人之利。孙殿英自抗日同盟军兵败后退入山西，经常受到晋、绥地方军阀的排挤。他虽然明白蒋介石的用意，但也想将计就计，在西北谋求发展，于是便接受了任命。①

孙殿英率五六万人西进青海，势必要与马氏军阀争夺地盘。这个消息使西北军阀宁夏马鸿逵、马鸿宾和青海马麟、马步芳等受到极大震动。孙军西移的命令一发布，立即遭到西北诸马的坚决反对。他们一面采取多种方式请求中央收回成命，一面秣马厉兵，准备以武力阻止孙军西上。7月1日，马麟、马步芳直接电陈中央，以"供应困难，地方不胜负担"为由，请中央收回成命。同时指使青海各民众团体、蒙藏王公千百户、活佛代表发表谈话，并派代表赴南京请愿。7月30日，蒋介石不得不亲自打电报给马麟、马步芳，说中央派孙殿英率部赴青垦殖，是为青海谋福利，所有给养完全由中央协助，不会给地方带来额外的负担，更无碍于青海省军政，请转达青海各族领袖，勿予反对②。但青海各界坚决反对孙殿英来青海的呼声仍然很高。8月中旬，青海请愿团到达南京面见蒋介石，请求中央"另改方式开发青海"。并在京沪等地举行记者

---

① 崔永红、张得祖、杜常顺：《青海通史》，青海人民出版社，1999年，第511~514页。
② 《东方杂志》，1933年第30卷第17期。

招待会,大事宣传,坚决反对孙殿英来青。宁夏省主席马鸿逵也于此时发出拒绝假道宁夏、抗议孙殿英部西进的通电。然而国民政府并没有为之所动,孙殿英也在积极进行西进准备。

9月19日,国民政府行政院召开第126次会议,通过了"青海西区屯垦督办公署组织条例草案",该条例规定:"国民政府为开发西北,巩固边防,特设青海西区屯垦督办公署,实行兵屯,办理青海西区垦殖事务。本公署隶属于军事委员会,并受参谋本部军政部内政部及实业部之指挥监督。本公署暂设于都兰。青海西区屯垦区域暂以都兰以西柴达木河两岸、祁连山脉以南、巴颜喀喇山脉以北一带荒地为范围。"行政院通过的"青海西区屯垦案"还规定,设青海西区屯垦督办公署督办一员,由国民政府特派,综理本区屯垦一切事务,并统辖本区各屯垦军队;设会办一员,由国民政府简派,辅助督办处理一切事务;设秘书长一人,秘书二人,秉承督办、会办之命,办理机要事宜。督办公署下设总务处、垦务处、军务处、屯垦医院。其中总务处之下设文书科和管理科,垦务处之下设工程科、农牧科和农牧试验场,军务处之下设编练科和警备科。对各科所应负责和应办理的事项也有具体规定。《屯垦案》还规定,屯垦督办可以将屯垦区域划分为若干分区,屯驻军队,但须呈报备案。"屯垦督办在所辖屯垦区域内,遇有事变或军事行动时,应秉承该管绥靖主任,会商青海省政府主席处理之,并分报有关系各机关。""屯垦督办,除西区屯垦事务应负全责外,关于西区内之民政、财政、司法、教育、宗教等事项,不得干涉。""本公署及屯垦各部队之给养,概由中央筹发,不得向青海地方要求供给。"①

9月23日,孙殿英率部从包头溯黄河向宁夏进发。10月中旬,其先头部队到达五原、临河一带。这时宁夏省主席马鸿逵和青海省主席马麟以打报告辞职的方式表示抗议孙部西进。西北绥靖主任朱绍良见西北诸马有联合反蒋之势,担心逼之过急,西北局面不好收拾,于是也建议中央收回成命,调孙部另屯他区,并与宁、青省主席采取了一致的行动。10月23日,蒋介石命令孙殿

---

① "行政院决议案",《农村复兴委员会会报》,1933年第5号。

英部暂住原地待命,在绥远境内过冬①;同时指使朱绍良督饬马鸿宾、马步芳出兵宁夏,与马鸿逵部配合,如果孙殿英强攻宁夏,便就地歼灭。孙殿英这时在晋、绥军阀与西北诸马的一送一拒之下陷入进退维谷的境地,绥远一带人烟稀少,供给匮乏,难以安度寒冬,势非继续西进不可。

1934年初,孙殿英部行至宁夏时,被西北诸马联军拒阻,后经过激战,孙殿英战败宣布下野,军队被收编,青海西区屯垦计划遂宣告夭折。

1942年,蒋介石任命国民党骑兵第五军军长马步青(马麒长子,马步芳之兄)为"柴达木屯垦督办",令其率骑五军(当时驻在甘肃武威)开赴柴达木实行屯垦。这年5月,马步青宣誓就职,并于夏秋之交率骑五军移驻青海西宁。但到西宁后,受到其胞弟马步芳的排挤,骑五军军长之职在马步芳的提议下,改由其外甥马呈祥出任。因马步青失去实权,柴达木屯垦督办公署成了空架子。1944年,马步青亲至察汗乌苏料理屯垦事宜,握有党政军大权的马步芳只派了一营卫队和裁汰下来的老弱军官佐400多人随行。马步青在柴达木期间,遇到的难题越来越多,勉强在察汗乌苏修建了一座院落以为住所②,但屯垦之事困难重重,难有进展。马步青始悟自己被人愚弄,气愤难当,遂于同年秋返回原籍河州(甘肃临夏),柴达木屯垦督办公署随后被取消。

1945年,青海省政府设立了"柴达木垦务局",以取代柴达木屯垦督办公署。垦务局设局长一人(由都兰县县长兼任)、副局长一人,下设秘书室、第一科、第二科、第三科、警卫室、卫生室、运输队等七个科室。垦务局成立后,制定了"柴达木垦务计划大纲",称:"柴达木垦务局督导所属各垦务组办理柴达木垦殖事宜,以实施移民垦田、建立农业基础、开发边疆、充实边防为宗旨。"大纲"规定的"中心工作"有两个方面;一是垦田。内容包括兴辟水利、垦殖荒地、尽力开拓等。二是移民。首先是安置蒙古族、藏族人民,使其从民族纷争的动荡中摆脱出来,安居乐业;其次,诱导内地人多地少、人满为患之地的无耕地农民迁徙柴达木,给予最大之便利,保障他们乐意前赴拓荒。③

---

① 《东方杂志》,1933年第30卷第22期。
② 陈秉渊:《马步芳家族统治青海四十年》,青海人民出版社,1986年,第77页。
③ 张嘉选:《柴达木开发史》,兰州大学出版社,1991年,第60~61页。

"大纲"规定的"一般工作"内容有六个方面:一是改良籽种。从内地选购各类优良谷种,提倡改良,选择适宜高寒地区生长的品种积极推广种植,以增加生产,发展农业。二是发展教育。垦务局下设若干个组,如察汗乌苏垦务局之下又设有察汗乌苏、香日德、夏日哈、查查香卡、赛什克五个垦务组,各组所属居民达到 15 户以上者,筹设国民学校 1 处,垦务局所在地察汗乌苏设中心学校 1 处,力求使居民子弟"皆受适当之教育"。三是营建,即为移民及当地蒙古族、藏族人民营建住房。营建既是一项应急工作,又是长远的任务。四是调查保护。柴达木荒地分布辽阔,国民政府农业部曾于 1943 年派员前往其东段勘察,确定适宜开垦的荒地 38 万亩,而中段、西段尚不明了,有待继续勘察。五是办理合作。垦务局及各组指导农民办理农村合作社,给农民在生产和消费上提供种种便利。六是防治兽疫。在开垦荒地的同时要发展畜牧业,因此,加强防疫及兽医工作至关重要。另外,还要发展副业,项目有打猎、采药、淘金、开矿、种树等。①

20 世纪 40 年代后期青海省政府除在今都兰县察汗乌苏镇设过柴达木垦务局外,还在今德令哈市设过垦务局。设在德令哈的垦务局基本没有开展过垦荒工作,只是收容过从青海东部农业区迁至海西的一些流散农民,这些农民分散零星地垦辟荒地以度日。柴达木垦务局存在期间,骑五军约有 1 000 名官兵曾驻在察汗乌苏等处开荒垦种,由甘肃敦煌运来小麦种子,在东山根、中滩一带开荒耕种,略有成效。但不久,迫于疾疫的威胁,大部分撤回西宁,只留下不到一个营的兵力支撑屯垦门面。到 1949 年,柴达木盆地共有耕地 1.1 万余亩②,其中除原有的少量耕地及先后迁居海西的青海东部农民陆续开垦者外,大部分应是柴达木垦务局所统驻兵开垦的(估计垦务局主持开垦的耕地有五六千亩)。

---

① 张嘉选:《柴达木开发史》,兰州大学出版社,1991 年,第 60~61 页。
② 张嘉选:《柴达木开发史》,兰州大学出版社,1991 年,第 124 页。

五、总体评价

　　清朝末年,当局在青海大力举办垦务的起因原是为青海建省作准备的。当时一般舆论认为青海可垦荒地非常之多,但人口稀少,且人口中以从事游牧者居多,让大量可垦荒地闲置,至为可惜。如果大力举办垦务,进行生产型开发,就会加快人口生聚,使经济社会得到快速发展,然后才有设省的基础。后来的事实是,约20年后即1929年青海果然设了省。但青海设省是由国民军西进等许多偶然因素促成的,尽管不能否认举办垦务成了促成青海建省的基础性原因之一,然而它与清末主张举办垦务之行为几乎可以说没有直接、必然的因果关系。近代青海垦务成效平平,虚张声势者多,求真务实者少,总体上可以用"雷声大,雨点小"来概括。清宣统年间的垦务"惜所用未得其人"[①],"中央虽拨巨款……惟未见若何之效果也"[②]。据西宁办事大臣庆恕讲,三年来共"放荒"15万余亩,果如此,成效也是不小的。但这里的"放荒"似可理解为允许开垦、计划开垦的荒地,它还不是实际已开垦的荒地亩数。民国年间,青海耕地面积增幅较大,据统计,近40年净增耕地近200万亩[③]。不过,这些耕地的绝大多数是汉、回、土、撒拉、藏等族农民自发开垦的,即使官府不办垦务,这些地也是要开的,似不应记到各类垦务局的功劳簿上。垦务局主持下开垦的荒地,1927~1934年有准确统计,是28.46万亩,至于从清末开始到1949年总计达到多少亩,没有准确的统计数据,大致估计有七八十万亩的样子。如此看来,官方举办垦务对青海耕地面积的增加所起的推动作用确实是不小的。当时举办垦务的地点主要在牧业区或半农半牧地区,因为农业区清朝后期以来几乎没有可以开垦的荒地了。当时所垦之地,大多在浅山,也有个别为脑山地。像这类土地的垦辟,对生态环境的保护是不利的。当然,那时所垦之地中,平衍宜农之地也是不少的,这些土地至今仍在使用,其对青海农业的发展

---

① 李积新:"青海垦务概况",《新青海》,1933年第1卷第10期。
② 陆亭林:"青海省垦务概况",《西陲宣化使公署月刊》,1936年第1卷第4~5期。
③ 崔永红、张得祖、杜常顺:《青海通史》,青海人民出版社,1999年,第654页。

无疑是有积极意义的。近代青海当局在举办垦务过程中,能注意调处农牧间、民族间的纠纷,在政策上注意照顾各方利益,措施较为稳妥,不急躁冒进,这些做法对后世垦荒、移民有一定借鉴意义。

总而言之,从清末统治者预期的办垦务为建省张本的目标而言,应该说随着清朝的覆亡是失败了。民国时期,时断时续地在半农半牧区进行垦殖,收到了一定的成效。至于在柴达木实行兵屯垦殖,基本上是放了空炮。

近代青海垦务总体上可以说成效不佳,究其原因,笔者认为主要有以下几个方面。

一是资金缺乏。举办垦务是需要投入垦本的,一方面官方要有投入,另一方面垦民也需花费大量的人力物力。当时官方投入总体而言是很少的,有时花的钱虽不算少,但却主要用于养官员而不是支持垦民。从垦民方面讲,他们多系贫苦农民,无力对垦荒进行必不可少的投入,这些都制约了垦务的发展。

二是缺乏和平、稳定的政治社会环境。经济开发必须以和平、稳定的政治社会环境为前提、为基础,这是不言而喻的。可是清末民国时期青海的政局很不稳定,除了辛亥革命这样全局性的大变革外,西北地区局部的、青海省境内区域性的战事几乎连年发生。政局动荡,政权更易频繁,政令不统一,政策缺乏连贯性,对垦务的发展也是十分不利的。

三是官府对垦民缺乏优惠、扶助政策。无论清朝廷还是民国各政府,对垦民采取的基本上都是多取少予或只取不予的政策,也在很大程度上制约了垦务的发展。

近代青海垦务可以说是西部开发的组成部分,此举在当时是有它的合理性的,因为在第一、第二产业尚未起步的情况下,要养活不断增加的人口,主要靠发展第一产业。然则耕地的增加就是当务之急了。当时唯恐垦辟的耕地不多不广。但今天从保护生态的角度讲,当时的许多宜牧坡地是不应当垦荒的。幸亏受各种因素制约,近代青海垦务成效不大,在某种意义讲,这倒是好事而不是坏事,因为同时它对青海生态环境的破坏也是不大的。

20世纪一次成功的中瑞合作科学考察
——中瑞西北科学考察团

罗桂环　徐凤先

(中国科学院自然科学史研究所,北京 100010)

在20世纪的前期,中国的学术界与瑞典著名地理探险家斯文·赫定之间有过一次成功的科学考察合作。有关此次合作的情况和取得的丰硕成果,不但亲历此行的袁复礼[①]和刘衍淮[②]等在他们的相关文章中有出色的阐述,中国社会科学院边疆史地研究中心的邢玉林和国家图书馆的林世田[③]、中国社会科学院近代史研究所的李学通[④]等学者也对相关的情况作了一些研究。其中包括了合作的形成过程以及许多为世人熟知和称道的成就。笔者认为对此次合作取得成功的原因还有必要作进一步的探讨,毕竟其中留下了不少耐人寻味的东西。

一、合作产生的前提

1. 作为瑞方的斯文·赫定

1926年10月底,斯文·赫定(A. Sven Hedin,1865～1952年)在德国汉莎航空公司的资助下,率领一个由瑞典学者和德国学者组成的考察队来华。

---

* 本项研究为中国科学院知识创新工程重要方向资助项目(编号:KZCX3-SW-349)。
① 袁复礼:"三十年代中瑞合作的西北考察团",《中国科技史料》,1983年第3期、第4期,1984年第1期、第2期、第3期。
② 刘衍淮:"中国与瑞典合组之西北科学考察团(1927—1933)",《地理学研究》(台湾),1982年。
③ 邢玉林、林世田:"西北科学考察团组建述略",《中国边疆史地研究》,1992年第3期。
④ 李学通:"中瑞西北科学考查团组建中的争议",《中国科技史料》,2004年第2期。

他此行的目的主要是为开辟德国到北京至上海的航线进行地理和气象方面的考察,同时也作考古学研究。1927年3月,在即将出发的时候,由于遭到北京以北大国学门为首的学术界的反对,他没能按原计划率队到中国西北考察。为了达到原定到中国西北获取学术资料的目的,他不得不适应新的形势,转而与中国学术界合作。

应该指出,斯文·赫定是一名颇富才华的学者,此前他的探险成就已经在世界产生了深远的影响。其成就的取得不但因为有良好的身体和心理素质,而且也与他善于和各地的上层人物打交道和工作中的不屈不挠的顽强精神密切相关。此次之所以来华考察,还得从他以前在华的考察工作说起。

青少年时期的赫定受德国著名地质学家李希霍芬(B. F. Richthofen)和俄国军人、探险家普热瓦尔斯基(N. M. Przewalski)的影响,对到我国西北的新疆等地探险有着强烈的兴趣。早在1890年的时候他就设法到过我国新疆的喀什。随即返回欧洲,到柏林大学师从李希霍芬学习地质。之后,从1894年开始他又到我国新疆的一些地方考察探险,先后去过在我国有"冰山之父"之称的慕士塔格峰、有"死亡之海"之称的塔克拉玛干大沙漠及其东部的罗布泊荒原,他还进行过青藏高原探险(1906~1909年)。他不但在地理学上有很多发现,而且也因为1900年楼兰遗址的偶然发现(1901年进行挖掘)使他在考古界扬名。他也因在我国青藏一带卓有成效的考察而获得大量的荣誉,成为世界上著名的所谓"中亚探险家"。

为了获得更多的有关中亚腹地新疆和青藏高原的地学知识,探查前人没有考察的地方和进行更为广泛的科学数据收集,斯文·赫定利用自己的名望,结合德国航空公司的需求,顺利地说服后者为此次的考察提供经费。因此,当1926年斯文·赫定再次来华时,可以说是一位老谋深算的学者。由于地理考察取得的巨大成就,他在世界上会晤过许多头面人物和名流,堪称见多识广。他不但具有科学工作者思虑缜密的素质,也有外交家的干练才华。在当时中国的社会形势发生深刻变化、按原计划率队赴内蒙古和新疆的企图遭到强烈反对后,他很快意识到,西方人可以在中国领土上随心所欲地收集、掠夺学术标本资料的时代已经在逐渐过去。但作为一个不屈不挠的探险家,他当然不会轻易放弃既定目标。事后他写道:"我坚定地、尽我所能地对抗着难以容忍的中国人,除非在我面前出现的是根本无法逾越的障碍,否则我决不会退缩。"① 为了使自己不辱使命,只有与出面反对他出发的中国学术界合作。在熟悉中国情况的朋友的帮助下,他知道这需要外交手腕和耐心。因此在与中国学者打交道的时候,他就能很好地理解中国学者非常顾及的"面子",适时地作出可行的让步。因为他深知,"惟一能够帮助我实现目标的只有友谊和容忍的精神"。

2. 中方的合作意愿

合作中的中方学者主要是当时阻止斯文·赫定考察队按照自己意图前往我国西北考察的以沈兼士②、马衡③和刘半农等北大国学门为首的一批学者。这些人主要是文史方面的专家,像刘半农等还受过西方学术的训练,对祖国长期以来所受的侵略和丧权屈辱刻骨铭心,对西方列强在我国的学术标本收集尤其是斯坦因(A. Stein)、科兹洛夫(P. K. Kozlov)、伯希和(P. Pelliot)、勒考克(A. von Le Coq)和橘瑞超等人对我国敦煌文书和西域以及黑城等地文物史料的收集和掠夺极为反感。加上"五四运动"以来社会各界不断高涨的反帝反封建的激情,促使学术界热切希望通过自身的努力来发展中国学术,为祖国的富强作出更多的贡献。因此他们强烈希望组织自己的研究机构,研究本国的历史文物和地学、生物。因此,当斯文赫定来华试图像以前一样,不受拘束地前往蒙疆等地考察时,迅速遭到中方学者组织起来的"中国学术团体协会"的反对也是在情理之中的事情。

当然,这批学者决不是满脑子排外思想的保守分子,他们想做的事情只是更多地维护自己的国家主权,发展和繁荣祖国的学术事业。在自行组织研究机构和派出考察队伍去野外工作在人员、设备以及经费等方面都存在问题的

---

① Sven Hedin, *History of the Expedition in Asia* 1927-1935. Port. I. Stockholm. 1943. p. 16.

② 沈兼士(1887~1947年),语言文字学家,北京大学国文系教授,还担任过故宫博物院文献馆馆长。

③ 马衡(字叔平,1880~1951年),精金石、古器物学,北京大学教授、国学门考古研究室主任兼导师。当时还任故宫博物院副院长、古物馆副馆长。

时候,也不排除以与外国考察队伍合作这样一种方式来达到"过渡"的目的,为以后本国的独立研究和组建相应的研究机构培养人才,积累资料。应该说,这批学者还是非常现实的。

实际上,由于当时社会动乱,政治黑暗,民不聊生,国家穷困,科学落后,我国要自行组织大规模的科学考察是有相当困难的。当时的学术机构的经济情形是非常可怜的。就以当时马衡兼任副院长的故宫博物院来说,经济状况非常窘迫。据说高级的职员都不拿钱,低级职员的薪水也不丰。① 而当时的北大情况也好不了多少,经常连工资都不能及时领到。② 除缺乏经费外,学成回国真正有能力到野外考察的科学专家数量也不是很多。后来中方匆匆召集的成员中,除团长徐炳昶是个没有野外考察经验的外行哲学家之外,大部分是青年学生和年轻的助教,真正能在野外独当一面的专家学者实在太少。当时参加考察队的中国队员也意识到中方在团中缺乏天文、气象以及人类学和动植物学方面的学者。③ 在这样一种情况下,与斯文·赫定合作,到西北进行科学考察,无论对国家的学术建设,还是对收集有关科学资料以开发、建设西北,以及加强内地与边陲的关系,进一步巩固西北边疆等都有重要的现实意义和深远的历史意义。

二、双方对合作的考虑

虽然出发点不同,但双方都想到我国西北考察、有合作的意愿,这无疑就给双方的合作确立了良好的基础。有了这样一种基础,接下来的谈判虽然有各种障碍,但问题也就比较容易解决。一方面,在与"中国学术团体协会"讨论合作的时候,在其众多熟悉各种情况的朋友的帮助下,斯文·赫定展现了他非同寻常的机智灵活,以达到预定到中国西北考察的目的。在谋求尽快西行的过程中,他积极主动地与"中国学术团体协会"联系,探讨一种双方都可以接受

---

① 刘半农:《刘半农杂文二集》,上海书店,1983年,第166~167页。
② 徐炳昶:《徐旭生西游日记》,中国学术团体协会西北科学考查团理事会,1930年,第133页。
③ 黄烈编:《黄文弼蒙新考察日记》,文物出版社,1990年(1927年7月18日所记)。

的合作方式。另一方面,"中国学术团体协会"也本着可以与外方合作、但制约外人,以不侵犯主权、不损失国体、废止有侵犯主权的契约等原则同意与斯文·赫定谈判合作事宜。

在整个谈判过程中,赫定显示了很高的随机应变的技巧,那就是一切为了达到既定目标——到中国西北考察,获取开辟航线所必需的地理、气象,以及相关的天文学及地磁学资料,并进一步考察以前没有考察过的区域和内容,以及找寻中亚和中国内地新石器农业文化之间的联系方面的资料。为达到这样一种目标,他利用一切技巧,同时进行必要的让步。因此,当中方谈判代表周肇祥[①]问起他此行的经费是由学术团体捐赠的或是由私人的名义捐,赫定说全是个人名义捐的,没有政府津贴;周肇祥问到听说有德国某公司的捐款时,赫定回答说没有此事。换言之,就是坚决不承认有德国航空公司的资助,以免在此事上的纠缠,引起不必要的麻烦;另外,在中方问及考察队中绘制地图和搞气象观测的人员时,赫定承认是德国人,但声言瑞典缺乏这方面的合适人才,强调德国学者是考察不可缺少的技术人员,不是中方怀疑的德国旧军人。整个谈判好像一切尽在中方的掌控之中,实际上赫定还是技高一筹。他目标明确,就是要到自己原定要去的地方,要走既定的路线,收集自己想要的资料。其高明之处,是注重合作可能产生的实效,为达到目的因势利导,举重若轻,不在枝节乃至经费、名称的问题上纠缠,而是围绕自己的主要目标做一切该做的工作。

就中国学术界方面而言,理所应当考虑自己合法权益的维护和平等合作的原则,做好自己的学术考察工作。从所订立的 19 条合作办法来看,可以认为中方在力所能及的范围内挽回了主权。其中包括经费由斯文·赫定出,考查团名称由中国定,收集的标本归中国,不得考察危害中国安全的内容,绘制地图比例不得大于三十万分之一,考查团归由中方学者组成的理事会领导,中外各有一名团长共同负责野外考察的工作指导,等等。[②] 另外,还通过灵活的

---

① 周肇祥(1880~1954 年)字嵩灵,号养庵,别号退翁,浙江绍兴人。精通文史,当时任职古物陈列所。

② 徐炳昶:《徐旭生西游日记·附录》,中国学术团体协会西北科学考查团理事会,1930 年。

合作方式为学有所长的学者找到去西北野外考察的资金和机会;送一批年轻人跟外国专家学习和使一批田野考古人员得到更多的实际锻炼,为以后国家的学术发展培养力量。

当然,从谈判的有关资料来看,双方对考察内容的考虑有些小的差别。以地理探险家著称的斯文·赫定似乎考虑得更多的是地学、气象和天文等方面的考察内容,而以刘半农和周肇祥等人文历史学者为首的"中国学术团体协会"似乎在文物考古方面留意更多。[①]

谈判的结果应该说是双方都满意的,斯文·赫定达到既定的到中国西部考察的目的,而且是按他们原定的路线和学术目标进行的。通过这次谈判,不但使国人提高了"觉悟"——认识学术界应该联合起来,而且也使中国学术有一个很好的机会在西部考察中迈出了坚实的一步。

三、考查团取得的成就

这次合作考察,虽然在开始时,相互间也存在着一些不信任、摩擦(如中方学者对外方团员的监督和外方的反监督)和误会的情况发生。随着相处时间的日益增多,理解加深,关系也变得日渐融洽,互相也就有更多的宽容和忍让乃至同情。总体而言,后来取得了很大的成功。

就斯文·赫定代表的瑞方而言,此次考察收集到大量气象、地理、地质和地磁方面的科学资料,测绘到大量的交通路线和地形地势表面图。补充了大量以前斯文·赫定乃至其他西方人没有考察过的地方的众多自然科学资料,如青海和甘肃南山地区、甘肃的北山地区,内蒙古西部的额济纳河流域等地,新疆的南部天山、吐鲁番盆地、库车周围地区,和田南部的河流和昆仑山脉、阿尔金山以及柴达木盆地等广大地区。不仅如此,他们还收集到大量生物学、民族学和考古学资料。就结果而言,斯文·赫定达到他要为开辟航线所需的气象、地形、地貌和地磁学资料。另外,他们在古丝绸之路和罗布泊的变迁方面,

---

[①] 后来由"中国学术团体协会"发展出官方的"中国古物保管委员会"组织也是一种很好的说明。

也作了很好的考察。

就中国方面而言,获得的成就也是非常振奋人心的。重要的包括丁道衡发现白云鄂博铁矿和对新疆矿产的考察,袁复礼对宁夏和新疆尤其是准噶尔盆地地质、矿物资料的收集和大量恐龙化石的发现。其中白云鄂博铁矿的发现为后来包钢的建立奠定了坚实的基础,在我国社会主义经济建设和西北开发史上有非常重要的意义;而袁复礼在北疆和宁夏等地发现的恐龙化石也有非常重要的学术价值,一些古生物学家甚至将它与"北京猿人"的发现相提并论。[1] 另外,考查团当时在内蒙古和新疆等地建立了多个气象观测台站,不但当时收集到大量观测资料,也为后来西部的气象事业打下了良好的基础。不仅如此,陈宗器对罗布泊的变迁所进行的考察、测量和在甘肃北部及额济纳河流域的大地测量等都取得显著的成果,郝景盛对青海湖及周边的植物地理进行的考察也有非常重要的学术价值。

贝格曼居延汉简的发掘和小河遗址的发现堪称是具有划时代意义的考古发现。此前著名学者王国维曾对西部地区发现的零星汉简(所谓流沙坠简)给予高度的评价。这批1万多枚汉简的出土在历史学上具有难以估量的价值。虽说发现者是瑞典人,但这批文物完整地保留在国内(台湾),而且研究者主要是国内学者。因此这些发现对于两国学术界的重要性而言也不可同日而语。这恐怕也是贝格曼在瑞典默默无闻,而在中国名声日著的一个原因。此外,黄文弼对高昌遗址和土垠遗址的发掘等等,在西域考古方面具有重要意义。中方的团员也发表了不少科研论文、专著(以黄为主)和游记性质的通俗作品。

当然更重要的是通过这次合作,双方尤其是中方培养了一批学有专长的研究人员。另外,中瑞双方也因此进一步建立了友谊。

在考查团提供资料的基础上,1931年12月下旬,当时由中德合办的欧亚航空公司成功开辟了北京飞往迪化(乌鲁木齐)的航线[2]。大量科学资料的获得,也为斯文·赫定1933~1935年率领中国绥新公路勘察团成功地确定中国

---

[1] 杨钟健:"中国新生代地质及脊椎古生物学之现在基础",《地质论评》,1942年第7卷第6期。
[2] 徐近之:"西北科学考查团通讯",《地学杂志》,1932年第5卷第1期。

内地到新疆的公路线路打下了良好的基础。这些都使此次考察不仅对在历史上曾经辉煌的丝绸之路和与之密切相关的罗布泊更为人们所重视,而且这也在某种程度上使这条古道上的交通发生了一种质的飞跃——逐渐由骆驼、马队转变成汽车、飞机等现代交通工具。尽管这种飞跃的完成在后来还经历相当长的一段时间,但毫无疑问考察本身无论在我国交通史或是中西交通史方面都留下了浓重的一笔。

从上述这些成就不难看出,双方都较好地达到了预期的开辟航线、收集学术资料和培养人才的目的。由于从一开始就合作得很好,因此考察时间也从原定的两年一直延长到六年。

四、成功合作原因的考析

这次合作总体而言,应该说是非常成功的。成功的因素主要有如下一些。首先是双方有共同的目标,即都有前往中国西部的强烈愿望,虽说瑞方动机是为开辟航线、地理发现,中方主要为国家建设、开发西部和学术发展。其次是除学术界重视外,政府的大力支持也是此次考察成功的一个重要原因。

此次合作刚开始是斯文·赫定和"中国学术团体协会"之间的合作。但随着考察的深入和成就的取得,逐渐引起双方政府的重视。这充分体现在考察决定延期后,瑞方政府不但投入了相当的考察经费,而且又派了一批训练有素的天文、地磁和地质古生物学者参加到考察队中来。而中方的政府和相关机构也逐渐参与进来。像后来派出的成员陈宗器、徐近之和胡振铎以及郝景盛便是中央研究院派出的。① 在与地方当局的交涉方面,有关政府机构的负责人(如蔡元培和教育部的一些官员等)也很尽力。至于后一阶段(1933~1935年)的"绥新公路考察",更是政府机构(铁道部)直接出的经费,并派出有技术专长的工程技术人员尤寅照和龚继成参与这方面的工作。瑞典政府的重视,

---

① "中国学术团体协会西北科学考查团公函"(科字第一六〇号),载中国第二历史档案馆:《中华民国史档案资料汇编》,第五辑第一编·文化(二),江苏古籍出版社,1994年,第865页。

无疑为赫定提供了长期考察的坚强后盾。中国政府虽然在当时对地方势力没有太大的约束性,但在保障考查团在新疆等地的出入境和通行方面还是尽了一定力量。

也许更值得指出的是,这个考查团有出色的科研组织者和学术领导人。在这方面斯文·赫定和刘半农等都甚为出色。在合作过程中,可以说斯文·赫定以自己坚强的意志、出色的筹谋、有识的决断和独特的人格魅力为科考工作取得巨大成功,起了举足轻重的作用。

此次考察,虽说赫定在开始时稍微遇到一点挫折,但最后不仅载誉而归,而且还赢得中方的充分信任,可见斯文·赫定不但确有科研组织和外交才华,而且工于心计。如果说在"西北科学考查团"的合作开始时,赫定仅仅是满足了我国学术界的种种要求,那么,"绥新路考察队"组建时,他提出往西域探索交通路线,更是投"中方"所好。理由当然非常充分,中方可以得到大量急需的地质资源、西部交通、社会民情(这些可能是当地土皇帝非常忌讳、万般阻挠考查团入境的主要原因)等重要的建设资料和古生物、考古等学术资料,还培养出一批崭露头角的学者。而实际上也满足了他证实古丝绸之路以及进一步调查罗布泊及周围河流变迁之原因的愿望。这足见其思考问题非常周详和明白"双赢"的道理。

除上面提到的表现外,合作期间斯文·赫定对中国学术界的同情和年轻人才的接纳和培养也表明这位学者胸怀宽广、善解人意。其一是在与中国学术团体协会共组考查团后,为了进一步与中国的学术界搞好关系,赫定曾试图设法为中国争取一个诺贝尔文学奖的名额。[①] 他的这种行为当然容易获得中国学术界的好感。此外,他在考察过程中,给在团中学习的中方年轻队员以应有的关心和爱护,在考察结束后,资助陈宗器和丁道衡到德国留学深造;李宪之和刘衍淮在德国学习期间,他也曾给予关照。他的所作所为带动和促进了中外团员之间的互相理解和支持配合,并进而建立了深厚的友谊。斯文·赫定在其《长征记》一书中曾经这样写道:"中、欧间这种善意的、友谊的合作在我

---

① 陈漱渝:"'鲁迅参评诺贝尔文学奖'真相",《今晚报》,2005 年 6 月 14 日。

看来,是一种真实快愉的泉源;我把同地球上最伟大的、在许多观点上最饶兴趣的民族这样密切地接触过这件事当作一种最大的获得。"中方团长徐炳昶在其《徐旭生西游日记》中曾称许赫定博士的治学精神是"人类的鸿宝,永远无从磨灭的东西"。李宪之认为这次考察,"中外合作,精诚团结,为国际大协作,树立了楷模"①。刘衍淮认为:"中外团员之长期共事者亦多成为至友,是中国西北科学考查团不仅在学术上有重大贡献,在国民外交方面也极为成功。"②最能说明问题的也许是,原先作为赫定"对手"的刘半农实际是为赫定70寿辰纪念文集撰文而染病身亡的。他们之间的交情无意中成了"生死之交"。

从斯文·赫定与中国的合作过程中,可以看出一个科学工作者的务实精神和博大情怀。他在考虑与中方的合作中既表示出对中方的理解,也很务实地去实践自己的学术目标,而且在很多情况下显示出"棋高一招"。当然这当中有背后国家经济和科技实力作保证的原因。

而刘半农作为理事会的负责人在有关事务的操持和与地方当局的矛盾化解方面作出多方面的努力。徐炳昶作为中方团长以自己渊博的学识和威望,以及较强的办事能力在协调双方的科考工作方面发挥了重要作用。袁复礼在后来的工作主持方面作出了自己的重要贡献。

此外,双方团员的优秀和互相理解也是合作成功的重要原因。他们大多是经过一番选拔的年轻有为的学者。中方团员勤奋好学,具有爱国思想。③ "外国团员精明强悍,各有专长。中外合作,精诚团结。"④所有这些都是非常值得注意的。

此次双方的合作,无疑增进了了解,增进了友谊。合作刚开始时,双方各自为的是本身的目的,但可求同存异,达到自己的目的就是成功;合作是条有益的路子,进行得好就可以逐渐发展到尽量地为对方着想。甚至原先充满火

---

① 李曾中等:《李宪之教授纪念文集》,气象出版社,2004年,第117页。
② 刘衍淮:"中国西北科学考查团之经过与考查成果",《师大学报》(台湾),1976年第22期。
③ "中国学术团体协会西北科学考查团公函"(科字第一五一号),载中国第二历史档案馆:《中华民国史档案资料汇编》,第五辑第一编·文化(二),江苏古籍出版社,1994年,第864页。
④ 李曾中等:《李宪之教授纪念文集》,气象出版社,2004年,第117页。

药味的协议条文也逐渐在进一步的妥协中未被注意,主要包括地图比例尺的"变小",考查结果也在国外系统全面地发表等等。换言之,原先定的协议,中方并未很好地执行,可以说这是这次合作存在的一个主要问题。

可以说,当时这种合作方式在某种意义上看来有点奇怪。中方在协议的第一条中写着"容纳斯文赫定博士"参与考察,而实际上无论斯文·赫定还是西方的学者都认为是赫定的考察队容纳了中国的学者。在科学资料的收集、发表上,实际上也是各自收集、发表各自的。只有考古文物资料大部分还是留在中国国内。但如上所述,成果还是很明显的,当然也有遗憾。而且由于斯文·赫定的"高招"很难模仿,因此这次合作也成为当时"中外合作"的一个很独特的"风景线"。可以说到中国来的外国探险家很多,有些也与中方有过合作,如塞奇、安德思,但没有一个能像赫定的考察队这样真正地与中国政府和学者建立如此密切的关系。

20世纪中国学者对西部地区的资源考察*

张九辰
(中国科学院自然科学史研究所,北京 100010)

中国具有现代科学意义的资源考察,始于20世纪20~30年代[①]。这一时期的工作,已经不限于单纯地描述或记录资源的分布情况,而是利用先进的科学仪器设备,查明资源的数量、质量,寻找资源分布的规律,分析资源的开发条件,并利用科学理论解释资源的区域分布、因果和动态关系。

中国的现代资源考察,从一开始就把工作重点放在了西部地区。中国的西部交通条件不便。20世纪30年代,从内蒙古呼和浩特市到新疆乌鲁木齐,需要十多天的时间。而且路费昂贵,"资产在中人以下者,多不能借经于此"[②]。从内地到西藏,一般要绕道印度,交通更加困难。1949年以前,西部也是社会治安状况混乱的地区。曾有多名中国学者在西部地区考察时,被土匪杀害。但是中国学者却不畏艰辛,在西部地区做了大量的考察工作,为西部地区的建设与开发提供了资料基础和科学建议。

---

* 本文得到"中国科学院知识创新工程重要方向资助项目(编号:KZCX3-SW-349)"的资助,特此致谢。
① 《中国大百科全书·地理学》,大百科全书出版社,1990年,第511页。
② 郭敬辉:"划分西北自然区域之我见",《禹贡》,1936年第6卷第5期。

一、中国学者关注西部地区的社会与学术原因

1. 西方探险家的影响

19世纪,随着世界范围地理探险与考察的进展,人类的未知领域越来越少。西方探险家不但已经基本上完成了对欧洲、北美洲的考察,也逐渐熟知了南美洲、非洲、澳洲以及西伯利亚等广大地区的地理概况。19世纪末到20世纪上半叶,东亚及欧亚大陆腹地作为仅有的几个未知领域,引起了世界学者的广泛关注。中国在东亚、中亚占有辽阔的疆域。这里不但有复杂的自然环境、丰富的生物和矿产资源,而且还有独具特色的文化景观。西方学者逐渐把目光集中在了亚洲腹地,尤其是中国的西部地区。

早期外国人在华的探险考察,是19世纪西方域外研究和大陆腹地探险的组成部分之一,同时也与欧洲地理学、东方学和汉学等学科的发展密切相关。

从19世纪的最后十年到20世纪初期,来自俄国、英国、法国、瑞典、德国、美国、日本等十几个国家的数百名学者、探险家、旅行家、外交官、军官、教师甚至商人先后来到中国从事探险考察活动,他们的足迹几乎踏遍了中国各个省区,而尤以中国的西部地区为主。

在形形色色的外国人当中,很多是带有侵略或掠夺性质的政客。他们来华的目的,是为了从事带有文物掠夺和殖民主义性质的探险活动,但是其中也有世界一流的学者和西方著名的探险家。他们主要从事以调查自然资源和收集人文资料、生物标本为目的的考察。无论西方人来华出于何种目的,他们的活动或多或少地积累了考察区域的相关资料,为后人的研究奠定了初步的基础。

外国学者在中国的考察,早就引起了中国学者的关注。从20世纪早期开

始,许多中国学者研究了西方人在华的考察工作①。这里仅就各国探险家在中国西部考察的特点略述如下。

首先,外国人在中国的考察,因各国在华政治势力范围的不同而有明显的地域特点。英国人集中在西藏;法国人主要在西南地区;俄国人以西北地区,尤其以新疆一带为主;日本人早期活动在中国东北和台湾等地,后来也开始将考察的注意力转向中国西北;美国人则多在中国内地各省考察。在众多的考察中,以西部地区的考察规模最大、地域最广。

其次,外国人的工作不但为中国学者后来的考察与研究提供了资料基础,更是起到了示范性的作用。

早期外国探险家的考察活动,多是在各国政府、企业、学术团体或研究机构的资助之下,以个人身份来中国考察。这一时期来华的西方人多是不请自来,他们与中国学者之间很少有直接的交流。但是他们的考察报告和相关论文、论著数以千计。这些成果有些在中国发表,更多的则发表在世界各国的科学杂志和著作上。这些报告不但在世界上影响较大,而且也促进了中国学者

---

① 相关的文章主要有:松山:"生物学研究的重要和外人近年在中国的工作",《自然界》,1926年第3期;斯文·赫定:"穿行亚洲述要",《地学杂志》,1928年第2期;章鸿钊:"客卿调查中国地质的经过",载《中国地质学发展小史》,商务印书馆,1937年;曾鼎乾:"西藏地质调查简史",《地质评论》,1944年第4期;徐尔灏:"青康藏新西人考察史略",《中央大学理科研究所地理学部丛刊》,1945年第8号;翁文灏:"西洋人探查中亚地理摘记",《地学杂志》,1930年第3期;吴传钧:"近百年来外人考察我国边疆述要",《边政公论》,1944年第5期;黄汲清:"民国纪元以前外国地质学者在中国之工作",《思想与时代》,1947年第49期;罗桂环:"西人对福建植物的考察述略",《海交史研究》,1989年第1期;孙鸿烈:"西藏高原的综合科学考察史",《中国科技史料》,1984年第2期;张以诚:"日本人在我国的地质矿产调查",《地质论评》,1986年第2期;王志善:"十九世纪中叶至二十世纪初外国探险家在我国西部的考察及其有关文献",《青海师范大学学报》(哲社),1989年第3期;吴凤鸣:"辛亥革命前外国地质学家在中国的考察",载王鸿祯《中国地质事业早期史》,北京大学出版社,1990年;吴凤鸣:"1840~1911年外国地质学家在中国的调查与研究",《中国科技史料》,1992年第2期;吴凤鸣:"1911~1949年来华的外国地质学家",《中国科技史料》,1990年第3期;罗桂环:"西方人在中国的动物学收集和考察",《中国科技史料》,1993年第2期;罗桂环:"近代西方人在华的植物学考察和收集",《中国科技史料》,1994年第2期;霍有光:"外国势力进入中国近代地质矿产领域及影响",《中国科技史料》,1994年第4期;陶世龙:"从庞培勒到维里士",《地质学史论丛》,中国地质大学出版社,1995年;杨静一:"庞佩利与近代地质学在中国的传入",《中国科技史料》,1996年第3期;沈福伟:"外国人在中国西藏的地理考察(1845~1945)",《中国科技史料》,1997年第2期;罗桂环:"近代西方对中国生物的研究",《中国科技史料》,1998年第4期;王启龙:"20世纪上半叶藏区地理研究述评",《西藏研究》,2001年第2期。

对本国领土的考察研究。

中国学者早期从事考察时，多参考西方人的工作。例如，中国最早的地质调查报告《地质研究所师弟修业记》(1916年)和《北京西山地质志》(1920年)等，都提到了外国人的工作。

第三，中国西部地区自然环境独特。外国人通过实地考察发现和提出的一些科学问题，如罗布泊的游移问题、黄土高原的成因问题、西部气候的变迁问题等，引起了包括中国学者在内的世界学者的广泛重视。中国学者也在这些领域做了很多工作，并提出了一些新的见解，有些问题直到现在仍在研究、讨论之中。

第四，中外联合的考察工作，也多集中在西部地区。进入20世纪之后，随着考察规模的扩大，德国、法国、意大利、美国等国家纷纷组织考察团或远征队，来华从事较大规模的考察工作。早期的考察队大多未经中国政府的允许而长驱直入。

西方人的行径引起了中国学者的强烈不满。从20世纪20年代开始，这种混乱的状况发生了根本性的改变。对于计划来华的外国考察团，中国学者采取合作的方式，组成中外联合科学考察团。联合组团的方式一方面可以增进中外的学术交流，解决中国学者缺乏考察经费和设备的实际问题；另一方面也限制了外国人在华的资源考察与掠夺。

这种中外联合组团考察的方式，始于1927年中国学术团体协会与瑞典地理学家斯文·赫定联合组建的"中瑞西北科学考查团"(1927～1935年)。仿照"中瑞西北科学考查团"的合作模式，中国学者还与美国和法国学者分别联合组织了"中美联合科学考查团"和"中法科学考查团"，这些考察团的活动地域，也在中国西北。

2. 民族责任感

中国近代西部边疆天灾人祸频繁，不但干旱、沙害、水土流失等自然灾害严重，而且"边疆经营往往受他国之干涉"[①]。一些西方国家试图插手中国西

---

① "新年献词"，《边政公论》，1944年第1期。

部事务,从而达到其侵略和分化中国的目的。为了"脱离帝国主义的羁绊,而免于沦亡的悲运"①,中国人开发边疆、加强国防建设的呼声日益高涨,因此对边疆的考察与研究也日渐增多。

中国的西部地区不但国防意义重大,而且也是少数民族聚居、经济发展落后和资源开发大有前景的地区。西部地区民族众多,仅新疆就有十多个民族。解决民族矛盾也是稳定边疆的重要问题。1931年刘镇华在《开发西北计划书》的序言中就疾呼:"西北以种族宗教之复杂,风俗习惯之各异,毗连苏俄,危险万状,倘不急图经营,后患将不堪设想。"当时中国人"咸汲汲于启边疆,经营西北为急切不可或缓"②之事。中国学者认为,边远地区的资源考察,对于科学发展西部和经济开发都有极大的意义,而且在巩固国防和加强民族团结方面,更有其特殊的重要性。

面对经济萧条、政治动荡、内忧外患不断的祖国,中国学者深感"国家兴亡,匹夫有责"。中国当代资源考察事业的开创者竺可桢,曾经多次呼吁开展西部地区的资源考察工作。早在20世纪20年代初期,他就提议"组织蒙藏探险团"。他认为,"蒙藏幅员辽阔,为国藩篱。然其风土真相,非能朗印于国民脑海,遂生三种结果:①种族界限隔阂;②移民实边不行;③边地空虚,启外人窥伺。倘缘是而有失,则国运阻丧,莫此为甚。"③

西方探险家在中国西部的考察工作,进一步刺激了中国学者从事相关的考察。中国学者认为:"英俄日窥我蒙藏,探险之士,前后相望。夫以我国之土,彼却不惮险阻,卒能揭其真相以去。而我以主人翁之资格,反茫然无所知,宁非奇耻"。他们设想:"苟能组织机关,捐募巨款以调查全国之地形、气候、人种及动植物、矿产为己任,设立调查之标准,定进行先后之次序,择暑假或其他相当时期,结队考察,自十八省以至满蒙藏疆,庶几东邻不致再有秦无人之

---

① 葛绥成:"十年来之中国边疆",《地学季刊》,1932年第4期。
② "发刊词",《西北研究》,1931年第1期;李国耀:"现在中国之地理教育",《师大月刊》,1935年第19期。
・③ 竺可桢:"调查蒙藏地理",载《竺可桢全集》(第1卷),上海科技教育出版社,2004年。

消。"①中国学者更是以实际行动,为西部地区的发展开展工作。20 世纪 30 年代初期,地理学家徐近之(1908~1982 年)曾经进入西藏筹建高原气象站。1940 年建立的中国地理研究所,从一开始从事调查研究就强调"对于边疆各省,尤当特别加以注意"②。

抗日战争在东部地区爆发后,中国西部地区成为国防建设的重地。政治、经济及文化学术中心都由内地迁移到了西南地区,西南地区的开发建设也受到了政府的重视。而"西北也和西南一样,成了后方的重地。多少重要文化与政治机关移到西北去。连带的多少在社会上文化上政治上,实际工作的人士,也由东南到西北去"③。西部地区的建设问题不但再一次引起了社会的重视,而且学术中心的西移也在一定程度上促进了该地区的发展,使开发研究成为可能。同时战争使外界的物资供应中断,为了应付危难的局面,对西部地区资源的利用和开发工作逐渐展开。

3. 学术源流及意义

消灭地图上的空白点,已成为一种国际性的时尚。中国西部辽阔的疆域,正是资源考察工作的薄弱地区。整个世界都在关注这一地区的考察资料,这项工作的科学意义不言而喻。

资源考察重要的科学意义,促进了西部地区的资源考察工作。在中国近代科学刚刚起步的时期,学术基础和研究水平都很薄弱。面对这种情况,中国学者认为,从资源考察入手开展研究工作,符合当时中国的实际情况。他们认为:"含有地方性的各种科学,如地质学、动物学、植物学、气象学之类,我们在理论方面,虽然不敢高攀欧美,至少在我们国境内的材料,应当去研究研究。"④

20 世纪 50 年代,中国学者指出:"一个国家的科学水准很容易从这个国家对于其国境内的地形、气候、动植物和矿产的普查工作做得怎么样而看出

---

① 竺可桢:"调查蒙藏地理",载《竺可桢全集》(第 1 卷),上海科技教育出版社,2004 年。
② 胡焕庸:"创设地理研究所之需要与计划",《科学》,1936 年第 10 期。
③ 杨钟健:"抗战期中西北之发展",《新西北月刊》,1939 年第 4 期。
④ 竺可桢:"取消学术上的不平等",载《竺可桢全集》(第 1 卷),上海科技教育出版社,2004 年。

来;要看这个国家的大型、中型的地形图、地质图、土壤图有没有能做出来;要看这国家有没有出全国动物志、全国植物志。这类普查工作不但为建立生物学、地学各科的基本理论研究奠定基础,而且也是做国民经济建设计划时所必需的基本材料。"①

中国的西部地区有着独特的学术价值。

青藏高原作为世界的"屋脊"、世界的第三极,其科学研究价值独一无二。这一区域一直吸引着世界各国学者。但是在相当长的时期,人们对西藏地区的自然条件和资源情况了解甚少。新中国成立后,中国学者更是"希望早日填补这一区域的空白"②。在1956年制定的科学发展12年远景规划和1962年制定的科学发展10年远景规划中,都把西藏考察列为重要考察地区。

西北地区是世界上面积广大的干旱和半干旱地区之一。对于这个地区的考察研究,具有重要的学术价值。如陆相地层生油问题、干旱区地貌发育、地表水与地下水的补给关系、盐碱土的改良、干旱气候下植被的历史演变过程、沙荒草原的成因等问题。中国学者认为:"综合考察的方式及其成果,对各有关学科的相互联系与发展,都具有重要的推动作用。"③正因为如此,新中国初期西北地区的考察涉及学科众多。仅新疆队中就包括了地貌、气候、水文、地质、土壤、植物、动物、昆虫、农业、畜牧与经济地理等学科。

4. 国家经济建设的需要

中国的人口和经济主要集中于东部地区。这里的土地面积不到整个国土的50%,而人口却占到全国人口的98%。西北地区幅员辽阔、资源丰富,但人口稀少,20世纪30年代西北部地区"每方华里约有2人"④。由于交通不畅,西北地区丰富的资源一直没有得到充分的利用。"西北为我国蕴而未发之宝

---

① 竺可桢:"中国生物学地学的发展状况与前途",载《竺可桢全集》(第3卷),上海科技教育出版社,2004年。
② 程鸿:"中科院前西南地理所的筹建",载吴传钧等主编:《中国地理学90年发展回忆录》,学苑出版社,1999年。
③ 科学规划委员会:"1956~1967国家重要科学技术任务说明书",地理科学与资源研究所资料室1956年,第4页。
④ 向金声:"西北资源的调查",《建设月刊》,1936年第2期。

藏……吾国今日之急务,更无有重于开发西北者。"①因此西北地区潜藏的资源和作为"中国民族最后的移殖地"引起了国人的广泛注意。

孙中山早在"实业计划"中就强调了移民实边及交通运输政策对国家经济发展的意义。孙中山在实业计划铁路经营的新原则中就提出,铁路应联络经济资源不同、人口密度不同的地域,以减少中国东西部地区经济上的差距,这样有利于全国政治、经济的稳定。同时人们也希望通过开发,可以"使西北经济制度,由农业而进至工业化,追随腹地各省平均发展……无形之中亦含有重要之国防目的"②。学者们指出:"就国内建设而言,我国过去所犯的最大错误,是重都市而忽乡村,重内地而忽边远,以致在经济上造成一种偏枯的现象,在政治上亦因有头重脚轻之势。"③

新中国成立后,资源考察工作更是与国家建设密切相关。建国初期,全国的经济基础十分薄弱,工业部门不完整、工农业结构不合理、分布不平衡。为了改变这种状况,政府需要了解全国资源的分布及储量,尽快调整经济结构和布局。然而,国家在制定国民经济第一个五年计划时,由于缺乏相关的资料依据,很多想上的项目上不了。④

资源考察在中华人民共和国成立后,很快成为国家经济建设的重要组成部分。对于其中的原因,多年后竺可桢作了很好的总结:"解放后,国家为了使这些优越的条件和富饶的资源能够适合国家经济建设的要求,得到充分利用和合理的开发,就必须对需要开发的地区进行一系列专业的和综合的调查研究工作,以便在充分掌握自然条件的变化规律、自然资源的分布情况和社会经济的历史演变过程等资料的基础上,提出利用和开发的方向、国民经济的发展远景,以及工农业合理配置的方案,作为编制国民经济计划的科学依据。""经过综合考察最后提出的报告是建议性的远景方案,供国家计划部门编制国民

---

① "序言",载《建设季刊·西北专号》;李国耀:"现在中国之地理教育",《师大月刊》,1935年第10期。
② 张其昀:"兰州开发论",载《人地学论丛》第一集,钟山书局,1932年。
③ "新年献词",《边政公论》,1944年第1期。
④ 何长工:《何长工回忆录》,解放军出版社,1987年,第451页。

经济计划时作参考。因此有人形容它是'计划的计划',对于计划起着'探照灯的作用'。"①

在新中国经济建设和区域开发的过程中,中国科学院、工业部、农业部、林业部、水利部、铁道部、交通部、地质部和国家测绘总局、中央气象局等单位,以及各地方的有关机构等,在全国各地分别或联合组织了资源考察、勘探、测绘、观测和试验工作。

新中国初期,为了制定国民经济和社会发展的第一个五年计划,需要了解全国的自然条件和自然资源的分布情况。当时中国的广大地区,尤其是西部地区,在经济建设时缺乏必要的科学依据。因此,资源考察首先在边远和开发程度较低的地区进行。这种考察,基本上是以资源开发前期的资料积累和初步的科学研究为主②。

二、1949 年以前的资源考察

从 20 世纪初期开始,地学、生物学研究机构纷纷建立③。这些以地域性研究为主要特点的学术机构,成立之初的首要任务就是到野外收集资料,为科

---

① 竺可桢:"综合考察是建设计划的计划",《人民日报》,1959 年 11 月 20 日。
② 为了弥补资料的不足,新中国建立后组织的资源考察工作,多数集中在中国的西部地区。50 年代,在中国科学院组织的 11 个大型考察队中,除黑龙江考察队、土壤调查队和黄河中游水土保持综合考察队中的部分工作外,其他考察队多集中在西部地区。
③ 地质学机构有中央地质调查所(1916 年成立)、河南地质调查所(1923 年成立)、两广地质调查所(1927 年成立)、湖南地质调查所(1927 年成立)、中央研究院地质研究所(1928 年成立)、江西地质调查所(1928 年成立)、贵州地质调查所(1935 年成立)、四川地质调查所(1938 年成立)、西康地质调查所(1939 年成立)、云南地质矿产调查所(1939 年成立)、资源委员会矿产测勘处(1940 年成立)、福建地质土壤调查所(1940 年成立)、新疆地质调查所(1944 年成立)、台湾地质调查所(1945 年成立)、宁夏地质调查所(1946 年成立)、浙江省地质调查所(1946 年成立)和察绥地质调查所(1947 年成立);生物学机构主要有中国科学社生物研究所(1922 年成立)、广州中山大学农林植物研究所(1927 年成立)、北京静生生物调查所(1928 年成立)、北平研究院植物学研究所(1929 年成立)、北平研究院生理学研究所(1929 年成立,原名生物学研究所)、北平研究院动物学研究所(1929 年成立)、中央研究院动物学研究所(1934 年成立)、中央研究院植物学研究所(1934 年成立)、广西大学植物研究所(1935 年成立)和西北植物研究所(1936 年成立)。相比之下,地理学研究机构最少,1949 年以前只有中国地理研究所(1940 年成立)一个机构。

学研究奠定基础。与此同时，为了研究机构的发展，也为了解决研究经费的困难，许多机构接受了政府或企业交给的任务，在服务社会的同时，从事学术考察。

1. 政府资助下的考察

野外考察需要大量的经费。在 20 世纪 20～30 年代，一次野外考察旅费的支出，少则几百元，多则几千元。考虑到当时北京四五口人之家每月只要有十几元的伙食费就可以维持生活，这个开销非常大。为了解决经费问题，研究机构一般都会主动接受政府或企业交给的任务。学者们不仅可以通过完成这些任务，实现学术研究服务于社会的夙愿，而且还可以在完成任务的同时，从事学术考察工作。地质学家在中国西南地区的考察就是其中一例。

中国西南是经济落后的地区，进入 20 世纪后，中国学者开始注意到发展西南地区经济的重要性。他们认为："滇省地界泫边，矿务关系国家利权，亟应及时筹划。"[1]

1914 年，交通部和中法工业银行签订了修建一条连接昆明和重庆铁路的协议[2]，于是政府委派中央地质调查所到云南考察。该所组织考察队在这一地区工作了 11 个月。地质学家的"任务是调查矿产，但他的科学兴趣是测量地形与调查地质"[3]。这次学者们不但考察了该地区的锡矿和煤矿，研究了这一区域的地层情况，还考察了当地的自然资源、经济、民族等情况，收集了大量的资料。

1929 年，铁道部邀请中央地质调查所帮助调查南部各省铁路沿线的矿产资源。为此，该所制定了详细的"拟定调查办法大纲"，大纲中将考察的重点放在了中国西南部地区[4]。1929～1930 年，在铁道部的资助下，地质调查所组织了一个规模较大的考察队到西南考察。这个考察队不但人员众多，而且配备

---

[1] 丁文江：《上农商总长书》，载黄汲清等：《丁文江选集》，北京大学出版社，1993 年。
[2] [美]夏绿蒂·弗思著，丁子霖等译：《丁文江——科学与中国新文化》，湖南科学技术出版社，1987 年，第 37 页。
[3] 胡适：《丁文江的传记》，安徽教育出版社，1999 年，第 46 页。
[4] 中国第二历史档案馆档案：全宗号 375，卷宗号 115。

了较好的考察设备①。高素质人员和先进设备的组合,使这一次西南考察成果丰富。考察采集了大量标本,收集了这一区域的自然资源和人文情况的资料。

2. 多方联合组织的考察团

随着研究机构的增多和野外考察规模的扩大,一个机构的力量已经无法担负起大规模的考察工作。而且,对一个地区资源情况的综合评价,也不是单一学科能够独立完成的。考察团的组织形式,在一定程度上解决了这些问题②。

联合考察团一般规模较大,利于在短期内迅速筹集资金。它的组织形式也比较灵活,可以建立起包括多个机构、多个学科的队伍。只要有一定的经费支持,这个队伍就能够迅速成立,并顺利地开展工作。

1949年以前成立,以资源考察为目的的考察团,涉及学科范围广泛,包括

---

① 考察队员携带有一套经纬仪、一个 Omega 高级怀表、一套手携无线电收听仪、一个美国制 Brunton 地质罗盘、一个干气压计、一套沸点温度仪、一个双筒望远镜、一个手携扩大镜、两个大槌、若干个钢钎、数个皮尺、一个小钢卷尺和一套绘图板及附件,以及电池、电灯等设备。

② 这一时期组织的考察团数目众多、名目繁杂、时间长短和规模大小不等、考察水平参差不齐。笔者在阅读资料过程中,看到了大量的考察团的记载,其中主要有"广西科学调查团"(1928年,中央研究院组织,历时九个月,着重采集动植物标本,调查地质环境及风土人情);"西陲学术考察团"(1931年,政府组织,前往蒙古、甘肃、新疆各地考察);"西北考查团"(1932年,百多名在中央党部工作的专家学者奔赴陕、甘、宁三省考察);"长江通讯社西北考察团"(1932年,撰写有"西北实业计划调查报告");"四川考察团"(1932~1933年,资源委员会组织,在四川省乌江流域考察);"雷马峨屏考察团"(1934年,西部科学院组织,在云南和四川东南部考察);"云南地理考察团"(1934年,中央大学、国防设计委员会、云南省政府联合组织);"西北考察团"(1937年,中英庚款董事会、西北移垦促进会联合组织,在甘肃调查);"西北艺术文物考察团"(1940年,教育部组织,在西安开展工作);"西北考察团"(1940年,中华自然科学社组织,考察范围在川西北及甘南白龙江流域);"西南公路考察团"(1940年,由青海起南北穿过西康到云南一条可能的公路线);"中印公路勘查队"(1941年,全国公路总局组织。北队曾拟从云南经西藏入印度,但被藏族所阻,未能完成任务);"川康古迹考察团"(1941年春,中央研究院历史语言研究所、中央博物院筹备处和中国营造学社共同组建,在四川彭山和新津等处调查发掘);"川康考察团"(1941年,西南联合大学化学系、生物系和地质系联合组织);"甘青考察团"(1941年,农林部组织);"川西科学考察团"(1942年,中央大学地质系、地理系、生物系联合组织);"西北史地考察团"(后改为"西北科学考察团",1942年,中央研究院历史语言研究所、中央博物院筹备处、中英庚款董事会、中国地理研究所和北大文科研究所联合组织,以甘、青、宁、新等省为中心);"西北科学考察团"(1943年,中央研究院组织);"西北建设考察团"(1943年,中央设计局主持);"国父实业计划西北考察团"(1943年),等等。

地质学、地理学、生物学、考古学、历史学、经济学等多个学科。

从学科角度看,中央研究院、北平研究院和西部科学院等机构,本身就具有多学科的优势。因此,这些机构已经具备了组织跨学科考察团的能力。1928年,中央研究院组织了由生物学家和地质学家共同参与的"广西科学调查团",该团历时九个月,着重采集动植物标本,调查地质环境及风土人情①;1934年,西部科学院生物、地质两所研究员共12人组成了考察团,在云南和四川东南部地区考察。这种组团方式,是以学术研究为目的,所以收集有丰富的资料,并撰写有考察研究报告。

高等院校也具有多学科的优势。由于教学工作的需要和时间上的限制,高校组织的考察团一般时间较短,但是参与人数众多。考察团一般由著名教师率领,组织教师和学生共同参与考察。这种考察团组建目的多是为了教学需要,所以不要求考察团成员撰写报告或从事研究。但是,部分参与考察工作的教师或领队人员经过个人的研究,发表了考察记录或研究论文。

1941年,西南联合大学化学系、生物系和地质系组织了"川康考察团"。考察团的领队曾昭抡于1945年出版了20万字的考察报告《大凉山夷区考察记》,介绍了这一地区的矿产资源、交通和少数民族的情况②。1942年中央大学地质系、地理系、生物系也曾联合组织了100多人参加的"川西科学考察团"。该考察团没有发表正式的报告。

在跨机构联合组织的考察团中,规模最大的是1942年组建的"西北史地考察团"。考察团早期由中央研究院历史语言研究所、中央博物院筹备处和中国地理研究所联合发起组织。该团以甘肃、青海、宁夏、新疆等省区为中心,着重调查陇西及河西走廊一带的历史古迹、自然环境和资源情况。1943年考察团规模扩大。北京大学文科研究所正式加入,并新增了地质、矿产、动植物等组。考察团名称也改为"西北科学考察团"。

"西北科学考察团"虽然涉及学科众多,但是结构松散,学科组各自为政,

---

① 姜玉平等:"从自然历史博物馆到动物研究所和植物研究所",《中国科技史料》,2002年第1期。

② 裘立群:"西南联大师生步行考察大凉山",《中国科技史料》,1994年第2期。

经费也是独立使用。各组之间基本上没有学术交流,考察成果也是在各自的学术刊物上发表。所以名为联合考察,实是在统一的旗号下独立研究。但是,这种组团的形式可以扩大考察的规模,维持较长时间的工作,也利于得到经费资助,所以各学科的考察工作都取得了不小的成绩。

3. 资源考察与西部开发

1949年以前,中国人对于西部地区的开发既有政府部门的组织,也有科学家的参与。当时已有许多专门研究边疆(尤其是西北)问题的杂志出版,如《边政公论》、《边事研究》、《西北建设月刊》、《新西北月刊》、《新新疆》、《西北研究》、《西北论衡》等;一些学会会刊和学术杂志也相继出版西北专号,以讨论开发西北的问题,如《禹贡》第5卷第8～9期合刊(1935年)和第6卷第5期、《建设月刊》第14卷第2期(1936年)、《地理》第4卷第1～2期合刊等。

为了开发西部,当时的政府乃至学者都做了许多工作。1929年当时的国民政府内政部就拟定了"移民垦殖计划书";1931年5月,建设委员会拟定了内容浩繁的"开发西北计划",涉及交通、水利等方面;1934年6月,全国经济委员会通过"西北建设实施计划及进行程序",分为公路、水利、卫生、农村建设四个部分。而许多学者以个人名义发表的开发、建设西北的构想与计划更是不计其数,当时较有代表性的计划有:张振云的《西北之实况与其开发》(上海新亚细亚学会,1931年);刘镇华的《开发西北计划书》(1931年);张人鉴的《开发西北实业计划》(北平著者书店,1934年);徐旭的《西北建设论》(重庆中华书局,1944年)等。

这些计划的制订者对于计划实施的可能性有多大,以及如何才能更好地实施并没有确定的把握。刘镇华在《开发西北计划书》中也强调:"各项事业……非专家实地测勘,不能为确定之计划。"要解决这些问题就需要以实地考察与研究为基础。中国学者希望能够凭"客观的见地,真诚的研究,一方阐发一般边政原理,使得边政实施能有个正确的理论做参考基础;一方研讨实际问题,收集实际资料,希能为建设边疆尽其前哨的义务"[①]。

---

① "发刊辞",《边政公论》,1942年第1期。

在开发西部的浪潮中,中国学者围绕着与国计民生关系密切的问题做了大量的工作,取得了不少的成就①,但他们的努力似乎并没有在国家的建设规划中发挥应有的作用。"解放以前,学术考察报告徒属画饼充饥,成为空谈"②,造成这种局面的原因是多方面的。

首先,当时的社会状况和物质条件限制了研究的深入与成果的应用。频繁的战争与政治的动荡使中国的经济基础十分薄弱,没有一个稳定而统一的政治环境,经济建设的各项计划是无法实施的。战后又是百业待兴,学者提出的许多计划政府无力顾及,许多成果无法应用是其重要原因之一。此外,抗战期间"因物力艰难,印费昂贵",许多"已完成的论文,多数尚未付刊",采集的标本"均未装制"。③ 抗战期间在兰州成立的地质调查所西北分所曾对西北地区作了广泛的地质调查,并完成了大量的地质填图工作,但由于经费的限制这些地图均未出版。解放前夕由于时局动荡、经费无着、考察中断,西北分所的学者们除编制历年考察成果外,只好组织业务和俄文学习、举行文娱活动和锻炼身体④。此外当时匪盗横行也使许多考察队员的"行李尽劫,标本散失"⑤,甚至一些学者还为此付出了生命⑥。恶劣的条件严重影响了地学研究的深入和成果的应用。

其次,许多学者的研究工作仅仅限于在本学术领域的文字讨论,大多忽略了与经济学家的横向联合,他们也没有积极地促进研究成果向经济建设的转化。例如,当时多数大学中的地学系都组织过学生进行科学考察,但考察结果却没有写成报告公之于世。尽管事后有一些研究性的论文发表,但也多在地学领域的学术著作或刊物上发表,像地理学的考察成果多发表在《地理》、《地

---

① 张九辰:"20世纪早期西北开发的兴起及地学工作者的贡献",《内蒙古师大学报》(自然科学版),2001年第2期。
② 严德一:"三十年代西双版纳的地理考察",《中国科技史料》,1981年第4期。
③ "国立北平研究院抗战及复员期间工作概况(1937~1947年)",国立北平研究院编印。
④ 乔作栻:"前地质调查所西北分所的创业精神",载《前地质调查所的历史回顾》,地质出版社,1996年。
⑤ "国立中央研究院十七年度总报告",1928年。
⑥ 李建初:"旧中国被敌匪杀害的几位地质学家纪略",载《地质学史论丛》(二),地质出版社,1989年。

理学报》、《土壤》等学术刊物上,在社会上产生的影响不大。

第三,学者们在开发西北的研究中,大多忽视了对于"天时、地利与人和"三者关系的探讨。对于在实际开发过程中可能遇到的许多非学术上的问题,如在移民过程中如何解决人们的乡土观念的问题,开发自然资源与当地人们生活方式、习俗、社会文化如何协调等问题的研究明显不足。

直接为开发西部服务的资源考察,主要始于新中国成立后。

三、新中国初期的资源考察

1949年中华人民共和国成立后,国家面临着繁重的经济和社会重建的任务。开发、利用自然资源,成为社会主义经济建设的重要内容。以调查全国自然条件和自然资源为主要任务的资源考察,作为科学研究的重要内容和区域开发的前期工作,需要按照国家的任务和学术的要求进行规划。

1956年,国家组织制订了第一个科学发展远景规划:"1956～1967年科学技术发展远景规划(草案)"(简称12年远景规划)。12年远景规划为资源考察提出了一个发展纲领。远景规划最后确定的57项重要科学技术任务中,涉及资源考察的内容是:第三项,西藏高原和康滇横断山区的综合考察及其开发方案的研究;第四项,新疆、青海、甘肃、内蒙地区的综合考察及其开发方案的研究;第五项,我国热带地区特种生物资源的综合研究和开发;第六项,我国重要河流水利资源的综合考察和综合利用的研究。这些内容多集中在中国西部地区。远景规划促进了西部地区的资源考察工作。

1. 西藏考察

12年远景规划把西藏考察列为资源考察的首要内容,并制订了包括区域地质、成矿规律、利用矿物原料的方案、土地合理利用和发展农业的方案、水利资源的调查研究与合理利用方案,以及经济研究和生产力配置等问题的庞大研究规划①。但是，根据国务院关于西藏工作的指示，1957年还无法进藏考察②。

20世纪50年代，由于国内的经济形势和西藏地区的具体情况，还没有条件开展以科学研究为主的资源考察。直到60年代初期，学者们还认为，西藏高原科学研究的当务之急是"尽快解决农牧业过关问题"，而"科学研究尚无条件全面开展"③。

尽管如此，出于政治上的原因，中国最早的综合性资源考察工作，却始于西藏④。

在和平解放西藏的协议公布之前，为了调查研究西藏的地方情况，政务院文化教育委员会委托中国科学院组织西藏工作队。工作队的目的是"为中央帮助西藏兄弟民族发展经济文化建设事业提供参考资料"⑤。对于学者们来说，这也是一次难得的学术考察机会。

1951年5月23日，"中央人民政府和西藏地方政府关于和平解放西藏办法的协议"正式签署。中国科学院组织的工作队也于1951年6月和1952年6月分两批随军进藏。

工作队的装备全部来自部队，50多名来自中央各部、中国科学院的相关研究所和高等院校的研究人员、大学教师和学生，都是清一色的军人打扮。他们随身携带的工具只有计步器、气压表、罗盘和原来英国人手工测量的局部卓图。考察队员随着中国人民解放军第十八军和川藏公路的建设者一起向西进发。

---

① 孙鸿烈：《中国资源科学百科全书》，中国大百科全书出版社，2000年，第34页。
② "关于第一、三、四、五、六项科学研究任务协调小组会议的报告"，地理科学与资源研究所资料室。
③ 中华人民共和国科学技术委员会、中国科学院："1963～1972年科学技术发展规划（草案）·综合考察"，地理科学与资源研究所资料室，1962年。
④ 现代学者一般把1951年成立的"西藏工作队"，作为新中国成立后大规模综合性考察工作的开始（"总论"，《十年来的中国科学·综合考察》，科学出版社，1959年）；或者把它作为中国科学院组织大型考察工作的开始（竺可桢："中国科学院综合考察工作的发展"，《竺可桢全集》，第3卷，上海科技教育出版社，2004年）。
⑤ "西藏综合考察"，《十年来的中国科学·综合考察》，科学出版社，1959年。

工作队分为地质地理、农业气象、社会历史、语言文艺和医药卫生等五个组。参加考察队的 50 多名学者进行了为期两年左右的考察工作。这是有史以来第一次由中国人自己组织,在西藏地区开展的较大规模的考察活动。

这次考察的主要目的,是配合民族工作方面的需要。所以考察队员的任务是协助地方举办培训班,训练农业干部;了解考察区域的农、林、牧业问题;指导建立农作物和园艺试验场,等等。在这一前提下,学者们也初步收集了考察沿线的地质、土壤、气象、农业、语言、历史等科学资料,绘制了路线图和重要矿区的详细地质图,并在 50 年代末期正式出版了考察报告[①]。这些考察成果"为后来西藏的地质研究与找矿工作奠定了基础,对促进西藏工矿事业的发展起了重要作用"[②]。

1962 年,12 年远景规划的大部分内容基本完成[③]。国家开始组织制定"1963～1972 年科学技术发展规划"(简称 10 年规划)。该规划又把"西藏高原综合考察研究"列为三大中心任务之一。10 年规划把考察的重点放在了"研究与农牧业关系较为密切的自然资源、自然条件与生产发展方面的课题",至于其他考察内容,只是"酌量安排地质矿产等方面的考察"。对于生物资源和各种专题性的考察研究工作、综合性的工农业生产力布局的研究,则计划以后"再逐步展开",或是"在本规划期满以后进行"。[④]

2. 西北考察

12 年远景规划的第四项"新疆、青海、甘肃、内蒙地区的综合考察及其开发方案的研究",将考察的目的规定为:"综合地研究本区的自然条件和自然资源,结合社会经济情况的考察,为确定重要的国民经济建设措施和国民经济发展的远景,提供科学的论据,并提出生产力的全面配置方案,使自然资源得到

---

① 西藏工作队农业科学组:《西藏农业考察报告》,科学出版社,1958 年。中国科学院西藏工作队地质组:《西藏东部地质及矿产调查资料》,科学出版社,1959 年。
② 孙鸿烈:"西藏高原的综合科学考察史",《中国科技史料》,1984 年第 2 期。
③ 到 1962 年,12 年远景规划中涉及到资源考察的四项任务,除西藏地区的考察外,其他三项基本完成。
④ 中华人民共和国科学技术委员会、中国科学院:"1963～1972 年科学技术发展规划(草案)·综合考察",1962,地理科学与资源研究所资料室。

最好的利用。"①

在西北地区的考察过程中,考察队成员一边工作一边探索如何协调科学研究与经济建设之间的关系。经过多年的努力,考察队调查了农垦区的水文地质条件及地下水储量,研究了相关地区的经济条件。最初,考察队集中在新疆北部的河流流域,后来又将考察范围扩大到南部地区。这种长距离的路线考察对于查明由山地到山前平原、到荒漠中心的自然条件的变化规律,为从理论上总结和比较奠定了资料基础。同时这种研究的结论,也应用到实践当中,为相关地区提出了开发、利用、治理和保护的建议。

新疆考察的生产性成果,主要是围绕着资源的合理利用与开发。此外,在考察基础上提出的新疆自然区划,对划分农业区和经济区提供了科学依据。为了推广考察成果,新疆队撰写了大量考察报告。这些成果既有大区域范围的综合论述,如《我国西部和北部部分考察地区天然草场资源概述》(1964年出版)、《南疆畜牧业问题》(1964年出版);也有局部区域,甚至农场的考察报告,像《玛纳斯流域军垦农场畜牧业考察报告》(1959年出版)等。一些理论性的研究成果,也填补了干旱地区研究的空白。

根据12年远景规划,中国科学院于1958年又成立了青海甘肃综合考察队。青海甘肃队的主要任务是考察柴达木、祁连山以及河西走廊地区的自然资源和经济情况,提出青海甘肃地区的初步综合开发方案。随着西部地区资源考察工作的深入,学者们对这一地区盐湖资源的利用、水土保持问题、沙漠的治理都做了大量的工作,并提出了具体的措施与建议。

3. 资源考察对西部开发的贡献

新中国的资源考察一般要完成三个方面的任务:①了解自然条件、自然资源的分布规律及其利用条件;②解决资源开发利用与生产发展中的重大问题;③研究生产力合理发展与布局。② 新中国资源考察的任务,决定了这项工作

---

① 科学规划委员会:"1956～1967国家重要科学技术任务说明书",地理科学与资源研究所资料室,1956年,第4页。
② "序言",载中华人民共和国科学技术委员会、中国科学院:"1963～1972年科学技术发展规划(草案)·综合考察",地理科学与资源研究所资料室,1962年。

主要关注能够为生产建设服务的自然资源。1949年以前各联合考察队中涉及的文物、古生物、人文等资源的考察,在新中国的综合性资源考察中一般不包括在内。

新中国初期的资源考察,为西部开发提供了资料基础。学者们不但撰写了学术报告,还起草了地区生产建设的远景报告。这些报告多交给地方政府的相关机构,以供参考。新疆综合考察队提出的农业自然资源开发利用及农业合理布局的远景设想,在很长的历史时期内,都是新疆农业发展的重要参考资料和依据。"其中关于宜农荒地、草场、河川径流和地下水等资源数据,一直被自治区作为农业发展的基本资料,对盐碱土改良、治沙和草场改良试验……等建议,已经或正在被采纳和付诸实施。"当时任新疆维吾尔自治区第一书记的王恩茂,在20世纪80年代回忆起新疆综合考察队的工作时还说:"新疆人民不会忘记中国科学院的同志全心全意投身于新疆的建设,把青春年华贡献给建设新疆的事业。自治区党委和人民政府对你们的工作给予高度评价。对中国科学院的大力支援和帮助,我们第一是感谢,第二是感谢,第三还是感谢。"据曾经参与考察工作的学者回忆:直到八九十年代,一些考察成果还是研究相关地区生产建设的重要参考资料[①]。

资源考察更是为地方科学研究事业作出了重要的贡献。中国科学院在西部地区建立起的生物地学研究机构,多是建立在考察队的基础之上(表1)。考察队还协助地方,建立起了观测站、治沙站和地方研究机构。一些考察队员在完成任务后,就留在地方工作,直接促进了地方科技事业的稳步发展。

为了开发西部,中国政府投入了大量的人力、物力从事资源考察工作。人力、物力高投入的考察方式,在短期、局部地区的考察中确实显示出了高效率的优势。但是,这种方式却不能维持长期的、大范围的工作。经费上的高投入

---

① 周立三、石玉林:"新疆综合考察",载"纪念自然资源综合考察委员会成立三十周年",1986年。

也造成巨大的浪费,滋长了官僚主义作风,甚至出现了贪污现象①。另外,这一时期的资源考察在制定规划和实际工作中,也没有很好地总结1949年以前的相关工作,造成了一些工作上的重复。

表 1　中国科学院早期建立的生物地学研究机构②

机构名称	建立时间	建立地点	建立基础
新疆地理研究所	1959 年	乌鲁木齐	新疆综合考察队
新疆水土生物资源研究所③	1961 年	乌鲁木齐	新疆综合考察队
兰州地质研究所	1960 年	兰州	青海甘肃综合考察队
青海生物研究所④	1959 年	西宁	青海甘肃综合考察队
兰州高原大气物理研究所	1958 年	兰州	青海甘肃综合考察队
兰州沙漠研究室⑤	1959 年	兰州	治沙队
兰州冰川冻土研究室⑥	1960 年	兰州	高山冰雪利用研究队
西北农业生物研究所	1955 年	武功	黄河中游水土保持考察队
盐湖研究所	1965 年	西宁	盐湖队

回顾历史,是为了更好地选择将来。资源考察的这段历史,留给后人的不仅仅是丰硕的科学成果。它对后人的借鉴和启发意义,值得当代学者深入思考。

---

① 在当时召开的各种考察工作汇报会上,学者们已经多次提到了这些问题。但是因笔者目前无法看到这些工作总结报告,还不能了解这些情况的严重程度。好在《竺可桢日记》中披露了部分情况(参见《竺可桢日记》中1960年7月的有关记录)。

② 这一时期中国科学院生物地学领域的许多新建机构,与资源考察有着或多或少的联系。所以,实际受到资源考察影响的新建机构,并不限于表中所列的研究所。本表仅收录了有文献明确记载,建立在某某考察队基础上的研究机构。

③ 1964年改名为新疆生物土壤研究所,1978年改名为新疆生物土壤沙漠研究所。

④ 1962年改名为西北高原生物研究所。

⑤ 1978年独立成所。

⑥ 1978年独立成所。

20世纪30年代后边疆危机中的开发西北建言

沈社荣

(宁夏大学人文学院,银川 750021)

抗战时期国民政府对中国西北的开发与当时学术界兴起的开发西北思潮有极为密切的关系。这股思潮的兴起又与20世纪30年代后中国的边疆危机,特别是"九·一八事变"的爆发有着直接的联系。在"九·一八事变"的刺激下,人们以亡羊补牢的心态关注西北边疆,揭露列强图谋中国西北的阴谋。开发西北之建言与西北边疆国防之意义紧密相联。时人以为充实西北国防,除开发西北外别无他途,西北开发不仅使列强无隙可乘,中国还可以此为基础,作持久抗战之打算。这一认识对促成国民政府形成长期抵抗后方根据地战略有重要影响。也正是在研究西北边疆民族问题的过程中,人们提出了解决它的新思路,从而对粉碎日本人分裂中国西北的阴谋产生影响。

一、"九·一八事变"与西北边疆研究高潮之兴起

1931年"九·一八事变"后,东北大片国土沦丧,这给中国人以极大的刺激,人们有了前所未有的危机感。时人称:"东四省整个领土被日本帝国主义者蛮横地拿去了,塞北关山,版图变色,辽原大地,敌骑纵横,国家已经到了一种很危机的时期。"① 在这种危机意识的作用下,西北边疆问题首先引起了国人的广泛关注。人们由东北的丢失进而联想到西北的危机,"近之东北四省被

---

① 郭曙南:"从开发西北说到西南国防",《边事研究》,1935年第1期。

暴日之占据……给国人以不少之感动,于是经营西北之声浪喧腾与人也"①。1933年,就在日本加紧策划伪满洲国阴谋的同时,周宪文发表"东北与西北"一文,直接将东北事变与西北危机相联。他说:"东北业已版图变色,西北又已岌岌可危。为免使西北为东北之续,固急宜从事开发,巩固国防。"②可见从一开始人们已切入了西北边疆问题的核心,即开发西北地区以巩固国防。东北事变后,首先是知识界大力宣示西北危机,讨论西北开发计划及其方法步骤等。当时一批志趣相投的知识分子迅速组织起来,以专门的社团和报刊为阵地,努力研究西北边疆问题,并为开发西北献计献策。正如马鹤天在开发西北协会第二届年会开幕式中所言:"本会成立在九·一八后,因是时国人痛东北之失,对西北兴趣,因之亦增,乃成立这个协会,一方面联合同志和各种专家,共同努力,一方面把所得的贡献给政府和国民,采择实施。"③当时在北平、上海、南京等地,研究西北的社团如雨后春笋般涌现,这些社团或开年会或派人调查,或出版刊物或发行丛书,"西北热"风靡一时。正如汪昭声所言:"忆民国二十年间,研究边疆之团体,风起云涌,全国统计,三十有七。"④可见"九·一八事变"是西北边疆开发研究的主要诱因,时人称:"当东北三省沦陷时……开发西北的声浪便高唱入云。"⑤事实上,当时已有很多人意识到了此次"西北热"与"九·一八事变"之关系。30年代上海《申报》记者陈庚雅在其视察西北的通讯中称:"自'九·一八事变'爆发,日人强占我东北四省以来,国人感于民族前途危机之日迫,始高瞻远瞩,转移目光于边疆方面,于是'开发西北'呼声洋溢云表。"⑥国民党中央委员,西京筹备委员会委员长张继曾言:"自东北四省沦陷后,'开发西北'、'建设西北'之声浪,甚嚣尘上!上而当轴诸公,下至关心西北之黎庶,莫不大声疾呼,细心筹划。直有对西北之开发,刻不容缓,对西

---

① 杨希尧:"西北经济概况及开发刍议",《边事月刊》,1932年第2期。
② 周宪文:"东北与西北",上海《新中华》,1933年第11期。
③ 马鹤天:"开发西北协会第二届年会在察绥召开的意义",《开发西北》,1934年第3期。
④ 汪昭声:《西北建设论》,重庆青年出版社,1943年,第3页。
⑤ 金鉴:"开发西北的'人'与'财'",《边疆》,1936年第1期。
⑥ 陈庚雅:《西北视察记》,申报月刊社,1936年,第1页。

北之建设,须臾促成之趋势。"①直到抗战期间,汪昭声在其《西北建设论》的序言中总结国人研究边疆热潮兴起的原因时,仍以九·一八为重要标志,他说:"九·一八之夕,东北沦陷,国人怵外侮之侵凌,痛边圉之不固,于是研究边疆之团体,风起云涌,有志之士,奔走相告,以期开发资源,增长国力,生聚教训,共湔国耻。"②在组建社团、创办刊物的同时,另有一批专家学者、新闻记者、青年学生甚至爱国华侨,为促醒同胞对边疆问题之警觉,不辞辛劳深入西北进行调查或考察。正如曾深入西北的华侨女飞行家林鹏侠所言:"东北四省沦陷,帝国主义者无厌之欲,又环伺我西北各省,久欲逞其蚕食鲸吞之心。吾人不及早预防,深入民间,以促醒同胞,一致团结对外,行见河山一角,终有被人侵略之危。"③从东北事变中人们吸取的主要教训就是过去对边疆开发建设的忽视。西北问题研究会的郭维屏称:"民国以来,大家还是抱定向内发展的目的,你争我夺,都在内地争雄竞长,偌大的边疆,仍少有人注意……因之东北发生伪组织。"④上海《新闻报》记者顾执中在亲历西北后也认为:"西北的国防,虽然是重要万分;西北的宝藏虽然是蕴蓄无尽,但从前并未引起我们最热烈的注意。这是我们全民族过去的差误,东北是因为这种差误的成熟而沦亡的!国际匪贼九·一八的铁蹄声,坚硬了国人开发西北的决心。"⑤可见东北事变后,开发西北之建言主要围绕充实西北国防而展开,正如国民党中央委员朱霁青所言:"九·一八事变发生后,国人视经营边疆为挽救危亡之要图。开发西北以开利源而巩固国防。"⑥为使西北免去重蹈覆辙的惨剧,人们以为开发西北刻不容缓。《到青海去》的作者称:"处于严重的现时代的我们,已不暇为目前的国难作无益的呻吟和悲叹;我们只有紧紧的把握住现在,对于已失的领土,我们当以铁血去收回,对于尚未失去而已经危机四伏的边疆,尤其是广大富饶

---

① 张继:"国人宜注意西北问题",载秦孝仪:《革命文献》第88辑,台北中央文物供应社,1981年。
② 汪昭声:《西北建设论》,重庆青年出版社,1943年,第1页。
③ 林鹏侠:《西北行》,宁夏人民出版社,2000年,第23页。
④ 郭维屏:"挽救国难与开发西北",《西北问题季刊》,1936年第1~2期合刊。
⑤ 顾执中:《西行记》,中国殖边社,1932年,第1页。
⑥ 朱霁青:"移垦西北之先决问题",《西北问题季刊》,1934年第2期。

的西北,当奋全力以经营它,充实它,以免重蹈覆辙。"①学者洪瑞涛也写道:"西北现在是处在极为危急的地域,鉴于东北的沦亡,我们可以推想到西北亦是时时刻刻会入他人之手的,为免去这种危险,作一种未雨绸缪的工作,自然开发是不容缓了。"②总之,中国人由东北事变的警示中,开始怀着亡羊补牢的心态关注西北边疆,进而认识到开发西北的迫切性。人们认为开发西北不仅是未雨绸缪之举,而且还可以此为基础,光复国土,收复失地。记者陆诒写道:"在这举国士人彷徨消沉的时期,国内少数的意识模糊而自作聪明的士大夫阶级,又提出一个'开发西北'的动听口号来。他们以为只要能将西北好好的开发,东北便可从暴力者的鹰爪中夺回来,民族还可有复兴的曙光。"③这种认识当时也被许多人说成是"失之东隅,收之桑榆"。《人公报》就曾称:"中国民族,应悬想一最悲观最恶劣之环境,而速作一救亡图存之实际准备,故建设西北,必为今日之第一要图,失之东隅,收之桑榆,此其时也。创钜痛深之国民,当有同感也。"④国民党中委居正称:"在这样危急存亡的时候,我们忽而顾及边陲的问题,自然未免有点临渴掘井的错误,不过我们能够亡羊补牢,亦未始不可'失之东隅,收之桑榆'。"⑤正当人们转移目光于西北边疆时,这里已是危机四伏,外患内忧接踵而来,西北边疆的关键问题很快进就成为人们研究的重点。

二、边疆危机中的开发西北建言

"九·一八事变"后,当人们将目光转向西北时,这里早已是危机四伏了。从外患方面看,此时的西北边疆既有俄、英、日等列强的潜在威胁,又有他们操纵、指使而引发的现实危机。从潜在的威胁看,对中国西北边疆构成严重威胁的一是已殖民印度和缅甸、控制中国西藏并进而窥视新疆的英国。长期以来,

---

① 顾执中、陆诒:《到青海去》,商务印书馆,1934年,第2页。
② 洪瑞涛:"开发西北交通计划",《开发西北》,1934年第3期。
③ 顾执中、陆诒:《到青海去》,商务印书馆,1934年,第1页。
④ 大公报社评:"应尽先注意西北建设",《大公报》,1933年8月1日。
⑤ 居正:"东北沦陷中之西北边陲问题",载秦孝仪:《革命文献》第88辑,台北中央文物供应社,1981年。

英帝国主义就着手阴谋制造一个大西藏国。以西藏为中心,包括新疆南部、青海、西康、云南西北部等广大地区,把中国西半部领土分裂出去。不仅如此,英帝国主义还想策划一个大伊斯兰教国。它在印度北部的吉尔吉特设置军事机构,以便煽动印度、阿富汗伊斯兰教徒叛乱,策划南疆独立,然后把中国南疆和印度、阿富汗、伊朗等国联合起来,建立大伊斯兰教国,其首都就准备设在吉尔吉特。英国不仅野心勃勃,而且从20世纪30年代起,不断利用西藏反动上层人士制造叛乱,进击川康青一带,就是准备建立所谓大西藏国所采取的重大步骤。同样,1934年策划南疆独立,也是这个总体战略计划的一部分。樊自觉对西北边疆潜在威胁的分析,颇值得我们深思。他说:"学者多恐惧新疆将亡于俄,西土铁路完成后,此种论调更加有力,吾人以为,中国如不积极从事开发,新疆以及西北各地,均有覆亡之虞,而其虎视眈眈,尤莫过于英国。"因此他呼吁人们"须认清英帝国主义实现其侵占中国西北的企图,在日本帝国主义独占东北四省后,此种企图,更加紧迫"①。另一个对中国西北边疆构成威胁的国家是与中国毗邻并觊觎新疆的俄国。"新疆在边防上的地位也是非常重要的,苏俄对于侵略新疆的阴谋怀蓄很久,对于回民的诱惑几无所不用其极。"②对英俄图谋新疆进而侵略中国西北的阴谋,近代自林则徐以来的远见之士早有认识,但从没有像九·一八以后这样的深刻。30年代国人分析英俄的威胁时称:"盖自英俄势力伸张至中亚细亚后,赤白帝国主义久已相互嫉视,而我新疆适居于英俄两大国之间,所以不亡者,前已言之,实凭借于英俄之互相监视,非自身有不亡之力也。但此种局面,终非长久可恃之策,俄之土西铁路,距新境仅五十余公里,举凡新省之政治经济势力,操于俄人之手者,已不止十分之五,设使一旦变起仓卒,我则鞭长莫及,其将不为东北之继耶,甚愿全国同胞急起图之,虽已不能作未雨之绸缪,但犹可作亡羊之补牢,以收拾新局于不堪设想之境地也。"③此外,日本也在插手中国西北边疆。近代以来,日本军事当局

---

① 樊自觉:"开发西北应有的认识与基本原则",《生存》月刊,1933年第4期。
② 杨达真:"开发新疆之具体计划",载秦孝仪:《革命文献》第89辑,台北中央文物供应社,1981年。
③ 易海阳:"急待建设之新疆",载秦孝仪:《革命文献》第88辑,台北中央文物供应社,1981年。

对新疆的觊觎是十分明显的。他们曾多次派人进入新疆活动,表面上虽打着与中国政府共同抗衡沙俄的旗号,但这实际上是其侵略并欲占领整个中国及亚洲战略野心的一部分。时人称:"我国自"九·一八事变"后,国人渐注意西北之开发,近来日人西进日亟,俄人赤化新省之企图日渐明显,因此西北危险的程度,也不亚于往日之东北了。"①总之,西北边疆潜在的威胁状况正如林鹏侠所言:新疆"北邻于俄,南与印度接壤,英俄两国,虎视既久,倭人亦且垂涎。如我国不自开发,必有起而代之者。苟失新疆,则西北毫无保障,青、宁、绥、甘、陕之势薄,中原之事有难言矣"②。至30年代,随着国际局势的演变,西北边疆的危机已渐由潜在趋于表面化。英、俄、日各国皆在西北民族地区寻找代理人,从中制造事端,从康藏纠纷到新疆事变再到内蒙古自治,这一系列的边疆问题无一不是列强插手的结果。西北边疆出现了严重危机"其危险程度决不在九·一八以前的东北以下,国人若再不及努力,则西北的前途势必要演进到不堪设想的地步呢!"③30年代新疆问题引人瞩目,一是以哈密维吾尔族起义为起点,很快形成了波及全疆的燎原之势,各族人民、各种力量纷纷加入,金树仁的统治处于风雨飘摇中,这给正驻防甘肃河西肃州走投无路的"尕司令"马仲英提供了机会,他以解救伊斯兰教兄弟为名,乘机率军进疆。就在此时新疆又发生了推翻金树仁政权的"四·一二政变",政变后盛世才上台,从而使新疆局势更加复杂。俄、英、日乘机插手新疆,日本人为马仲英充当参谋,苏俄支持盛世才,英国扶植南疆喀什伪政权。盛马冲突中,国民政府曾派参谋次长黄慕松和外交部长罗文干先后入新调停,结果黄慕松被扣,罗文干也无功而返,新疆危机进一步加剧。就在人们为新疆前途忧心忡忡之际,内蒙古中西部地区,又出现了德王的百灵庙自治运动。从内因看,百灵庙自治运动是蒙古王公为了抵制省县方面对蒙古封建王公权利的限制所发动的。也是在反对民族压迫和维护民族利益的呼声中产生的,有深刻的社会根源。30年代深入西北考察的《大公报》记者范长江认为国民政府建立后对蒙、藏民族实行的"羁縻之中

---

① 声然:"西北交通建设之我见",《边疆》,1936年第1期。
② 林鹏侠:《西北行》,宁夏人民出版社,2000年,第3页。
③ 米志中:"举世注目之西北",《拓荒》,1934年第3期。

带控制"的政策是导致"蒙疆自治"的重要原因。他说:"中央不能从国家大局前途作深远之打算,彻底解决蒙古问题,同时不能对察绥两省之疆域、财政等谋周全之办法,而因循于察绥两省当局与少数蒙古王公利害之间,苟且敷衍,致引起蒙古前进派之失望,而授日本以可乘之机。"①另一方面,蒙古"自治运动"与日本人的阴谋有很大关系。东北事变后,日本在占领了满洲和内蒙东部地区后,又开始向内蒙中西部渗透,煽动蒙古族上层脱离中国而"独立"。时人称:"内蒙自治与日本帝国主义的关系,是谁都不能否认的,所谓'满蒙政策',所谓'大亚细主义'便是昭然若揭的证据。"②范长江更是淋漓尽致地揭露了日本人的阴谋。他说:"我们目前的形势,是邻人想由阴山南北,自东而西,挑动全体蒙古民族,及汉以外其他民族,组织有名无实的'某某国'等傀儡政治机构,阻断中国西北的出路,以遂其为所欲为之企图。所以我们当前任务,是阻止这个势力进入西北。"③他认为日本人"对于封锁壁垒的主干支持者,是想利用蒙、回、藏等比较不甚得势的民族,以似是而非的'民族自决'理论,挑拨各民族间的情感,鼓动各民族间之战争,以实现'以华制华'的故技。然后挟其经济与政治军事力量,控制各弱小民族,以遂其预定的封锁计划"④。

正是西北边疆潜在的危险和现实危机,迫使人们把充实西北国防提到战略高度加以重视。宁夏省主席马鸿逵曾发表演说称:"我们要巩边固圉,防患未然,就应该把西北的边防充实起来,不要像东北在无准备之下,轻轻叫人占去,既有前鉴,我们安可稍存观望之心,坐待灭亡?总结起来讲,西北的情态,日趋严重,西北的前途非常黯淡……目前要救济这个危难,要不变成第二东北,全国同胞,都要共同来努力,建设西北,充实西北的国防。"⑤而充实西北国防,除开发西北外别无他途,只有开发西北,加强内地与边疆的经济联系,各民族的向心力才能增强,所谓"开发西北,不但可以杜绝帝国主义者之觊觎,而且

---

① 范长江:《塞上行》,宁夏人民出版社,2000年,第28~29页。
② 章乃文:《一九三六年》,上海乐华图书馆,1936年,第293页。
③ 范长江:《塞上行》,宁夏人民出版社,2000年,第96页。
④ 范长江:《塞上行》,宁夏人民出版社,2000年,第8页。
⑤ 马鸿逵:"新疆问题与西北边防",《开发西北》,1935年第5期。

由物质建设,可使国内自然经济更趋于密切之联络"①。否则"及今不急起直追,恐将来时会变迁,所谓西北者,将无吾人经营之余地矣"②。西北国防力量充实起来后,不仅列强无隙可乘,中国还可以此为基础,作持久抗战之打算。时人认为开发西北,"一方开发利源,作长期抗日之备,一方巩固边陲,免政府西顾之忧,一举两便,计无过此"③。知识界的长期抗日之说,主要源自当时中国的总体战略态势,所谓"在目前国难期中,东南门户洞开,常受帝国主义炮火的威胁,淞沪战役就是血的教训。西北深处内地,无异秦代桃源。趁此未雨绸缪,亦是安全的避难所"④。这种认识对促成国民政府形成长期抵抗后方根据地战略有重要影响。"一·二八事变"后,国民党曾迁都洛阳并召开国难会议,提出以长安为陪都和以西北为长期抵抗后方根据地的战略。国难会议决议案称:"东南各省,滨江沿海,门户洞开,全国政治、文化、经济之中心,胥在乎此。一旦有事,必且破坏无余,而国将不国,尤宜于西北方面树立第二中心为未雨绸缪之计。"⑤此后开发西北问题被提上国民政府的议事日程。《大公报》曾就这一局面总结道:"自辽、吉、黑沦陷,国人愈认识建设西北之亟,西安设陪都,亦足见政府目光渐重西北。近者长安洛阳道中,要人络绎,皆为视察关中,将欲为建设西北之研究者也。"⑥而正是在后方根据地战略的指导下,西北开发取得了相当成效,它不仅在近代西北开发史上占有重要地位,而且也为抗战的取胜作出了应有的贡献。

三、西北边疆民族问题的严峻性及其解决方案

"九·一八事变"后,不仅西北边疆之外患日益加剧,而且内忧即西北地区

---

① 子默:"西北问题的真谛",《甘肃民国日报》,1935年5月18日。
② 刘镇华:"开发西北计划",载秦孝仪:《革命文献》第89辑,台北中央文物供应社,1981年。
③ 蔡太元:"建设新青海刍议",《边事研究》,1932年第24期。
④ 文慧:"开发西北",《新中华》,1934年第10期。
⑤ "经营西北确立救国根本大计案",载沈云龙:《近代中国史料丛刊续编》第49辑,台北文海出版社,1981年。
⑥ 大公报社评:"论西北建设",《大公报》,1932年4月26日。

复杂的民族关系、民族矛盾也引人注目。边疆问题专家徐旭称:"西北各省,民族复杂,新疆的民族有14种之多,即以甘肃来说,亦是汉回蒙藏杂处……汉回间、回藏间或大小民族间,时起纠纷争执,甚至干戈相对,杀人盈野,流血遍地,乃是常有的事。考其原因,大部分是为了政治上的处置失当,于是就不能和衷共济,一心一德,群策群力来建设西北了。"①这样复杂的民族关系和民族矛盾,最易予帝国主义者以可乘之机。李庆麐称:"西北情形与东北迥不相同。西北人民种族庞杂,汉人占绝少数,且与其他民族素无好感;一旦有事,外有英俄日的操纵,内有蒙藏回的牵掣,极难应付。""所以为杜绝外人觊觎西北的野心,防患未然,应该赶快移民殖边,开发西北,巩固国防。"②在西北各种民族矛盾中,由于历史的原因,汉回矛盾更为尖锐,也最令人忧虑,洪瑞涛称:"实在的说来,西北的危急,实较九·一八前之东北为尤甚,这还并不是外在的原因,外患侵迫的凶恶程度较深,而是内在蕴藏着的危机。最重要的,如汉回两民族的隔阂,彼此几乎是不关痛痒一样的共同组织了西北社会。"③回汉矛盾,表面看是民族间的纠纷,但实质上是统治者的以回治汉或以汉治回的错误政策所致。30年代亲历西北的林鹏侠女士认为回汉纠纷属不良的社会制度造成,她说:"积数月之体察,深知欲将开发西北,巩固国防,除政治必须为彻底之改进外,非积极努力全国人民之团结不为功;而尤以解除回汉历史纠纷为当前之要务。"④针对民族关系的症结,时人以为解决的方法首先是发展民族经济,只有在民族经济发展的基础上,才能谈得上民族的平等问题。时人称:"开发西北,须得联合西北境内的各种民族,共同努力,方能收效。若是只为汉人的利益,不顾其他种族的生活,而用势力强迫的去开发西北,非但不能收得预期的效

---

① 徐旭:"西北建设论",载杨建新:《中国西北文献丛书续编——西北史地》卷9,甘肃文化出版社,1999年,第247页。
② 李庆麐:"屯垦青海与开发西北",载秦孝仪:《革命文献》第88辑,台北中央文物供应社,1981年。
③ 洪瑞涛:"开发西北交通计划",《开发西北》,1934年第3期。
④ 林鹏侠:《西北行》,宁夏人民出版社,2000年,第210页。

果,反而要激起变故。"①二是在政治上采取各民族平等之原则。边疆民族问题专家李承三曾撰文指出:开发西北,必须抱定"大公无私,同享自由平等的康乐。至于开发西北人才的选用,政府必须格外慎重,否则有一个不良分子掺入,反增添了边民的仇恨,杜塞了开发西北的前程"②。而范长江不仅明确提出了以平等为原则的新政治趋向,更从历史的角度精辟地分析了西北各族冲突的根源,他说:"西北因为是各民族杂处的区域,各族为了各族自身的发展,自然会发生冲突的事实,历史的记录告诉我们,各族皆曾更迭着统治过西北,在此辗转统治与被统治之际,于是各族皆有互不满意之心情,故如作公平观察,则各族皆因于本族之历史与利害,而不满于他族,自然无彼此信任之可言,故必须图根本之整制,应一扫过去'一族统治'政策,而另建以平等为原则之新政治趋向。"③处理好民族关系,发展民族教育至为关键,马鹤天称:"西北民族复杂,言文各异,文化幼稚,教育毫无。因之一切落伍,且与汉族往往发生隔阂,县坐与地方政府冲突,酿成惨案,如甘肃回军与冯军之战,回民对汉民之仇,青海拉卜楞与马骐之争,皆最近较著之事。今欲开发西北,须先免除隔阂,求各民族之知识增进,文化平等,则教育尤为必要。"④发展民族教育不仅为知识界所关注,同样也是国民政府开发西北战略的重要议案之一。1935 年国民党四届六中全会议案称:"盖西北各省民族最称复杂,蒙、藏、回民因僻处边陲,文化阻滞,彼此以信仰、言、文、风习之不同隔阂之来动形严重,此后欲谋互相团结巩固国防,非先由教育着手不可。"⑤面对形势严峻的边疆危机,时人不仅提出了解决西北民族问题的新思路,而且也开始反省过去的政策。晚清以来,中央王权威信扫地,代之而起的武人政治,争战不休,无力也无暇顾及边疆,致使中央势力早已不能达到边疆。照国民党中委张继的说法就是:"民国以来,

---

① 李庆麐:"屯垦青海与开发西北",载秦孝仪:《革命文献》第 88 辑,台北中央文物供应社,1981 年。
② 李承三:"西北地理环境与我民族",《边政公论》,1943 年第 7~8 期合刊。
③ 范长江:"西北当前几种急务",《大公报》,1936 年 8 月 13 日。
④ 马鹤天:"开发西北之步骤与方法",载秦孝仪:《革命文献》第 89 辑,台北中央文物供应社,1981 年。
⑤ 戴愧生:"促进西北教育案",载秦孝仪:《革命文献》第 89 辑,台北中央文物供应社,1981 年。

中国之大方针即已错误，就是'抛弃边疆'……视边疆为戍地，是犯罪人充军去的地方，边疆之官吏，是国内用不着的，始教他们到边疆去，以至将边疆的事情弄坏，结果东北丢掉了，东北如此，西北亦是如此，恐将与东北同其结果。"①张继讲的仅是民国以后的边疆民族政策，而国民党元老居正更将这种错误政策追溯到清朝，他说："国人一向不注意边疆的情形，容或有之，大都是纸上谈兵，或闭门造车。在满清时候，最初用征服政策，或愚迷政策，到了叔季，一味羁縻，当时因政策歧误而丧失的土地，何可指数，但是到现在，世局剧变，仍然蹈袭歧误的政策，我想这种歧误的原因，定是一般人平时不了解边情，也很少有人去研究，所以甚至还有些人视边疆各地为无足轻重，倘使长此的隔膜下去，真是危险的很。现在东北边陲已失，我们这时对于西北边陲的蒙古新疆西藏等处的情形不可再抱从前的态度，蹈袭歧误政策了。"②正是在研究西北民族矛盾和反思以往民族政策的过程中，人们提出了开发西北民族经济、保障西北各民族平等权利以及发展西北民族教育的各种主张，这些主张在当时具有增强民族凝聚力、向心力的作用，从而对粉碎日本人分裂中国西北的阴谋产生影响。抗战前宁夏省主席马鸿逵称："现在又有人想拿汉回问题来要胁中央。像什么'回回国'的传闻，都是这种用意，这些人并不想时代和时代不同，现在的时代，已不是从前的时代了，如果仍打算以从前的手段来利用回教团体，要胁中央，绝对做不通的。"③马鸿逵的讲话反映了西北民族的共同心声。

---

① 张继："开发西北问题"，载秦孝仪：《革命文献》第 88 辑，台北中央文物供应社，1981 年。
② 居正："东北沦陷中之西北边陲问题"，载秦孝仪：《革命文献》第 88 辑，台北中央文物供应社，1981 年。
③ 马鸿逵："在宁夏省府纪念周上的讲话"，《西北问题》，1934 年第 1 期。

翁文灏与民国时期的西部开发

李学通

（中国社会科学院近代史研究所，北京 100006）

地质学家出身的翁文灏，早年从事地质矿产资源调查，对中国西部资源调查与工业开发多所关注。20世纪30年代以后，他厕身政界，从主管"国防设计"到全面负责政府经济行政和国营民营工业建设，直至担任行政院长。特别是抗战期间，作为经济部长兼资源委员会主任委员、工矿调整处处长，翁文灏在西部大后方工业政策制定、国营企业的发展等方面，更具有深广的影响。

作为有强烈爱国主义情怀的科学家、国民政府经济行政及国营工矿业建设的主管官员，他既有关于西部开发问题的理论思考，也对西部开发中的具体问题，如西部土壤、矿藏等自然资源与人口、农业等因素是否适合现代工业开发，如何解决开发资金来源，西部在中国整个工业化过程中的地位，是先开发西部还是先建设东南，等等，都提出过具有真知灼见的方案。他是近代为数不多的曾对西部开发问题进行过深入研究和思考，提出了较系统全面的理论与政策阐释的人之一，而且其影响及于政府政策和社会实际。研究翁文灏关于西部开发的理论及其实践活动，即翁文灏对西部开发问题是如何思考的，其思想价值与意义；他在政府制定相关政策过程中发挥了什么样的作用，以及这些政策执行结果，对于深化西部开发问题的历史认识，对于认识近代西部开发中的艰难与曲折不无裨益。

一、战前对西部开发的认识

翁文灏，字咏霓，1889年出生于浙江鄞县（今属宁波市），早年留学欧洲，

23岁获地质学博士学位。回国以后,他与丁文江等人一起培养出中国第一代地质学家,并率领他们跋山涉水筚路蓝缕致力于中国矿产资源的调查与地质学研究。

翁文灏前期主要致力于中国地质矿产的调查勘探,以"矿物岩石鉴定、矿产调查、矿业调查、矿质化验及地质图编制事项"为职志[①]。其20余年的地质工作,基本都是围绕着中国矿产资源的调查及中国矿产成矿理论研究而展开的。在中国地质学诞生之初,他即非常清楚地意识到:"虽地质学范围甚广,不专以矿产为目的,然大势所趋,研究矿产者,不得不利用地质,研究地质者亦遂不得不注重矿产。"因此,特别鼓励学生和同人,"一方面发挥学理,以增吾人科学智识,一方面尤须留心实用,尽科学之能事,以发明吾国之地利矿质"[②]。希望科学工作"能够产生一些于民生国计实在有益的结果"[③]。他本人及他领导的地质调查所,长时间地追踪、考察和研究中国矿业,不仅研究各矿的地质、地理,分析各矿藏品质优劣,还关心矿业市场、经营及矿案处理。他先后编纂的《中国矿产志略》(1919年)、《中国矿业纪要》等书,都是当时中国矿产资源调查的重要成果。

对祖国广袤的西部地区,翁文灏亦早有关注。1921年赴西北调查甘肃海原(今属宁夏)地震之时,他即特派同行的谢家荣赴河西走廊(他本人因途中患病未曾亲到)一带,调查玉门石油地质情况。事后,由谢家荣作"甘肃玉门油矿报告"一篇。[④] 1927年,翁文灏更公开提出"开发西北矿业计划",对如何开发西北矿藏,促进西北经济发展,已经有了比较成熟的见解。其中对西北金矿、石油矿及煤矿的开发利用有较详的意见和建议,特别是对西北石油矿的开发意见,颇具卓见。翁文灏根据已掌握的陕西、甘肃及新疆等处地质勘探成果,认为"陕西之油矿虽不足以称雄世界……然亦极有更为试探之价值"。虽然甘肃玉门一带可能更有希望,但因交通关系,可先开发较近的陕西油田,待陇海

---

① "地质调查所章程",《农商公报》,1916年第5期。
② 农商部地质研究所:《农商部地质研究所一览》,京华印书局,1916年。
③ 翁文灏:"为何研究科学,如何研究科学",载《翁文灏选集》,冶金工业出版社,1989年。
④ 《湖南实业杂志》,1922年第54号。

铁路修到甘肃时,再议开发玉门之油。对新疆之油矿,他主张"应先从调查入手,再定方针"。他还提出:"应派员广为调查,并将调查结果刊为报告,庶对外可杜优先之借口,对内可以引起企业之热心。如有正当公司愿为探采,或官商合办,或划归商办,亦可酌量准许,以免利弃于地。"①1931年,他又派地质学家谢家荣、王竹泉、潘钟祥等对陕北石油地质进行考察,不仅在地质学上加深了研究,对中国石油蕴藏和分布,也有了进一步系统的认识。1934年初,他还曾发表"中国石油地质问题"一文,根据对西部石油地质调查与研究实际,针对国际学术界占统治地位的海相生油理论,指出陆相地层也不是绝对没有大量石油产生的可能。② 此堪称陆相生油理论之滥觞。

1931年"九·一八事变"以后,面对日益加重的民族危机,国民政府一方面继续坚持"安内攘外"的方针,另一方面,也开始着手对日备战工作。由于东部面临强敌的威胁,开发西部一时成为国人和舆论关注的热点和焦点。形形色色的考察团络绎不绝,各式各样的西部(特别是西北)开发计划层出不穷。在这一片喧嚣热闹之中,翁文灏的"中国人口分布与土地利用"、"如何开发西北"两篇文章,可算是当时少见的冷静思考。

当时舆论与政府计划中有关向西北移民的呼声很盛,认为西北土地面积既如此之大,人口分布很稀,移民垦殖尚未开发的地方最为简便。翁文灏则清醒地指出:不仅要关注中国人口的数量,更要注意人口分布的情形和土壤等自然环境的条件。以当时的人口数量和国土面积计算,中国人口平均密度是每平方里103人(日本人口平均密度是每平方里410人),表面上看来似乎还是地广人稀,但实际上许多地方自然条件恶劣,极端不适宜于人类生存。因此,西北究竟移民的可能限度能到若干,移民的方向应在哪里,这都需要认真、科学的调查研究,而不可"只是凭空冥想,或是任意空谈"。他批评:"负有建设重责的某国立机关发表的开发西北计划,开头便说甘肃有可垦之田1 478万余顷,比全省面积还大2倍有半,常识如此,计划如何能成!"而且西北面积虽广,

---

① 翁文灏:"开发西北矿业计划",《农商公报》,1924年第9期。
② 《自然》,1934年第60期。

但有降水量太少,大部分是山脉、高原,多沙漠等自然条件的限制,农田缺乏,不适耕种,因此"像某机关的移民九千万的计划未免幼稚得可怜"。其次,他从土壤、水利等条件分析,认为除陕西的渭河平原,萨拉齐、托克托二县的绥远平原,黄河以北、包头以西、五原至定口一带的河套平原,从青铜峡到石嘴子窄长的宁夏平原,甘肃省西部凉州、甘州一带,以及新疆水土丰富的地方外,西北其他地区不宜农业,即不宜大规模移民垦殖。他特别强调,虽然"中国人向来好以地大物博自豪",虽然"也有许多人往往援古证今,说什么汉唐旧都、关中天府",但"天然的形势是如此,我们不可专凭高远的理想,抹杀了浅近的事实"①。

文章发表以后,翁文灏的科学态度反成为不少反对西北开发者征引的证据。针对此种情形,翁文灏又发表了"如何开发西北"一文。文章中,他一方面针对当时"西北开发热"中存在的不科学的盲目性,提出批评意见,同时也进一步阐明了他对开发西北的认识和具体设想。

当时西北开发热中呈现出的官僚主义风气引起翁文灏极大反感,他不客气地批评:"有若干人先注意于都市的建设,仿佛以为马路加宽,房屋加高,甚至于成立博物馆、图书馆之类,人口自然加多,经济自然发达了。"面对西北经济落后、民生憔悴的现实,翁文灏大声疾呼:即使西北"稍有些微力量,必须尽量地用在直接有益生产的事情。在这种民不聊生的地方,如果还去提倡奢侈的生活,或装饰品的文化,实在是有损无益,而且也不容易成功。……穷苦地方的农户,全家一年的收入还不到一百元,我们岂能从他们身上榨出钱来修盖楼房!"

特别对于以考察为时髦,不惜靡费巨款,请宴送礼,"往往乘兴而往,一哄而散"的所谓考察,翁文灏批评尤厉。他指出:"西北各地不是未发见的南极大陆,一个普通考察团所能得到的知识,我们坐在家内也已知道的不少,如果现成知识不能运用,随便闲逛一趟,决不会有很好的结果。……对于地方除骚扰外有何益处?……何如用这笔款来做一些实在的工作?……有目的的、有计

---

① 翁文灏:"中国人口分布与土地利用",《独立评论》,1932年第4号。

划的考察工作,当然更该提倡。不过地方当局对于这等事,也只须予以旅行的帮助和工作的便利,不必滥费公帑做个人的应酬,或无聊的宣传。……在贫穷得要命的地方,必须将涓滴的财力全用在实在的事业上。"

他还指斥西北当局"政失常轨",致使匪患猖獗,驼队裹足,商路闭塞,西北经济不能繁荣,而且政治上也渐与中原隔离。他指出,"治安与交通这二件事弄不好,其他一切事业都说不上。"

同时,翁文灏也公开申明了他对开发西北的态度:"其实我并非反对开发西北,我只是指明,开发西北不能尽如现在几位理想家所鼓吹的容易。而且因地形、雨量种种限制,开发西北的方法也不能如一般所说的移民实边便能成功。"他说,"偌大的西北地方(陕、甘、绥、宁四省面积约与东三省相等,新疆、青海面积约二倍于东北三省),难道始终听其荒芜不治?决不能的。我们不但要赈济灾荒,治标一时,而且应该根本设法,第一步使这种地方经济足以自立,第二步更加发展以贡献于全国的繁荣。"

对于开发西北的价值,翁文灏分析指出,西北自有其"特别重要之处"。其一"西北的重要第一在他的地理位置"。关中平原在古代所以繁盛,实因为他处于繁盛的中亚细亚和当时经济及文化中心黄河下游之间,居东西交通的孔道。虽然后来因为"气候干枯或是文化变换的关系,中亚繁盛几乎消灭,于是关中地位也日益衰落,中国的国都也逐步东移了"。"现在西北地理位置的重要确又复活了,而且更加上前古未有的扩大。""现在西伯利亚及中亚细亚铁路已环绕我们的蒙新边界。所以一方面有我们东方的中原区与扬子区人口繁殖,物产丰盈。"西北各省介处其间,位置重要,而且"铁道、汽车及飞机应用日广,西北后门的重要也并不多让于东南前门,倘能充分发挥这种地理位置意义,便是开发西北的妙法。""所以发展交通是开发第一关键。"

他的具体主张是:"西北第一需要的不是铺张扬厉的建设空谈,乃是劳来安集的保育政策。"不必急于振兴大规模的重工业,恢复及改良农村小工业实为目前要务。在西北各省言,除因地方特产的便利,可以成立小规模的织呢、纺纱等厂外,应该特别注意小手工业,以补农业经济的不足。他甚至设想造一条从平绥铁路平地泉一直向北,横贯蒙古高原的铁路,以接于西伯利亚之上乌丁斯克。"此路一经接通之后,由西伯利亚到平津出海,路线要更近一千里左右,足为欧亚交通之捷径,很可以分一部分东北的繁荣。"①

1932年11月,南京政府成立了负责拟制全国国防之具体方案;计划以国防为中心之建设事业;筹拟关于国防之临时处置的国防设计委员会,委员长由蒋介石亲自兼任,翁文灏任秘书长。国防设计委员会邀请了国内知识界、实业界数十名高层人物为该会委员,又聘请了200名各界专家学者担任专员,分为军事、国际关系、经济及财政、原料及制造、运输及交通、文化、土地及粮食等七组,分别负责相关部分的情况调查与国防设计事宜,开始对日经济备战工作,也使有关西部工业开发问题,进入实质性工作阶段。②

其中,翁文灏任所长的实业部地质调查所受国防设计委员会的委托,重点对中西部关涉国家战略资源的金属矿、煤矿、石油矿等进行了更广泛的调查。如四川、青海的金矿,长江流域各省及山东、福建的铁矿,湖北、河南、山西、四川、云南的铜矿,湖南、广西之铅锌矿,湖南、江西之钨锑锰,云南锡及钨锑,浙江之矾土等。其中煤矿的调查,一是沿铁路、长江已开发的矿,详细调查生产运销,以为战时燃料统制准备;二是内地发展重工业需要新开或扩充的矿,如江西萍乡、高坑、天河及湖南潭家山。液体燃料、石油方面,有陕北、四川的调查及钻探,国内石油供需情形调查。此外,有水力调查:黄河壶口水力,甘肃黄河水力,长江上游水力,浙东、四川水力的调查等。就国防工业发展的原料与能源问题,翁文灏亲自拟定了一个"煤铁石油调查研究计划",就石油矿、煤矿、铁矿及有关钢铁业各矿,提出具体调查研究项目。如:"整理四川石油矿调查材料,调查陕油田地质(已派五人分二组出发),化验国内各处石油成分(已在进行尚须加添设备)"等。

在调查、设计的同时,国防设计委员会还开始了一些与战争联系密切而中国尚属空白的小规模、实验性质的建设工作。如煤低温蒸馏替代石油的试验、陕北延长石油的勘探与开发等。开发陕北石油一事,翁文灏最初提出"由(陕

---

① 以上均引自翁文灏:"如何开发西北",《独立评论》,1933年第40号。
② 李学通:"七十七年前国民政府的经济备战工作",《抗日战争研究》,2003年第1期。

西)省负责,由会予以经费及人才之助"的计划,但蒋介石并不积极,主张完全由陕西省政府主办,甚至反对由国防设计委员会提供补助。经过翁文灏的争取,到1933年初,蒋介石方对此表示关注,终于同意由国防设计委员会补助5万元,并派专家参加地质研究及采矿工程。① 1934年初,翁文灏又亲赴陕西考察,并与陕西省商定开发计划,成立了由该会专门委员孙越崎为首的国防设计委员会陕北油矿勘探处着手开发陕北石油。此项目后实际改为以国防设计委员会主办,陕西省协助。此后,陕北油矿勘探处将进口的三台钻机及其相关设备运抵延长、永坪两个探区。至该年底,延长101井完井投产,日产原油2.14吨;永坪201井日产原油1.43吨,获得工业油流。

1935年4月,国防设计委员会与兵工署资源司合并成立隶属军事委员会的资源委员会,翁文灏继续担任秘书长。其工作中心也由国防调查与设计,改为创办与国防有关的工矿事业。1936年初,在广泛调查基础上,资源委员会组织相关专家,根据国防需要和可能的经济力量,研究制订了一个"重工业五年建设计划",同年7月开始付诸实施。

二、战争时期开发西部的实践活动

1937年日本发动全面侵华战争后,为建立巩固的后方经济基础,支撑持久抗战,翁文灏出任负责国防工业的军委会第三部部长兼工矿调委员会主任委员,负责组织和协助组织沿海重要厂矿西迁。自1938年开始,又陆续担任行政院经济部长兼资源委员会主任委员、工矿调整处处长、战时生产局局长、行政院副院长等,全面主持西部大后方经济建设,为战时西部开发作出了重要贡献。

中国近代工业自发生之时即染有强烈的半殖民地色彩,数十年间重要经济建设偏在沿海沿江,而于内地原料最多、需要较急之地,则反未能发展,致使

---

① 翁文灏1933年3月15日致钱昌照函,信中并提到:"关于陕北油矿事,介公现甚注意。"中国第二历史档案馆,第28全宗,第18733卷。

分布失均,成畸形之势。战前西南西北的川、滇、黔、陕、甘、湘、桂七省的工业发展水平很低。据统计,上述七省共有工厂237家,占全国工厂数的6.03%;资本1524.4万元,占全国资本总额的4.04%;工人3.3万人,占7.34%。① 其中"较具规模之民营厂家,在四川仅有电力厂一,水泥厂二,面粉厂五,纸厂一,机器厂二;陕西有纱厂一,面粉厂二;贵州有纸厂一;江西有机器厂一。后方较大之工厂,仅此而已"②。而且产量在全国也处于无足轻重的地位。

在全面抗战爆发初期,国民政府仍欲按战前设计,在汉口到宜昌、长沙到衡阳间的两个区域建立新的工业中心,因此初期内迁工厂大都以上述两地为目的地。不料战事的进展证明,南京政府还是过高地估计了自己的军事实力。1938年6月武汉告急,由上海等地内迁及原在武汉等地的厂矿,及资源委员会战前在湘鄂等地规划新建的工厂,均被迫再度西迁。一部分向南,迁往湘西、湘南及云贵;一部分向北,赴陕西;一部分向西入川。于是,翁文灏不得不将战时新工业建设中心移向四川、云南、贵州、陕西及湘西等地。沿海地区工业西迁的结果,不单纯是中国工业地理上的调整,它对改变中国工业的不合理布局,推动内地工业的发展起到极大的促进作用,最重要的是对战时后方经济开发建设,支撑抗战的经济基础起到了极其重要的作用。

抗战发生后,中国经济形势面临的最大变化之一是,由于沿海口岸为日军占领或封锁,中国向来依赖于国外进口的货物及材料,无法输入,许多事业即发生根本困难。对此翁文灏战前即有所认识,而战争发生后的客观形势,使扭转这一不平衡现象有了更充分的条件。因此翁文灏反复强调:此后的经济建设,应注重地域的选择,而尤应着重内地各省。"今日正应利用抗战机会,充分开发西南及西北各省",选定交通便利,脉络贯通的经济中心,务使生产工具及产销组织,皆从速改进并增加力量,庶地尽其利,物尽其用,而成为我国坚实富庶之基和民族复兴之策源地。③ 所以,翁文灏提出,战时西部经济发展的方针就是:增加西部后方经济自给之能力。为达此目的,最根本的措施是充分发挥

---

① 陈真等:《中国近代工业史资料》第4辑,三联书店,1957年,第95页。
② 陈真等:《中国近代工业史资料》第1辑,三联书店,1957年,第90页。
③ 翁文灏:"我国抗战期中经济政策",《经济部公报》,1938年第13期。

和利用国内能力,以增加内地工业制造能力,调剂各地产销盈虚,以维持重要市场之需要,以期自能供给。翁文灏认为:"内地资源甚为丰富,假如各界能够合作,努力开发这些资源,实在可以作为我们抗战建国的基础。"① 为此,他积极推动在西部后方建立一系列新的工业区,发展西部现代工业。

抗战时期,在翁文灏主持下,资源委员会在广东、广西、云南、四川、西康、陕西、甘肃、青海、新疆等省兴办了一系列厂矿。为此,他曾亲赴西南、西北各省,与地方实力派,如广东的李汉魂,广西的李宗仁、黄旭初,云南的龙云,四川的邓锡侯,西康的刘文辉,陕西的熊斌,青海的谷正伦,甘肃的马步芳,新疆的盛世才等,当面协商。所办厂矿有的由资委会独办,有的则会省合办。合办者一般由资委会投资,亏损由资委会承担,如有盈余则会省双方平分。通过推动西部地方经济的发展,不仅增强了中国抗战的经济力量,也给地方实力派以看得见的实惠,扩大地方与中央的联系,加强他们的向心力。

例如,1942 年 4 月至 5 月间,翁文灏连续 40 天历游西北甘肃、青海、陕西三省,考察经济建设情形。他先后视察了甘肃的兰州电厂、甘肃机器厂、玉门油矿及永登水泥公司,青海的西宁电厂,陕西宝鸡的第四纺织厂、福新第五面粉厂、大新面粉厂、维勤纺机制造厂及民康纺纱厂等。他还会见了甘肃省主席谷正伦、青海省主席马步芳、陕西省主席熊斌、第八战区司令长官朱绍良及胡宗南等,"对于西北整个经济建设与省地方当局俱有接洽"②。在青海,他与马步芳商洽了资源委员会与青海省经济一揽子合作事宜。其中包括青海机械厂由资委会与青海省合办,洗毛及织呢厂由青海省经营,水泥厂由资委会与青海省合办,化学工厂归国营,造纸厂由省营,等等。7 月,又赴新疆近一个月,考察新疆独山子石油矿等,并与盛世才商谈经济合作与交通建设等问题。

在翁文灏主持和推动下,抗战时期特别是抗战前期,西部后方工业出现了蓬勃发展的态势,各省经济获得了重大发展。以数量计,到 1944 年,后方四川、湖南、广西、云南、贵州、陕西及甘肃七省工厂数量,已占大后方工厂总数的

---

① 翁文灏:"开发内地",《中央日报》,1939 年 1 月 1 日。
② 翁文灏:"资源委员会在西北的工作与今后方针",《资源委员会公报》,1942 年第 1 期。

88.63%,占实缴资本总数的 93.52%,占币值资本总数的 91.92%,占工人总数的 85.61%。① 从业别上统计,后方 3 700 余家工厂中,属于重工业范围者占 30%左右;以资本而论,重工业则占 50%左右。在地区分布上,四川占 44%,湖南占 13.34%,陕西占 10.24%,广西占 7.77%,甘肃占 3.69%,贵州占 2.98%,云南占 2.82%;以资本计算,四川占 58%,云南次之,占 10.8%,广西占 7.89%,陕西占 5.43%,浙江占 4.71%,湖南占 3.91%,贵州占 3.38%,甘肃占 3.19%。② 以民营企业为例,1936 年,内地诸省共有民营企业还不到 300 家,战争爆发后历年新设数量为:1937 年 60 家,1938 年 183 家,1939 年 346 家,1942 年 1 077 家,1943 年 977 家,1944 年 533 家。官方对民营的工业贷款工作,也赢得民营企业家的好评,认为:"政府工业贷款因时制宜,切合目前迫切之需要。"③另一方面,国民政府也通过这些政策措施,逐步控制了后方几乎全部的重要工矿企业和物资,将后方工矿业生产纳入了高度集中的战时经济轨道。

随着西部工业化规模的扩大,对工业化人才(技术人员与现代产业工人)的需求明显提高,社会能否满足和充分供给,也是工业化能否顺利推进的重要前提。为适应西部的工业迅速发展的需要,翁文灏积极推动后方科技进步和技工教育的发展。

战前中国的工业技术设备大半仰给于国外,战争开始后国外来源渐告断绝,中国工厂不得不设法自行补充,对于各种工业器材进行研究和制造,并进行许多原料的研究和试制国产代用品,取得了很大的成就。在翁文灏主持下,经济部为推进工业科技研究、试验与工业技术的进步作了很多努力。抗战开始以后,沿海地区的科研机构大多内迁,也新建了一批工业研究单位。其中最大的工业科研机构是经济部中央工业试验所。该所设有 14 个研究室和各种实验工厂。其工作范围主要是:研究和试验工业原料,改良制造方法,鉴定工业制品等。除自身的科学研究与试验外,也代其他机关或工厂检验材料。内

---

① 陈真等:《中国近代工业史资料》第 1 辑,三联书店,1957 年,第 101 页。
② 章伯锋:《抗日战争》(第 5 卷),四川大学出版社,1995 年,第 255~256 页。
③ 周茂柏:"工贷与后方机器工业",《新经济》,1942 年第 7 期。

迁重庆以后,该所成为后方工业科学研究的主干机构,承担并完成了大量科研项目,为推进中国工业技术进步作出了重要贡献。如受航空委员会与战时生产局委托,分析矿产工业原料、成品、半成品及工业材料等,主持制订了110多项分析标准与分析标准方法。八年中分析与检验的项目共5 489项。①

同时,他还积极推动科技进步奖励制度建设。抗战爆发以后,在翁文灏主持下经济部于1939年4月和1941年2月先后两次对国民政府1932年公布的"奖励工业技术暂行条例"及施行细则进行了修订,扩大了奖励的范围,改进了奖励方式,如将以前笼统地对发明给予专利权十年或五年,改为对发明给予专利权三年或十年,新型给予专利权三年或五年,新式样给予专利权三年,以鼓励对工业制造品的改良,使奖励更加符合中国及战时的实际。战时由经济部历年核准技术发明专利案数量,至1942年底累计:机械64件,化学品63件,电气器具35件,"一般工程学者的注意力,已逐渐于机械工具、电气器具和化学品的设计与试验"。因此,各工厂在产品质量上有明显的提升,"出口矿产中钨砂、精锡、纯锑的品质,都已通达到世界最高的标准。各机器厂成品的精度,也都能得到满意的收获"。②

在技工培训方面,以翁文灏为主任委员的国防工业委员会在1939年冬召集财政、交通、教育三部,与航空委员会、兵工署、资源委员会等有关机关会商实施办法,拟订训练技术人员计划大纲,规定工程师及中级技术人员部分由教育部负责训练,机师及技工部分则在国防工业委员会之下设立技工训练处与司,统一领导;具体训练工作由指定的国营工厂、国立大学的附设实习工厂及民营工厂,分别设立技工训练班进行训练。技工训练种类分为特别技工、普通技工、速成技工三种。技工训练处统一制订了技工训练班的章程、课程、实习工作及其他培训办法纲要,对受训技工的资格、训练内容、训练方法、训练时间有具体明确的规定。此后,全国各较大的国营及民营工厂,均先后设立技工训练班进行训练,一些没有列入训练计划内的工厂也各分别设立技工训练班,其

---

① 刘国良:《中国工业史》(近代卷),江苏科学技术出版社,1992年,第959页。
② 翁文灏:"中国工商经济的回顾与前瞻",《资源委员会公报》,1943年第2期。

所用教材及训练办法都采用技术训练处制订的统一教材。

在翁文灏的主持下,抗战时期西部现代工业获得了迅速发展,并呈现出以下几个特点。

1. 原本落后的西部省份获得重大发展,中国工业化畸形分布状态有所改变

近代以来,中国新式经济地区分布及产业结构呈现严重畸形,造成了各地区间政治与经济发展的不平衡状态,且形成恶性循环。到抗战爆发前,这种畸形状态达到了空前的程度。对日经济备战之时,翁文灏即对此有所意识,同时为了在经济上配合蒋介石军事与政治统一的努力,资源委员会已开始将新工业中心向西转移,并加强了与地方实力派的经济联系。沿海地区工业西迁的结果,不单纯是中国工业地理上的调整,它对改变中国工业的不合理布局,推动内地工业的发展起到极大的促进作用,最重要的是对战时后方经济开发建设,支撑抗战的经济基础起到了极其重要的作用。

2. 西部原本薄弱的重工业取得巨大进步

抗战以前,中国工业不论是投资规模还是产品价值均偏于轻工业,有重工业不重的现象,西部尤甚。抗战爆发后,为树立工业化基础,适应国防工业需求,国民政府力求扩大重工业规模。翁文灏将积极推动"钢、铁、铜、电气、煤矿等事业……期于最近期内,得有成效",作为经济部首要工作之一。① 一方面,在选择协助内迁的民营企业时,即强调以军需及在国防上确有需要者,如冶炼、机械、动力、化学等行业为主;另一方面,资源委员会更是专以办理重工业及基本工业为任务,积极扩展。在资委会所办 96 项事业中,有管理钨锑锡汞等特殊矿业的 6 个,生产煤、铁、石油、铜、铅、锌的矿厂 31 个,发电厂 22 个(火电 18 个、水电 4 个),冶炼厂 11 个,酸碱等基础化学厂 18 个,其余有机械厂 4 个,电器厂 4 个。②

3. 民营工业得到相当发展,国营工业所占比重迅速上升

---

① 翁文灏:"推进生产事业",《大公报》,1938 年 3 月 19 日。
② 钱昌照:"重工业建设之现在及将来",《新经济》,1942 年 6 期。

为尽可能增加后方生产能力,"藉为民族复兴树立健全根基",翁文灏提出政府对民营工业应"力加提倡,并优予奖励,且不惜财力之援助。凡有妨害民营事业发展之一切阻力,亦必为之排除,以保企业之安全,俾政府人民泯界域之见,同向企业前途携手并进"[1]的方针,并亲自兼任负责民营工业奖助的经济部工矿调查处处长。在他主持下,经济部采取了许多措施,以促进后方民营工业发展。例如,建立相对集中的工业园区即为其中之一。位于重庆附近李家沱的工业区,即由经济部工矿调整处主动圈地购买,分配各厂使用,并与区内企业共同筹划建设道路和电、水、码头等公用事业和基础设施,设立工业区管理委员会,组织消费合作社等。这也是中国近代工业化建设中的一个新举措,受到民营企业的欢迎,如章乃器的上川实业公司以及广华颜料化学厂公司、中国毛纺织厂公司等民营企业均在区内设厂。区内几条道路分别被命名为经济路、工矿路及复兴路(又名咏霓路,以示对翁文灏的敬意)。经济部还于1939年2月公布"小工业贷款暂行办法",规定凡经营纺织、制革、造纸、金属冶炼、化学、陶瓷、农林产品制造等工业,资本在1万元至4万元之间者,可呈请经济部贷款。1940年3月又公布"小工业示范工厂暂行办法",在川康两省,设立参用机器和手工混合制造的制革、造纸、纺织、制糖、烛皂、玻璃等小工业示范工厂,以便民众仿效。

这些措施也收到了相当的效果,"战时民营小工业和手工业发展迅速,其产量占全部工业产量的一半以上"[2]。另一方面,民营资本在国统区工业总资本中所占比重为30.42%[3],较战前大大下降,而国家资本则空前膨胀。

抗战前,国营工矿业极为有限,除军需、铁路等工业外。抗战前夕,从资源委员会开始,国民政府才开始着手国营工业的创办。抗战爆发后,各省政府亦纷纷组设工厂。同时,国家银行亦逐渐投资于实业。其中,中央银行着重于川康,中国银行着重于陕甘,因而国营及省营(统称公营)的工厂在后方占居重要地位,许多方面甚至有绝对优势。3 700余家厂矿中,虽然公营仅有600余家,

---

[1] 翁文灏:"经济建设方针",《大公报》,1938年1月28日。
[2] 清庆瑞:《抗战时期的经济》,北京出版社,1995年,第270页。
[3] 陈真等:《中国近代工业史资料》第3辑,三联书店,1961年,第1422页。

民营达 3 100 余家,但民营厂矿多为规模小、资本薄的企业。公营厂家资本在 10 万元以下者约占全数 40%,而民营则有 70%。以平均资本而论,公营厂家平均每厂为 200 万元,而民营厂家则尚不及 20 万元。以雇用工人数量计算,公营工厂每厂平均有工人百余名,而民营工厂则为 50 余人。以行业而论,公营占绝对优势者为冶炼、水电、电器制造、机器制造及化学工业,民营占绝对优势者为金属品、木材及建筑、服饰品、饮食品、文化及杂项等工业。公民营相差无几的是纺织及土矿品工业。由此可见,公营企业还是以重工业和基本工业为主,民营以轻工业为主。①

三、翁文灏西部开发思想与实践的特色

翁文灏有关西部开发的思想与实践是近代中国西部开发历史中的一份重要遗产,很好地总结、借鉴这份遗产,相信于今天西部大开发也有一定的现实意义。

纵观翁文灏在民国时期有关西部开发的思想与实践活动,下列数点尤有其特色。

1. 持科学态度,反对盲目、浮夸和形式主义

作为经过严格科学训练出来的自然科学家和具有强烈社会责任感的自由主义知识分子,翁文灏不仅以探究自然规律为己任并作出了杰出成就,而且在对社会热点问题的关注中,也表现出了严谨的科学态度和专业批评精神。

战前,他对南京政府多空谈建设开发而少有效行动,建设计划盲目、浮夸的作风非常反感。1932 年,他在一篇名为"从反省中求出路"的文章中谈到:"大家所最希望的一条大路是经济建设,但是五六年来的宣传,只落得旧的日见破坏,新的不见成功。"对西部开发问题,翁文灏也多次撰文批评当局只重表面热闹,不求实际效果的形式主义,和没有科学依据,盲目、浮夸的开发计划。

---

① 章伯锋:《抗日战争》第 5 卷,四川大学出版社,1995 年,第 256~258 页。

翁文灏认为："科学是人类进步的大原因，人类的进步，亦几乎全靠科学。"①经济发展应该是"有计划地建设"，而且计划的基础是科学的调查与研究。"古人说：七年之病必求三年之艾。现在可以说五年建设，必须先有五年的测量调查和研究。"②

抗战时期，翁文灏更是积极推动发挥科学技术在西部开发建设中的作用。例如，他于1942年3月邀请20余位各地专家学者及矿产地质调查主持人召开矿产地质会议，专门研讨如何使矿产地质调查与开采工作切实配合国家工业建设方案，以期开发资源，增进生产。会议最后就编纂全国重要矿产志；如何沟通交换地质调查机关所有未公布的矿产调查信息；今后矿产调查工作应如何补充及分工合作；矿产探勘与矿产调查同时推进；厘订矿产调查标准；充实矿产调查机关补充调查经费；训练和培养矿产调查人才；以及普遍推行新的技术方法、充分利用稀有金属矿砂等九项重要议案。

该年5月，为开发西北矿业，翁文灏与甘肃省政府商谈了甘肃省与经济部合作调查地质矿产办法，议定由经济部中央地质调查所派遣地质学家赴甘肃协助工作。随即组成以地质学家王曰伦为队长的甘肃地质矿产调查队，对西北地煤、铁、石油及石膏等矿产地质矿产展开实地调查，并于次年正式组建地质调查所西北分所，在西北各省开展了大面积的地质矿产调查工作。1944年，又组织了以著名地质学家黄汲清为首的大规模新疆地质矿产调查工作。这是中国地质学家对西北地区地质矿产的首次大规模普查，他们的工作不仅在当时有着重要的现实意义，而且也为新中国成立以后的西部矿产开发奠定了基础。

1942年8月，翁文灏还特意将由其担任会长的中国工程师学会第11届年会移师兰州举行，这也是中国工程师学会成立31年后首次在西北召开年会。会议还专门研讨了甘肃省政府和兰州市政府交议的课题，以期促进西部工业建设技术水平的提高。经翁文灏的提议，年会将中国工程师学会金质奖

---

① 翁文灏："科学与人类进步"，《资源委员会公报》，1940年第5期。
② 翁文灏："建设与计划"，《独立评论》，1932年第5号。

章授予开发玉门油矿的有功之臣孙越崎。会议期间,还成立了中国工程标准协进会。①

2. 提出安定社会和发展交通为前提的开发策略

如前所述,抗战爆发前翁文灏即提出,开发西北问题,如"治安与交通这二件事弄不好,其他一切事业都说不上"。抗战期间,他在亲赴西北视察之后,更切身感到"交通的困难,对于西北各种建设事业,确是一个很大的障碍"②,因而明确提出"铁路为开发之先锋"的主张。他认为:"一言开发(西北)经济,必需修造铁路。陇海路曾有由宝鸡西修至兰州之计划,惟以今日情势观之,此项计划尚嫌不足,有延长之必要,其支线更应北到宁夏,西至青海,以沟通五省。"即便亏本也必须经营。③

3. 强调发展水利、开发资源,发展西部地方特色经济

翁文灏认为,历史上西部经济的发达均得益于水利的开发。从郑国渠、都江堰、秦、汉、唐历代水利工程遗迹可证,1929年陕西大旱以后,修筑西惠、渭惠、汉惠等渠,甘肃修建了湟惠渠与洮惠渠,西北大受裨益。欲谈向西北移民,必先从兴修水利起。"兴办水利,又不仅可以灌溉农田,而且可以防止黄河的泛滥。……黄河工程,不但应注重下游的疏浚,也应着重上游的开渠,既兴水利,又减泥沙,实有宏大的减轻灾害的意义。"④这也是工矿业发展的基础。

地质学家出身的翁文灏,对于矿产资源开发情有独钟,这不仅是出于其专业偏好,更由于他对矿产资源在现代经济发展中的价值与意义知之最深。翁文灏一再强调,现代文明建筑在现代工业之上,而现代工业发展的前提是地下资源的开发,"故一国能尽量利用其地下富源,方能称为现代国家"⑤。他认为,西北矿产甚丰,地上盛产的盐、碱,是化学工业的重要原料;地下的金、煤、铁、石油等,西北各地亦多蕴藏,惟开采者尚少。另外,翁文灏还强调,西北地

---

① 《翁文灏日记》(未刊稿)。
② 翁文灏:"资源委员会在西北的工作与今后方针",《资源委员会公报》,1942年第1期。
③ 翁文灏:"开发西北经济问题",《资源委员会公报》,1942年第4期。
④ 翁文灏:"资源委员会在西北的工作与今后方针",《资源委员会公报》,1942年第1期。
⑤ 翁文灏:"开发西北经济问题",《资源委员会公报》,1942年第4期。

区经济开发中应注重发展地方特色经济。他提出,西北既有许多特产,和丰富的地下资源,开发西北应"尽量利用西北特产"。"西北特产,首推羊毛与皮革",而且驼绒、棉花亦品质俱佳,"故西北一区可谓我国之衣区"。①

4. 主张以政府为主导的"各界合作",国营民营共同发展

翁文灏认为,开发西部并非只是政府的工作,并明确主张:"政府的工作重在推动与领导全国的人才、财力,在一定方针之下,去努力开发内地。"实际的工作要靠各界共同勇往直前,尽瘁尽力。抗战初期他即表示,经济部将通过加强工作联络、资金协助和奖励的办法,加快内地开发速度。他提出,经济部及所属部门将把经办的国营经济事业,限定在"一是国防所急需,应当特别经营的,二有统筹或统制之必要的,三规模宏大,设备艰巨,非寻常财力所能举办的,四为国防民生所亟需而盈亏无甚把握的,五为民营工业供给动力或燃料的"②范围之内,防止与民争利。

在经济部工矿调整处主持下,抗战初期国民政府采取奖励及提供低息贷款等办法,协助民营企业及其技术员工内迁。据统计:"截至(民国)二十九年底止,由政府奖助,迁到后方的厂矿共有 450 个单位,器材的重量几达 12 万吨,由政府出资迁入的技工共计 12 000 余人,加之地方协助迁入者不下 3 万余人。"随着形势的发展,工矿调查处还采取从海外大量购储各种材料的方法,以应企业所需;颁布《兵险法》以保护各厂的器材,使其不受空袭的损失等方案,以协助民营工业的发展,"奖励人民大量从事后方的工业投资"。③

总之,作为对民国时期,特别是抗战时期后方经济开发有过重要影响的人物,翁文灏有关西部开发的思想与实践活动及其影响的深度和广度,远不止上文所述的内容和范围,有待于专家学者的进一步挖掘和研究,但愿本文如能起到抛砖引玉的作用。

---

① 翁文灏:"开发西北经济问题",《资源委员会公报》,1942 年第 4 期。
② 翁文灏:"开发内地",《中央日报》,1939 年 1 月 1 日。
③ 翁文灏:"经济部的战时工业建设",《资源委员会公报》,1940 年第 1 期。

国民政府时期的西北考察活动与西北开发

王荣华

(宁夏大学学术期刊中心,银川 750021)

一、国民政府时期主要的西北考察活动

国民政府时期的西北考察活动可以分为两大类,一类是政府组织的官方考察活动,另一类是各种社会团体和个人自发组织的考察活动。

国民政府完成北伐,统一全国后,"更揭櫫'开发西北'之口号,复先后派遣西北科学考察团、西北学术考察团……前往实地考察,以为开发之准备"[①]。西北科学考察团由瑞典方面的团长斯文·赫定和中方的团长徐炳昶共同负责,所考察的主要事项是地质学、地磁学、气象学、天文学等。计划考察期限为两年,于1927年6月8日出发,1929年2月19日返回,收获颇丰[②]。西北学术考察团组建于1930年,中方团长为褚民谊,法方团长为哈德尔,全团共40人,计划在新疆境内考察地理、气象、考古、民族、经济等,但由于法方团员一意孤行,"在宣化摄照妇女小脚及乞丐",并辱骂中国团员为"黄色远征队"[③],且无视中国团员的抗议,中国六位团员至酒泉后愤而退出,此次考察也无功而返,草草收场。

中央大员也亲临西北视察和考察。1934年4月,宋子文率团赴西北陕、

---

① 王超凡等:"拟请组织健全机关集中人力财力积极开发西北以裕民生而固国本案",载秦孝仪主编:《革命文献》第89辑,台北中央文物供应社,1981年。
② 徐炳昶:《徐旭生西游日记》,宁夏人民出版社,2000年。
③ 吴绍璘:《新疆概观》,中华书局,1933年,第324~325页。

甘、宁、青四省考察,在陕期间,宋子文与各界人士商谈了建设西北水利、交通、农业、民生等问题,希望西北人士勿存地域观念,共同建设西北。之后,宋子文又接连考察了甘、宁、青三省,在兰期间,宋子文发表演说,《申报》以"宋子文在兰州畅论西北建设"为题给予了报道①。宋子文一行是第一批到西北的中央大员,之后,其他中央要员和有识之士也相继到西北考察,发表演说,纵论西北开发。

1934年4月5日,国民政府全国经济委员会西北畜牧改良场筹备处主任栗显倬和邹枋自南京出发,赴西北考察。6月5日奉令在兰州组织西北畜牧改良场筹备处,前后共两个多月,主要考察了甘、青两省,并寄呈"西北农业及畜牧事业考察报告——甘肃、青海之行",对甘、青两省的农业概况、畜牧业概况作了考察,尤其是后者,更是备加详述,还提出了改良畜种以改善畜牧业的建议②。邹枋则赴陕西考察,调查了除西安外的13个县、几十个机关,通过调查、参观、访谈等形式,共收集资料"不下二百余种",对陕西省的农作物、租佃制度、田赋及合作社等进行了考察,后撰成"西北农业暨社会经济考察报告——陕西之行",以供国民党经济委员会开发西北暨改进农业时参考③。

除了这些规模较大的考察活动外,其他的零星活动也不在少数。1932年初,长江通讯社由主任记者罗靖及罗正刚等八名华侨团员组成西北考察团,赴西北考察后呈送行政院开发西北报告书,申述理由、事类、策略及分步计划等④,其中有关引进侨资的主张令人耳目一新,亦具一定价值。同年8月,由陇海铁路局发起、陕西省政府协助的陕西省实业考察团一行44人,分别向陕西南北两路出发,就铁路、实业、交通、内政、财政五项进行考察。考察团前后历时40余日,途经36县,行程达5 000余里,并提出当务急办的六项实业开

---

① "宋子文在兰州畅论西北建设",《申报》,1934年5月9日。
② 中国第二历史档案馆:"全国经济委员会农业处转送之西北农业、畜牧业和社会经济考察报告"(上),《民国档案》,2001年第2期。
③ 中国第二历史档案馆:"全国经济委员会农业处转送之西北农业、畜牧业和社会经济考察报告"(下),《民国档案》,2001年第3期。
④ 中国第二历史档案馆:"长江通讯社西北考察团史料两件",《国民档案》,2000年第3期。

发计划上报国民政府行政院,请饬各主管机关立案实施①。

随着抗战局势的变化和西北重要地位的日益显现,20世纪40年代的考察活动也日益增多。1941年秋,国民党中央组织部长朱家骅视察了甘、宁、青三省,归来后在陪都重庆大声疾呼,勉励国人"重建西北"。11月25日,他发表"到西北去"的小文章,"希望同胞们风起云涌,赶快到西北去工作"②。1942年初,他又接连发表"西北观察"、"西北经济建设之我见"等有关建设西北的文章,并由中央研究院与中央庚款董事会合组西北实地考察团,于1942年4月底由重庆出发,用半年多的时间考察了西北的历史、地理沿革及现状,取得了大量第一手资料。

1942年8月,蒋介石时隔六年后再次到西北,视察陕、甘、宁、青四省,并特别指示了开发西北的方针:"我们西北既有如此广大肥美的土地,复有开采不尽的宝藏,不仅我们一生做不完,就是我们后代子孙,在五百年以后,仍然是做不完的。但是我们要求国家能够世世时时生存下去,就必须乘此抗战的时机,有我们这代手里来建立千年万世永固不拔的基础。"③时人对此次视察评论曰:"自总裁去年冬巡视西北归来后,'开发西北'、'建设西北'等口号风起云涌,颇有雨后春笋之势。"④特别是蒋介石回到重庆,宣告"西南是抗战的根据地,西北是建国的根据地"之后,"于是随着这样重视西北的号召,怎样开发西北和怎样建设西北的呼声,又响遍了全国,而吸住了每个关心西北问题的人们,因为抗战建国到了今天,才正确地和明白地决定抗战中建国的根据地是在大后方的西北,这实在是一个有深长意义的抉择"⑤。

1942年,国民政府经济部组织西北工业考察团,该团在团长林继庸的带领下,于9月21日从重庆出发,直至1943年2月12日返回,历时近五个月,

---

① 中国第二历史档案馆:"陕西实业考察团建议该省实业计划致行政院函暨实业部核办情形",《民国档案》,2001年第1期。
② 朱家骅:"到西北去",《回教青年》,1941年第2~3期。
③ 蒋介石:"开发西北的方针",《中央周刊》,1943年第27期。
④ 蒋鼎:"从国防观点泛论西北工业建设",《军事与政治杂志》,1943年第5期。
⑤ 徐旭:《西北建设论》,中华书局,1944年,第1页。

详细考察了西北的资源、工矿、水利、畜牧等部门①，在当时引起了很大的反响，《新华日报》就此发表了专门社评——《赠言西北工业考察团》，对它的考察给予了相当高的评价，认为"这当然是一件令人感奋的事"，"假使政府与人民，中央与地方，咸能和衷共济，不惟新西北的建设易见实现，必胜必成的抗建伟业，亦将多所利得"②。

1943年6月，国民党中央设计局又组织西北建设考察团赴西北考察，考察团分铁路、水利、工业等十二部门，每个部门都有当时一些知名的专家、学者负责。关于考察团的任务，正如团长罗家伦所说："本团使命为考察西北五省建设现状，拟具战时及战后十年建设计划，以备垂择。其工作性质与一般科学考察团之注重某一部门类中某一事实之发现者，实异其趣。故本团之工作应为全面的、综合的，旨在认识西北五省在各项建设部门中已有之基础、现在之缺陷、及今后发展之可能，从而寻取改进发展之途径。"③此次考察，"为时八阅月，历程共一七零二二公里"，用考察团的话说就是"道途悠长，寒暑备历"。④这次考察确实是不虚此行，考察结束后，即撰成"西北建设考察团考察经过报告"进呈国民政府。报告分门别类详加论述，并根据各省实际情况，提出了许多建设性的方案，这是国民政府时期考察西北中门类最全、最为详备的一次。

另外，一些个人和团体也相继到西北考察，其中有新闻记者、作家、金融家及企业家，如原农本局总理何廉在得到金城银行经济上的赞助后，也于1943年去西北考察，其考察的目标就是"要看看在这个地区的经济开发上，政府应该做些什么，私营企业又能做些什么……我们知道那里有农业原料，诸如陕西的棉花，青海、宁夏和甘肃的羊毛可供轻工业加工，但我们不知道到底能供应多少，质量如何，及它的分布情况"⑤。这些考察虽没有掀起又一次大规模的西北经济开发活动，但却为建设西北奏响了前奏的乐章。

---

① 中国第二历史档案馆："经济部西北工业考察团报告"(上)，《民国档案》，1992年第4期。
② "赠言西北工业考察团"，《新华日报》，1942年9月20日。
③ 罗家伦：《西北建设考察团考察经过报告》，台北国史馆编印，1968年，第3页。
④ 罗家伦：《西北建设考察团考察经过报告》，台北国史馆编印，1968年，第23页。
⑤ 何廉：《何廉回忆录》，中国文史出版社，1988年，第228页。

二、考察活动兴起的原因

大体说来,这次前后持续十几年的考察活动热潮的兴起主要有如下几个方面的原因。

1. 西北的历史文化地位不容忽视

西北为中国古代辉煌历史的发源地,秦皇、汉武、唐宗的"发扬武力,都以西北为发祥的根据地……考中国固有文化演进的历史,实由西北而渐趋于东南,中国的古代文化,其策源地皆在西北……可见西北为中国最古的圣地"①。何应钦也指出:"秦晋山地及关中平原,为中华文化策源地……我们为研究与发扬我民族固有文化起见,更要开发西北。"②历史文化虽不能言,但它潜移默化的作用和在人们心目中的地位却是任何东西也代替不了的,即所谓的"情结"在起作用。另外,为了恢复民族精神,唤醒民众意识,在民族生死存亡的紧要关头从历史文化层面出发,向光荣的古代寻找刺激的原动力,对赴西北考察的人士的确有一定的作用,当时很多人就是抱着这种心理和态度踏上去西北的征程的。

2. 国家政策的导向

1931年的"九·一八事变"发生后,开发西北遂成为举国之共识。"自东北事变以来,建设西北,已为全国一致之主张。"③1932年的"一·二八事变"使开发西北的呼声愈加激烈,有人认为:"中国今日之大政,莫急于生产建设,生产建设之道,首重开发西北。时论所谓西北为吾国之生命线,而生命线之持

---

① 曾养甫:"建设西北为本党今后重要问题",载秦孝仪主编:《革命文献》第88辑,台北中央文物供应社,1981年。
② 何应钦:"开发西北为我国当前要政",载秦孝仪主编:《革命文献》第88辑,台北中央文物供应社,1981年。
③ 国民党审查委员会经济审查组:"西北国防经济之建设案",载秦孝仪主编:《革命文献》第89辑,台北中央文物供应社,1981年。

续,要在亟谋开发。"①"现在举国心理,咸以开发西北为首要。"②假如说这些言论只是民意的反映的话,那么,通过的一系列关于开发西北的决议案则说明,南京国民政府已经把开发西北提上了政府日程,并制定了一系列的政策措施。开发西北政策的制定,实际上给人们发出了一种信息,即国人关注、政府关心的西北到了应该建设的时候了,国人也应该一如既往地甚至更进一步地了解、关注西北,以为西北的开发、建设尽己所能,可以说,国民政府西北开发政策的制定在一定程度上对考察活动的兴起起到了导向作用。及至抗日战争爆发,政府视西北为"建国的根据地",这种导向作用便被大大强化了。随着西北地位的日益突出,开发西北声势的高涨,人们了解、研究西北的热情也空前高涨,体现在文字上就是各种专著、游记、调查报告的相继出版,且为数可观。这些著作的出版,一方面,通过细腻的笔触以客观的态度将西北社会呈现在人们的眼前,使人们对西北的了解更深入;另一方面,这些著作中所反映的西北社会的阴暗面及经济上的落后性,不可能不对关心西北的人们产生震撼作用,尤其是那些身处经济较为发达地区而心怀天下的人士,在接触了关于西北的论著之后,也不可能无动于衷,漠然处之。"生于闽疆,长于南洋,留学欧美"③的林鹏侠女士撰写《西北行》,就是因为在看到了介绍西北的论著之后,"慨国难日亟……遂遍游西北各地,笔之成书"④的。可以说,这些著作的出版,使得开发西北的意识渐渐深入人心了。

3. 严峻的西北边防形势促使有识之士奔赴西北考察

1931年的"九·一八事变"和1932年的"一·二八事变"发生后,国人大为震惊:"九·一八的丧钟,惊醒了国人的迷梦!一·二八的炮声,震骇着各个的心灵!大家都感觉口号标语之不足以救国了,于是才转换方向,走向实际救国之路,大声疾呼的到农村去,到西北去!"⑤一些到西北游历归来的人纷纷感

---

① 时伯齐:"开发西北与设计问题",载秦孝仪主编:《革命文献》第89辑,台北中央文物供应社,1981年。
② 张人鉴:《开发西北实业计划》,编者刊,1934年,第2页。
③ 林鹏侠:《西北行》,甘肃人民出版社,2002年,第2页。
④ 林鹏侠:《西北行》,甘肃人民出版社,2002年,第4页。
⑤ 张人鉴:《开发西北实业计划》,编者刊,1934年,张静愚序。

慨:"西北……在国防立场观之,其重要诚不亚于东北也。然目前西北之危机亦不减于九·一八以前之东北。"①有人则从历史的角度出发,认为:"欲救亡图存,惟有积极开发西北,因其地势,充实国防……进则可以控制天下规复失地,退则可以闭关自守为民族复兴根据地,故今日中国之言国防,舍积极开发西北以外,固别无良好之出路也。"②居正亦认为:"现在东北边陲已失,我们这时对于西北……的情形不可再抱从前的态度,蹈袭歧误政策了。"③

新疆问题更是刻不容缓。1928年杨增新被刺后,金树仁主政新疆,"仅三载而事变纷起,全疆云扰,形成内则民族仇杀,生灵涂炭,外则强邻环伺,危机紧迫,瞻首西顾,能不忡忡?"④日本帝国主义也妄图插手西北。"日本之于新疆虽是距离遥远,而也窥伺很久,最近则活动更力。据传日僧山本藏太郎、町井猪正、太和清正三人,借传教为名,潜匿吐鲁番,多方作反宣传,想在新疆造成第二伪国,而尤在极力联络回民,扩充实力。新省的回民,故不会听从日人的宣传,可是日人在新疆势力的膨胀,国人实难忽视的。"⑤"总而言之,日本之急切谋夺新疆,已为极明显之事实矣。"⑥此外,"尚有土耳其、阿富汗等回教国家,或以宗教种族相同,或以边区地域相接,对我新疆,亦时乘机煽动,以遂其侵略之野心"。此外,"德法美各国,虽与新疆相去甚远,然鉴于新疆宝藏之丰富,及各帝国主义角逐之热烈,亦皆思染指其间"。⑦

不独新疆如此,其他各省也多有列强染指。1931年,英国驻华副参赞、少校渥德,以"游历"为名,来西宁进行间谍活动⑧。日本人还"妄想诱惑我甘、

---

① 林鹏侠:《西北行》,甘肃人民出版社,2002年,第4页。
② 王超凡等:"拟请组织健全机关集中人力财力积极开发西北以裕民生而固国本案",载秦孝仪主编:《革命文献》第89辑,台北中央文物供应社,1981年。
③ 居正:"东北沦陷中之西北边陲问题",载秦孝仪主编:《革命文献》第88辑,台北中央文物供应社,1981年。
④ 洪涤尘:《新疆史地大纲》,正中书局,1936年,第233页。
⑤ 赵镜元:"新疆事变及其善后",《新中华》,1933年第10期。
⑥ 洪涤尘:《新疆史地大纲》,正中书局,1935年,第240页。
⑦ 洪涤尘:《新疆史地大纲》,正中书局,1935年,第240~241页。
⑧ 青海省志编纂委员会:《青海历史纪要》,青海人民出版社,1987年,第327页。

宁、青各地的回教同胞在西北成立所谓'回回国'"①。可见当时西北危机的严重程度。实际上,西北危机不仅是一个地方问题,而是关系到中华民族的生存问题,"故吾人当以未亡之前,积极经营,免致自陷绝境,无法挽救,东北既亡,西北当保,所谓失之东隅,收之桑榆,凡我国人,急起图救,此其时矣"②。

4. 西北的战略国防地位决定了其必将受国人瞩目

西北历来是中国各朝代的边防要地,东南国土的大片沦丧更使西北的战略国防地位凸显出来。国民政府考试院院长戴季陶对于西北开发,素具热忱,并认为"环顾全国情况,尤以西北建设为最重,实在关系我们国民革命的前途"③。戴季陶先后几次赴西北考察,以为"欲救西北,首先须振兴农林,尤以造就大量农林人才为根本要图"④,并倡议和发起设立西北农林专科学校,担任西北专门教育委员会常务委员。1934年4月,戴季陶再赴陕、甘、青三省视察,"行踪所及,必详加考察,注意研究水利、林业、交通等问题,并力促其建设之实施"⑤。邵元冲在国民党中央党部国民政府联合总理纪念周上说:"西北问题是整个的中华民族的生存问题,也就是东南同胞要共同努力以求民族生存的出路问题,决不是少数人或者费些微的精神、财力、时间,可以得到很大的收获的。"⑥所以,在抗战进入相持阶段而没有取得胜利之前,西北的战略国防地位决定了其必将受国人瞩目。

三、考察活动对西北开发的影响

首先,对西北的自然和资源状况有了进一步的了解,为我们提供了更为直

---

① 马鹤天:"中国少数民族与中国国民党政策",《新西北》,1937年第4期。
② 洪涤尘:《新疆史地大纲》,正中书局,1935年,第242页。
③ 戴季陶:"开发西北工作的起点",载秦孝仪主编:《革命文献》第88辑,台北中央文物供应社,1981年。
④ 沈云龙:《近代中国史料丛刊续辑》第43辑,台湾文海出版社,1974年,第133页。
⑤ 卢于正:"西北建设观感",《新亚细亚》,1936年第6期。
⑥ 邵元冲:"西北之实际与建设",载秦孝仪主编:《革命文献》第88辑,台北中央文物供应社,1981年。

接的数据。"单就甘、陕、青、宁、新五省而言,'论农产,每年产棉有二万四千八百余万斤,几占全国棉产总额之四分之一;产麻有五千四百余万斤,占全国麻产总额之五分之一;产药材有三千九百余万斤,占全国药材总产额之四分之一强……论畜牧,有羊一千八百五十六万余头,有牛一百四十八万余头,两者合计,几占全国牛羊总数之五分之三。论林业,则有六百余万亩之广大林区。论矿产,则有二百余万吨之煤产储量(青海新疆两省之煤产,尚不在内),铁及其他贵重金属,虽尚无详确统计可考,然以青新两省之矿苗大概观察,其产量亦当不弱'。由此可知:西北不但面积广袤,且亦物产丰富,其有开发之价值,故属毫无疑义。"①西北建设考察团在1943年考察西北时认为,"西北……地下资源最富者为石油","就西北煤矿而言,除新疆煤量为一大未知数外,以陕西为最丰……陕西煤之蕴藏量……尤独富于陕北榆林一带。宁夏煤之蕴藏量……以中卫、中宁一带为较多。青海未经详细调查,据已知之矿,估计其总蕴藏量约为130 000 000吨。新疆亦缺乏详细调查,但北疆……南疆……各处,亦产烟煤……至于甘肃,以如此广大之面积估计,其煤之总蕴藏量仅251 683 000吨"。此外,"西北尚有他种矿产仍应分别开发,如新疆北疆温泉县之钨矿……又如阿尔泰山及祁连山一带之金矿,亦当开采"。②

其次,对西北开发热潮的兴起起到了推动作用。考察是开发活动得以进行的前提和准备。很多措施都是经过考察之后,针对西北的实际情况而提出来的,而不是凭空捏造出来的。

国防设计委员会(资源委员会前身)在成立之初,即"组织了西北调查团,分水利测量、地质矿产、垦牧及民族、农作物及移垦、人文地理五队,赴陕西、甘肃、西宁等地进行了为期两年的实地考查,收集了这些地区大量的经济、政治资料,拟制了开发西北地区的计划,并提出了羊毛改造、森林利用、农垦设施改

---

① 周宪文:"东北与西北",《新中华》,1933年第11期。
② 罗家伦:《西北建设考察团考察经过报告》,台北国史馆编印,1968年,第52~53页。

进等具体规划"①,至抗战爆发前,"调查了西北地区(陕西、甘肃、宁夏、绥远)各省农业作物、农田水利、移垦、畜牧、森林、特产、鸦片产销及禁绝办法等情况,编制了13个调查报告"②,为西北经济开发作准备。

人们从长远考虑,把目光转向了中国的西北角,一时间研究西北的组织、团体骤然增多,他们基于爱国的热忱和共同的兴趣,自发联合起来,纷纷组织各种社团,这些社团主要集中在北平、上海、南京三地,总数不下20个。这些社团除了派人赴西北各地详细调查或举行集会、年会讨论外,并创办了关于西北的各种杂志,倡言当时西北存在的问题和相应对策及开发事宜,以期更广泛地引起国人对西北的关注和中央对西北的重视。新闻舆论媒介也争相报道西北,各大报社争相派员深入西北作实地考察,并以刊载开发西北的文章和报道为时髦。其中尤以《申报》和《大公报》反应强烈。1934年,在一片"开发西北"的呼声中,为进一步了解西北进而研究西北,《申报》编辑部特派记者陈赓雅亲赴西北考察,并把所见所闻随时寄回报社发表,后应读者要求,把所写文章汇集成册,以《西北视察记》为名出版。《申报》的这一举动无疑对宣传西北、开发西北起到了很好的倡导作用。《大公报》不但密切注视开发西北的动态,对开发西北的消息有闻必录,且常就西北问题发表社论,阐述开发西北的重要性和方法问题。尤其值得一提的是,《大公报》还如实刊登了著名记者范长江到西北考察的游记,即后来名闻遐迩的《中国的西北角》。这本书不但对急于了解西北的人们是一本很好的读物,而且书中有些见解在今天看来仍不失其价值,颇有启发性。上海明星电影公司甚至于1934年拍摄影片《到西北去》。这种种举措都对宣传西北、了解西北,继而开发西北起到了很大的推动作用,以致在1934年前后,全国范围内兴起了一次西北开发的热潮。中央大员及各种考察的个人、团体也先后到西北考察,归来后纷纷著书立说,有些人还在考察的

---

① 郑友揆、程麟荪等:《旧中国的资源委员会——史实与评价》,上海社会科学院出版社,1991年,第15页。
② 郑友揆、程麟荪等:《旧中国的资源委员会——史实与评价》,上海社会科学院出版社,1991年,第20～21页。

基础上提出了一整套自己的开发计划和开发设想。

因此,可以说,国民政府时期的西北考察活动就像一个频繁活动的中介,把西北与全国、边缘与中心紧密地联系到了一起,而这种联系一经建立,则西北开发的热潮也日渐升温,西北的各项建设也红红火火地开展起来,使得近代以来的西北社会有了更大的进步。

国民政府西北开发时期城市化建设步骤论述

申晓云

(南京大学民国史研究中心,南京 210093)

现代化,在工业文明的时代,通常是与城市化相伴而行的,可以这么说,一个地区现代化程度如何,这个地区城市化的水平当为衡量的主要标准。20世纪30年代初,国民政府在全国发起了一场颇有声势的西北开发运动,而在这场经济运动中,西北地区城市的建设,无疑是推进当时西北各项建设事业的中心环节和主要内容。尽管因日本侵华战争的发动,西北开发中的城市化方略的很多重要方面未能得到一一贯彻,但已提出的构想,以及得到实施的部分,对近代西北地区的现代发展,仍起到了相当积极的作用。本文即以这一时期国民政府西北开发中城市建设为考察目标,对其主要设想和推进步骤作一简略介绍和分析。

一、西北古代城市文明的兴衰和国民政府以西京建设为龙头的西北大开发

作为中华民族发祥地的西北,历史上有过它的辉煌,其中周、秦、汉、唐四朝的文治武功,乃华夏文明的标志和源泉。而从城市文明来说,西北也乃孕育中国古代都市文明的摇篮,先后在此建都的有13个著名王朝,中国五大帝都中,西北就占其中之三。[①] 特别是汉代丝绸之路的开辟,更沟通了古代中国与中亚乃至欧洲的交往,于是胡商贩客,时见于塞卜,丝路沿线,闾阎相望,城镇

---

① 长安、开封、洛阳、北京、南京合称"五大帝都"。

林立。至唐时,更是盛极一时,古都长安成为当时世界上最著名的国际贸易大都之一。然而,自唐"安史之乱"后,西北经济出现了萧条景象,交通也开始梗塞。都会繁荣向来视商业、交通而转移,随着中国政治、经济、文化重心渐次东移南下,西北的城市也日渐衰败。尤其是近代以来,中国国门在被迫打开后,强劲的工业文明之风不仅给我国东南沿海地区不少古老的城镇注入了现代的气息,还催生了一批颇具规模的新型都市。然而,"春风难度玉门关",由于中国西部的闭塞,肇始于19世纪中叶的近代化春风,到达西北时,却成了强弩之末,且不说还过着"逐水草而居"的游牧区域和落后农村,即便在为数甚少的几个"都市"中,直到20世纪国民政府启动西北开发前,稍具规模的近代企业仍屈指可数。美国著名记者埃德加·斯诺在《西行漫记》中曾作这样估计:"在整个西北,在陕西、甘肃、青海、宁夏、绥远,这些面积总和几乎与俄国除外的整个欧洲相当的省份里,机器工业总投资额肯定大大低于——打个比方来说——福特汽车公司某一大装配线上的一个工厂。"而作为历代建都之地和中国文明象征的古都长安,城中除残碑数块还在向人们述说着往昔的辉煌外,近代文明难觅踪影。仅就教育一项来说,在东南沿海高等教育已相当发达的20世纪30年代,陕西作为西北教育状况最好的省份,全省也仅专科学校一,师范学校三,学生总计不超过1 400余人,高等教育几乎是空白。而西北历史上的其他一些名城,如西宁、兰州、迪化等,虽然仍谓之"西北重镇",实际乃西部一些地区传统农牧商品集散中心场所而已,旧时通都大邑盛况,早已不复再现。

时至30年代初,随着蒋介石南京政府对中国广大地区控制权的加强,国民党作为执政党将重心转向"建国",为实现其工业化建国方略,并为最终抵御日本做准备,国民政府在全国掀起了开发西北的热潮。然而,向西北进发既然是一场大战略,那也就如同打仗一样,是需要首先设置前沿阵地和指挥中心的,而古都长安不仅历史上就是西北各省政治、文化上的重心,在地理位置上也因"入西北之大门"的位置,在国民政府酝酿西北开发时,其桥头堡地位得到凸现。而国民政府拟议西北开发之际,正值九·一八后民族危机空前加深之时,当时因淞沪又燃战火,国民政府已临时迁址洛阳,在国难加重的严峻情势下,政府为未雨绸缪计,陪都选址问题也刻不容缓地摆上了议事日程。而当时中国西南省份还为地方军人所控,西北诸省则在中原大战后,中央势力已基本进入,并开始施加有效影响。在这样的情势下,古都长安(今西安)因其历史上的重要地位和时下较利于开发的条件,成为国民政府陪都的首选之地和政府推进其经济西进战役的"龙头"。1932年3月,国民党四届二中全会通过了"以洛阳为行都,以长安为西京"的决议,为"开发西北"揭开了序幕。① 关于西京城市开发和建设的意义,其时西北开发力倡者、国民党中央宣传部长戴季陶曾作这样的表述,他说:"开发广大西北的最初一步,还应该先去开发总握着西北事业中心的西京。大家应该先用政治的、经济的力量去建设西京,好比作战场,西北五省的总领域是前线,而西京却是后方的司令部。它负有调遣、指挥上的使命。"

为建设西京,国民党中央成立了专门的西京筹备委员会,负责同意筹谋规划开发西北一应事项。1932年5月,国民政府公布了"西京筹备委员会组织章程",并确定每月拨给3万元经费以作委员会办公之费用。② 为支持西京建设,蒋介石还一次特拨款项3万元,以"接济不时之急需"③。为加快陪都的建设,西京筹备委员会于1934年特设西京市政建设委员会,专事市政开发。该委员会成立后,立即着手对旧城状况作了详尽调查,包括地形测量、地图绘制等,同时还组织专门人员,紧急翻译出版了《德国之都市土地区划整理》、《德国之都市计划法制及其行政》两书,参照国外一些大都市建设的成功经验,按照打造现代都市的标准,拟出了一份"思路清晰,论证周密,设计宏伟,也颇为前瞻性"的市政建设规划。④ 在作规划的同时,城市开发也有条不紊地开始进行,主要事项有修筑马路、开导沟渠、完善设施、规划新区,乃至植树绿化、保护古迹等。⑤ 除了城市硬件的建设外,西京作为陪都,国民政府对其软件要素,

---

① 秦孝仪主编:《革命文献》第89辑,台北中央文物供应社,1981年,第1页。
② 《中华民国国民政府公报》1932年5月3日,法令,洛字第7号,第3页
③ 详见《西京筹备委员会工作报告》1935年,南京图书馆特藏部收藏。
④ 关于西京建设委员会的工作,详见《西京筹备委员会工作报告》(1935年,南京图书馆特藏部收藏)。今人对其评价,可详见吴宏歧等:"抗战时期西京市政建设委员会的城市建设工作与都市规划",载《西北地区农村产业结构调整与小城镇发展》,西安地图出版社,2003年。
⑤ 详见《西京筹备委员会工作报告》(1935年,南京图书馆特藏部收藏)。

如行政区划、法制管理等,也都予以了相当的关注,这一点从为"俾资参考"而翻译出版的两本书书名及其内容上都可窥一斑。① 然而,因国内、国际情势的变化,1935年后国民政府改设陪都于重庆,这对推进中的西京建设来讲,大打折扣是毫无疑问的,尤其在战争爆发后,原来规划中的很多事项已不能付诸实施,但可以肯定的是在西北开发启动至战前短短五年中,西京的建设使古城长安恢复了生机,仅以市区人口为例:据陕西省建设厅发表的统计,1932年长安被设置为西京市时,市区人口数为114 389人,1933年为121 583人,1934年增至125 141人,而到战时的1939年更增加到了145 705人,商业繁盛也为西北各省、市、县之冠。②

当然,国民政府建设西京的目的并不仅仅是为了建设一个陪都,而是为了通过陪都建设,拉动整个西北经济的增长。因此,上述打造西京陪都时得到大力推进的市政建设,只是这一时期西京建设的一个重要方面,而其真正"龙头"作用的发挥,则更多地体现在了城市工业化的起步,以及对周边地区经济的带动上。在工业化时期,城市要发展离不开现代交通和大型产业,西京城市面貌得到大的改观,某种程度上得力于陇海铁路的通车。③ 陇海铁路西段工程的开筑与陪都建设是同步的,自1933年初开工,一年后即筑至潼关,年底筑抵西京,随着铁路的开通,沿途"荒凉之地,一变而成繁荣商埠"④。1936年底,陇海

---

① 详见《西京筹备委员会工作报告》(1935年,南京图书馆特藏部收藏)。
② 《西北考察地区试拟》(手写件),时间、地点不详,据内容推算是1942年,原件现藏南京图书馆特藏部。
③ 陇海铁路的前身是前清光绪二十九年,晚清政府与比利时驻华电车铁路公司共同修建的汴洛铁路,汴洛铁路东至开封,西至洛阳,全长185公里,到宣统元年,汴洛铁路基本完工。1912年,根据汴洛铁路借款合同第23条规定:如比公司建筑汴洛铁路,能谨守合同之规定,中国政府认为满意,则于延长路线时,得予比公司以募债筑路之优先权。我国政府又与比方另订了陇海铁路借款合同,建筑由兰州经西安、潼关、陕州、洛阳、开封、徐州至海滨之路线,但由于时局动乱,资金短缺,此项西展过程竟一直延宕至国民政府西北开发正式启动后,方提上议事日程,并于1933年正式动工。而筑路资金指望比方、荷方已经是不可能了,在这种情况下,国民政府铁道部就决定放开陇海原合同,自力经营。1930~1937年,陇海铁路各工程段的修建费用基本上是由国民政府向中国、交通、金城、盐业、中南五大银行借款,还有一部分来自北宁、津浦、平汉等路的协助,总计完成了投资2 452万元。见国民经济计划委员会编:"战前陇海铁路及连云港码头建设",载秦孝仪主编:《革命文献》(第90辑),台北中央文物供应社,1981年,第174~178页。
④ 《大公报》,1934年4月20日。

线西京至宝鸡段也顺利完工,同一时期筑成的西北干线还有咸同铁路(咸阳—大同)。这两条铁路动脉的贯通,给西北经济带来了鲜活的动力,首先是沿线一些新式工厂的纷纷创立。以纺织业为例,陕西为西北最主要的产棉区,但在陇海路未达西京前,陕西全省稍具规模的纺织企业没有一家。通车后,以西安为中心沿陇海线关中段东西扩展的棉、毛纺织业首先得到发展,先后开办的有纺织厂五家,毛织厂两家。与此配套的打包工业也有大的发展,中央银行最先投资50万银元,在咸阳建成机器打包公司,工人3 000余名,月产3万余包。1933年,民间集资法币1亿元在渭南西关开办的西北聚记棉花打包公司也正式投产,以后又有西北机器打包股份有限公司、潼关打包公司的相继创办。除纺织和打包业外,其他新式产业,如机器制造、电气、制粉、漂染、火柴、印刷、制革、化学酸、制药等业,也都从无到有,先后设立,到战前为止,全省兴办各类工厂32家。① 再拿金融业来看,西北地区在20年代末时还没有一家现代银行,币制也不统一。1930年,设立在西京的陕西省银行开始营业,但也只此一家。西京建设启动后,1934年中央、交通、农民、金城、上海等银行相继进入,先设总部于西京,再设办事处和分行于西北其他省份。这些银行的开办有力地推动了西北的开发事业。此外,如电气业的发展也是重要方面,建设现代都市,解决电力供应是当务之急,否则不仅发展不了现代工业,就连照明都有问题,所以西京建设一开始,中央建设委员会就与陕西省政府合作开始了西京电厂的筹建。西北其他几个省份也陆续上马了各自的电器事业,先后建成的有甘肃武威电厂、兰州电灯厂、迪化新光电灯公司、宁夏电灯股份有限公司等。至战前为止,西北四个省会城市及天水、咸阳全都已结束了油灯照明的历史,部分工业也用上了电力。

以上所述,仅为国民政府西部开发以来,在西京建设带动下,陕西乃至整个西北地区取得成效的个别例子。可以说,到战前为止,在短短四年的建设时间中,一个以西京建设为龙头,陕西关中经济带为中心,进一步向周边辐射的开发格局已经初步形成。

---

① "西北工业之现状及改进办法",载中国银行经济研究处:《经济情报丛刊》第16辑。

二、确立兰州在西北开发中的中心城市地位，带动西北区域经济的渐次拓展

西北五省中，除陕西外，以甘肃省最为重要。甘肃东连关中，北临朔漠，西通青新，南下巴蜀，是西北各省的中心。宁夏、青海均甘肃所分出，而甘肃之中心则在兰州。兰州，清兰州府，古西羌地，城濒黄河南岸，面皋兰山，控河为带，金城汤池，地理位置至为险要。不仅如此，兰州还为我国大陆面积之中心，居国土两大半壁之枢纽，故有中国"陆都"之称，历史上汉通西域，清平新乱，皆以兰州为根据地。① 因此，战前西北开发之初，就有人提出"经营西北，必先经营甘肃，经营甘肃，必先建设兰州"②。而国民政府在确立以西京开发为龙头的开发步骤时，也确实有一个以陕、甘、青三省建设先行，将甘肃、青海两省的省会兰州、西宁，与西京、洛阳一起列为西北四大中心城市，使之与西京建设同步，推进西北地区全面开发的设想。③ 然而，由于长年内战，加上世界经济危机和国内的自然灾害的影响，南京政府在实现其西进战略时，遭遇经费的严重不足，故只能采取"集中有限的经费在特定区域举办一些重要事业"的做法，乃有"先从陕西、河南一带作起，把这一带经济文化发展了，然后才推行到远的新疆、青海各地方去"的实际考虑。④ 落实到城市建设上，战前国民政府建设重心主要在陕西，城市建设则主要为西京，兰州、西宁等城市虽也被列为"中心城市"，城市建设也略有开展，但毕竟力有不逮，就战前来讲，兰州城市面貌变化不大。迨至战争爆发，河南、河北、山西以及东南沿海各地省份相继沦入敌手，

---

① 兰州古称金城，因地理上位于中国疆域之中心（几何中心在凉州，兰州为接近中心之大城市），故有"陆都"之称，海都乃南京，南京古称金陵，两城合称为"二金"。
② "兰州开发论"，载《人地学论丛》，1932年第1集；"开发西北应以甘肃为中心"，载《拓荒》，1933年第1期。
③ 在这一设想中，西京是陪都，兰州和西宁是西北甘、青两省的首府，被列为西北重点建设城市当无疑义，而洛阳地处河南，严格来说，并不属西北城市，也不在当时国民政府已决定率先开发的西北五省之列，但因在国民政府确定西京为陪都的同时，洛阳被确定为"行都"，故也是重点建设的"中心城市"之一。
④ 戴季陶："在国府纪念周讲演"，《中央周报》，1934年3月26日。

陕西也一下由"前方的后方"变为"后方的前方"。而作为西北第二大城市的兰州，则因其极其重要的战略位置，不仅成为抗战建国中的众所瞩目之地，其西北"中心城市"的地位也再次得到确认。

什么是中心城市呢？中国殖边社理事长汪昭声在谈西北建设时是这样认为的，中心城市即"不论在经济上、政治上还是文化上的设施，都可因辐射的作用，而起示范和导化的功效"的城市①，就此一作用而言，兰州城市的地位，及其对西北经济发展的影响，实要超过西安。首先从地理位置来看，兰州是西北河西走廊上的最大城市，而河西走廊古来就是贯通东西，连接欧陆之交通孔道，以往宁夏、青海两省间的物资交流就主要通过此走廊进行，由于战前陇海铁路已筑抵宝鸡，由宝鸡经甘肃天水，以达兰州的工程也在加快进行，一旦通车，下一步的计划就是甘新铁路的修筑，即将陇海铁路再由兰州西展出玉门而达新疆，并与苏联的西土铁路相衔接。这一计划倘能实现，中国的这条西北大铁道，不仅是中国国内连接东西的经济大动脉，还将真正成为连接亚欧大陆的交通捷径，而兰州当国际陆路交通要冲的地位更无可估量。当然，陇海路西展过程非轻而易举之事，在战争时期资金、人力都十分紧缺的情况下，实际上直到战争结束也未完成。然而，这并不稍减兰州作为西北交通枢纽和战时国际通道的地位。因为，在铁路在短时间内尚无力筑就的情势下，西北交通落后状况的改变，某种程度上取决于公路交通的改善，而兰州在西北公路交通上的枢纽地位是无可替代的。首先看中苏公路的开辟。这条公路实际分两段：第一段，自俄境入新疆，经乌苏、迪化、鄯善、哈密至猩猩峡（今名星星峡，下同），再经安西、玉门、武威、永登，达兰州；第二段从兰州经定西、静宁、平凉抵咸阳，再转陕川路，经汉中、广元至成都。它的通车不仅沟通了中国的大西北和大西南，也打通了中国内地与国际的通道，在战时发挥了重要军事和民用物资运输作用。② 除中苏公路的开筑外，国民政府战前在西部（包括西南省份在内）还

---

① 汪昭声："西北建设论"，中国殖边社，民国32年印行，第87页。
② 太平洋战争爆发后，由于西南对外通道被切断，对外通道只有西南的驼峰运输航线和西北的公路运输。资委会矿产，部分靠昆明航运，交美国，而交苏联的货物和接受苏联援华物资，则主要靠公路运输，也即从西南长途运至猩猩峡交苏联。

新辟和修筑了公路干线多条,其中经兰州直接通向西北各省,并与川北公路相接的公路线就有西兰、兰哈、甘新、甘青、甘川、兰宁等多条干线,兰州也因此真正成为连接西北甘、青、宁、新各省,并沟通西北与西南各公路干线的联运中心。加上兰州城外黄河渡津铁桥的建成,其现代工程在西北当为翘楚。除此而外,在航空方面,也有"两金线"的通航①,战时又新辟了兰州至迪化、兰州至宁夏新航线,从而为战时中苏物资交易和流通架起了空中桥梁。所以,仅就交通而言,兰州作为西北中心城市的重要地位,也是十分突出的。

再从能否带动周边地区经济来看,兰州不管发展工业还是繁荣商业,不仅本身有着得天独厚的条件,对周边地区的影响也是最大的。就商业来说,地理学家张其昀对其辐射作用曾作如此赞誉:"甘宁青三省地居黄河上流,在商业上俨然自成系统,而以兰州为其最大焦点。附近复有焦点六处,为各地方之商业中心,如陇东区之平凉,陇南区之天水(旧秦州),洮西区之临夏(旧河州),湟中区之西宁,河西区之张掖(旧甘州),宁夏区之宁夏,皆以兰州为其枢轴。言水运,上起西宁,下达包头,言陆路,东起潼关,西至迪化,皆为其贸易区域。上述平凉等六镇以外,复有若干城镇,以河西区为例,张掖以外,武威(旧凉州)、酒泉(旧肃州)、敦煌,商业也称殷盛。若以兰州比于太阳,甘州之类犹行星,敦煌之类犹卫星。甘、宁、青三省自成一太阳系,构成伟大之商业网。"②再就发展西北之特宜工业来讲,同样以张其昀话来说,"观兰州之位子,实有成为亚洲最大羊毛业中心之希望"③。兰州是西北省份农产品和畜牧产品的最大集散地,输出商品中又以黄烟、水烟、羊毛、羊皮、药材、盐为大宗,尤以羊毛出产为著,皋兰市上的羊毛不仅价贱,素有"千钱头羊羊皮值半"之说,质量在西北诸省中也堪称第一。昔左宗棠平定新疆,就曾创设甘肃织呢总局于兰州,规模宏大,设备完美,就当时言,在国内也是首屈一指的。虽后来因办理未善,加上政局不定和交通不便,生产时作时辍,屡有停顿,机器也损坏多半,但把兰州定位为中国毛纺业基地,拿国民政府资委会地理学专家张其昀的话来说"左氏工业

---

① 指南京到兰州的京兰航线,因南京旧名金陵,兰州乃古金城,故此线名"两金线"。
② 张其昀:"陆都兰州",《大公报》,1942年10月12日。
③ 张其昀:"陆都兰州",《大公报》,1942年10月12日。

区位之观察是极为正确的"。① 由于兰州的这一区位优势,国民政府启动西北开发后,军政部即派员接受了左宗棠早年创办的兰州织呢厂,并很快整顿开工,兰州毛纺织也在积极创办中,1939年正式开工,前后安装先进机具百余台,纺锭1529枚。1940年又于兰州建成大型洗毛厂,后扩建为西北毛纺织股份有限公司,至1945年时,年生产能力达10万米毛呢。再从制革业来讲,西北多高原、高山,农业发展较有限度,而发展畜牧业却大有前途,但由于以往西北地区制革工艺的落后,西北皮毛的出口大受影响。兰州虽为西北最大的皮革贸易中心,但城中原来仅有的几家制革工场条件都极为简陋,技术含量极小。为发展兰州制革工业,政府首先对原有制革工场进行了扩充和改造,原先的手工操作主要改由机器进行,主要由政府投资开办的建国制革厂和兰州制革厂也都先后投产。除纺织和制革外,这一时期从无到有,在兰州得到发展的工业行当还有机制、化工、面粉、翻砂、火柴、印刷等,战前原有的和新办的工厂加起来也不过25家,战时因产品急需,又有武汉、山西等地一些工厂迁入,兰州厂家在短短两三年内迅速增至97家,可谓一日千里。其中纺织业27家,机器冶炼业27家,制革业14家,印刷业12家,造纸业12家,化学业12家,制药业3家,其他为玻璃、面粉、火柴业等。② 更引人注目的是兰州附近玉门油矿的开采,甘肃由此成为是国内唯一的石油产炼基地,兰州也因此被称为"石油供应之总站"。③ 玉门油矿的开采还极大地带动了其他工业。1939年,中国石油公司设立了玉门石油机械厂,成为中国第一家石油机械企业。1941年甘肃省与资委会先后合资3000万元扩建原甘肃制造厂,改名甘肃机器厂,次年在兰州又建新厂,主产锅炉、车床、刨床、抽水机、纺织机等,成为西北最大的机器

---

① 张其昀:"陆都兰州",《大公报》,1942年10月12日。
② 中央银行经济研究处编:"西北生产现状及改进办法",《经济情报丛刊》第16辑,民国三十二年印行。
③ 此也为张其昀语。概因玉门油矿开采后,战时设在兰州的甘肃油矿局就成为当时国内的供油大户。到1945年时,玉门油矿年产原油6.6万吨,天然气1566万方,该局油品按月油矿南运供应重庆市各公务和军事每月13 000加仑,美空军四川基地地面用油每月17 000加仑,还每月向资委会提供汽油5万加仑,是战时公路运输车辆用油的有力保障。

制造厂家。①此外,兰州的城市建设也带动了周边地区电气业的发展。因城市建设必须在资委会与甘肃省政府合作下,原兰州电灯厂在战时被改建为兰州电厂,1940年又于黄河沿岸新厂址安装132千瓦发电机2台,1941又新建玉门电厂,后扩容至400千瓦,同时将原天水电灯厂接归兰州电厂管理,在天水东五里铺建成新厂,装机容量358千瓦,又在天水王家磨修建水利发电站,使甘肃电力装机总容量达750千瓦。此外,在甘、青之间,也准备利用青海、甘肃的享堂峡、老鸦峡,再筹建一大规模的水电厂,离兰州与西宁各约100公里左右之地。一旦建成,不仅可供兰州区的工业用电,青海工业发展也将因此受惠。

由于兰州在西北开发中作为"中心城市"的战略地位,政府对其城市建设资金投入力度也大幅度增加,据中央银行经济研究处统计资料,1942年甘肃97个厂家资本来源中(甘肃工业主要集中在兰州),政府投资占72%,私人集股占16%,私人与政府合伙投资占8%。由于政府出力打造,兰州不仅工业门类逐步齐全,城市文化、教育功能也得到增强。西北省份文化落后,拿高等教育来说,战前甘肃全省仅兰州的甘肃学院一所,且经费困难,设备也简陋。西北开发开始后,人才紧缺一直是制约开发事项的瓶颈,培养技术型人才,尤其是西北当地青年成了当务之急。甘肃原来教育事业较之宁、青两省有基础,文化水准也远在青、宁等西北边远城市之上,中央乃有以"兰州为发展西北教育之中心"的设想,也即将兰州作为"改进西北之教育之第一阶梯",在采取措施改善和发展兰州教育的基础上,谋整个西北教育的根本改观②,这一努力也是初见成效的。仅以高等教育为例,首先由中央拨款对原来的甘肃学院进行了扩充改建,增加了农林、水利、工程、矿冶、畜牧、兽医、制革、纺织等系科,主要培养西北当地人才的边政学院也在积极筹建之中,更有兰州图书馆的落成。这些文化教育设施较之文化发达地区来讲,是微不足道的,但在西北地区却是首屈一指的,也是极具示范性的。

---

① 衬鸿胪:"甘肃省国有手工业及新兴工业",《西北问题论丛》第3辑。
② 徐旭:《西北建设论》,中华书局(重庆),1944年,第87页。

三、根据多样化原则发展西北城镇,推进不同层次和规模经济发展中心的形成

由于长期以来内陆腹地的闭塞,中国西北地区城市化整体水平是极其落后的。除西安、兰州、西宁、迪化等几座历史上曾为通都大邑,而今又仍为省会的城市外,西北的原有城镇不过历史自然形成的某一地区的物产交流场所而已。当然,之所以为集镇,也自有其较之别处更方便物品流通的条件,如地势、交通、物产和文化遗产等,如何挖掘和利用这些资源,使之在现代工业开发中成为新的经济增长中心,此乃西北地区城市化能否真正得以推进的关键。1942年,抗战进入第五个年头,也即最为艰苦的阶段,而随着西南国际交通线被断,西北国道成为对外唯一通路,建设西北于持久抗战的重要意义更形凸现。1942年,将介石亲赴西北视察,返回重庆之后,昭示国人谓"西南是抗战的根据地,西北是建国的根据地"①。由此西北开发进入新阶段,以中心城市为依托,进一步带动西北中小城镇发展也提上了开发日程。为此,国民政府首先组织专家学者,对西北诸省城镇分布,历史和现状进行了调查,被列入考察重点的西北主要城镇为:

陕西:西安、宝鸡、南郑、安康、延安、榆林、延长、邠县(今彬县)
甘肃:兰州、天水、武威、石门、敦煌、临夏、平凉、张掖、酒泉、安西猩猩峡
新疆:迪化、哈密、伊宁、塔城、疏勒、吐鲁番、奇台
宁夏:宁夏、中卫、平罗
青海:西宁、湟源、都兰、玉树 ②

为加强对西北中小城镇开发的指导,国民政府在对上述主要城镇的基本情况(包括人文、地貌、物产、交通、人口,以及工业基础、附近矿产、传统商贸品

---

① 徐旭:《西北建设论》,中华书局(重庆),1944年,第3页。
② "西北考察地区试拟"(手写件),1942年,南京图书馆特藏部收藏。

种,乃至民族、宗教习惯等)进行全面调查的同时,对西北主要城镇之旧有资源优势,以及今后发展潜力都作了相应的"性类"划分。以下为"西北考察地区试拟"中,对上述西北主要城镇的"性类"标注。

陕西:1. 西安:政治中心、工业中心
　　　2. 宝鸡:新兴工业区
　　　3. 南郑:文物荟萃之重镇
　　　4. 安康:陕东南重镇
　　　5. 延安:边区政府
　　　6. 榆林:陕北重镇
　　　7. 延长:石油产地
　　　8. 邠县(今彬县):陕甘交通要站
甘肃:1. 兰州:省会,政治、工业中心
　　　2. 天水:陇南工商业重镇
　　　3. 武威:陇西首邑,商业重镇
　　　4. 玉门:石油产地
　　　5. 敦煌:名古迹地
　　　6. 临夏:四教、新教中心地
　　　7. 平凉:陇东工商业重镇
　　　8. 张掖酒泉:陇西要道
　　　9. 安西猩猩峡:甘陕要冲
新疆:1. 哈密:新疆门户
　　　2. 迪化:新疆省会,政治中心
　　　3. 伊宁:新边地重镇,国际贸易中心
　　　4. 塔城:边地军事重镇
　　　5. 疏勒:西部重镇,国际贸易中心
　　　6. 吐鲁番:南疆商业中心
　　　7. 奇台:北路交通枢纽
宁夏:1. 宁夏:省会,政治、工商中心

2. 中卫:宁、甘间交通要道
　　　3. 平罗:宁、绥间交通站
青海:1. 西宁:省会,汉藏第一大交易地,始祖诞生地,青海内陆大湖
　　　2. 湟源、共和:皆商业中心
　　　3. 都兰:青海东部重镇
　　　4. 玉树:海南商业中心,汉藏交易要区

　　从上述"性类"标注中,我们不难窥见国民政府在西北城市化战略上,下一步的推进思路,倘要对这一思路作一表述的话,以下三个方面的意向应该是清楚的:

　　1. 重视对西北原有城镇资源挖掘和利用,强化其区位优势。城镇形成的一个重要原因在于它在构成城镇要素的某一方面有着明显优势,这一优势既是城镇以往繁荣的基础,又是今后发展的资源。由于某些有利于城镇发展的要素只有在恰当的区位才比较容易获得,所以在准备对西北城镇作有计划开发时,为适应经济发展的不同水平和不同目标,国民政府对准备重点开发的城镇之区位类型作了划分,这说明了对开发对象区位资源的重视。事实上也是如此,为给西北各项事业的开发提供科学根据,国民政府对西北主要城镇区位资源的摸底是十分周详的。以对西北商贸型城镇的摸底调查为例,从所见调查大纲来看,涉及对象不仅包括已具一定规模的重要城镇,还包括一些已开辟之商埠、或准备设置中之商埠。内容也不仅是商情,还包括商贸繁盛县份和重要市镇之物产条件、交通、人口状况,其所具有的特种物品贸易上之便利条件,以及于邻近地区商业上之重要性,乃至货物交易额、民众交易习惯等。为使结论更具可靠性,对调查手段和采用方法都有明确、具体的规定。[①]

　　2. 采取多样化原则设计城镇类型,发展城镇特色。西北地域辽阔,各个地区自然条件差异很大,发展也不平衡。因此,根据区域物产、自然条件与地理环境,对城镇发展作多样化设计,是国民政府规划西北城镇开发时的一个重

---

① 尹仁甫:《西北调查工作计划纲要》,西北论衡社,1942年,第38～39页。

要做法，上述"考察地区试拟"中给重点城镇作性类区分，即为考虑到这方面因素的反映。如标以"工商业重镇"，表明这些城镇在繁荣商业或发展工业上具有得天独厚的条件，而标注为"交通枢纽"、"要道"、"要冲"和"交通站"的，则表明这些城镇在军事和经济上所具有的巨大价值，而标注为"文物荟萃之地"或"名古迹地"、"宗教中心地"等，则表明这些城镇在文化传承和宗教信仰上无可替代的重要地位。这些既是城镇所具的特色，也是该城镇发展潜力所在。正因为如此，国民政府在设计西北城镇发展时，对各城镇的主导经济和特色产业是予以充分关注的，遵行的是一条"宜工则工，宜商则商"的城市开发思路，这无疑将大大减少城市开发中的盲目性。

3. 选择有发展潜力的城镇作重点突破，带动地区经济的快速增长。因自然条件和经济发展水平不一，西北城镇差异性很大，发展起点也各不相同，要同时进行全面性开发，事实上也是不可能的。因此，国民政府在开发步骤上显然采取了以若干核心地区作为经济增长中心，选择有产业支撑，基础条件较好的城镇作优先发展，以重点城镇开发带动区域经济增长的做法。以陕西宝鸡为例。宝鸡地处川陕孔道，周围物产丰富，并盛产煤铁原料，是发展工业的很好条件。所以在规划西北工业经济发展时，就有人提出"将来西北工业大兴之日，当分为若干中心区，而不当集中于一地"时，宝鸡应该成为西北除西京、兰州后的另一"新兴工业中心"。① 再以甘肃河西之永登为例，尽管仅为一小县城，但因位于河西一带，地近兰州，交通便利，具有集散货物的条件，物产也丰富，且附近又有煤、铁、耐火土、铝养石、大理岩等矿产可供开采，由于具备了这些有利工业发展的条件，在对甘肃城镇作开发设计时，永登即被列为拟开发的重点，并期以开发永登来带动整个河西工业经济的发展，进而"引发西北的种

---

① 徐旭：《西北建设论》，中华书局(重庆)，1944年，第173页。以"新兴工业区"定位的宝鸡，战前已有初步发展，战时又有不少内迁企业迁入，据"西北考察地区试拟"中提供资料，到1939年时，城中已有商业公司及货栈45家，布店42家，广货33家，药店32家，其他251家，大小工业200余处，其要者有申新纱厂发电厂，大新面粉厂、发电厂，福新面粉厂宝鸡分厂，公益纺织厂等，经济部工矿调整处也特设办事处于此，中央、中国、交通、上海、陕西银行和工合金库等家在该地也都设立了金融机构。产业经济的发展，人口也增至2万余，新兴城市已具雏形。

种工业"①。这种以产业化带动城镇化,以优先发展重点城镇,带动周边,渐次推进区域发展的设想,嗣后虽因种种原因,并未得到落实,整个西北城市化的进程也因战后内战的即行爆发而未能得以继续,但国民政府在20世纪30~40年代,为推进西北城市化所作过的努力,以及采行的或未及采行的若干设想和步骤,至今仍都是有其一定价值的。

---

① 徐旭:《西北建设论》,中华书局(重庆),1944年,第34页。

抗日时期西北城市发展论述

王永飞[1]　李云峰[2]

(1. 陕西师范大学西北历史环境与经济社会发展研究中心,西安 710062)

(2. 西北大学文博学院,西安 710069)

西北地区是中华民族最早的文明发祥地之一,陕西的关中,甘肃的陇南、陇东一带是华夏先祖披荆斩棘、创造发明和休养生息的圣土。历史上有 13 个王朝在陕建都,历时千余年。从秦汉到隋唐,历届中央政府先后融合西北各部族,修筑长城,屯垦戍边,开辟"丝路",以加强对西北边疆的治理和西北经济的开发。西北地区不仅是全国政治中心之所在,而且是全国经济和对外交往重心之所在。因此,宋代以前的西北城镇曾出现过某种繁盛的局面,在关中平原、河湟谷地、河套沃野、河西走廊、天山南北都有一定数量的城镇。

但是自宋以降,随着南方经济的兴起,中国的经济重心和政治中心南迁、东移,加之海上贸易活动的增强,所有这些都使西北失去了昔日的优势地位,曾辉煌一时的"丝绸之路"逐渐沉寂,西北的城市也日趋封闭、衰落。以最具典型代表性的古都长安为例,宋元时期的长安城,面积已不及唐时 1/10,而明清两代的西安城也仅是西部一军事重镇而已,除明朝对元长安城进行过简单扩建外,清代则很少建设。到嘉庆二十一年(1816 年)西安人口减至 29 万人,与昔日之汉唐气象不可同日而语。西安衰落如此,其他城镇也就可想而知了。

道光二十年(1840 年)鸦片战争以后,由于外国资本主义列强的侵略所带来的剧烈冲击,中国社会经历着巨大的震撼和变迁过程。西方列强通过逼签一系列不平等条约,取得了在中国倾销商品、掠夺原料、输出资本、设厂制造等特权,将中国强行纳入到世界资本主义市场体系之中,开埠通商被迫实行。这样,东南一批沿海沿江城市率先走上了现代化发展的道路;内地的不少城市继之发生了某些质的变化,成为具有一定现代化色彩的城市。受其影响,西北的部分城市也开始出现了向现代化转变的趋势。譬如兰州,19世纪70年代,清朝陕甘总督左宗棠在这里兴办了兰州机器局、兰州制呢总局等现代工业,并延及其他城市。古都西安也有了新的变化。光绪十年(1884年),外国教会势力进入西安,在城内和关厢陆续修建天主教堂、耶稣教堂九处。外国人还在西安开办颇具现代色彩的电报局(1889年)、医院、孤儿院等机构。1902～1911年的十年间,西安设立了邮政局,创办了陕西大学堂(今西北大学前身),又陆续创办了武备学堂、巡警学堂、法政学堂、农业学堂、师范学堂、女子小学堂等新式教育机构,还出现了一些销售洋货的商店和药店。然而,西北的部分城市尽管已具有了某些现代色彩,但与全国城市化水平相比,则显得更加落后。

1931年日本侵略者发动"九·一八事变",迅速占领东三省,随之进一步侵入关内,到1937年又挑起了卢沟桥事变,实施全面侵华,中国也由局部抗战发展为全民族抗战。日寇步步进逼,国土大片沦丧,半壁河山落入敌寇之手。在抗日战争的连天烽火中,国民政府由南京先后迁都武汉、重庆,东部沿海沿江的一大批工厂、企业、机关、学校紧急内迁。作为抗日的战略后方,西北这块几乎被"遗忘"的圣土日益引起国民政府和国人的关注,并由此掀起了一股持续多年的开发西北的浪潮。正是在这种特殊的历史机遇和条件下,西北的城市获得了自近代以来前所未有的发展,原有的传统城市加快了向现代转型的步伐,一批新兴城市拔地而起,农村小集镇纷纷涌现。

一、传统城市的转型和发展

1931年"九·一八事变"以前的西北城市基本上都是典型的中国传统城市,政治、军事功能突出,而经济功能明显不足。但是到了1931年以后的14年抗日时期,西北的一批传统城市,如西安、兰州、迪化(今乌鲁木齐)、西宁、银川等首先得到了新的发展,经济功能不断增强,城市规模迅速扩大,文化教育事业空前繁荣,城市的性质、结构、功能和建制规模也发生了明显的变化,逐步转变成为多功能综合性的区域中心城市。

1. 城市的经济功能不断增强

抗日时期,随着西北战略地位的提升,国人把目光投向西北,党政要员和各界有识之士纷纷呼吁开发西北,随之吸引了一部分银行、企业、政府部门到西北投资办厂。特别是1937年以后,随着东部沿海沿江地区的沦陷,为坚持抗战,保存实力,建设大后方,一大批厂矿企业纷纷内迁,这就极大地改变了后方原来工业的落后状况。据统计,内迁的工厂共有452家,技术工人1 200余人,机器设备近12万吨。在这些设备中,煤矿业7 457吨,钢铁业37 242吨,机械业18 578吨,电力及电器工业53 750吨,纺织业3 226吨,化学工业8 756吨,其他工业5 842吨①。除了西南之外,内迁工业在西北主要分布于陕西和甘肃,这对西北经济和城市的发展发挥了积极的作用。从现代工业对城市的影响看,它不仅改变着西北城市的经济结构和生产方式,而且催生了代表先进生产力的新生社会力量如现代工人阶层、工商市民阶层,使西北城市内部逐渐形成一种新的社会结构,加快了城市社会新陈代谢的进程。再者,经济结构的变化也在深层次上引发人们的观念更新和文化思想变革,并使个人和集体的生活方式发生变化。虽然这种变化是缓慢的,但毕竟给城市的发展注入了新的活力,促进了西北城市由消费中心向工业生产中心的转型。

兰州在抗战前的现代工业仅有机械、纺织、冶炼、印刷、电气、火柴、纸烟等几个行业,而且设备简陋,规模小,产量少。但全面抗战爆发后,除了原有的工业得到迅速发展外,诸如矿业、玻璃、化学、造纸、面粉、制药、水泥、电力等新的工业门类也应运而生。据统计,从1938年1月至1944年6月,兰州的工厂数由27家猛增至246家,增加了8倍多;资金总额由战前的1 476万多元上升到1亿多元,净增8 601万元;工人从几百增加到3 380多人②。抗日时期兰州现代工业的发展之快是有目共睹的,在某种意义上,有人称之为"黄金时期"也不为过。

西安是陕西省会所在地。1932年3月,国民党中央曾通过了以长安为陪

---

① 张静如、卞杏英:《国民政府统治时期中国社会之变迁》,中国人民大学出版社,1993年,第126页。
② 王树基:"甘肃之工业",载《甘肃经济丛书》,1994年,第208、210页。

都、定名为西京的决议,尽管最终没有成为事实,但西京筹备委员会多年所从事的规划和市政建设工作,仍在相当程度上促进了西安的城市发展。尤其是西安的现代工业在这一时期发展较快。1935 年,由原石家庄的大兴纺织厂、武昌裕华纺织公司分别投资 200 万元、50 万元在西安北郊建成西北最早的现代纺织骨干企业大华纺织厂,其产品因成本低、质地好,驰名整个战时大后方。全面抗战爆发后,西安纺织业进一步发展,大华纱厂扩建了第六分厂,最盛时有 3.5 万纱锭。另有西北毛织厂、实验毛织厂、西北实业公司毛织厂等六家。机制面粉业是西安另一类大工业。1937 年以后,由于军需民用面粉量的大幅度增加,西安面粉工业迅速发展。总计战时西北共有 30 余家机制面粉厂,其中陕西省就有 25 家,占 80% 以上,而且大部分集中在西安市。[①] 其他如火柴、制革、印刷、机器制造、化学、电力等工业均有较大的发展。

在同一时期,青海之西宁、新疆之迪化、宁夏之银川,其工业状况虽不及兰州、西安,但也有一定的进展。如 1933 年盛世才从苏联进口机床七台,恢复了新疆机器局。宁夏银川建有普利机器面粉厂、宁夏电厂股份有限公司、华兴毛织股份有限公司。青海则由马步芳筹资 100 万元,陆续建起三酸、玻璃、制磷、火柴、洗毛、纺织、皮革、机器"八大工厂"。

在多功能城市的形成发展中,除省会城市外,还应提到陕南重镇汉中。从人口角度看,汉中在"九·一八事变"以前即大大超过了宁夏银川、新疆迪化。而在 1933～1936 年间,西北地区 10 万～50 万人口的城市有四个(西安、汉中、兰州、西宁),汉中是当时仅次于西安的西北第二大城市。在抗日时期,汉中的工业有很大的发展。1936 年宝汉、汉白公路通车后,交通逐渐方便,沦陷区一些工厂内迁,新工艺也随之传入汉中,如修车、修钟表、铁皮器皿、机制卷烟等。为了军需民用,汉中的缝纫业也得以发展,还建有欧亚五金厂、"工合"铁工厂等小型工业。1939 年汉中电厂建成发电后,进一步促进了小型工业的发展,铁工厂、机米厂大量出现。1938 年"工合"汉中办事处设立后,到 1940

---

① 陈真等:《中国近代工业史资料》第 4 辑,三联书店,1961 年,第 408～410 页。

年,共在汉中建立工业及手工业合作社达 54 个。①

西方城市化道路的模式是首先实行工业化,进而带动商业化,并由此引发交通运输业、金融业的发展。而中国西北城市在抗日时期的发展模式则有所不同,表现为工业、商业、金融、交通运输业的同步发展。这是由当时特殊的环境影响造成的。

正是在抗日时期特殊的环境条件下,西北各城市的商业贸易得到长足发展。西安市区商业网点的布局重心由城西南区的南院门逐渐向城东北区转移。到 1939 年,西安共有 115 个行业,6 509 家商号,并按各商号资本额的大小分为 15 等,其中 10 万元以上的商号有 10 家,其余为小本生意。② 抗战军兴,西安的商号较前增加了 1/3,而关中各地的棉花都通过西安运往郑州、上海、汉口等地,西安成为全国最重要的物资集散中心之一。

兰州位于甘肃之中部,濒临黄河,是兰新、兰青、西兰公路的交会点,自古为中原通往西北、西南的交通要冲。因此,兰州市不仅是甘肃的主要商业中心,更是西北诸省的货物集散地。市内街道纵横,商店林立。东关、南关是各行店的所在地,为兰州最繁华的商业区。市内东大街有中山市场,大小货摊不下百十家,大部分经销的是洋货(包括国内外的机制产品)。城隍庙内有国货陈列馆,分制造、农产、杂品、皮毛、矿石、园艺、纺织、食品、药材、木材、美术、服饰等类。抗日时期兰州商业之发展由此可见一斑。

宁夏银川的著名商号有敬义泰商号、天成西商号、隆泰裕商号、合盛恒商号、百川汇商号、广发隆商号、福新店、永盛福店,合称"八大家"。20 世纪 30 年代其资本总额即达 250 万银元,为西北商业界之佼佼者。

事实表明,抗日时期西北的商业贸易已初步形成了以大中城市为中心的大规模市场网络,打破了城市经济的封闭状态,加强了地区之间、城乡之间的经济联系,促进了商品流通,使五花八门的店铺、娱乐场所、社会服务业随之兴起。商业贸易的发展还带动了城市交通运输业、工业、金融、通信和市政建设

---

① 汉中地方志编纂委员会:《汉中市志》,中共中央党校出版社,1994 年,第 194 页。
② 陕西省地方志编纂委员会:《陕西省志·商业志》,陕西人民出版社,1999 年,第 285 页。

等部门的发展。因此,商业贸易的繁荣对城市的发展至关重要。

抗日时期西北城市经济功能的增强,还表现在交通运输业的发展上。交通运输业的兴起和发展沟通和加强了城市之间以及城市内部的联系,促进了人口的流动和商贸的扩大,也推动了生产和市场的集中,增强了城市的吸引力和辐射效应。同时,也刺激了金融业、建筑业、服务业及其他经济部门的活跃。

交通是经济发展的大动脉,又是衡量一个地区经济水平和社会进步的重要尺度。西北地处内陆,交通一贯落后。直到20世纪20年代,西北的现代交通建设才开始起步,30年代达到高潮,终于形成了以大城市为中心、以公路为主体的西北交通运输网络,从而改变了西北自近代以来交通运输落后的状况,促进了西北地区经济结构和城市功能的现代转型。

铁路建设从无到有。抗日时期,陇海铁路由河南入潼关经西安延展至宝鸡,同时勘测了宝兰段,修建了咸(阳)同(官)支线,渭(南)白(水)轻便铁路,这对沿线城镇的发展具有划时代的意义。

公路建设最为突出。在陕西,形成了以西安为中心的公路交通网。1937年以前修成的省内主要公路有十多条。① 1937年以后,在对原有公路改建完善的基础上,又修筑了通汉江北的汉白公路,通甘肃的宝平公路。在甘肃除了重修甘青公路之外,还改善了西兰公路,修建了甘新公路,使之成为贯通西北的国际大通道。于是,陇海铁路、宝汉公路、西兰公路、甘新公路、宝平公路全部联系起来。这对于打通西北国际通道、运送军需民用物资、支援抗战、促进地方经济发展都发挥了十分积极的作用。宁夏在30年代初就建成了银川至包头、兰州、平凉的三条省际道路;银川至盐池、灵武、预旺、定远营的四条省内主线路。青海的公路建设也有很大进展,形成了以西宁为中心的公路网。这时期新疆的交通运输业,被称之为"抗日战争西北大动脉"。1937年7月7日,原北疆的公路即迪化—伊宁、迪化—哈密公路正式通车。为确保国际大通道的畅通,作为新疆境内大动脉的迪伊、迪哈公路又向东西两边扩展,往东从哈密延伸到星星峡与西北公路连接,往西从伊宁延伸到中苏交界的霍尔果斯

---

① 秦孝仪:《十年来之中国经济建设》,台北1976年影印版,第14页。

与苏联公路接通。同时还修筑了额敏至塔城、迪化至焉耆、焉耆至阿克苏、阿克苏至喀什、喀什至和田等公路。到1942年,全疆已修筑公路3 423公里①。

在电信交通方面,为巩固国防,国民政府交通部亦积极筹划建设。陕西于1937年7月底已架设各县环境线9 570余里,长途线联络线1 900余里。甘肃重点是以兰州为中心架设长途电话线,至1937年开放长途电话36处;青海已装设长途电话的有西宁、循化等15处。②

此外,这一时期航空运输也有一定发展。1931年,由中德合办的欧亚航空公司开辟沪新航线,1932年4月开通沪西航线,5月扩展至兰州,12月扩展至迪化,从而使原本陆上往返数月的路程,仅需三天即可完成。1934年,欧亚航空公司又在兰州、宁夏银川间开通航线。航空事业的发展,促进了西北各大城市之间及其与全国各地的交往,加快了信息的传递,使西北与外部世界的联系更趋紧密。

无论是现代工业、商业,还是现代交通运输业都离不开金融业的支持。一般而言,近代以来城市既是商品生产、流通的中心,也是货币流通的中心。货币流转的畅通与否,不仅在很大程度上制约城市自身经济的运转,而且也影响整个国民经济的运转。作为现代金融机构的银行,是城市经济各部门资金流动的中心和枢纽,起着动员闲置资金、集中信贷、组织结算、调节货币流通的重要作用,因而银行业的发展对城市经济的迅速增长影响甚大。"九·一八事变"以前西北金融业多以钱庄为主,银行在30年代才逐渐发展起来。1930年12月15日陕西省银行成立,资本200万元,官商各半,系合办性质。在甘肃,1931年成立富陇银行,资金150万元,后停业。在宁夏,1931年宁夏省银行成立。青海省创设银行比较迟,1946年1月才成立青海银行。新疆银行于1930年7月1日成立,额定资本为500万两。在各省银行相继成立并得到发展的同时,国民政府管辖的各种国家银行和各地商业银行也不断在西北设立分支机构,最终形成以国家银行为核心、以地方银行为基础、商业银行和钱庄为辅

---

① 朱培民:《新疆革命史》,新疆人民出版社,1993年,第272~273页。
② 秦孝仪:《革命文献》第89辑,台北中央文物供应社,1981年,第525~604页。

翼的西北各省金融体系。

传统城市向现代的转型,其关键首先在于生产力的发展,而生产力的现代化又必须首先从工业的社会化大生产入手,因为这是现代城市文明的物质基础。就整体观之,抗日时期西北城市尚处于大后方强大的自然经济的包围之中。然而正是在西北开发和对日抗战的特殊历史条件下,西北各省依靠内迁的人力、物力和财力以及国民政府的支持,迎来了城市工业的兴起、商业的繁荣、交通的更新和现代银行的出现,从而深刻地改变了传统西北城市的性质、结构和主要功能。

2. 城市规模迅速扩大

"九·一八事变"以来,随着民族矛盾的加深,西北的重要战略地位逐渐被国人所认识。特别是1937年全民族抗战爆发后,国民政府一方面对西北地区更加重视,加快了西北开发的步伐,另一方面则着力组织东部沿海沿江的工厂、企业、机关、学校大举内迁,这就为西北城市规模的迅速扩大带来了难得的机遇。

1934年底陇海铁路潼关至西安段的通车,以及随之而来的战时工厂的内迁,对古城西安的城市发展意义尤为重大。此后,在原来西安市东北区的大片空地上,以西安火车站为中心,向南、向北发展起一批现代企业,并陆续开辟了许多新街道。这些街道如棋盘,似菜畦,纵横排列有序:从北新街到东城墙之间,由西向东数的南北方向街道依次称作尚平路、尚智路、尚德路、尚仁路(今解放路)、尚俭路、尚勤路、尚爱路;从火车站到中山大街(今东大街),由北向南数的东西方向街道依次是崇耻路(今东八路)、崇廉路(今东七路)、崇义路(今东西六路)、崇礼路(今东五路)、崇信路(今东西四路)、崇悌路(今东二路)和崇孝路(今东一路)。其次,各类民用建筑和商业机构增多,也使城市的面貌为之一新。1936年前后,一些官僚和资本家在北新街一带陆续盖起了"一德庄"、"四皓庄"(今尚平路以东)、"五福庄"、"六谷庄"(今尚平路以西)以及"七贤庄"(该庄的一部分今为八路军驻西安办事处纪念馆)等新村,成为当时西安城内最阔绰的住宅和街坊。新市区东部尚仁路两侧由北向南分布着中国银行西安分行、陇海铁路西北管理局、中旅西京招待所以及民生市场、民乐园、新民影院等金融、管理、服务机构和场所。其中民乐园和民生市场是西安棉布棉纱和日用百货市场；这里距火车站、汽车站均较近，逐渐成为西安市新的商业中心。尽管这片以前由满人居住的地方（即满城）也属于城区，但在更确切的意义上，直到此时才算真正迈上了城市化的道路。再者，由于城东北区的工业日渐兴旺繁荣，除城内新建道路外，西京市政建设委员会于1941年4月间在北门外辟筑了东西自强路八条、南北抗战路九条及建国路八条共长40余公里之土路。这就极大地扩展了西安市的城市规模。

全民族抗战时期，兰州的城市规模也扩展较快，1941年7月1日，兰州设立市建制，属省政府直辖。市界东至东稍门，西至七里河，南至拱兰门，北至庙滩子，面积约16平方公里，人口16万余人。这一年，拆除了拱兰门（南稍门）、袖川门（西稍门）、永宁门（西门）、来熙门（东门）、通济门（桥门），将市中心原来的六条主要街道，拓宽为15～30米的碎石路面；街道两旁各修了3米宽的人行道，并栽植人行道树；沿街旧式铺面，均改建为砖木结构的二层楼。市容面貌有了相当程度的改观。1944年又扩大市区，其所辖范围，在黄河南岸，东起阳洼山，西至土门墩（不含马滩），南界八里窑、皋兰山顶（包括头、二、三营子）；在黄河北岸，沿黄河所在滩地，东起盐场堡，西至十里店，面积扩大为146平方公里。至于银川、西宁、迪化（今乌鲁木齐），此时因属地方实力派控制，城市的规模变化不甚明显。

城市规模除地域扩大外，还表现为人口数量的增长。这一时期西北人口增长的主要原因是战时人口内迁，包括工厂、企业、事业、机关人员及难民，这些人很大一部分迁移后留在后方的城市里。据统计，西安1930年人口12.5万人，是1843年的40%；1937年15.5万人，比1843年减少一半；而到1939年又突破60万，较清末增长6.5倍。兰州的人口，1930年为9.5万人，1937年为10.6万人，1941年为16万余人，1944年为182 697人，也有明显增长。此外，人口增长较多的还有迪化，这个城市1930年有4.5万人，1937年增长到9万人，增长了一倍。情况表明，抗日时期西北的城市不仅地域规模不断扩大，而且人口规模也增加较快。

3. 文化教育事业空前繁荣

城市的现代化转型,既表现为经济功能的增强,也离不开教育功能和人的素质的提升。抗日时期,西北各大城市学校和文化团体、文化设施数量猛增,人才荟萃,文化发达,思想进步。这是西北城市深入发展的重要标志。

首先,从教育事业看,西北各大城市的教育无论在数量上还是质量上都有很大的发展。1945年陕西的学校数比1937年增加将近5倍,毕业生数增加10倍以上[①]。而西安作为陕西之省会城市,自然是其教育的中心所在。除了幼儿教育、小学教育、中学教育、师范教育均有显著增长外,职业教育从无到有,也有了较大发展,先后创办了实践商业职业学校、工商高级会计职业学校、西北高级商业职业学校、中华工业职业学校和西北药学专科学校附设的药科职业学校。全面抗战时期,西安的高级专科学校共有四所,即省立医学专科学校、省立商业专科学校、省立师范专科学校、私立西北药学专科学校,这几所高级专科学校历年在校学生总数为4 282人,毕业生总数1 029人,教职员工总数230人左右[②]。应当提到的还有平津地区的一些高等学校内迁入陕。如1936年东北大学由北平迁至西安。1937年北平大学、北平师范大学和天津的北洋工学院组成"西安临时大学",后迁入城固,改名西北联合大学,1939年更名国立西北大学,抗战胜利后迁回西安。许多知名专家、教授,如黎锦熙、许寿裳、虞宏正等在此执教,大大提高了西安和陕西教育的水平。

抗战时期,西北其他各省的教育也呈现出蓬勃发展的态势。以新疆为例,中国共产党与新疆地方势力盛世才建立统一战线后,盛把教育工作交给中共来领导,这就为新疆教育事业的发展创造了良机。除了中共党员孟一鸣(即徐梦秋,1943年在狱中叛变)任教育厅副厅长代理厅长、林基路任新疆学院教务长、李志梁(李云杨)任省立一中校长之外,许多共产党人还在迪化女中及附小、省立师范学院任教。1938年4月,林基路到新疆学院后,他采用延安抗大和中央党校的办学方针,整顿了校风、校纪,制订了"团结、紧张、质朴、活泼"的校训;在教学上提出"学以致用"的方针,改革课程设置和教学内容,并把马列

---

① 李振民:《陕西通史·民国卷》,陕西师范大学出版社,1997年,第257页。
② 李振民:《陕西通史·民国卷》,陕西师范大学出版社,1997年,第258页。

主义引进课堂,培养学生关心国家大事、保卫中华民族的责任感。后来成为新疆三区革命领导人之一的阿不都克里木·阿巴索夫,就是这一时期成长起来的。

随着教育事业的发展,一代掌握新知识和新技能的新型城市知识分子阶层正在形成。这些新型知识分子直接或间接地投身于抗日救国斗争,并成为推动城市发展和社会变革的中坚力量。

其次,从文化事业看,抗日时期西北城市文化事业乘时兴起,最活跃的当数抗敌文化运动,各抗日救亡团体和文化宣传团体纷纷成立。据统计,西安市共有剧院15家(其中京剧4家,秦腔5家,晋剧2家,评剧2家),另有剧团7家。反映抗日的时装剧有《两兄弟》、《从军行》、《出征》、《厚礼奉还》等;并有大型抗战戏《血战永济》、《长江会战》、《湘北大捷》、《民族魂》、《牧童艳遇》等,这些戏剧上演后轰动了古城,后5部戏被舆论称之为"抗战五部曲"。西安城内当时还有阿房宫和民光两家影院,经常上映宣传抗日的影片。西安文化市场的活跃也表现在有书店54家,其中资本在千元以上者30余家,千元以下者20余家,经售书刊多来自港、沪;另有印刷所70家,杂志、出版社16家。

在兰州,1937年7月底,由谢觉哉领导的八路军兰州办事处成立。八办积极为人民争取言论、出版、集会、结社的自由,推动抗日组织的建立。兰州相继出现了"甘肃青年抗战团"、"省外留学生抗战团"、"妇女慰劳会"、"西北青年救亡读书会"、"联合剧团"(后改名"血花剧团")、"伊斯兰学会"、"中华民族解放先锋队"、"国民教育促进会"、"王氏剧团"等抗日救国团体,以及生活书店、兰州书报社、同仁消费合作社等进步书店;创办了《西北青年》、《热血》、《抗敌》、《回声》、《苦干》、《老百姓》、《妇女旬刊》、《甘院学生》、《民众通讯》、《现代评论》等救亡刊物。文化界知名人士茅盾、张仲实、顾颉刚、丛德滋、塞克、萧军、吴渤等人也来到兰州讲演或办刊物,促进了兰州地区文化的更新与发展。这一切,都大大激发了人民大众的抗日爱国热情。

在迪化,文化事业蒸蒸日上。共产党人到新疆之后,掌握了新疆日报社的领导权。该报坚持团结抗日、反对投降分裂的政治路线,及时报道中共及八路军、新四军的抗日主张和功绩,报道苏联及世界反法西斯阵营的消息,转载中共领导人的论著。为了宣传马列主义,中共还出版了大量相关书籍。如新疆日报社1938年翻印毛泽东的《论持久战》、《论新阶段》各8 000册;1940年翻印毛泽东《新民主主义论》20 000册;1941年翻印《中国近代革命运动史》20 000册[①]。1939年,迪化书店公开出售《资本论》、《社会主义从空想到科学的发展》、《帝国主义论》、《列宁选集》等中文版的马克思、恩格斯、列宁、斯大林的著作。另外,这一时期设在迪化的中苏文化协会新疆分会具有较大影响,成为介绍苏联社会主义建设和文化生活的重要窗口。

随着文化事业的发展,城市作为思想文化传播中心和信息流通中心的功能加强了。文化传播媒介、传播团体,特别是书籍报刊在人们的社会生活、信息交流方面发挥了不可估量的作用,成为城市各阶层人们广泛了解本地区及外部世界,以至全球各种变化的重要渠道,使城市由闭塞走向开放,由保守走向变革。

二、新兴城市以崭新面貌拔地而起

1. 交通型城市随铁路公路的建设而兴起

抗日时期,西北各省现代交通事业的发展成就,已如前述。由于陇海铁路的向西延展和咸(阳)同(官)支线、渭(南)白(水)轻便铁路的建成,西北地区新型的铁路城市和交通枢纽城市随之兴起。一是原有城市如华阴县城、渭南县城、三原县城、耀县县城、白水县城等的进一步发展;二是因铁路建设改变原有货物流向而新兴的城市,最典型的当数宝鸡。与此同时,随着西北各省公路建设的开展,公路沿线也兴起了一批城市(镇),如陕西的双石铺,甘肃的天水、华家岭等。

宝鸡原名陈仓,因陈仓山而得名。抗战前,宝鸡不过是一个古老的小城镇,人口不足7 000人,但其地理位置十分重要,仍然是关中南通汉中、四川的古栈道——陈仓道的起点。从1936年起,沿着陈仓道、金牛道而修建的川陕

---

① 朱培民:《新疆革命史》,新疆人民出版社,1993年,第281页。

公路以及由西安向西修建的陇海铁路相继通车,陕西省第九行政督察专员公署亦移驻宝鸡。从此宝鸡逐渐发展成为关中西部地区的政治、经济、文化中心。全面抗战爆发后,因宝鸡地处后方,交通比较方便,地理条件又比较优越,于是大批难民涌入,使宝鸡人口规模剧增。据统计,1937 年 6 月,宝鸡县人口比上年 6 月净增 127 037 人,户数达 17 700 户,人口达 867 083 人。另据 1946 年宝鸡县的统计,县城虢镇的人口共有 110 146 人,其中外省籍 52 495 人,占一半。① 从地域空间看,原本仅 1 平方公里的城区,经过几年不断地增建扩展,范围扩大过倍,街长增至 7.44 公里,并有了路灯、排水等公用设施。中山东路一带形成新兴街市,十分繁荣;铁道以南也逐渐形成市镇,先后拓建了经一路、经二路、汉中路等街道。1940 年,宝鸡时任县长王奉瑞扩展街道,拆除城门,使市容大为改观。城区共装有搪瓷伞罩马路弯灯 80 盏,均为 40 瓦白帜灯。1941 年,宝鸡已设有交通警察指挥城市交通。

宝鸡的战时工业在整个大后方都占有重要地位,对巩固后方、支援前线功不可没。1937 年 1 月,修理机车的长安机械厂宝鸡分厂建成投产,宝鸡始有工业。1938 年,申新纱厂自汉口迁入宝鸡,随之又建成修配制造厂、发电厂、面粉厂、造纸厂,组成申新公司,职工 3 000 余人,成为当时宝鸡最大的私有工业企业。此后,宝鸡又陆续建成西北晨报印刷厂、泰昌火柴公司,还有新华、华胜、大来、白马烟厂,洪顺机器厂,龙泉酿造厂,业精纺织公司,大新面粉厂等。宝鸡共有工业企业 74 户,职工 8 900 人,年产值 3 114 万元,固定资产 1 620 万元。工商户 3 000 余户,摊贩 5 000 多户。与此同时,宝鸡的金融业亦有较大发展,除了官办四行之宝鸡办事处外,还有金城、河南、农工、中国通商、永得、四明、工矿、开源等商业银行在宝鸡设立办事处。据统计,1944 年宝鸡的金融业机构共达 17 家之多。

值得一提的是,抗战中的宝鸡"工合"对于宝鸡城市的发展有着举足轻重的作用。全面抗战爆发后,为了在大后方重建国防经济、安置难民、解决就业问题,在国际友人埃德加·斯诺、海伦·福斯特、路易·艾黎的倡议下,创立了

---

① 宝鸡市地方志编纂委员会:《宝鸡市志》上册,三秦出版社,1998 年,第 283 页。

中国工业合作协会(简称"工合")。1938年8月23日,路易·艾黎等人从汉口抵达宝鸡,并在此成立了"工合西北办事处",迅速建立了8个西北工合本部机关和15个附属机关。到1939年,"工合"运动进入高潮。这一年12月,仅宝鸡一地"工合"生产供应的军毯就达5万条、军大衣3.65万件,产值近100万元。宝鸡"工合"的发展,不仅解决了3万多产业工人和难民的吃饭问题,而且在一定程度上保护了濒临毁灭的中国民族工业,支援了抗战,因而享有"国防经济线"的美誉。

显而易见,在抗战期间,宝鸡由一个几千人的偏僻小镇而一跃成为闻名中外的新兴城市,成为集政治、经济、文化于一体的多功能地区中心城市了。

随着陇海铁路西通至宝鸡以及西北各省公路建设事业的发展,带动了一大批新兴的城市。除了上述的宝鸡这个典型之外,还有陕西的华阴、渭南、咸阳、蔡家坡,甘肃的碧口、平凉、武威、张掖、酒泉,新疆的哈密、伊犁、塔城等城市。据《陕西省志》记载:"1934年陇海铁路建成通车,在铁路沿线的渭南、西安、蔡家坡、虢镇、宝鸡开始兴建棉纺织厂、面粉厂,陕西城镇发展的基础动力发生了变化,城镇的建制和职能也进入一个新的大转变时期。1937年抗日战争爆发后,我国东南沿海、华北、华中地区部分工厂、学校、机关内迁,河南黄泛区难民内迁,陕西作为抗战后方,一时涌入大量人口,城镇面貌发生显著的变化,陇海铁路沿线的原来偏僻小镇发展繁荣起来。"[①]以渭南为例,据1935年《陕西省银行汇刊》第2期记载:"仅渭南县城本年就有11个行业,328个商号,每年销售杂货120万元,布100余万元,洋蜡1万元,金堂烟4万元,纸张5万元,煤油25万元,盐53万元,白红糖29万元,火柴6万余元,碱1万余元,水烟3万元,药材6万元,铁货10万余元,共320万元。"又载:"由于抗战,华北、山东棉区沦陷,大后方军需民用棉花供应有赖关中,因而渭南花行迅速增强,民国27年(1938年)县城花业83家。"可见渭南城当时的发展。再如咸阳,1934年杨虎城将军在咸阳投资兴办裕民油厂,又有打包厂投产,商业为之一振。1936年由湖北迁来咸阳的纺织厂,用棉量大增,棉业有了发展,花店共

---

① 陕西省地方志编纂委员会:《陕西省志·地理志》,陕西人民出版社,2000年,第104页。

达48家。另据《陇海铁路潼宝段沿线经济调查》记述:咸阳"人口在民国26年(1937年)仅8万余口,至民国29年(1940年)已增至95 166口,两年之间增加1万余口,多乃系他处移居者"。"商业近况……据民国30年(1941年)9月调查,总计该县共分32业,商号310家,资本总额1 186 880元。"又如甘肃的天水,地处战时国际大通道,既是西兰公路甘肃第一站,又是陇南、甘南及川北商品贸易的枢纽。1933年建成永和火柴公司。1942年合资创办的官泉毛织厂,资本4 506 000元,职工260人。1943年合资创办的天成纺织工厂,资本100万元,职工230人。值得一提的还有碧口,过去未引起人们的注意,实际上这是一个典型的水陆交通城市。它地处甘南与川北交界处,甘川公路由此而入川,白龙江、白水江在其附近汇合,南流入嘉陵江,1 500吨的商船可直达重庆。得此水陆交通之便,碧口便成为甘南之货物进出口枢纽,各地客商云集,尤以川商居多。据1943年调查,1942年共进口茶叶、纸张、食糖、调料总计3 201 557市担,总值5 412.9万元;出口水烟、药材、毛皮等47 474市担,约值5 888万余元。① 至于河西走廊三座重镇的武威、张掖、酒泉,既是西北国际大通道的必经之地,又是东西过往商旅的食宿之处,其繁荣兴盛自不必说。

2. 工矿型城市随工矿业的开发而兴起

全国抗战爆发后,大片国土沦陷,进口石油及山西、河南的煤源断绝,导致1938~1939年西北地区连续两年发生油荒、煤荒。国民政府从1938年开始决定开发玉门油矿,改造陕甘煤田开采设备。于是,随着以煤、石油为主的工矿业的开发而兴起了一批新的城市,如石油新兴城玉门、煤碳新兴城同官(今铜川),以及地处渭北"黑腰带"上的白水、韩城、澄城、陇县娘娘庙矿区等。

1939年,陕西省政府与陇海铁路局共集资75万元,开采同官煤田,修建咸同铁路,1942年铁路修至同官煤矿。次年,机械设备及升降机安装完毕,累计修成井筒12个,使同官煤矿成为陕西乃至西北唯一的一个大型现代煤矿。同官矿区,1943年有职工2 170人,其中工人2 000人,医务人员10人,教员

---

① 洪文瀚:"谈谈甘肃的商港——碧口",《甘肃贸易》,1943年第4期。

10人。① 小商、小贩尚不计算在内。可见今天的铜川在当时也是比较兴盛的。

玉门则因其油矿的开发而兴起。1939年老君庙第1号油井出油,揭开了开采玉门油矿的序幕。当时石油河畔仅有一座老君庙建筑,到处是一片荒漠戈壁滩。随着玉门油矿的开采,才慢慢在石油河畔盖起了一些房屋,建起了炼炉,竖起了钻塔,并修筑了公路,矿区稍具规模。至1945年建成选油站,才使钻探、炼制、储运初步形成体系。据统计,1945年玉门油矿共有职工6 492人,其中职员589人,工人5 903人。②

另外,在抗战期间,因特殊的历史背景,还兴起了一个在全国很有名气的文化城,这就是陕南的城固县城。当时为保护学校师生,并保障正常的教学与科研,国民政府决定将内迁陕西的几所高校迁入城固,除了前述由北平师范大学、北平大学、北洋工学院三校合并组成的西北联合大学外,还有河南焦作工学院、苏南工业专科学校等。在中等教育方面,北平私立文治中学、上海私立上大中学、西安私立东育中学等也迁入城固。对于一个原本平静偏僻的山区小县城来说,一下子汇聚了那么多青年学生及著名的专家、教授,其影响确实非同寻常。由此,城固很快成了全国闻名的文化城。

三、农村小集镇蓬勃发展

抗日时期,随着一批传统城市的转型、发展和新兴城市的出现,再加上国民政府对农业投资的加大,水利工程的兴修,经济作物的推广,交通运输的改善,西北地区的农业也得到了长足的进步。农民和小手工业者与市场的联系增强,一部分衣食所需和日常杂用开始依赖于市场。商品经济的日益活跃,促进了农村小集镇的蓬勃发展。比较有名的如陕西的蔡家坡、虢镇、双石铺,甘肃的华家岭等。1937年"工合"创办的20多个生产合作社,大都集中于虢镇、蔡家坡、双石铺等地。③ 抗战中军布来源困难,为解决此问题,先后又在虢镇、

---

① "西北矿产资源",《资源委员会季刊》,1942年第4期。
② 陈舜卿:《陕甘近代经济研究》,西北大学出版社,1994年,第211页。
③ 宝鸡市地方志编纂委员会:《宝鸡市志》,三秦出版社,1998年,第424页。

蔡家坡、双石铺等地建立起利华纺织传习所、利民实业社、众益实业社以及和兴纺织厂、济生纺织厂、民生纺织厂等一大批手工织布厂（作坊）。双石铺为川陕公路必经之地，又有双华（甘肃华家峪）、白（太白）凤（翔）公路在此交会，交通方便，为通蜀达甘之要道，自是十分兴旺。作为轻工城镇的虢镇，当时有五六个省级政府机关迁驻于此，人口大增。陕西耀县的柳林镇，地处陕甘宁边区与国统区之交界处，发展成为一个繁忙的贸易集镇。据《耀县县志》记载："柳林镇，杂货、理发、医药、酿造、饮食、骡马50多家，市场繁荣，购销两旺。"该县志又记载，耀县农村集镇有五个。其中丘镇，逢一、五、八集；柳林镇，逢三、六、九集；石柱镇，逢三、八集；另有庙湾镇、照金镇。据此推算，一个集镇每月有6～9次集市，可见其商贸活动之兴旺。当时铜川共五个大镇，据《陕行汇刊》8卷3期记载：1942年，"黄堡镇有商号36家，陈炉镇有商号35家，五里镇有商号32家，十里铺有商号26家，红土镇有商号20家"。"各集市之货物皆日常用品及牲畜等，遇农则有农器，遇冬则有帽衣类。"渭南各集镇的情况也不相上下，据1935年《陕西省银行汇刊》第2期记载："当时故市镇商号有50余家，孝义镇有30余家，信义镇20家。崇凝镇、阳郭镇各有20家。"此外，渭南各镇的花行也发展较快，各农村集镇共有花行131家，极大地推动了渭南地方集镇的繁荣。

工商业的发展，把广大农村纳入到市场经济的体系之中，农村成为城市工厂的原料供应地，同时又是工厂产品的主要消费市场，正是在这个交换过程中，农村小集镇在城乡之间发挥了重要的桥梁和集散作用。一方面，将农村的土特产如羊皮、羊毛、棉花、猪鬃、茶叶、桃仁、杏仁、花生、核桃及中药材收集起来，由商贩统一购走；另一方面，它又向农村广大市场提供生活之必需品，如火柴、盐、洋布、洋纱、肥皂、袜子、西药、面粉等。从1934年到1937年，陕南安康一地桐油外销由497公斤增至779公斤；粗细紫阳茶由4.3万斤增至81.7万斤；粗细药材输出量，由1932年的313.3万斤，增加到1936年的662.9万斤。自20世纪20年代京包线通车后，宁夏成为西北地区与京津地区商品交流的重要集散地，京津及国外的日用百货和工业品通过宁夏，运往甘、青、新等地。又通过小集镇分散到广大农村市场。而甘、青、新的皮毛、药材等土特产品由农村小集镇收购集中,再由大商贩经宁夏运往京、津加工。到1930年前后,仅青海经宁夏外销的羊毛即达4 000吨至6 000吨左右。由此我们可以推测到1931～1945年甘、宁、青、新之农村小集镇的发展程度。

综上而论,西北地区在抗日时期特殊的历史条件下,工矿业、商贸业、金融业及交通运输业、文化教育事业等都得到了千载难逢的发展良机。从而使西北城镇发展的基础动力发生了变化,城市的性质、结构、功能和建制规模由此进入了一个新的历史转变期:一批传统城市发展为多功能综合性区域中心城市;一批新的交通型、工矿型城市(镇)乘时兴起;大量的农村小集镇也在这一背景下得到蓬勃发展。这样,西北各级各类城市(镇)都有不同程度的发展,城市体系逐步趋向于合理化。

抗日时期西北城市(镇)之所以能获得比较大的发展,究其原因,主要有以下三点。其一,西北地区战略地位的提高和国民政府对开发西北的重视。从国防角度讲,西北地区是抗日救国的后方战略基地;从资源角度讲,西北可为抗战提供所需的重要资源;从民族文化角度讲,西北是民族精神取之不竭的源泉,开发西北既能使大西北得到建设,又能唤起中华民族的自尊心、自信心,增强国人抵御外侮的信念。正因为如此,西北地区才获得了千载难逢的发展良机。其二,东部沿海沿江工厂、企业、机关、学校及人口内迁的影响。这些社会要素的西迁,不仅促进了西北城市工业化进程,增强了城市的经济功能,而且对城市社会结构的转型和社会生活变迁发挥了不可低估的积极作用。其三,各省地方实力派的推动。陕西的杨虎城在主持省政期间推进地方建设的善举已众所周知,无需赘述,即使是青海的马步芳、宁夏的马鸿逵、新疆的盛世才,为了巩固自己的地位,在加强其实力的同时,也或多或少地实行了一些有利于地方经济和城市发展的进步措施。对此,也应给予客观的实事求是的评价,不可一概加以否定。

当然,这一时期西北城市的发展也存在着明显的不足之处。首先,空间分布上还很不平衡,陕甘发展较快,而宁、青、新相对较慢;即使是陕甘两省,省内的城市发展也不平衡。其次,新建工矿企业的现代化水平较低,有的甚至还停留在手工操作阶段。再次,城市之间的联系尽管有所增强,但重城市轻农村的倾向以及城乡二元结构的基本格局并未有根本上的改变。最后，发展的动力并非源于自身而是得自外力，因而随着抗日战争的结束，推进西北开发的外在动力消失，西北城市也身不由己地再次走向停滞以至衰落。在今日西部大开发的过程中，所有这些历史的教训，都是值得我们深思并引以为戒的。

国家金融机构与抗战时期的陕西农村金融*

张天政

（宁夏大学人文学院，银川 750021）

农村金融在区域乡村经济中居于核心地位，其对于农村经济的振兴能够发挥至关重要的作用。对近代西北农村金融，学术界已发表有部分前期研究成果①。这些前期成果所公布的材料及研究方法，对进一步展开该课题探究有所启发。但总体而言，对1937～1945年期间国家金融机构在陕西的农村金融活动，则缺乏较为系统深入的研究，并未见有专文发表。拙文拟以学术界未曾运用的各种资料②，对抗战时期国家金融机构在陕西所从事的农村金融业务进行初步探讨，以冀有益于近代西北农村金融及经济开发史的研究。

---

* 本文为2005年国家社会科学基金西部地区项目"国民政府时期西北农村金融与区域乡村经济及社会变迁研究"前期成果之一，该项目批准号为05XZS015。

① 迄今为止，国内对该时段陕西农村金融问题仅以很小的篇段提及的论著，主要见马建昌："抗日时期国民政府开发西北农业问题研究"（未刊稿，西北大学2003年硕士论文）；杨希天等：《金融志》，陕西省地方志编纂委员会编《陕西省志》第36卷，陕西人民出版社，1994年。有关近代西北农村金融的相关成果还有，君羊："抗战时期甘宁青三省之农贷探讨"，《开发研究》，1988年第3期；魏永理：《中国西北近代开发史》，甘肃人民出版社，1993年；张天政："20世纪40年代的宁夏农村金融刍议"（2005年7月下旬云南大学、陕西师大、西双版纳自治州政府在云南省景洪联合主办的"中国西部少数民族地区经济发展与历史文化国际学术讨论会"提交论文）。因陕甘宁边区的农贷问题，学术界已有研究，拙文主要讨论国民政府中央金融机构等在陕西的农村金融业务问题。这里所言的农村金融活动，是指包括新式金融机构向农村的包括农业生产、农村副业生产及农民生活等有关的放款活动，但限于材料，本文主要侧重于探讨用于与农村生产劳动有关的资金融通活动。

② 下文所引重庆、陕西、上海档案馆所藏未刊档案资料，均为当时机构盖章并由负责人签字之有效资料。笔者也注意到其中有些档案资料为当时期刊所引述。

从 20 世纪 30 年代初期开始,中华农业合作贷款银团①、上海商业储蓄银行、金城银行、中国银行、交通银行、浙江兴业银行、陕西省银行、中国农民银行等新式金融机构均参与陕西乡村农贷。抗战时期,在陕华商银行农贷一度停顿,主要由中国银行、交通银行、经济部农本局、中央信托局、四联总处、中国农民银行等参与陕西农村金融活动。具体分述如下。

一、各国家行局的农贷业务②

在各国家金融机构中,1934 年 11 月间,中国银行在西安设立寄庄③,是为该行西安分行之前身。该行曾在咸阳、宝鸡、南郑、三原等地设立办事处或寄庄。早在战前该行即参与五银行银团在陕西开展农贷业务。30 年代该行在陕西发放农贷的地区有洋县、城固、洛南、蓝田、渭南、临潼、长安、三原、高陵、泾阳、岐山、富平等 12 县,并代办各行局合办区的同官、宜君、中部、洛川四县的农贷发放工作。据统计,1934~1939 年先后发放农贷 248 万余元。至 1940 年,除以上区域外,中国银行在陕西的农贷区域扩大到西安、蒲城、白水等县④;该年中国银行在陕西省单独核放农贷金额为 194.8 万元;1941 年在陕贷款金额为 781 万元⑤。

交通银行西安分行的前身是 1934 年 11 月在西安设立的办事处。该行在陕西举办农贷的区域有咸阳、兴平、潼关、武功、华阴、华县、朝邑、大荔、韩城等

---

① "中华农业合作贷款银团陕区办事处生产贷款月报表",1935 年 9 月 30 日,重庆市档案馆藏上海商业储蓄银行重庆分行档案,档案号 0310-1-1938。1935 年春,由上海商业储蓄银行、金城银行、交通银行、浙江兴业银行四省农民银行组成的中华农业合作贷款银团陕区办事处给陕西省长安、华县、渭南、蓝田、大荔、郃阳、临潼等县数十家信用合作社发放棉麦等贷款。
② 这里不包括中国农民银行单独开展的农贷业务。
③ 西安市档案局、西安市档案馆:"陕西经济十年(1931~1941)",西安市档案局、西安市档案馆,1997 年,第 297 页。
④ "二十九年度中央信托局、中国银行、交通银行、中国农民银行、农本局办理后方各省农贷区域表",重庆市档案馆藏四联总处档案,档案号 0285-1-205。
⑤ 中国银行总行、中国第二历史档案馆:《中国银行行史资料汇编》上编(1912~1949),二,档案出版社,1991 年,第 1240、1251 页。

12县。从1934~1939年先后发放农贷达126万余元。1940年交通银行农贷区域除以上外，还有郃阳、澄城、平民等县①。

经济部农本局在陕西的农贷区域为千阳、麟游、宁强、略阳、凤县、留坝、洋县、褒城、勉县等县区，该局1938年在陕西农贷金额为6824元，1939年贷款为13万元。

同时，中央信托局曾在陕西贷款区域有商南、商县、宁陕等9县②。

中央银行1935年5月在西安设立分行。1937年7月在上海设立的中央银行、中国银行、交通银行、中国农民银行四行联合办事处曾组织各国家行局在陕西实施联合贷放，主要区域为陕西北部各县，如神木、府谷、葭县、榆林、米脂、吴堡、横山、绥德、清涧、延川、安定、安塞、靖边、定边、延安、甘泉、宜川、富县等18县。同年7月，中、中、交三行曾对周至、凤翔、兴平、澄城、郃阳、三原、户县、韩城9县合作社麦种贷款27万余元。1940年贷款金额为3700元，月息0厘；1941年，四联总处组织各国家行局在陕西联合贷放业务活动中，分配农业生产贷款1000万元，农业供销贷款300万元，农业储押贷款300万元，农村副业贷款500万元，农村运输工具贷400万元，佃农购置耕地贷款200万元，共计2700万元③。1942年四行局在陕农田水利续贷1200万元；该年订立合同为1888万元④。另外，四联总处在陕西等省从事的农贷业务具体见表1。

由表1统计可见，四联总处在陕西的农贷资金较西北其他省份居多。

---

① "二十九年度中央信托局、中国银行、交通银行、中国农民银行、农本局办理后方各省农贷区域表"，重庆市档案馆藏四联总处档案，档案号0285-1-205。
② "二十九年度中央信托局、中国银行、交通银行、中国农民银行、农本局办理后方各省农贷区域表"，重庆市档案馆藏四联总处档案，档案号0285-1-205。
③ "农贷审核委员会第四十一次会议记录"1941年2月7日，重庆市档案馆藏四联总处档案，档案号0285-1-204。
④ 中国银行总行、中国第二历史档案馆编：《中国银行行史资料汇编》上编(1912~1949)，二，档案出版社，1991年，第1286页。

表1　各年度农贷贷出额分省统计①　　　　单位:千元

年份 省别	1940年	1941年	1942年	1943年	1944年
四川	45 686	157 526	217 120	388 324	1001 529
云南	7 731	33 658	39 979	62 778	74 919
陕西	8 063	36 489	82 912	202 363	547 593
甘肃	12 657	44 281	46 646	139 194	319 932
宁夏	552	1 514	4 042	991	20 437
青海	—	—	—	2 000	14 720
绥远	50	1 103	1 249	2 961	9 689

二、中国农民银行西安分行的农贷业务

中国农民银行西安分行是抗战时期陕西农村资金融通的主要机构。1935年4月,四省农民银行西安办事处改建为中国农民银行西安分行②。冒景瑄曾任该行经理。该行改组后,分别在陕西三原、榆林、宝鸡、南郑(汉中)、安康设5个办事处,在大荔、凤翔等县设有25个农贷通讯处。1940年,中国农民银行西安分行农贷区域有白河、安康、陇县、周至、户县等34个县;同时该行还另与其他银行在陕北20县办理农贷③。据统计,大约至1942年,农行的农贷区域由原来的33县达到64县,遍及陕西全境大半④。该行所经营的农贷种类及历年农贷数额如下。

1. 农业生产贷款

---

① "抗战以来四联总处业务统计表"(1937～1945),上海市档案馆藏四联总处档案,Q322-1-128。
② 也有一说,中国农民银行西安分行设立于1935年6月1日,具体有待进一步考证。
③ "二十九年度中央信托局、中国银行、交通银行、中国农民银行、农本局办理后方各省农贷区域表",重庆市档案馆藏四联总处档案,档案号0285-1-205。
④ 据所见资料,陕西当时有90县。

1939年,中国农民银行西安分行贷出 7 343 855.42 元①;1940 年农民银行西安分行贷出农业生产贷款 7 672 705.05 元②;农业垦殖贷款 35 万元。1941年陕西省普通农贷金额实际为 3 088.9 万元③;至 1942 年 6 月底,陕西农业生产贷款为 21 907 414 元④。至 1943 年 6 月,该农行发放农业贷款1 925万元。该行贷款也能发放到急需贷款的一般社员手中。如因麦子歉收,种麦时农民无力播种,曾贷给该省白水县农民 347 800 元,贷放蒲城县 665 500 元;三原县 37 家信用合作社 7 759 名社员获贷放资金 456 223 元;另外,耀县、泾阳、高陵、韩城等县也获得数额不等的贷款⑤。

2. 农田水利贷款

1940 年农田水利贷款为 215 万元⑥。1941 年另签订贷款合同,贷额为500 万元;还由省府自筹 50 万元,办理汉惠、褒惠、定惠、沣惠四渠工程。据记载,陕西省 1942 年大型水利工程汉惠渠修筑贷款为 31 880 501.22 元;褒惠渠为 23 909 241.22 元;泔惠渠为 1 890 000.03 元。1943 年,渭惠渠、浚惠渠、定惠渠、涝惠渠、洛惠渠共计核定贷款 916 664 185.04 元⑦。此外,当年小型农田水利贷款总额为 188 万元,主要用于凤翔凿井工程,褒成、南郑、沔县(今勉县)塘田工程以及宁强开渠工程⑧。1944 年 10 月,放出大型农田水利工程贷

---

① "最近两年中国农民银行各省农村放款比较表",《中农月刊》,1941 年第 4 期。
② "第一次行务会议记录",1941 年,陕西省档案馆藏中国农民银行西安分行档案,档案号 36-1-22。另有统计,1940 年中国农民银行在陕西农村放款金额为 8 802 764.20 元,具体有待考察。陕西省档案馆藏档案编号 36 为中国农民银行西安分行档案全宗号,1 为目录号,22 为案卷号。为简便起见将该馆档案编号如上书写,以下不再注明。
③ "四联总处统计四行局 1941 年度办理农贷概况(节录)"(1942 年 3 月),载中国第二历史档案馆:《中华民国史档案资料汇编》第五辑第二编,财政经济(四),江苏古籍出版社,1997 年,第 142 页。
④ "主审处关于各省市合作贷款统计"(1943 年),中国第二历史档案馆:《中华民国史档案资料汇编》第五辑第二编,财政经济(八),江苏古籍出版社,1997 年,第 131 页。
⑤ "三原、耀县、泾阳、高陵、白水、韩城等行农贷工作的报告"(1943~1945),陕西省档案馆藏中国农民银行西安分行档案,档案号 36-1-28。
⑥ "第一次行务会议记录",1941 年,陕西省档案馆藏中国农民银行西安分行档案,档案号 36-1-22。
⑦ "各省大型水利贷款概况表",重庆市档案馆藏中国农民银行总处档案,档案号 0284-1-87。
⑧ "四联总处 1942 年度办理农业金融报告(节录)"1943 年,载中国第二历史档案馆:《中华民国史档案资料汇编》第五辑第二编,财政经济(四),江苏古籍出版社,1997 年,第 238~239 页。

款 180 万元；该年发出小型农田水利贷款 200 万元。1945 年，发放小型水利贷款 3 300 万元；该年陕西省累计核定小型水利贷款 3 638 万元①。

3. 农业推广贷款

1940 年 12 月底为止，陕西植棉贷款为 506 万元②。1943 年农场经营贷款陕西为 55 万元③。1942 年农业推广贷款累计为 200 万元④；40 年代初，西安分行还与陕西农业改进所合作购置优良麦稻种共计 207 万元，备作实物贷放。至 1943 年 6 月，农行西安分行核定棉花生产贷款 6 000 万元，发放棉花生产贷款 4 749 万元；1943 年农业推广贷款，陕西为 1 200 万元，西北各省中甘肃贷出 1 000 万元；宁夏贷出 50 万元。1943 年西北各省稻麦良种贷款陕西为 183.6 万元，甘肃为 90 万元；棉籽推广贷款陕西为 200 万元，甘肃为 30 万元⑤。到 1944 年，由于棉花价格连年上涨，该行对陕西 13 县棉田 230 余万亩发放贷款 344 397 万元。1945 年，农行将棉花生产贷款增加至 130 522 万元。

4. 黄灾贷款及战、边区贷款

在黄河水灾贷款方面，1942 年核定金额为 200 万元，主要用于因黄河沿岸泛滥受灾的朝邑、平民、华阴、邠县（今彬县）、韩城、潼关五县救灾贷款。其中，朝邑县 42 家信用合作社 10 539 名社员，共计核准贷放资金 6 万元，每人平均约 6 元⑥。另外，当年该两项贷款还订立合同各为 400 万元。1939 年，四行在陕北发放贷款 80 万元⑦；1940 年，陕北边区贷款为 27 万元；1941 年陕西

---

① 《各省小型水利贷款概况表》，重庆市档案馆藏中国农民银行总处档案，档案号 0284-1-87。1945 年甘肃省累计核定小型水利贷款 2948 万元；1945 年宁夏省累计核定小型水利贷款 240 万元。
② "中国农民银行各种农贷结余额分省比较统计表"，载《中农月刊》1941 年，第 2 卷第 3 期，封三。
③ 《三十二年度中国农民银行各省农业推广贷款额度支配表》，重庆市档案馆藏中国农民银行总处档案，档案号 0284-1-87。
④ "四联总处 1942 年度办理农业金融报告（节录）"（1943 年），载中国第二历史档案馆：《中华民国史档案资料汇编》第五辑第二编，财政经济（四），江苏古籍出版社，1997 年，第 238 页。
⑤ "三十二年度中国农民银行各省农业推广贷款额度支配表"，重庆市档案馆藏中国农民银行总处档案，档案号 0284-1-87。
⑥ 陕西省档案馆藏陕西省合作管理委员会档案，档案号 80-1-183。
⑦ "程理逊关于抗战爆发后农业金融概况的报告"（1939 年），载中国第二历史档案馆：《中华民国史档案资料汇编》第五辑第二编，财政经济（八），江苏古籍出版社，1997 年，第 44 页。

省边区农贷金额实际为 60 万元;1942 年贷放 185 万元;次年春贷放 15 万元。对于晋西战区贷款,1942 年对于该区 21 县贷款 500 万元;1943 年 4 月,又发放晋西战区贷款 500 万元①。

5. 生产运销、农村副业贷款

1940 年,农产运销及农村副业贷款为 37 658 元;1942 年订立合同为 2 600 万元;实际已贷出 6 000 余万元,截至年底,结余额为 5 400 万元。1943 年 4 月,该省农产运销贷款 7 159 539.95 元②。1944 年 10 月,棉花生产贷款中的棉花运销贷款分为甲乙丙三等,其中甲等以 200 万元为限,乙等以 150 万元为限,丙等则为 100 万元③。同年,核定在同官办理运销业务贷款额为 30 万元;1943 年畜牧贷款陕西为 30 万元④。1944 年,在兴平、咸阳两地购运马种贷款 300 万元,并决定待申贷手续办理完备后即可贷放⑤。

另外,在土地改良放款方面,1942 年陕西土地改良贷款为 200 万元⑥。至 1943 年底止,该省土地改良贷款增至 1 109 万元⑦。1944 年土地改良贷款数额如表 2。

中国农民银行西安分行办理农贷的种类较多,也曾向农仓、合作金库、农贷所等机构贷款。如 1940 年 12 月底止,该行给陕西 7 家县合作金库放贷 1 657 423.61 元⑧。1942 年,由该行辅导给全省的 18 家合作金库透支金额

---

① 《陕行农贷通讯》,1943 年,第 2 期。
② 《陕行农贷通讯》,1943 年,第 2 期。
③ "陕行十月份业务报告农贷部分"(1944 年 12 月),陕西省档案馆藏中国农民银行西安分行档案,档案号 36-1-25。
④ "二十二年度中国农民银行各省农业推广贷款额度支配表",重庆市档案馆藏中国农民银行总处档案,档案号 0284-1-87。
⑤ "总行关于农贷工作的报告函复"1942~1948 年,陕西省档案馆藏中国农民银行西安分行档案,档案号 36-1-22。
⑥ 屈秉基:"抗战时期的陕西金融业(续完)",《陕西财经学院学报》,1985 年第 3 期。
⑦ "中国农民银行土地金融放款统计表"(1943 年 12 月 31 日),载中国第二历史档案馆:《中华民国史档案资料汇编》第五辑第二编,财政经济(三),江苏古籍出版社,1997 年,第 602 页。
⑧ "中国农民银行各种农贷结余额分省比较统计表",载《中农月刊》,1941 年第 3 期;"中国农民银行 1940 年度业务报告",载中国第二历史档案馆:《中华民国史档案资料汇编》第五辑第二编,财政经济(三),江苏古籍出版社,1997 年,第 565 页。

1 000万元;次年,该行对合作金库贷款如表3。

表2　1944年陕西省中国农民银行西安分行土地金融放款统计　单位:元

放款种类	上年度结余款	本年度贷出款	11月底结余款	累计
土地改良放款	11 090 000.00	1 934 200.35	13 024 200.35	13 024 200.35
扶植自耕农放款	0	1 632 318.00	1 632 318.00	1 632 318.00
地籍整理放款	0	10 000 000.00	10 000 000.00	10 000 000.00
共计	11 090 000.00	13 566 518.35	24 656 518.35	24 000 000.00

资料来源:陕西省档案馆藏中国农民银行西安分行档案,档案号36-1-25。

表3　中国农民银行西安分行1943年4月份向合作金库贷款余额统计

放款种类	金　　　额(元)			
	上月结余	本月放出	本月收回	本月结余
合库透支额	2 538 093.45	640 000.00	——	3 178 093.45
合库提倡股额	1 753 160.00	——	53 890.00	1 699 270.00

资料来源:《陕行农贷通讯》第2期,1943年5月1日,第28页。

至1940年12月底为止,中国农民银行西安分行曾向陕西两家农民借贷所贷出农民动产抵押贷款60 609.4元[①]。

除此之外,还有陕西省银行等金融机构的农贷活动。

三、农贷制度

抗战时期,虽然参与贷款的新式金融机构有所变动,但主要仍由国家金融机构在陕派出行、处负责办理。其在陕西省的农村金融活动,主要依据国民政府财政部、中中交农四行联合办事处、中国农民银行总行等以及省内自行制定

[①] "中国农民银行1940年度业务报告",载中国第二历史档案馆:《中华民国史档案资料汇编》第五辑第二编,财政经济(三),江苏古籍出版社,1997年,第566页。

相关法规办理。

当时农贷的具体程序为,一般是先由陕西省政府向中国农民银行西安分行等国家行局提出贷款计划,由省府与农行等订立农贷协议,明确甲(省府)、乙(中国农民银行西安分行)双方对贷款的使用、监督检查、催收等义务及责任;然后由甲方(省政府)按地区分类核定、下达贷放金额,再由贷款中介机构与当地农民银行等机构签订贷款合同;最后由中介机构信用合作社等贷放给入社社员。

农贷主要以乡镇农村信用合作社以及县合作金库、农会、农业改进所等为基层中介借贷机构,然后由该类组织贷放给一般农民。其中,农村合作社在国内兴起于20世纪20年代,在河北等省先后出现该类组织。30年代初期农村合作社已猛增到近1万家;西北的陕西、甘肃、青海等省该时期也出现农村信用合作社组织[1]。40年代陕西省信用合作社有较大发展。据统计,1935年4月,陕西有信用合作社59家,社员8 000余人,1937年底已有3 527社,一年半期间增加3 468社;1938年底计有4 515社,1939年底计有5 142社,1940年2月计有5 198社[2]。至1941年底,陕西有信用合作社6 617社,社员299 901人[3]。社员多为中产以下农民。信用合作社地域分布也较为广阔,1940年2月遍及全省66县,没有合作组织的仅有3县。大约从1935年4月起,农村信用合作社的上级行政管理机构为陕西省农业合作事务局。而该局又归陕西省农业合作委员会管理。1937年4月,该合作委员会又改组为陕西省合作委员会,由省政府主席担任该委员会主席。抗战时期孙蔚如、蒋鼎文、熊斌先后担任陕西省政府主席[4]。该委员会下设陕西省合作委员会办事处。

---

[1] 宋荣昌:"陕西农村合作信用事业之质的分析",载《中农月刊》,1941年第11期。
[2] 宋荣昌:"陕西农村合作信用事业之质的分析",载《中农月刊》,1941年第11期。
[3] 西安市档案局、西安市档案馆:"陕西经济十年(1931~1941)",西安档案资料丛书,1997年内部印刷,第315页。
[4] 孙蔚如,陕西长安人,原系第十七路军第三十八军军长,抗战初期任陕西省政府主席。蒋鼎文,曾任西安行营主任,第十战区司令长官,1938年7月起调任陕西省政府主席。熊斌,湖北红安人,陆军大学第四期毕业,与徐永昌、贺国光同期,曾任国民政府军事委员会办公厅主任、军令部常务次长。1940~1941年6月期间,熊斌担任国民政府军事委员会西安办公厅代主任;1941年7月至1944年任陕西省政府主席。

后来又几经变动,1940年改组为陕西省合作事业管理处①。该处(局、委)主要负责县、乡信用社等中介机构农贷协调及管理事宜。40年代初,尹树生为该处处长。另外,若遇有大型农田水利工程贷款,金融机构则以省政府为贷放对象。

信用合作社放款资金,多由中中交农四行借来,月息8厘;从农本局借来为月息9厘,从1942年起,一律加合作事业费1厘,统一为9厘。中国农民银行西安分行贷款于信用社利率为月息9厘②。合作社对农民放款利率约为月息1分或1分5厘左右③。

陕西农贷实际主要采取农行等新式金融机构提供资金,省政府及下属机构、信用合作社与个人担保并以借款合同的方式进行④。借款之归还,到达期限职员便前往催收,促使社员还款⑤。据记载,当时还采取按时还贷予以奖励的办法,设立奖金10元至50元不等,以鼓励社员尽早还款⑥。一般社员多能归还借款。对有时不能归还者,当时还规定可以申请延期归还。据统计,约40年代初,陕西渭南县曾有17.8%的延期归还贷款,其他各县情形多与前者相似,且有过之而无不及。尤其值得注意的是,其中延期偿还者,大部分并未办理申请核准手续,而积欠达五六年之久者,实际多为呆账⑦。农田水利贷款,在修筑完成水利工程用于灌溉时,须向农户收取水费用于在数年内归还贷款⑧。

当然,该时期的乡村金融活动,除放款回收难外,也存在其他一些问题。

---

① 西安市档案局、西安市档案馆:"陕西经济十年(1931～1941)",西安档案资料丛书,1997年印,第307页。
② 胡元民:"西北五省之金融业",《金融知识》,1943年第4期。
③ 宋荣昌:"陕西农村合作信用事业之质的分析",《中农月刊》,1941年第11期。
④ 也有人认为陕西农贷以信用放款为主,这样便于收回贷款。"合作金融与农贷——尹处长8月6日在本处朝会演讲",《陕西合作通讯》,1942年第24～25期。
⑤ "二十七底年各农贷机关合作放款统计表",《中农月刊》1940年第7期。
⑥ "蒲城县龙阳乡农会补发归还贷款棉花加发奖金清册"(1945年7月),陕西省档案馆藏陕西农业改进所档案,档案号73-3-380。
⑦ 宋荣昌:"陕西农村合作信用事业之质的分析",《中农月刊》,1941年第11期。
⑧ 西安市档案局、西安市档案馆:"陕西经济十年(1931～1941)",1997年,第234～235页。

比如，当时有恶劣职员把持操纵，不按原数分配农贷金额者；也有理事领到贷款，秘而不宣，而以该笔贷款放 1～2 月短期高利贷，待款项收回，则以借款迟到为由，分给社员，还超过社员需要的季节，且由社员分担 1～2 月的利息。"这种情形虽然很少"①，但对于农村金融事业的发展，则是一大障碍②。也有贷款金额较少，以致不敷使用的情形；甚至有个别农贷指导员擅自冒领、挪用贷款事件发生。如洵阳合作指导员朱剑曾私刻职员印章，伪造申请书，从农行西安分行冒领农贷款 38 700 元；还以编造的龙溪村信用社理事会主席李本东（假名）名义，贷款 44 150 元，除给该村贷款 18 000 元外，其余款项均为朱剑挪用。该员挪用贷款案败露后，受到撤职、赔偿处分③。尽管如此，但当时陕西新式金融机构所从事的农村资金融通活动，仍产生了较大影响。

　　总之，如果说抗战时期陕西新式金融机构及国民党当局所进行的农村放贷活动，在近代西北农村金融史上居于特殊地位，那么它同样也具有至关重要的历史作用。该时期的农贷活动，不仅打击了高利贷盛行的现象，减少了高利贷多年对农民的盘剥，而且大大削弱了旧式金融机构的影响力。该时期的农贷不仅促进了包括陕西农村经济在内的区域经济开发，而且从经济、军事、政治方面有力地支持着抗日战争。

---

① 宋荣昌："陕西农村合作信用事业之质的分析"，《中农月刊》，1941 年第 11 期。
② "三原陕西省银行概述"，《陕行汇刊》，1937 年第 3 期。
③ "中国农民银行西安分行函"，1944 年 12 月 1 日，陕西省档案馆藏中国农民银行西安分行档案，档案号 36-1-32。

宁夏中部区域开发和生态变化的回顾与反思

璩向宁

(宁夏大学西部生态与生物资源开发联合研究中心,银川 750021)

宁夏中部地区北与宁夏平原为邻,南以麻黄山一罗山、黄家洼山南麓一线与宁夏南部黄土丘陵区相隔,包括盐池、同心县的大部分和灵武、利通、青铜峡、中宁、中卫等县(市、区)的山区部分,面积213万公顷,海拔1 200~2 350米,降水180~300毫米,年平均气温7.7℃~8.4℃。该区地处中国北方半干旱农牧交错带,年降水变率大,地表沙质疏松,春季少雨多风,加上过度的人为活动,以及对自然资源不合理的开发利用,致使较低的土地承载力与巨大的人畜压力之间严重失衡,沙漠化快速发展,成为我国生态环境最为脆弱,人地关系严重恶化的地区之一。

生态环境是人类赖以生存的客观条件,它对于人类的产生和发展起着决定性作用。同时,生态环境受地球表层系统多种因素相互作用,本身也是发展、变化的。由于人类活动影响自然生态的能力和规模逐渐扩大,社会化的人类活动对于生态环境的影响也日益显现。因此,追溯宁夏中部区域开发和环境变化的历史,剖析区域人地关系发展的特点、机理,对于区域可持续发展具有重要的理论意义和实际意义。

一、区域开发史略

1. 先秦时期的生态环境

根据灵武水洞沟全新世地层的孢粉分析,宁夏中部1万年来自然景观经历了全新世早期以藜、蒿为主的杂草类草原、中期的疏林草原和干草原到晚期的干草原和荒漠化草原的演变过程①,晚期旱化特征明显。从盐池哈巴湖、灵武临河等地"细石器文化"遗址的发掘表明,这一时期的居民主要从事畜牧、狩猎和采集的原始生产方式②。直至秦代以前,宁夏中部地区由于人烟稀少,生产工具简单,人类活动与自然的关系是一种依赖、选择和适应的关系,生态环境基本保持自然状态。

2. 秦汉至清代的区域开发

秦汉以来,宁夏中部地区的区域开发主要表现在移民实边、农业开发和聚落变迁三个方面。

(1)移民实边,人口逐渐增长

历史上宁夏一直是中原农耕文化和北方游牧文化激烈碰撞的地带,中原政权为防御北方游牧民族的南侵,往往采取移民实边的政策,以固边塞。自秦代开始,历汉唐至明清均有移民记录,宁夏中部地区由于毗邻农业发达的宁夏平原黄灌区,也是移民的接纳地区。如汉武帝元朔二年(公元前 127)和元狩四年(公元前 119)两次向灵武、吴忠地区大规模移民。元狩二年(公元前 121)在三水县(宁夏同心)接纳了内附的匈奴部众数万人③。至汉平帝元始二年(2年)宁夏中部、北部属北地郡,设有廉、灵武、灵州、富平、朐衍等县,有 1.6 万余户,5.5 万余人④。

隋唐时期,中原王朝国势强大,周边少数民族或降附或归附,宁夏中部成为安置众多游牧民族归附的驻足地。如唐初将铁勒诸部安置于宁夏中部、南部,并建七个羁縻州、府,以资管理;将吐谷浑部落安置于同心、中宁一带,置"安乐州",以后南迁至同心韦州,置"长乐州";党项族也由青海东部、甘肃南部的河曲一带,迁至灵州、盐州、原州等地,于是"种落愈繁",人口激增⑤⑥。这些少数民族在宁夏中部驻留,广袤的草原地带成为其游牧的牧场。

---

① 耿侃、单鹏飞:《银川地区:过去、现在及未来》,测绘出版社,1992 年,第 91~124 页。
② 陈育宁、钟侃、陈明猷:《宁夏通史·古代卷》,宁夏人民出版社,1993 年,第 1~17 页。
③ 薛正昌:"历代移民与宁夏开发",《宁夏社会科学》,2005 年第 4 期。
④ 汪一鸣:《不发达地区国土开发整治研究》,宁夏人民出版社,1994 年,第 255~272 页。
⑤ 陈育宁、钟侃、陈明猷:《宁夏通史·古代卷》,宁夏人民出版社,1993 年,第 99~110。
⑥ 汪一鸣:《不发达地区国土开发整治研究》,宁夏人民出版社,1994 年,第 255~272 页。

明代为巩固边防而大兴屯政,洪武九年(1373年)立宁夏卫,"徙五万之人实之",大规模建立军屯,同时也招集中原和江南居民移居宁夏,建立民屯①。到弘治十四年(1501年)宁夏镇军民总人口为17万余人,主要分布于宁夏北部黄灌区,且集中于镇城附近,弘治时宁夏镇城人口为7.4万人。明代后期由于社会动荡,自然灾害影响,军屯经济遭到破坏,人口大量减少,至万历四十五年(1617年)宁夏镇总人口降为12万余人②。

清代是继汉唐之后第三次对宁夏大开发的时期。经过清初的休养生息以后,人口迅速增加,据《乾隆宁夏府志》记载,乾隆四十五年(1780年),灵州(今吴忠市所辖的利通区、灵武市、盐池县与同心县一带)有45 885户,284 776人,而嘉靖十九年(1540年)时只有8 465人,200余年间增加了两倍还多。随着人口的迅速增加,清政府在前期推行禁垦政策,但中期以后随着人口的快速增加,便一改初衷,倡导"借地养民"政策,一度出现了人畜兴旺、荒地尽辟的繁荣景象,但是在当时极其粗放的生产方式之上,土地日益贫瘠,干旱与风沙灾害频繁。

(2)发展畜牧、屯垦农耕

自汉代至元代,宁夏中部地区先后被以农垦为基础的汉民族,与匈奴、鲜卑、拓跋、党项等北方游牧民族的占据之下,由于干旱缺水,在1 500多年中都基本维持着以发展畜牧业为主、屯垦农耕为辅的农牧业格局,生态环境也未发生重大变化。如在盛唐时期,今盐池一带设有八个牧马监,仍然维持着以牧为主的生产方式。

明代宁夏中部地成为边防前线,为阻挡蒙元残余势力的南下骚扰,先后于成化十年(1474年)和嘉靖十年(1531年)修建了"河东墙"与"深沟高垒"两道边墙,即今日之二道边和头道边。明朝在边疆地区大力实施屯田,明太祖曾"命天下卫所军卒自今以十之七屯田,十之三城守,务尽力开垦,以足军食"。此法实施以后,宁夏屯田逐步展开。明宣德以后,宁夏屯田向花马池以西、固

---

① 陈育宁、钟侃、陈明猷:《宁夏通史·古代卷》,宁夏人民出版社,1993年,第270~276页。
② 汪一鸣:《不发达地区国土开发整治研究》,宁夏人民出版社,1994年,第255~272页。

原以北的荒地发展①，宁夏中部地区的丘陵台地也被大规模开垦，致使明长城以内凡近城堡、墩堠附近的草地，均被大量开垦。明人魏焕曾描述这一现象："自筑大边以后，零贼绝无，数百里间，荒地尽耕，孳牧遍野，粮价亦平。"②

明代前期宁夏中部、南部的畜牧业得到恢复与发展。明太祖将原州以北草原分赐诸王放牧，其中将同心罗山至中卫香山一带归庆王，在韦州设群牧千户所领军士放牧。至清代则废除了藩王牧地分封制，土地实行招民开垦，旱作农业大规模展开，致使大片土地沙化③。

(3)建置行政、聚落变迁

聚落是人类活动与自然环境相互作用表现在一定社会阶段的综合产物。随着人口增长，村落扩大，秦汉时期宁夏中部出现了首批城镇。宁夏中部建置县一级行政并建立城郭始于秦昭襄王三十五年（公元前272），在盐池县北部设朐衍县，这一设置一直延续至汉代④。今盐池县柳杨堡的张记场古城，经考为汉之朐衍故城，近几十年在其东门外挖出牛羊马的骨骼数万斤，可知秦汉时期这里的畜牧业相当发达⑤⑥。以后随着人口增长，人类活动区域的加大，村落城镇不断向周围扩展，到唐代宁夏中部城镇数量不仅增多，其功能也有所分化，如在今盐池县北部、北大池东南隅，设白池县。《太平寰宇记》载，盐州……白池县，……隋得之，以其地有盐，遂以城之。西夏时仍擅盐业之利，设驿站，名白池驿⑦。在今同心县韦州设安乐州，后改威州，辖鸣沙、温池2县，以安置吐谷浑部落⑧。此外，在盐州设8个牧马监，原州境内设34个牧马监，并置监牧使以司其事⑨，官营畜牧业极为发达，为"天下劲兵在朔方"奠定了重要基础。

---

① 陈育宁、钟侃、陈明猷：《宁夏通史·古代卷》，宁夏人民出版社，1993年，第270~276页。
② 侯仁之：《历史地理学的理论与实践》，上海人民出版社，1979年，第60~68页。
③ 汪一鸣：《不发达地区国土开发整治研究》，宁夏人民出版社，1994年，第255~272页。
④ 陈育宁、钟侃、陈明猷：《宁夏通史·古代卷》，宁夏人民出版社，1993年，绪论，第1~9页。
⑤ 盐池县志编纂委员会：《盐池县志》，宁夏人民出版社，1986年，第422~425页。
⑥ 景爱：《走近沙漠》，沈阳人民出版社，2002年，第149~152页。
⑦ 鲁人勇、吴忠礼、徐庄：《宁夏历史地理考》，宁夏人民出版社，1993年，第110~112、153页。
⑧ 陈育宁、钟侃、陈明猷：《宁夏通史·古代卷》，宁夏人民出版社，1993年，第99~110页。
⑨ 汪一鸣：《不发达地区国土开发整治研究》，宁夏人民出版社，1994年，第255~272页。

西夏和明时期宁夏聚落的设置都具有显著的军事边塞特征。一方面,因其位于军事前线,城镇设置沿对阵双方交接地带排列。如西夏将其全境 12 个监军司中的静塞军司和西寿保泰军司 2 个监军司设于宁夏中部地区,分别驻今同心韦州和喊叫水①,置于与宋军对垒的前线。明代在宁夏中部地区的北侧设宁夏后卫驻花马池,以及兴武营千户所和灵州千户所治下的屯堡、属城中的横城堡、红山堡、清水营置于长城沿线。另一方面,实行军政合一的管理制度。西夏时成年男子平日从事农牧业生产,战时则为士卒。明代更是将军政合一的制度进一步发挥,实行军屯戍边,大力发展屯垦,以致"天下屯田积谷,宁夏最多"②。此时的聚落具有行政管理、军事防御和农牧业生产等功能。军屯制也使聚落短时期汇集大量的人口,而且就近大规模垦殖,造成严重的生态后果。

清代延续了明代聚落的分布格局,采取"化兵为民、变兵为民"的措施,将屯兵改为自耕农,将军屯的卫、所改为州、县,许多聚落驻地地名保留到现在。

二、近百年来区域开发的特征

1. 民国时期的区域开发

民国时期宁夏属军阀割据状态,经过清末至民国初期的社会动荡以及人口下降后,到宁夏建省前生产力逐步得到恢复,人口逐渐增加。如盐池县接纳由山西、陕西、宁夏川区一带的移民定居,人口由 1926 年的 16 837 人,增加到 1947 年的 44 625 人(包括下马关、韦州、红城堡、红寺堡)③。民国时期宁夏中部地区仍以畜牧业为主,据载:"中卫、中宁、金积、灵武各县,平原水田纵横,无隙放牧,所畜之羊,大都在山岭区域。豫旺、盐池山岭起伏,乏灌溉之利,仅能种植糜谷荞麦,而雨量无定,旱灾频仍,收获常不可靠,故人民多以牧羊为

---

① 鲁人勇、吴忠礼、徐庄:《宁夏历史地理考》,宁夏人民出版社,1993 年,第 148、154 页。
② 陈育宁、钟侃、陈明猷:《宁夏通史·古代卷》,宁夏人民出版社,1993 年,第 270~276 页。
③ 盐池县志编纂委员会:《盐池县志》,宁夏人民出版社,1986 年,第 106~107 页。

主,……盐池尤然,……盖社会经济已全以牧畜为主矣。"①

2. 现代区域开发特征

(1)人口增长及其效应

中华人民共和国成立以来,由于社会稳定,医疗保健、生活水平的稳步提高,宁夏中部地区人口进入了一个稳定增长时期,如盐池县总人口数由 1949 年的 26 940 人增至 2001 年的 153 192 人,几乎是直线增长。人口密度不断提高,由 1953 年第一次人口普查的 6.68 人/平方公里,增加到 2000 年第五次人口普查的 21.98 人/平方公里,增长了近 3 倍。

随着人口逐渐增多,生产方式由以畜牧业为主,转向农牧兼营,乃至以农为主,人口也由分散状态逐渐向集中形态转变。以同心韦州镇为例,表现的形式一种是显性城镇化,另一种为隐性城镇化。前者为非农人口所占的比例,1990 年韦州镇城镇化水平为 7.8%,到 2000 年增长到 8.7%;后者指人口向中心镇的集聚过程,由于人口增长、经济发展以及政策调整等原因,吸引镇所辖各散村人口向中心村集聚而构成了地区数量型城镇化发展结构,从而使中心村人口在韦州镇总人口中所占比重达到 60%以上②,城镇化形成人口在局部地区的积聚,造成明显的环境压力。

(2)开垦农田,大规模发展旱作农业

宁夏中部地区年降水在 300 毫米以下,自然条件差,无外来水源灌溉就不能大规模发展粮食种植。长期以来,受当时的形势和政策的影响,该地区也实行"以农为主"和"以粮为纲"的政策,要求口粮自给甚至提供商品粮,在生产力不能提高的前提下,要提高粮食总产,只有依靠扩大旱地耕作面积,势必带来严重的环境后果。

以盐池县为例,由于自然条件差,降水量低而不稳,耕地基本都为望天田,长期以来存在种"撞天田"、"倒山种地"和撂荒耕地的陋习。根据盐池县 1949

---

① 杨新才:《宁夏农业史》,中国农业出版社,1998 年,第 260 页。
② 李鸣骥、何彤慧、璩向宁:"山前洪积扇面小城镇城镇化过程与区域环境变化关系初探",《山地学报》,2003 年第 2 期。

年以来历年耕地数据①的变化,可以反映出开垦和撂荒的基本变化情况。凡耕地面积短期增加,即意味着开垦草原或荒地,如在 1959～1961 年、1977～1980 年和 1996～1997 年耕地面积大幅增加;耕地数减少的年份,就意味着大量农田被弃耕甚至撂荒。如 1973～1977 年耕地面积大幅减少;即使是耕地数变化不大的年份,由于耕地保持较大的基数,客观上存在倒山种地广种薄收的土地利用方式,依然有弃耕和撂荒现象发生,这在统计数据中是无法显示出的。

(3)过度开发利用自然资源

宁夏中部地区土地面积广大,水资源贫乏,水土资源组合差,总体上自然资源禀赋较差,不合理地开发利用会造成严重的生态问题。

以盐池县为例,盐池县大部分为天然草场,草原畜牧业基本上还没有脱离靠天放牧的原始经营方式,由于天然草场生产力低,并随着环境不断恶化而下降,草场承载力有限。据研究,80 年代初盐池县理论载畜量为 611 177 羊单位②。根据统计资料得出的数据,过去盐池县牲畜存栏数量多时达 70 万～80 万羊单位,量少时 40 多万羊单位。如果再考虑草原质量逐渐下降,产草量降低等因素,近十年来草原严重超载,其结果必将导致生态环境的进一步恶化。

宁夏中部地区生产与生活用水基本来自于出露泉水和地下水,由于人口增长、井灌农田和畜牧业发展,对水资源的需求增大,区域水环境系统的供需平衡态被打破,水资源系统急剧向负平衡态转化。

此外还有"滥樵采"等现象,尤其是大量挖掘甘草等植物,掠夺性地开发利用自然资源,造成极大的生态破坏。

三、宁夏中部生态环境变迁及其机制

1. 宁夏中部生态环境的变迁

由于历史文献记录残缺不全,难以全面恢复宁夏中部生态环境变迁的历

---

① 盐池统计局:"盐池 50 年",2002 年。
② 陈一鹗:"盐池草原的类型、结构和生产力",载《宁夏盐池农业资源与利用研究文集》,宁夏人民出版社,1987 年,第 52～69 页。

史,只能对生态系统中的若干要素有所侧重;在时间演化序列上,采取"详今略古"的做法进行追溯。

(1)水环境变化

宁夏中部地区生态环境的变化,究其原因,是干旱与半干旱区最敏感生态因子水资源的恶化引发多种环境因子的联动链式效应所致。

明代是历史上生态环境变化较为显著的时期,多处历史文献记载提及了水环境变化的信息。常被提起的就是铁柱泉干涸这一典型的事例。明代铁柱泉"水涌甘冽……日饮数万骑弗之涸"。1960年侯仁之先生考察时泉水"已经渺无踪影"[1]。又如同心韦州镇地表水资源主要包括河流、湖泊及出露泉水。镇东的甜水河80年代以后由于上游补给水的减少等原因,日流量已由1979年的4 729立方米下降到了1995年的2 321立方米,1995以后逐渐成为间歇性河流。韦州镇东南的鸳鸯湖由盆地低洼处的出露泉水及降水汇流所形成,1980年面积1.7平方公里,但1995年已干涸。不仅地表水,而且地下水的水文状况也发生了变化。1978年韦州镇家用水井平均距地表深8.5米,到1995年,淘井深度与新打井深度平均增长4米,水质也发生较大变化,矿化度由0.7克/升上升到了2.8克/升,致使镇区盆地处部分住户水井矿化度过高而不能饮用[2]。

(2)植被变化

宁夏中部3 000年以来地带性生态环境格局与现代基本一致。植被的变化主要表现在受自然因素或人为因素影响,造成植被覆盖度、群落的结构以及植物种群组成等方面的变化;另一方面是由于栽培和种植,人工植被改变了自然植被。

如在明代,同心罗山森林线距韦州镇5公里左右的桃庄,到建国前罗山森林边缘距韦州城仍有7公里左右,至1980年前后退至距韦州城10公里左右的区域。罗山洪积扇地带性植被为干草原,在1980年后植被退化现象日趋明

---

[1] 侯仁之:《历史地理学的理论与实践》,上海人民出版社,1979年,第60~68页。
[2] 李鸣骥、何彤慧、璩向宁:"山前洪积扇面小城镇城镇化过程与区域环境变化关系初探",《山地学报》,2003年第2期。

显,突出表现在长芒草个体数量减少,高度也有明显程度的降低,地区植被有逐渐向荒漠草原趋同的发展转化趋势①。

(3)沙漠化演变

宁夏中部沙漠化的发展缘由明代中前期的大规模屯田开垦,突出表现在明中叶以后②,文献记载的沙化景象也逐渐增多,到清代康熙年间花马池城已经处于积沙几与城墙等高,流沙即将湮没城池的窘境了。

近百年来是宁夏中部沙漠化快速发展时期,由于人口增长及其生活需要、经济利益的追求,过度开发利用自然资源,造成严重的生态退化,其中沙漠化的快速发展表现得极为突出,成为宁夏中部突出的生态环境问题。据盐池县相关调查,1961年沙漠化土地面积为18.83万公顷,到1987年发展到37.8万公顷③。从60年代到80年代是盐池县沙漠化发展剧烈的时期,不仅面积急剧扩大,速度发展加快,是盐池县沙漠化土地增长最快的时期。到1994年全国第一次荒漠化普查时盐池县沙漠化土地为48.69万公顷,发展速度有所下降,沙漠化土地面积达到历史最高水平占盐池县总土地面积的71.84%,到1999年全国第二次荒漠化普查时盐池县沙漠化土地为47.7万公顷④,发生了沙漠化逆转,原因是生态建设获得成效,沙漠化土地面积有所下降。

2. 宁夏中部生态环境变迁的机制

区域生态环境变化表现出不同的时空尺度,并且具有不同的机制⑤。以万年为时间尺度的生态环境变化,如土壤发育,相应的空间尺度达到上千公里,人为干扰自然生态的作用与生态系统的自身调节作用相比,是微不足道

---

① 李鸣骥、何彤慧、璩向宁:"山前洪积扇面小城镇城镇化过程与区域环境变化关系初探",《山地学报》,2003年第2期。

② 汪一鸣:《不发达地区国土开发整治研究》,宁夏人民出版社,1994年,第255~272页;侯仁之:《历史地理学的理论与实践》,上海人民出版社,1979年,第60~68页;陈育宁:"宁夏地区沙漠化的历史演进考略",《宁夏社会科学》,1993年第3期。

③ 刘纪远:《中国资源环境遥感宏观调查与动态研究》,中国科学技术出版社,1996年,第304页。

④ 文妙霞、李谭宝、吴海平:"盐池县沙化土地及其利用动态变化分析",《水土保持通报》,2004年第5期。

⑤ 叶笃正:《中国的全球变化预研究》,气象出版社,1992年,第60~92页。

的。根据在鄂尔多斯地区地貌与第四纪考察研究,在地层剖面中古风成沙与黄土、粉沙质古土壤互为间层,表明晚更新世以来该地发生多次沙漠化的正、逆变迁过程[①],亦即这一时空尺度的生态环境变迁是一种自然过程,与人类活动无关。随着时间尺度的降低,空间尺度的缩小,人类干预自然生态的作用及其效应就会越来越显著。土壤侵蚀、植被变化在 10~100 年的时间尺度上,其空间尺度约为 100 公里数量级,属于局地性的生态环境变化。在这一时空尺度上,人类活动对自然生态的干扰就是一个必须考虑的重要因素。另一方面,由于气候过程的时间尺度具有较大的时间跨度,相应的空间尺度为全球性的,故而 10~100 年时间尺度上的生态环境变化,也需从全球尺度上考虑,即"局部决定于整体"[②]。

明代宁夏中部生态环境发生大的变化具有宏观环境背景。根据竺可桢先生的研究,15 世纪到 19 世纪为一寒冷时代,称"现代小冰期",其中 17 世纪最为寒冷[③]。当时气温较现代低 1℃~2℃[④],可能与高纬冷高压强盛,冬季风强劲,寒潮不断南侵有关[⑤]。同时降水也在减少,根据宁夏 500 年旱涝史料的研究,公元 1520~1589 年为干旱期,1590~1609 年为正常期,1610~1669 年为干旱期,1670~1709 年为正常偏旱期[⑥],显示宁夏在小冰期以干冷为主的气候特征。在干冷气候控制下,水文条件恶化,植被退化,加上不合理的人为开发活动,开垦农田,发展旱作农业,过量利用水资源,破坏了地表天然植被、土壤结构以及水循环过程,在强劲的冬季风作用下,土地沙化是顺其自然的事情。宁夏明清两代的地方志里也有诸如"大风扬沙"、"风霾大作"、"黄雾"的描述,可为印证。

---

① 吴正、董光荣、李宝生等:"从晚更新世以来我国沙漠的变迁看干旱区沙漠化问题",《华南师范大学学报》(自然科学版),1987 年第 2 期。
② 叶笃正:《中国的全球变化预研究》,气象出版社,1992 年,第 60~92 页。
③ 竺可桢:"中国近五千年来气候变迁的初步研究",载《竺可桢文集》,科学出版社,1979 年,第 475~498 页。
④ 叶笃正:《中国的全球变化预研究》,气象出版社,1992 年,第 60~92 页。
⑤ 王苏民、刘键、周静:"我国小冰期盛期的气候环境",《湖泊科学》,2003 年第 4 期。
⑥ 耿侃、单鹏飞:《银川地区:过去、现在及未来》,测绘出版社,1992 年,第 135 页。

由此可见，宁夏中部生态环境变迁的主因是气候变化及其效应，在此基础上叠加了不合理的人为活动因素所致，亦即气候变化主控下人为活动因素叠加的"自然－人为"演变过程。这一发展进程，在现代生态环境演化也有同样表现。

根据对盐池县气象站50年来气候资料的分析，从1980年以后气候呈现出干暖化的发展趋势。其影响结果是地表蒸发加大，土壤水分减少，会使地表植被中旱生、超旱生成分增加，覆盖度下降，生境逐渐恶化。对照沙漠化快速发展阶段与气候干暖化以及大规模开垦发展阶段具有一致性，表明现代生态环境变化主要受气候干暖化的控制，在此基础上叠加了人为活动因素，短时间、高强度的开垦无疑加快了沙漠化的进程，加剧了沙漠化灾害的程度。

四、宁夏中部区域开发的反思

伴随着区域开发，宁夏中部地区人口逐渐增加，草原开垦为农田、水资源过量开采利用，促发了严重的生态环境问题，其中有许多值得反思的内容，以史为镜，为正在进行的各项生态工程和今后的区域开发工作提供科学的依据。

1. 遵循地理学基本规律

根据我国植物地理和农业地理的研究，400毫米等雨量线是一条重要的地理界线，该线既是森林与草原的分界线，也是农区与牧区的分界线[①]。前述麻黄山－罗山、黄家洼山南麓一线是现在宁夏300毫米等雨量线，虽然历史上降水线有过南北移动，但宁夏中部地区降水量始终位于400毫米以下。这一地区的农业布局应以畜牧业为主，只能在水资源条件好的局部发展种植业。历史上形成的以畜牧业为主的发展模式，是人类长期生产经营活动与生态环境演化相协调的结果，所谓"产量低而不稳"、"三年两头旱"，乃至"十年九旱"，就是由于农区北进，违背了基本的地理规律，超越了合理的农业布局范围的必然结果。大面积开垦草原，挤占了草地资源，破坏了地表天然植被和土壤结

---

① 周立三：《中国农业地理》，科学出版社，2000年，第28～29页。

构,给土地沙质荒漠化埋下隐患,形成开垦—撂荒、沙化—再开垦—再撂荒—再沙化,恶性循环。

同样,降水量控制着地表植被类型的分布格局,就宁夏中部地区而言,属于半干旱干旱的半荒漠和荒漠草原带。以盐池县为例,植被以草本植物占绝对优势,占野生植物总数的88.5%,灌木及小灌木占11.2%[①],进行生态建设时,除了水分条件好的地段种植耐旱的乔木外,应以草本植物以及灌木、小灌木为主要建设的方向和内容。以往进行的一些生态工程在不宜林的沙地营造乔木林,其结果或是成活率极低而得不偿失,或是成为长势不良成为"老头树",不仅达不到预期效果,还会引发产生新的生态环境问题。

2. 遵循生态学基本原则

对于干旱半干旱地区,水资源是影响生态系统的主要限制因素,生态系统的退化往往由于水文条件恶化引起,并且通过生态系统的运行,引发系统内其他因子产生联动链式效应,进而影响整个生态系统。生态系统具有整体性效应,在水循环流路中任一环节的失衡,也会造成生态系水文条件的恶化。因此宁夏中部的区域开发及其生态建设中应当综合考虑水资源的时空分布特性,以及大气—植被—土壤—地下水间的水量平衡。以往进行的一些生态工程往往忽视了生态系统中水资源的均衡原则,好大喜功、急功近利,如追求过高的植被覆盖率,破坏了植物与水量之间的平衡关系,或者使治理成果难以持续,或者效益不高。再者如盲目、过量开采利用地下水资源,进行种植业、林业灌溉,有悖于生态学的基本原则,造成水量减少、水质恶化甚至水量枯竭,使原本脆弱的生态系统趋向恶化。

五、结 论

1. 宁夏中部地区生态环境发生明显改变是在明代中期以后,在此之前虽

[①] 陈一鹗:"盐池草原的类型、结构和生产力",载《宁夏盐池农业资源与利用研究文集》,宁夏人民出版社,1987年,第52~69页。

然本地区也有大规模开发的历史,由于顺应了合理的农牧业生产的分布格局,生态环境未发生明显改变。宁夏中部地区整体生态环境的承载阈值临界被突破时间应该是 1980~1990 年间。这一时期气候干暖,水文条件趋于恶化,人口达到承载的临界,牲畜长期超载,草场植被严重退化,土地沙漠化快速发展,达到严重程度。

2. 宁夏中部地区生态环境的变化是在气候变化主控下叠加了人为活动因素的"自然—人为"过程。是在气候变化控制下,以水资源的质量下降和匮乏为先导引起整个生态系统的链式环境效应,加之人类活动的叠加效应,使环境退化具有快速性、不可逆性、递增放大性。

3. 宁夏中部区域开发、生态建设应遵循地域分异规律、农业地理分布规律等地理学基本规律以及生态系统整体性、水分均衡、生态容量等生态学基本原则,做到人地关系的和谐统一。

4. 作为区域开发中的重要内容,生态建设可以扭转生态环境恶化的趋势,如本地区从 20 世纪 50 年代以来,实施了多项生态建设工程,到 1999 年实现了沙漠化的逆转。

重新认识西部开垦对环境的影响
——毛泽东时代的农业发展政策与生态环境

何霈生[1]　高桂英[2]

(1. 格罗宁根大学，荷兰格罗宁根 800，9700 AV)

(2. 宁夏大学西部发展研究中心，银川 750021)

一、引　言

从 20 世纪 50 年代初期的土地改革到 1976 年结束的"文化大革命"，这一时期经历了巨大的社会经济和政治变革，同时中华人民共和国也遭受了政治剧变和群众运动的严重伤害，例如"大跃进"和"文化大革命"。毛泽东认为，运动是引起中国社会"社会主义变革"的最终手段，同时还认为，这样的运动有助于最终完全实现共产主义。因此，为各种不同的目的，在各个不同的经济部门开展运动；其中就有以改变自然环境来满足人类需求为目的的运动。毛泽东非常乐观地相信，科学的力量可以驾驭自然。用他的话说："如果生活在自然中的人们希望得到自由，他们就必须利用自然科学去了解自然，征服自然，改变自然；只有这样他们才会从自然中获得自由。"①

按照朱迪思·夏皮罗(Judith Shapiro)的话说，这种思路是那一历史时期中国"环境质量下降的核心动力"。② 一般认为，对环境造成最严重的负面冲击的运动是"以粮为纲"运动。这一运动起源于"大跃进"和随后的"三年自然灾害"，因为"大跃进"和"三年自然灾害"导致了全国粮食不足，使中央政府过

---

①《农垦》，1966 年第 6 期。

② Judith Shapiro. 2000. *Mao's War Against Nature: Politics and the Environment in Revolutionary China*. Cambridge: Cambridge University Press, p. 4.

度担心食品安全。为了达到粮食自给自足的目标,国家鼓励农民尽可能多地生产粮食。据报道,林、牧、副业全部服从于粮食生产,甚至不适宜耕作的土地也开垦为耕地,以满足国家对粮食的需求。在任何科学可以支配自然的那个年代,来自基层的意见得不到重视。另一种说法,在中国西部干旱的牧区,滥垦滥伐导致了沙漠化。

毫无疑问,集体主义时期①给许多牧民造成了严重的生理和心理负担,并与牧区的生活方式产生激烈冲突。但是,中国和西方的作者仅仅记录了集体主义时期的负面影响,例如,牧民感觉政治风向不安全时大量屠宰牲畜;由于无任何补偿的大寨式工作方式而完全忽视了牧民的牲畜;传统的用地模式,侵蚀了土地,引发了"老百姓的灾难"——由于土地的无偿使用而造成的过度放牧。②

"以粮为纲"的口号是那一时期集体主义狂热精神的最好写照。按照20世纪90年代末的观点,这一口号是当时农业生产的指导原则,并鼓励农民进行大规模的农业开垦,对环境过度索取。在西方的作者当中,斯米尔(Vaclav Smil)写到,"事实上在20世纪60年代初期,中国农田、草原、森林和湿地的质量已开始加速下降,这主要是'以粮为纲'政策所造成的"。斯米尔将此称作"60年代和70年代的土地质量下降期"③。Shing Tsung P. Hu、David B. Hannaway 和 H. W. Youngberg 评论说,"中国的农业政策主要集中在粮食作物上:'粮食作物是农业的生命线。'这些政策迫使农民在山丘上和山坡上耕种粮食,甚至包括那些不适合种粮的土地,同时还大面积地开垦草原用来种

---

① 本文中的集体主义时期主要指计划经济时期——编者。

② Li Ou, Ma Rong and James R. 1993. Simpson. Changes in the Nomadic Pattern and Its Impact on the Inner Mongolian Steppe Grasslands Ecosystem. *Nomadic Peoples*, Vol. 33, p 66. Peter Ho. 2000. The Clash over State and Collective Property: The Making of the Rangeland Law. *The China Quarterly*. No. 161, pp. 227-250. Tony Banks. 1999. State, Community and Common Property in Xinjiang: Synergy or Strife? *Development Policy Review*, Vol. 17, No. 3, pp. 293-313. Robin Mearns. 1996. Community, Collective Action and Common Grazing: The Case of Post-Socialist Mongolia. *The Journal of Development Studies*. Vol. 32, No. 3, pp. 283—325.

③ Vaclav Smil. 1991. Land Degradation in China: An Ancient Problem Getting Worse. In Piers Blaikie and Harold Brookfield (eds), *Land Degradation and Society*, London: Routledge, p. 216.

粮,这就造成了一个长期问题,农田的水土流失和草原的质量下降"①。

某些作者看到了"大跃进"、"文化大革命"、农业学大寨以及其他向群众灌输思想的运动等大事件与"以粮为纲"之间的单一联系。北美与中国学者通讯委员会(The North American Committee on Scholarly Communication with China)认为,"在毛泽东执掌政权的时期,尤其是在'大跃进'和'文化大革命'期间,农民和地方官员承受着'到处种粮'的巨大的压力。随后,由于在不适宜耕种的土地上种粮失败,造成水土流失同时还丧失了优良牧场"②。朱迪思·夏皮罗(Judith Shapiro)认为,"'以粮为纲'和'农业学大寨'的口号是全国粮食储备的指导理论。因此,'以粮为纲'的政策从"大跃进"后的强调粮食生产转变成为与大寨相关联的过分重视粮食生产"③。牧业方面的专家认为,"在'大跃进'时期(1958～1961年)和'文化大革命'时期(1966～1976年),大量的质量较差的牧场遭到破坏"④。中国社会科学院的一位作者同样认为,"'大跃进'和'文化大革命'时期加速了沙漠化进程"⑤。

但是,正如我们后面将要阐明的是,有关以粮为纲运动时期的这些文章的来源,我们要有鉴别地接受以上论述,最初的来源表明了以下这些事实:一是以粮为纲运动被错误地指责为过分强调粮食生产,但事实上以粮为纲提倡结合农林牧副的综合发展,实现农业的多样化经营;二是将以粮为纲运动与其他集体主义运动等同起来,尤其是"大跃进"。实际上,以粮为纲运动侧重于自给自足的思想与"大跃进"等集体主义运动具有完全不同的意义,与此相关的是

---

① Shing Tsung P. Hu, David B. Hannaway and H. W. Youngberg. 1992. *Forage Resources of China*, Wageningen: Pudoc, p. 270.

② Committee on Scholarly Communication with the PRC (ed.), 1992. *Grasslands and Grassland Sciences in Northern China*, Washington D. C.: National Academy Press, p. 32.

③ Judith Shapiro. *Mao's War against Nature*, p. 106.

④ John W. Longworth and Gregory J. Williamson. 1993. *China's Pastoral Region: Sheep and Wool, Minority Nationalities, Rangeland Degradation and Sustainable Development*, Wallingford: CAB International, p. 305.

⑤ Songqiao Zhao cited in Dee Mack Williams. 1997. The Desert Discourse of Modern China. *Modern China*, Vol. 23 No. 3, p. 342. See also Vaclav Smil, *China's Environmental Crisis: An Enquiry into the Limits of National Development* (Armonk: M. E. Sharpe, 1993), pp. 65～66.

某些历史学家将这些群众运动通通归集到一起,将以粮为纲与农业学大寨运动联系在一起。然而,这些运动所具有的政治概念完全不同,而且所达到的目的也完全不同。三是开展以粮为纲运动的生态和经济效益。人们普遍认为以粮为纲运动导致了盲目开垦草原和荒地,造成水土流失,家畜存栏量大幅度下降,最终造成西北的干旱和沙漠化,但下列事实表明,情况并非如此。

二、思　路

1. 分析的地区

中国的西北,或按中国人习惯称呼的"大西北",被认为是传统的牧区,占有中国50%的牧场,覆盖内蒙古的部分地区、西藏、陕西、甘肃、青海、宁夏和新疆。北方的牧场具有战略上的重要意义,因为这些地区位于中国的边境,而且在此居住的少数民族在历史上曾反抗过汉族的统治。这些边境地区的气候特点是恶劣的生态环境伴随着稀少的降雨量、漫长的寒冬、沙尘暴和其他自然灾害。这种自然环境只能维持生存农业和大规模的畜牧业。2004年,农民人均纯收入仍维持在全国的最底线:内蒙古排在全国各省的第19位,宁夏25位,而陕西29(倒数第3)位、甘肃30(倒数第2)位。①

几个世纪以来,西北边境的安定和发展已成为中央政府最为关心的事情。在皇帝统治的后期以及民国时期,中央政府就通过移民(屯垦)极力鼓励开垦"荒地"。② 自从20世纪30年代毛泽东建立了陕甘宁革命根据地以来,征服西北恶劣环境就成为中国共产党政府首要的政治任务之一。

宁夏和内蒙古从生态学、民族的构成以及社会经济学指标上可以作为西北地区的典型代表。这两个省的特点是大陆性气候,伴随着寒冷的冬季和炎热的夏季,牧场呈现多样性分布。从东边大兴安岭两侧的高产牧场到鄂尔多

---

① 《中国农村住户调查年鉴(2004)》,中国农业出版社,2004年,第280页。
② Peter Ho. 2000. The Myth of Desertification at China's Northwestern Frontier (1929～1960). *Modern China*, Vol. 26, No. 3, pp. 348-395. Flemming Christiansen. 1992. *New Land in China*, 1900－1937: *State Intervention and Land Reclamation*. Leeds: Leeds East Asia Papers 10.

斯高原以及腾格里沙漠和毛乌素沙地周围的荒漠型草原,民国时期蒙古人的游牧式放牧已经消失,取而代之的是半游牧式的放牧和固定的放牧农业。

2. 问题的调查

本文的研究起源于这样一个假设:群众运动,尤其是以粮为纲运动,已经造成牧区[①]的沙漠化面积增加。然而,在进行档案的研究过程中,我们被许多前后不一致的数据所困扰,而这些数据不能用这一时期的观点来解释。出现的另一个问题,同样也是本文的一个主导问题:以粮为纲运动是否是集体主义时期(1956~1978年)更为广泛的主题中的一部分,那一时期已成为当前过度否定该时代的"历史焦点"。

本文将从正面来回答这一问题。集体主义时期已成为官方认可的历史中的一页。因此,围绕这一论题有一种强有力的观点,即剔除不一致的矛盾和不同的意见;这种对某些原始资料的主动选择而排除其他资料的做法,对我们在理解群众运动与环境的冲突方面起到了特殊的暗示作用,并对我们在总体上理解集体主义时期的社会政治背景方面起到了梳理作用。通过对一些观点的分析还表明,中央领导对于以粮为纲运动的态度并不是完全一致的,在执行过程中,也因地域和时间的不同而产生了很大差异。

3. 采用的方法

本文的分析方法是:将1956~1978年大张旗鼓地开展群众运动期间发表的第一手原始资料与近些年发表的有关集体主义时期和群众运动的第二手资料区分开来。这将可以表明第一手资料和第二手资料之间的差别,近些年,这种主动选择的结果造成了对过去贬低的观点。

本文利用银川、呼和浩特、北京和莱顿(荷兰)的图书馆和档案馆中收藏的

---

① Peter Ho. 1998. Ownership and Control in Chinese Rangeland Management: A Case Study of the Free-rider Problem in Pastoral Areas in Ningxia, China. In *Cooperative and Collective in China's Rural Development: Between State and Private Interests*, edited by Eduard B. Vermeer, Frank Pieke and Woei Lien Chong, p. 211.

档案进行研究。① 此外,在 1994 年、1995 年、1996 年和 2000 年夏季,我们还在两个农牧区做了实地调查工作,第一个农牧区是宁夏回族自治区的盐池、同心、彭阳和固原四县,这一地区的特点是固定的放牧农业;第二个农牧区是内蒙古自治区的五原县和准格尔旗,这一地区主要是半游牧式的放牧。

三、资　　料

1. 官方数据并不支持"大规模的开荒发生在大跃进和文化大革命期间"

为了评估以粮为纲运动通过农业开荒造成的大面积牧场退化,且这一情况在"大跃进"(1958～1961 年)和"文化大革命"(1966～1976 年)期间进一步加剧,本文将列出全国以及宁夏和内蒙古耕地数据来进一步说明。

土地资源部公开的官方数据(图 1)并不支持"大规模的开荒发生在大跃进和文化大革命期间"的观点。耕地面积增加的最高年份(14%)实际上是在"大跃进"之前(从 1949 年的 14 亿亩增加到 1958 年的 16 亿亩)。这很容易解释。中华人民共和国成立的最初几年,由于战争后的重建和发展的需要,爆发出了开垦荒地的巨大热情。在 50 年代初期农村合作社成立也意味着增强了农业开荒,从那时起农业开荒就成为集体的活动。但是,从 1958～1961 年耕地面积下降了近 9%(1.495 亿公顷)。"文化大革命"期间也同样显示出土地面积逐年下降的趋势,而且一直持续到 80 年代。

宁夏和内蒙古耕地面积的变化趋势也和全国的情况类似。图 2 表明宁夏耕地面积增加幅度最高的年份是 1949～1956 年。实际上宁夏在 20 世纪 40 年代有大量的耕地被荒弃。② 第二次世界大战和中国内战使宁夏陷入到农

---

① 中国的资料主要来源是 1956～1978 年间的《人民日报》、1956～1978 年间的《红旗》、《中共党史教学参考资料》(国防大学出版社,1986 年)、《中共党史参考资料》(人民出版社,1979 年)涵盖 1949～1978 年,《农业学大寨资料》(农林部政策研究室)涵盖 1970～1973 年。上述分别藏于:宁夏回族自治区图书馆、银川图书馆、宁夏农学院图书馆、内蒙古自治区图书馆、中国农业科学院图书馆、中国国家图书馆、莱顿汉学院图书馆。

② Peter Ho. 2000. The Myth of Desertification at China's Northwestern Frontier (1929～1960). *Modern China*, Vol. 26, No. 3, p. 359.

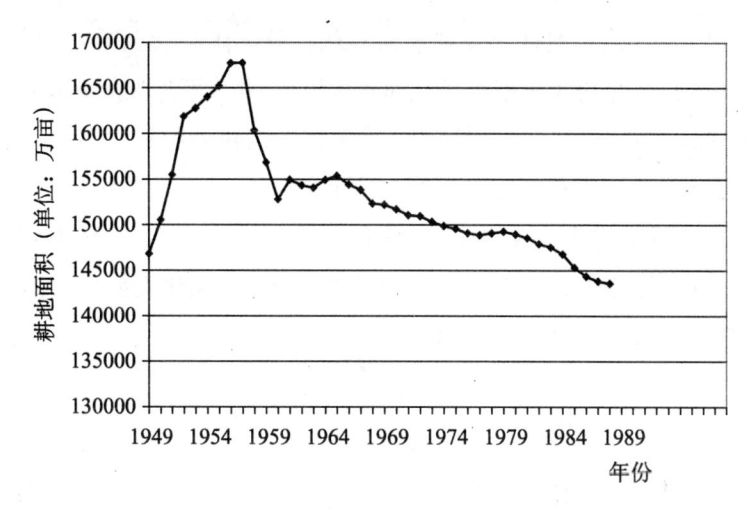

重新认识西部开垦对环境的影响——毛泽东时代的农业发展政策与生态环境　343

图1　中国的耕地(1949~1989年)

资料来源：张小华、李玉:《中国土地管理事务全书》,中国大地出版社,1997年,第1414~1415页。

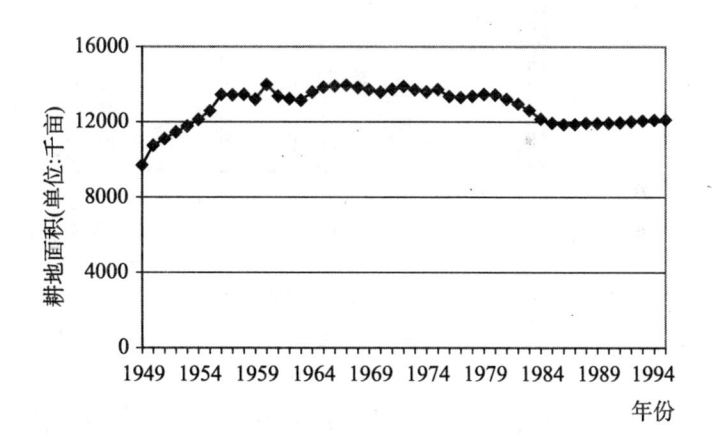

图2　宁夏的耕地(1949~1994年)

资料来源：宁夏统计局:"宁夏回族自治区国民经济统计资料(1949~1965)",1966年,第335页;宁夏统计局:《宁夏统计年鉴(1995)》,中国统计出版社,1995年,第144页。

注:1976年以前的数据包含阿拉善左旗,1976年后的阿拉善左旗归内蒙古。

业危机,到1946年,宁夏的小麦和水稻的总面积仅有48.8万亩(几乎比1949年减少50%)。① 经历了土地面积快速扩大以后,在大跃进期间基本上处于一个稳定时期。② 同样,1966～1976年,通常认为以粮为纲运动导致了滥垦滥伐,而事实上这一时期的土地面积相对稳定。

遗憾的是我们收集的数据并不完整,缺失1949～1962年和1965～1971年数据。如果我们研究这些数据后,就可以发现,在"文化大革命"期间土地开垦远不如1966年以前和1976年以后(图3)。

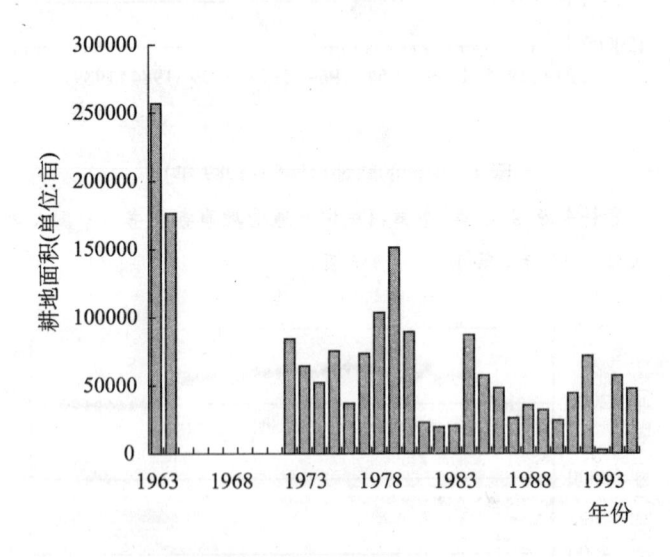

图3 宁夏开垦的土地(1963～1993年)

资料来源:宁夏统计局提供。

内蒙古耕地的数据基本上与宁夏的情况相似,1947～1956年期间经历了快速增长阶段,而在大跃进期间出现下降趋势。1960～1961年出现小幅增长,而在1966～1976年间,耕地面积逐渐下降(图4)。

2. 官方数据表明"文化大革命"的十年牛羊的存栏量并没有明显下降

---

① 国家农业调查局:"中国水稻和小麦的面积与产量1931～1946",《中农月刊》,1947年第5期。
② 《宁夏农业合作经济史料》第2卷,宁夏人民出版社,1988年,第1156页。

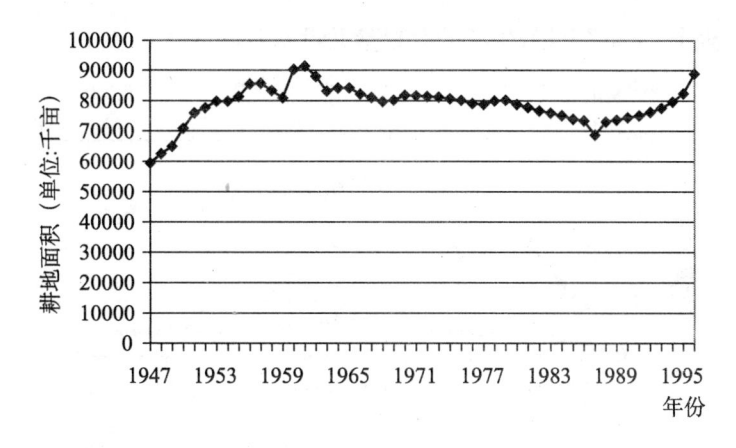

图 4 内蒙古的耕地(1947～1995 年)

资料来源:内蒙古统计局:《内蒙古统计年鉴(1999)》,中国统计出版社,1999 年,第 170 页。

以粮为纲不仅被指责为通过开荒破坏了牧场,还被指责为造成家畜生产下降。据《盐池县志》记载,全县羊只 1976 年的存栏总量比 1952 年减少了 8 万只①,而《宁夏日报》则称,1970～1976 年间羊只的存栏量接近于共和国初期的水平,将近 30 万只。②

然而,这些统计资料给人们完全不同的概念(图 5)。首先,在整个"文化大革命"期间,盐池县的羊只存栏总量并不是特别的低(在"大跃进"期间以及以后一段时间的稳步增长之后,徘徊在比 20 世纪 80 年代还要高的水平)。其次,由于大旱 1976 年是一个非常差的年景。称 1976 年比 1952 年减少了 8 万只存栏量,但仅仅在前一年,即 1975 年比 1952 年增加存栏量 11.8 万只。根据对宁夏自然灾害的研究表明,1976 年的干旱波及到整个宁夏南部(盐池县所处的地区),牛羊的准确死亡数量为:羊 38.1 万只,牛 1.3 万头,其中盐池县就有 15 万只羊死于干旱。③ 只要看一下全省汇集的资料就可以发现,除 1976

---

① 《盐池县志》,宁夏人民出版社,1986 年,第 156 页。
② "社论",《宁夏日报》,1978 年 7 月 16 日。
③ 张立志:《宁夏农业自然灾害:1949～1990》,宁夏人民出版社,1992 年,第 89 页。

年以外,整个"文革"十年,牛羊的存栏量并没有明显下降。

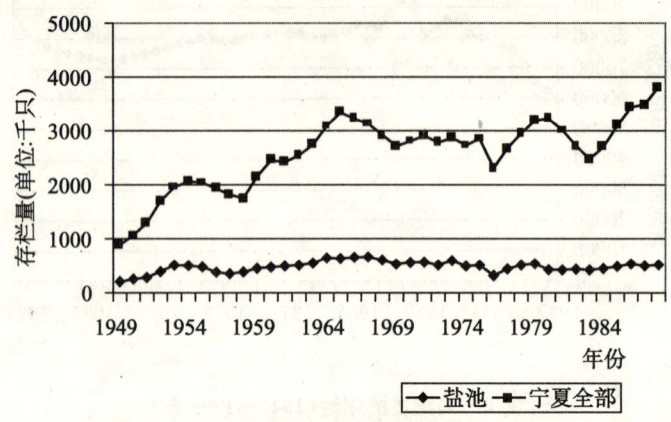

图 5　宁夏和盐池羊只存栏量(1949~1988 年)

资料来源:宁夏统计局。

"十年动乱"在内蒙古对畜牧业的影响也是类似的情况。《中国当代畜牧》一书将内蒙古 1965 年与 1976 年的家畜存栏总量(牛、羊和猪)作了一个对比,结果是下降了 43.7%。① 但是,这些数据与国家统计局的官方数据并不一致,国家统计局的数据表明,羊只的存栏量仅下降了 8.5%(图 6),而牛和猪的存栏量实际上是增长了。至于羊只的存栏量,选用 1976 年作为基年在统计学上

图 6　内蒙古羊只存栏量(1949~1988 年)

资料来源:内蒙古统计局:《内蒙古统计年鉴(1997)》,中国统计出版社,1997 年,第 177 页。

---

① 邓荫樟:《当代中国的畜牧业》,当代中国出版社,1991 年,第 52 页。

不合适,因为这是一个特殊年份。在整个"文化大革命"期间,羊只的存栏量始终在1963年和1964年的水平上下波动着,1970~1975年还保持增长,仅在1976年突然少量下降。

全国的家畜存栏量的统计数据(牛和羊)也表明,1966~1976年间牛羊的存栏量有少量但稳定的增长(图7),牛增长8.6%,羊增长14.5%。

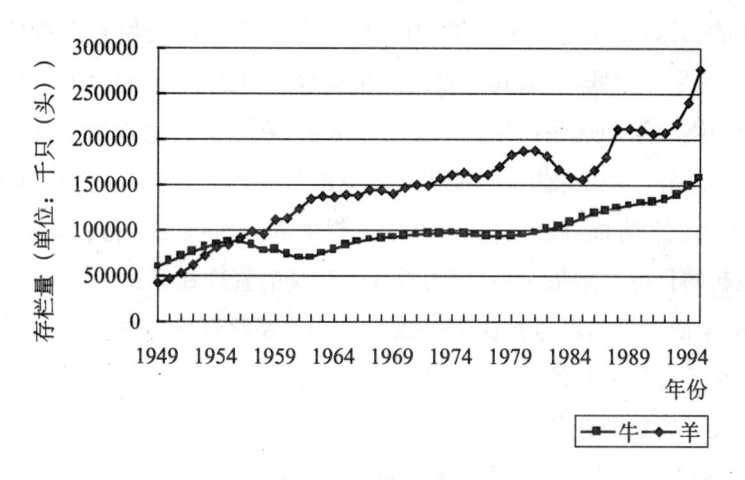

图7 全国家畜存栏量统计(1949~1994年)

资料来源:国家统计局:《全国各省、自治区、直辖市历史统计资料汇编(1949~1989)》,中国统计出版社,1990年,第13页;国家统计局:《中国统计年鉴(1996)》,中国统计出版社,1996年,第378页。

四、背　景

上述统计资料背后的真实情况是什么?
1. 理性的牧场管理与不合实际的农业开垦相互交汇
主导观点认为,以粮为纲运动的初衷是全力以赴抓粮食生产,但分析一下最初的第一手资料"以粮为纲,全面发展,多种经营"①、"农林牧三者相互依赖,缺一不可"②的两个口号,就可以发现,以粮为纲运动并不是一个"到处种粮"的计划。

如果我们仅仅从字面上理解这些标语,以粮为纲运动是号召农民综合发展农业、畜牧业、林业和副业要相互补充。这样一种政策是一种理性的、对环境有利的选择,尤其是对于干旱的西北地区,在那里的农村有大量的贫困人口,土地的生产力低,获取其他收入的机会少。但我们会问我们自己,怎样解释以粮为纲政策和这些口号。本文可以表明,在不同的时期和不同的地区存在着巨大差异。在农牧区,两种相互对立的趋势同时存在,一直延续到20世纪70年代。一方面,政府官员和科学家提倡农业应该支持畜牧业的发展,这也是最初的目标。结果,主要精力投入到牧场的管理和保护。而另一方面、以粮为纲、全面发展的口号被认为是政府鼓励农民将最贫瘠的土地开垦出来种粮食。对于这种复杂的情况,两种计划有时会交汇在一起,理性的牧场管理加上不合实际的农业开荒。

2. 牧场的盲目开垦与牧场的改良同时并存

"大跃进"的第一年提出了丰衣足食的承诺,那是一个看起来任何事情都可以做到的年代。③ 在这一时期,为了实现社会主义改造,渴望超越其他国家,为中国的发展作出贡献,人们满怀着乐观的希望去执行这些政策。结果是,以粮为纲运动导致了某些地方对牧场的盲目开垦。例如,在"大跃进"的前夕,农垦部宣布国营牧场已开垦了11.2万亩荒地,为粮食自给自足作出了巨大贡献。以"农林牧三者相互依赖,缺一不可"口号为依据,提出了在从未进行过农业生产的牧区开荒种粮。④ 在1959年10月的《人民日报》上,青海省政

---

① William Hinton, *Fanshen*. 1996. *A Documentary of Revolution in a Chinese Village*. New York: Monthly Review Press, p. 142.
② 《宁夏农业合作经济史料》第2卷,宁夏人民出版社,1988年,第715页。
③ Richard Madsen. 1991. The Countryside under Communism. In *The Cambridge History of China*, *The People's Republic*, *Part 2*: *Revolutions within the Chinese Revolution* 1966—1982, edited by Roderick MacFarquhar and John K. Fairbank, Cambridge: Cambridge University Press, p. 642.
④ 农垦部:"农垦部牧产管理局召开牧场生产会议",《中国农垦》,1957年第6期。

府骄傲地宣布,第一支机械化开垦大队已经开始开垦草原,就在同一年,青海农业局称:"在党的领导下,我们最终会征服自然,将数千年荒无人烟的草原改造成肥沃的良田。"①

另一方面,在有些牧区正尝试着适当地平衡农业在经济全面发展中的地位,并没有屈服于粮食自给自足的"道德职责"。例如,在1959年关于内蒙古牧业部门工作纲要中就提出了,牧区的发展要符合当地的条件。在"纯"牧区提倡以牧为主的综合发展,而在半牧区提倡农牧并举。②早在20世纪50年代末,通过防治沙漠化的措施,种植抗旱牧草,引进轮牧来改变蒙古人传统的放牧方式,甚至退耕农田,为改良牧场做了大量工作。③

宁夏回族自治区党委则采取了一种完全不同的做法,于1961年2月发出文件,规定农业是全区发展的基础,其要点如下:①在半牧区农牧同时发展——以前者为主;②在指定的山区发展畜牧业;③在粮食不可能自给自足,而畜牧业又达到国民经济的90%以上的地区发展畜牧业。④

中央政府并没有对此给予肯定的答复。"大跃进"即将结束时,1962年国家的农业六十条规定:"经生产队全体社员讨论以及人民公社或生产大队同意,允许开垦小块荒地。"同时六十条还规定:"如果开荒可能破坏牧场就严禁开荒。"⑤几年以后,农业部畜牧兽医总局称:"决定集体经济单位是否富有,不能只考虑每年的粮食增长,还要考虑畜牧业的相对发展速度,以及畜牧业对农业的促进作用。"⑥相反,中央政府内也有强调单一地发展农业的声音。例如,《人民日报》1961年元旦评论第三个五年计划的社论中就讲到:"我们将尽我

---

① "青海第一个机械垦荒队到草原开荒",《人民日报》,1959年11月11日。青海农业厅:"盛开在草原的红花",《中国农垦》,1959年第1期。
② 李宗海:《大跃进中的我国牧业区》,民族出版社,1959年,第4页。
③ 陕西定边种羊场:"农林牧结合,消灭万亩荒沙",《中国农垦》,1959年第10期。
④ 宁夏回族自治区党委:"宁夏回族自治区党委关于经营畜牧业比重较大的农村人民公社整风整社问题的报告",《宁夏农业合作经济史料》,宁夏人民出版社,1988年,第545页。
⑤ "农村人民公社工作条例草案",《中共党史教学参考资料》,国防大学出版社,1986年,第146页。
⑥ 农业部畜牧兽医司:《全国畜牧工作会议经验选编》,农业出版社,1966年,第1页。

们最大努力发展农业,省、区、县和人民公社各级党委要将农业发展放在首位。"①

各省和自治区对中央的这一政策表现出各种相互矛盾的混乱反应。进入20世纪70年代初期,出现了大量报道和文章,批判"坏分子"和"刘少奇一类骗子"假借"开荒有害,自古历来草原上就从没种过粮食","种粮只是汉族居住区的事情,我们只管放养",或"开荒破坏草原"等论点,阻碍了农业发展。相反却迫使牧民"将沙漠、荒地和草原改造成肥沃的良田和果园"。②

具有讽刺意味的是,在同一个时期同样的言语却用于相反的解释:开荒破坏牧场。1972年《人民日报》刊登了镶黄旗党委的一篇文章提到:由于"刘少奇一类骗子的修正主义路线的干扰,一些人民公社和生产大队过分强调粮食生产,盲目开垦贫瘠干旱的草原,严重地影响了畜牧业的发展"③。这篇文章并不是孤立出现的,部分原因是因为对以粮为纲运动的相互矛盾的解释,在"文革"十年同时还号召人们"只生产粮食"。在20世纪70年代初期,发表的所有文章都认为开垦草原是错误的,片面强调生产数量受到了批判。畜牧业生产除了数量以外还要重视质量。④ 这两种相互对立的趋势共同存在,一直到20世纪70年代后期。在1978年经济改革开始前不久,批判开垦草原耕种粮食的文章经常出现在各种出版物上。⑤

3. 将集体主义和愚蠢混为一谈

还有一种观点是将灾难性事件联接在一起。把以粮为纲运动与"大跃

---

① Quarterly Chronicle and Documentation. *The China Quarterly*, No. 26 (April 1966), p. 206.

② "记巴音诺尔工牧场自力更生实现粮料草莱自给的先进事迹",《宁夏日报》,1970年6月15日。"沙漠生出大寨花,阿拉善左旗腾格里公社永久队大会",载《畜牧业生产经验选编》,农林局革委会,1972年,第3页。石伟民、何刚:《知青备忘录》,中国社会科学出版社,1996,第82~83页。

③ "路线正确牧业发展草原兴旺:镶黄旗发展畜牧业的调查",《人民日报》,1972年7月12日。

④ "牲畜纯增一点,六倍的成绩是怎样取得的?",载"农业学大寨资料",农林部政策研究室,1973年,第44页。"西藏自治区,'远学大寨,紧跟列麦'的群众运动蓬勃发展",载"农业学大寨资料",第34~35页。

⑤ 人民广播电台记者:"以牧为主,农林牧结合,划管草原,建设草库仑",《宁夏日报》,1977年12月22日。"盐池县农牧业生产蓬勃发展",《宁夏日报》,1978年6月16日第1版。宁夏农业地理编写组:《宁夏农业地理》,科学出版社,1976年,第40~41页、第52页。

进"、"文化大革命"、农业学大寨以及其他群众运动联系在一起。但是,这种主导观点却忽略了这些群众运动起源于不同的、有时甚至是相反的事件。

让我们分析一下这样的观点:以粮为纲政策是中央政府对其早期的"大跃进"和接踵而至的粮食不足的过度反应。1959年中央政府的确对"大跃进"造成的灾难性后果作出过反应,号召增加粮食生产,并在第二年,农业部部长廖鲁言第一次正式提出了"以粮为纲"的口号(并不是有人认为的1965年)。① 但是,在20世纪60年代初期,把粮食作为农业生产的一种特殊商品并强调增加粮食生产已不再是一件新鲜的事情了。事实上,以粮为纲运动的根源要追溯到民国时期,那时候战争经济的需求迫使国民党和共产党两大阵营都强调粮食生产的自给自足,其中一部分作为军粮。在抗日战争期间,中国的作者就曾写过"中国是一个缺粮的国家,而充足的粮食是获得大多数民众支持的保障,因此我们必须特别重视这一问题"②。

国民党政府被打败之后,新成立的共产党政府继续按照早期在其抵抗国民党的后方——陕甘宁边区——制定的农业方针进行农业生产。③ 1953年12月,北京通过确立强制性的粮食采购权,集中控制粮食供应和销售。经过数年一系列措施,进一步加强了国家对粮食的控制。所以说,在以粮为纲运动开始的多年以前就已经强调粮食生产了。

那么,我们对主导观点认为以粮为纲运动与农业学大寨运动关联在一起又怎样看待呢?在这种观点中有一个因素是事实,在"文革"十年期间,口号和群众运动相互混杂在一起,对它们进行清晰的分析变得越来越困难。但人们还是可以清楚地认识到,这种主导观点是主动滤除掉一些早已存在的重要因素。

首先,这一观点很少指出农业学大寨运动起源于对环境的关心,尤其是通过建造梯田和植树造林达到水土保持的目的。与以粮为纲运动一样,学大寨

---

① 廖鲁言:"全党全民动手,大办农业",《红旗》,1960年第9期。
② 董世锦:《国防与农业》,商务印书馆,1942年,第6页、第32页。
③ Mark Selden. 1995. *China in Revolution*: *The Yenan Way Revisited*. Armonk: M. E. Sharpe, pp. 196~199.

运动早在"文化大革命"以前就已经开始了。20 世纪 50 年代,从江西到黄土高原就开始防止山区的水土流失尝试。① 大寨就成为这种水土保持的模范典型:根据当地的党史资料记载,山西省昔阳县的大寨生产大队在 1963 年 8 月遭受了严重的洪涝灾害,这次洪涝灾害摧毁了全村的所有坡地。但是经过全体村民的艰苦努力,通过植树造林和建造梯田,他们像凤凰涅槃似的又站了起来。大寨的事迹在 1964 年通过《人民日报》的一系列报道以及广播电台的宣传变得家喻户晓,而大寨采取的方法正是毛泽东所希望的那种通过集体的力量进行农业发展的模式。这也成为社教运动(1963~1965 年)期间毛泽东与党内以刘少奇和邓小平为首的稳健派之间的主要分歧。②

这一运动的重大转变发生在 1970 年夏季召开北方地区农业会议以后,这次会议决定,除了水土保持以外,阶级斗争也是农业学大寨运动不可分割的一部分。从此以后,大寨也就成为农村各个方面的一个模范典型。在这一期间,学大寨运动与以粮为纲运动合并到了一起,这两种群众运动的口号也逐渐地变得相互等同起来。③ 1978 年中共十一届六中全会的召开结束了农业学大寨运动,这时农村的改革已经起步。

但就全国范围而言,农业学大寨运动对畜牧业的影响十分有限,其重点是通过水土保持改良丘陵牧场。按宁夏畜牧局副局长的话说,由于该地区的降雨量稀少而且不稳定,从一开始这种重新植树就完全是一种无用功。1996 年在实地调研中,一位宁夏的老年农民就讲到:"在集体化时期,我们不得不每年植树,但没有任何结果。实际上试种了各种树种:杏树、杨树、柳树和榆树。"④ 不能忘记的是,农业学大寨运动起源于黄土高原的生态学意义。农业学大寨

---

① "一年的巨变:固原县交嶙人民公社调查报告",《星火》,1959 年,第 30~32 页。
② 陈纪元、陈佳季、杨迅:"中国农村社会经济变迁:1949~1989",山西经济出版社,1993 年,第 367 页、第 378~385 页。Jack Gray. 1990. *Rebellions and Revolutions: China from the 1800s to the 1980s*, Oxford: Oxford University Press, pp. 331-2.
③ "牲畜纯增一点,六倍的成绩是怎样取得的?","农业学大寨资料",农林部政策研究室,1973 年,第 40 页。
④ Peter Ho. 2003. The Wastelands Auction Policy in Northwest China: Solving Rural Poverty and Environmental Degradation?: In Peter Ho, Jacob Eyferth and Eduard B. Vermeer (eds.), *Rural Development in Transitional China: The New Agriculture*, London: Frank Cass.

运动采取的环境保护措施是在山丘上建造梯田和植树造林,这对西北地区的传统牧场几乎没有什么影响。

鉴于此原因,在干旱的草原和荒漠地区,当地的畜牧部门可以有选择地制定发展模式。大寨是农业的典型,而乌审召则是畜牧业的典型。① 号召牧民的口号是,阻止沙漠"黄龙"的扩张,"农业学大寨,牧业学乌审召"。早在1947年,乌审召村就开始了治理沙漠的努力,尝试着将沙漠改造成牧场。在粮食自给自足的前提下,牧业学乌审召运动的目的是,通过保护和改良牧场提高畜牧业生产。粮食自给自足是重要的,但这一运动强调的是,"畜牧业是牧区的主要产业,农业和林业的发展要为畜牧业提供保障"。此外,"牧场必须得到良好的管理和保护,土地必须得到合理利用,必须防止土地质量的下降"。② 奇怪的是,在当前主导观点中,通过牧业学乌审召运动而采用的防止沙漠化的措施好像在历史上从未出现过。然而,乌审召所采用的牧场保护和管理措施至今仍被广泛应用,而且非常成功。这些措施包括:利用防护林带控制沙漠;通过轮牧和围栏平衡放牧压力;建设"基本草地";以及播种草籽使牧场得以恢复。③

五、结　　论

1. 以粮为纲运动受到批判

在所有的与集体所有制农业有关的运动中,以粮为纲运动是受到严厉批判的运动之一。站在那些造成国家动乱的群众运动浪尖的高度来看,在极力推崇"征服自然的人民战争"的那个年代,边疆地区的滥垦滥伐造成了自然灾害,水土流失,并最终出现沙进人退现象。

---

① 中共内蒙古自治区委员会调查组:"英雄锁'黄龙',沙漠变绿洲",载新华通讯社编:"农村人民公社调查汇编",第1卷(内部资料),1960年,第203~207页。杨辛:"政治挂帅,威力无穷",载新华通讯社编"农村人民公社调查汇编",第1卷(内部资料),1960年,第215~221页。
② 尤太忠:"深入开展农业学大寨运动",载"农业学大寨资料",1972年,第13~18期。
③ 尤太忠:"深入开展农业学大寨运动",载"农业学大寨资料",1972年,第13~18期。

2. 集体主义年代前后所发表的文章观点并不一致

本文列举的实事表明,集体主义年代(1956～1978年)那些有关以粮为纲运动的原始资料与集体主义之后所发表的文章之间并不一致。毛泽东同志去世以后,对历史的梳理主要表现在以下几个方面:①对以粮为纲运动的歪曲,片面的将开荒,而不是农业综合发展,与粮食自给自足联系在一起;②否定群众运动的各种不同的有时甚至是相反的起因,尤其是出于对环境保护的原因;③对统计数据的筛选和在统计数据上人为取舍来支持其对毛泽东时代的错误认识。

3. 集体主义时代已被确认为历史错误

在20世纪70年代后期集体主义时代即将结束前,这种观点取得了优势地位,并发展成延续至今的主导观点。集体主义时代已被正式确认为历史错误,牧民和农民被迫到处种粮造成大面积土地质量下降的影响已深深地留在人们的记忆之中。在这种观念的作用下,以粮为纲运动就必然成为"历史焦点",作为过度否定毛泽东时代的强大工具。

反过来又导致了对群众运动社会政治起因的错误理解。这些主导观点认为,中国政府在全力抓农业生产方面是全体一致的。但最初的原始资料却告诉我们完全不同的事实,中央政府在这方面意见远不是完全一致。对农业在农村全面发展中的作用和相对比例的解释也因时因地产生很大的差异。

4. 在毛泽东时代,政府作用被过分夸大

在"大跃进"和"文化大革命"期间,在执行上级下达的指示时并不是完全一致的。可以肯定,一个原因就是中央对以粮为纲运动所作出的令人困惑的解释。还有一个原因就是生态和社会经济指标巨大地域差异。后一个因素解释了为什么农业学大寨运动在草原和荒漠地区转变成为畜牧业生产提供保障的运动:即牧业学乌审召运动。

5. 地区间的差异还导致了对以粮为纲运动两种相互矛盾的理解

一种观点认为,要采取一切措施快速增加土地面积以满足粮食自给自足;而另一种观点则认为,农村的全面发展要根据当地的情况作到农林牧均衡发展。同时还承担起对自然环境的保护责任。这两种相互矛盾的做法同时存在,直到毛泽东时代结束。

考虑到以上原因,我们可以问我们自己,围绕着以粮为纲运动而出现的筛选机制是否已超出了它原本的意义。如果是这样,对于我们理解毛泽东时代又意味着什么呢?事实上,在本文有限的篇幅中无法回答这些问题。但这些问题值得我们进一步研究。重要的是保持批判的眼光,将各种前后不一致的矛盾分解分析。

三线建设在西部开发中的得与失

王庭科

(四川大学历史文化学院,成都 610064)

在 20 世纪 60 年代中期至 70 年代末,在中国西部经历了一次战略性的大开发,这就是闻名遐尔的三线建设。三线建设规模之大,投入之多,动员之广,行动之快,在西部开发史上是前所未有的。

一、三线建设的由来

1964 年,中国的经济形势已经好转。按照中共中央的部署,再有一年的过渡,将开始实行第三个五年计划。在酝酿制定第三个五年计划的过程中,中共中央和毛泽东作出了三线建设的战略决策。

当时,中国的周边呈现出"山雨欲来风满楼"的紧张局势。美国在越南战争中采取了扩大战争的重大步骤,直接威胁着中国的安全;在北方,苏联在中国北部边境集结重兵,虎视眈眈;在东南沿海,美国驻军中国台湾和台湾海峡,并支持国民党武装袭扰大陆;在西南方向,自 1962 年 10 月以来,中印双方一直处于军事对峙状态。因此,从备战的角度对中国工业布局进行大调整,按战略纵深进行新的配置,也就成为编制第三个五年计划的迫切任务。

备战问题是毛泽东最早提出来的。问题的引起是 1964 年 4 月 25 日军委总参谋部作战部提出了一份"关于国家经济建设如何防备敌人突然袭击的报告"。报告引起了毛泽东的高度重视。毛泽东批示:"此件很好,要精心研究,逐步实施。"①国务院为此成立了专门小组,以李富春为组长,薄一波、罗瑞卿为副组长。

1964年5月10~11日,毛泽东在听取国家计委领导小组关于第三个五年计划设想的汇报时插话说:"酒泉和攀枝花钢铁厂还是要搞,不搞我总是不放心,打起仗来怎么办?"他提出国民经济要有两个拳头,一个屁股。"两个拳头——农业、国防工业,一个屁股——基础工业,要摆好。"②在这一思想的指导下,提出了"三五计划"的初步设想。5月15日至6月17日,中共中央在北京召开工作会议,讨论农业规划和第三个五年计划。在会议期间,毛泽东提出,在原子弹时期,没有后方不行。"三五计划"要考虑解决全国工业布局不平衡的问题,要搞一、二、三线的战略布局,加强三线建设,防备敌人的入侵。他特别强调要在四川的攀枝花建立钢铁生产基地③。5月28日,中央书记处召开会议,与会者一致拥护毛泽东的主张。周恩来在会上强调:我们国家经济发展不平衡,如果不注意布局,发展下去更加不平衡。

6月6日,毛泽东在中央工作会议上再一次强调备战问题。他说,只要帝国主义存在,就有战争危险。他提出要搞三线工业基地的建设,一、二线也要搞点军事工业。他特别强调攀枝花钢铁工业基地的建设要快,但不要潦草,攀枝花搞不起来,睡不着觉。中央工作会议同意"三五计划"方针以国防建设为第一,加速三线建设,逐步改变工业布局的构想。

8月19日,李富春、薄一波、罗瑞卿联名向中共中央和毛泽东主席写了报告,对国家经济建设如何防备敌人突然袭击问题提出了建议:一切新建项目不放在第一线;在第一线的现有老企业,特别是军工和机械工业,能迁移的就迁移到三线、二线;能一分为二的,就部分迁移到三线、二线;在第一线的全国重点高校和科研设计机构,凡能迁移的就迁移到三线、二线,不能迁移的,也应一

---

① 《建国以来毛泽东文稿》第11册,中央文献出版社,1996年,第126页。
② 《建国以来重要文献选编》第18册,中央文献出版社,1998年,第559页、第560页。
③ 毛泽东在中央工作会议期间的讲话记录,1964年5月27日。转引自中共中央文献研究室编、金冲及主编:《周恩来传》(下),中央文献出版社,1998年,第1768~1769页。

分为二;今后一切新建项目,都应贯彻执行分散、靠山、隐蔽的方针。①

这样,从 1964 年下半年开始,大规模的三线建设便开展了起来。由国务院有关部委和有关省市领导人组成的西南、西北三线建设委员会相继成立,李井泉、刘澜涛分别任主任。各有关省市自治区也成立了相应的指挥机构。三线建设由是兴起。

二、三线建设对西部开发的积极贡献

三线建设差不多经历了三个"五年计划",直到 1978 年才落下帷幕。国家"三五"和"四五"计划的投资,大部分用在了三线建设上。在新中国的历史上,这是继"一五"计划建设之后,生产力布局第二次向西推进。对于西部开发,三线建设作出了积极贡献,起了不可忽视的重要作用。

第一,三线建设改善了我国工业布局极不平衡的状况,奠定了西部工业进一步发展的基础。经过多年的集中建设,建成或初步建成了一大批大中型骨干企业,如攀枝花钢铁厂、酒泉钢铁厂、成都无缝钢管厂、四川德阳第二重型机械厂,六盘山、宝顶山和芙蓉山等大型煤矿,贵州铝厂,刘家峡、丹江口等大型水力、火力发电厂等。到 70 年代末,建成了 30 多个工业基地,基本上形成了一个具有一定规模,以重工、军工为主体,门类比较齐全的战略后方基地。由于一大批三线企业陆续建成投产,使西部地区的工业产值平均增长速度一度高于全国平均增长水平,使中国工业布局极不平衡的状况发生了较大变化,中国西部工业的落后状况得到了较大改观。三线建设在一定程度上也带动了内地资源的开发,促进了地方经济,特别是少数民族地区经济和社会的发展。

第二,三线建设改善了西部地区的交通闭塞状况。在三线建设时期,新建了成昆、川黔、襄渝、湘黔、焦枝等 8 000 多公里的铁路干线,修建了 25 万公里的公路,整治了长江、嘉陵江、乌江、金沙江等主要航道,并新开辟了一批航线。"蜀道难"的四川形成了四通八达的水陆空交通网。全省铁路运营里程达

---

① 《建国以来重要文献选编》第 19 册,中央文献出版社,1998 年,第 133~135 页。

2 600多公里,公路通车里程居全国第一位,内河航运里程达8 800多公里[①]。这些都为西部地区国民经济的进一步发展创造了有利条件。

第三,三线建设使一批新兴工业城市在西部崛起。由于攀枝花钢铁工业基地的建成,使一座崭新的工业城市攀枝花崛起在昔日的蛮荒之地;由于长虹电子产业的带动,绵阳由一个默默无闻的小城镇发展为以电子工业为核心的中等城市并继续向大城市迈进;地处少数民族地区的西昌以"中国航天城"而闻名天下……毫无疑问,这批新兴工业城市在今天的西部大开发中将成为经济增长的要素聚集点和辐射源。

第四,当年三线建设者们那种不讲条件,不计得失,钻山沟,住干打垒,艰苦奋斗,无私奉献的精神,为人们留下了一份宝贵的精神遗产。他们的业绩在西部开发史上写下了重重的一笔,为西部开发提供了难能可贵的精神动力。

三、三线建设在西部开发中的历史教训

三线建设虽然成绩显著,但并不完全成功。三线建设时期国家先后投入了2 050亿元。如此大规模的投入并未改变西部地区的落后面貌。这是为什么? 三线建设在西部开发中确实留下了值得今日借鉴的历史教训。

第一,在开发的目标和内容上,三线建设是为了国防的需要而调整生产力布局,重点是发展军工和重工,以建立国家的战略后方基地。由于对战争危险估计过分,导致部署上要求过急,摊子铺得太大,有些项目没有经过充分论证就仓促上马,一轰而起,以致有的企业耗资七八亿元,建成之后却没有开工生产过。[②] 三线建设的结果,不仅加剧了西部地区农、轻、重比例的失调,而且因备战而实施的"散、山、洞"方针有严重的片面性[③],其负面效应就更为明显。

[①] 章玉钧总主编:《共和国五十年四川文史书系·三线建设铸丰碑》,四川人民出版社,1999年,第88—80页。

[②] 章玉钧总主编:《共和国五十年四川文史书系·三线建设铸丰碑》,四川人民出版社,1999年,第82页。

[③] 薄一波:《若干重大决策与事件的回顾》(下卷),中共中央党校出版社,1993年,第1216页。

三线建设的新项目,都要按照"分散、靠山、隐蔽"的原则选址,重视了安全,却忽视了长远的经济效益。由于"钻山沟"太深,布点过于分散,信息闭塞,交通不便,造成投入多,产出少;设备好,效益低;规模大,竞争力弱,留下了经济效益低下和资源浪费的严重后遗症。

第二,在开发的机制上,三线建设是计划经济体制下的政府主导行为,由国家集中动员全国力量来完成开发任务。国家是惟一的投资主体;所有制结构是单一的国有经济;调节机制是国家计划和行政命令;开发的动力是单一的精神动员;开发的格局是依靠国内自有资金、自有资源,发展封闭的内向型经济。可以说,三线建设是计划经济条件下,政府主导行为的典型——由政府一声令下,几百万建设大军就浩浩荡荡地向西部转移,成百上千的工厂企业、高等院校和科研机构就纷纷内迁,一批批建设物资就源源不断地调往三线。这种绝对化的政府主导行为,完全排斥了市场机制的作用,不可能形成政府主导与民间开发的互动,因而在开发的效果上有极大的局限。三线建设的结局,是进一步强化了西部地区的计划经济体制,从而制约了西部地区的发展。

第三,在开发的布局上,三线建设遵循"分散、靠山、隐蔽"的方针,多数企业建设在山区,远离中心城市,并按照分散的原则进行布置。有这么一个三线企业,下属的研究所和生产车间竟分散在 5 个县 11 条山沟里,最长距离 146 公里,内部连结公路达 700 多公里①。由于远离中心城市,布点过于分散,并在相对封闭的状态下进行开发,因而这些镶嵌在西部大地上一个个现代工业基地对周边地区的辐射功能受到限制,对区域经济发展的带动力不强。换言之,这种嵌入式的开发模式,不能激发西部地区内在的发展活力,因而难以推动地区经济的快速增长。

第四,在开发的导向上,三线建设在计划经济条件下,是以资源为导向。也就是借助于有利的资源优势,并围绕着资源的开发和利用来推进经济的发展。哪里有资源,就在哪里设厂布点。三线建设的重中之重——攀枝花钢铁

---

① 章玉钧总主编:《共和国五十年四川文史书系·三线建设铸丰碑》,四川人民出版社,1999 年,第 90 页。

工业基地为什么要建在攀枝花？一开始中共中央西南局和中共四川省委的部分领导人持有不同意见，认为攀枝花交通不便、人烟稀少、农业基础差，提出乐山、西昌等地供中央选择。厂址一时定不下来，最后是毛泽东一锤定音。他说："乐山地址虽宽，但无铁无煤，如何搞钢铁？攀枝花有铁有煤，为什么不在那里建厂？钉子就钉在攀枝花。"①毛泽东拍板的原则是"就资源"，体现了"资源导向"的开发战略。在三线建设中由于排斥了市场导向，忽视了经济效益和市场竞争优势，以致西部地区潜在的资源优势未能通过市场转化为现实的经济优势。

三线建设的教训是深刻的。以史为鉴，今日西部大开发要达到预期的目的，获得成功，就必须从旧的开发模式转变为新的开发模式，从旧体制转变为新体制。正是在这个意义上，检讨三线建设的得失，就显得尤为重要了。

---

① 薄一波：《若干重大决策与事件的回顾》（下卷），中共中央党校出版社，1993年，第1204页。

在缩小地区差距政策方面日本的教训

保母武彦 著 王欣 译

(岛根大学,日本)

一、日本的经济发展与"地区间差距"

1. 经济发展与和平

日本,在亚洲最早实现了工业化和城市化,并成为了"经济大国"。使这一切成为可能的是"和平"。

第二次世界大战以后,日本反省对亚洲的侵略,在新宪法中制定了放弃战争的条款。

那以后,在战前、战时作为最大经费支出项目的军事财政负担没有了,国家财政被集中在战后的复兴和产业振兴上。

现在的日本政府忘记了这些,有些人竟想再次走"军事大国"之路。我认为他们不应该忘记没有和平就不可能有今天的发展。

2. 高速经济增长

(1)1950年,日本制定了"国土综合开发法",这部开发法模仿美国的田纳西峡谷开发(TVA)项目,出台了以电源开发为中心的地区开发政策。这些电源开发,为此后的工业化和城市化的实现提供了发展的能源。

(2)1960年12月,政府制定了"国民收入翻一番计划"。这项计划提出,年平均7.2%的经济增长速度持续十年,到1970年国民生产总值(GNP)可达到26兆日元,人均国民收入达到1960年的2倍。这项计划被超额完成,日本迎来了高速经济发展的全盛时期。

3. 城市与农村的地区间差距

(1)重化学工业化和城市化在全国的发展并不均衡。实现了重化学工业化和城市化的地区,主要集中在日本具有代表性的大城市地区,即连接东京—名古屋—大阪—福冈的"太平洋工业地带"。因为这些地区当时已经具备一定的道路、铁路等基础设施,开发成本相对较低,同时企业为寻求"集积利益"也都集中在这些地域。

(2)在劳动力方面,农村的青壮年人口大量流向"太平洋工业地带"。因为城市的工资高,他们期待过上比农村生活水准高的生活。当时这样的迁移人口达到日本总人口的40%之多,约超过4 000万人(图1)。这个数字相当于法国的总人口。

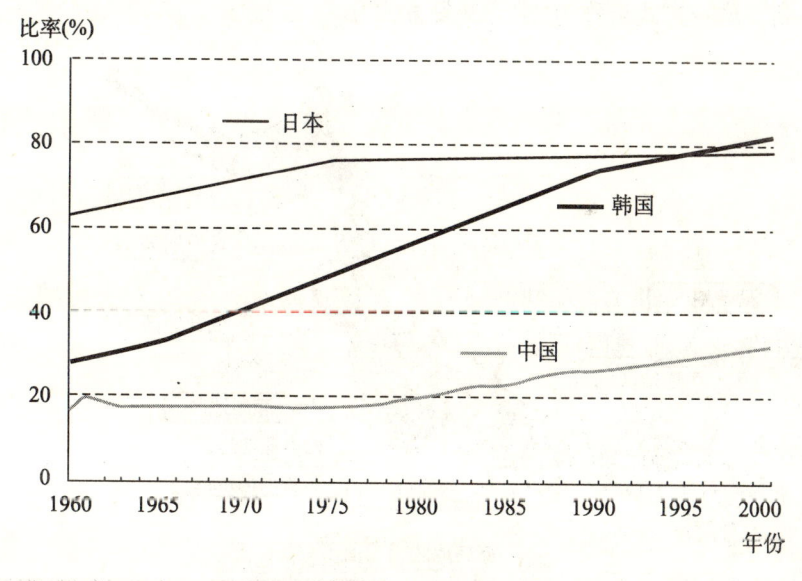

图 1　日本城市人口比率的推移

(3)农村人口最多的时期是在第二次大战之后不久,1950年或1955年左右农村人口达到顶峰,此后,农村人口出现锐减。

结果导致,农村人口的减少和高龄化问题。甚至由于农村地区人口的过度减少,地区内的共同生活无法维持,农村生活出现了无法保障的情况。

二、政府实施的"缩小地区间差距"的政策

主要体现为以缩小差距为理念的全国综合开发计划。

当时太平洋工业地带和农村地区间的"差距"日益扩大,面对这种情况,1962年以后,日本政府开始实施以"缩小地区间差距"为理念的国土政策。其特征就是,完善社会资本建设等国家主导的地区开发项目的广泛兴起。

1. 1962年,日本政府制定了以实现居民社会福利为最终目标的全国综合开发计划。为实现这一计划,在全国指定了15座新兴产业中心城市(图2),期待通过这些中心城市的波及效应来带动实现周边农村地区的振兴和居民社会福利。这一方式被称为"中心开发方式"。

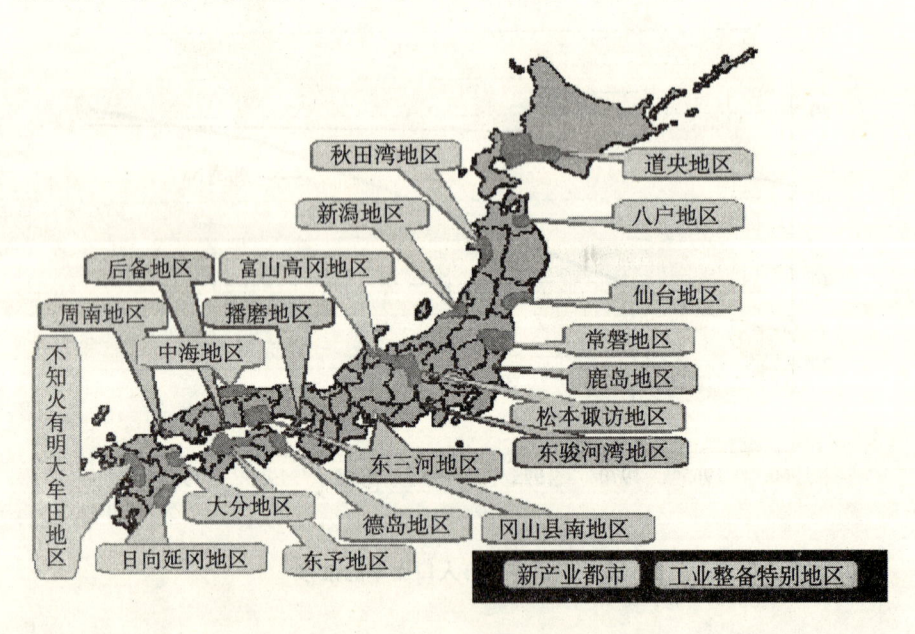

图2 新兴产业城市在日本的分布

2. 但是"中心开发方式"未能实现被设定为最终目标的居民社会福利。

一方面,在有企业进驻的新兴产业基地,企业利益被设在大城市的企业总部拿走了,没能成为地区发展的资金。同时,因为进驻到新兴产业基地的很多产业都是公害型工业,他们把环境破坏与公害传播到全国。另一方面,在没有企业进驻的新兴产业基地,各地为吸引企业进驻所做的先期投资,如工业用地、工业用水、港湾和道路的修建等财政支出是巨大的,严重挤压了对福利和教育方面的财政支出。因此,未能实现被设定为最终目标的居民社会福利。

3. 1969年,政府以实现更高效的产业开发和缩小地区差距为目标,在全国选了三处作为重大化学工业基地(图3),并制定了用新干线和高速公路连接全国的新的全国综合开发计划。这项计划体现了追求最高经济效率的巨大项目主义。其计划设计之巨大,一个重化学工业基地的工业生产指标额,就可以与当时英国全国的工业生产额相匹敌。

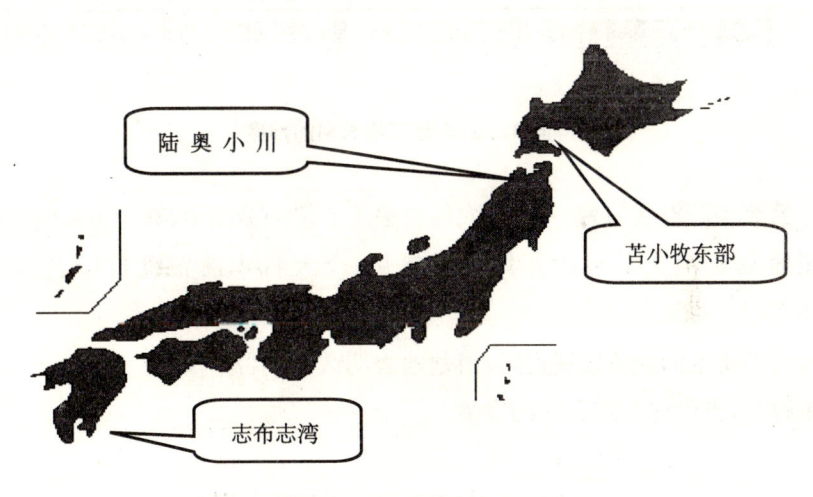

图3 日本三大重化学工业基地计划

（陆奥小川　苫小牧东部　志布志湾）

4. 在新的全国综合开发计划实施过程中,至1973年日本的高速增长结束了,计划也遭受到了挫折。其原因是高速增长并未使人民富裕起来,国内消费没有增长。此外,在这一时期日本与美国发生了贸易摩擦。

5. 持续近20年的年平均9.1%的高经济增长率(图4),使日本成为了"经济大国"。但是在日本国内,城市和农村的"地区间差距"却扩大了。此后,在经济全球化的今天,力争成为"世界城市"的东京与日本"其他地区"之间的差距也正在日益扩大。

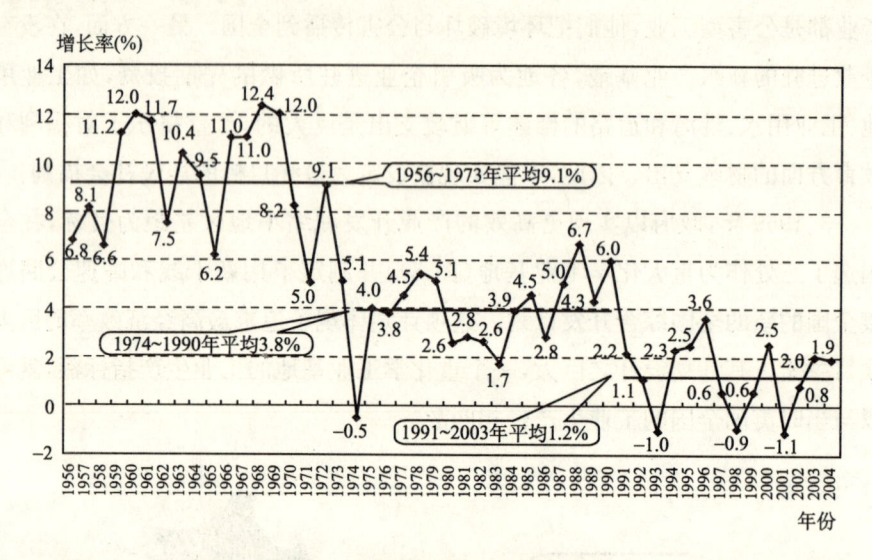

图4 日本经济增长率的推移

繁荣经济发展的另一面是,农村失去了年轻的劳动力,甚至很多的农村村落正面临着消失的危险。其结果就是,今天日本的粮食自给自足率不足40%。

日本所走的经济发展道路,清楚地表明政府的"缩小地区间差距"的政策是失败的,也没能实现国民的幸福。

三、缩小"地区间差距"政策失败的原因

失败的原因主要有三个。

第一,政府,没有制定粮食·农业·农村政策。制定政策的核心是"如果城市实现了工业化,那么通过它的波及效应就可以使农村变得富裕",一直把农村放在一个被动的位置上,这是错误的。农业·农村自身发展的计划是必

不可少的。

第二，如果把差距定义为"居民幸福的差距"，政策就不应该过分倾向于强化产业基础，而应该综合性地强化教育、社会保障、医疗保健等政策，这些才是直接关系到居民生活幸福的领域。然而，日本的经济发展政策，恰恰缺少了这一视点，最后出现了居民"无法感到富裕"的结果。

第三，农村居民的居民意识不高。地区发展的好与坏，体现的是居民的政治·文化水准。行政机关不可能做到对所有地区的所有问题负责。在农村发展困难日增的今天，"要想振兴本地区，就要先从人的教育做起"的认识被广泛传播开来。也就是说，培养能够有效利用地区资源、勇于承担农村发展的人才是至关重要的。

四、结　　语

此次我们岛根大学调查团一行16人来到宁夏。大部分人到宁夏的南部山区进行了考察，我去自治区政府、银川市政府、吴忠市政府等有关部门听取了有关内容的介绍。

在调查中，政府的官员对我说"宁夏的环境政策，借鉴了日本的经验"。我希望在借鉴日本经验的同时一定要注意，不要只参考日本政府的报告书，还应有效地利用日本在实证研究领域的学术成果。日本高速增长时期的发展成效在海外更多是被美化了，实际上，在这一时期也产生了我报告中所提到的那些严重的后果。

最后我衷心地希望，在高速发展阶段的中国，制定有关政策时一定要把日本的高速增长带来的"负面影响"作为反面教材。

西部开发研究之我见

陈育宁

(宁夏大学,银川 750021)

2005年9月27～28日,由中国史学会和宁夏大学共同主办的"中国历史上的西部开发国际学术讨论会"在宁夏银川举行。本文是作者在会议结束时的发言,根据录音整理。

一、几个特点

第一,选题比较好。中国史学会为我们出了一个好题目。去年张海鹏老师与我谈到,中国史学会打算在西部开展一些活动,并提议能否围绕中国历史上的西部开发这样一个题目,邀请国内外的专家、学者进行交流和讨论。这个题目的选择,是基于以下一些考虑。一是我国实施新时期西部大开发战略已有五年。一个战略实施了五年时间,应该回过头来作一些反思。这五年中,也向我们提出了许多值得研究的问题。二是经过五年的实践,西部各地的领导层都非常关心、重视西部开发的研究和总结,比如效果怎么样,政策对不对头,下一步怎么搞,等等,还需要借鉴古今中外的经验教训,这些均需要专家、学者的研究给予支持。三是有许多专家学者这几年来一直在跟踪西部开发战略的实施,进行历史的比较研究以及多学科研究,有了一定的积累,有了许多实实在在的内容。

这个选题不仅是一个历史研究的选题,更是一个现实的选题;不仅是西部学者关心的问题,也是全国各地学者都关心的问题。十多年前我开始接触西部发展这个问题的时候,曾提出一个观点,就是"西部不是西部人的西部,而是全国的西部"。如果说我们的国家是一个巨人的话,这个巨人要在新的时期跑得快,那么他的两条腿应该都很健壮,如果只有一条腿健壮而另一条腿很细弱,那么这个巨人是没有办法跑快的。还有,西部的问题,也是多学科综合研究的问题。有历史、经济、政治、军事,还有生态、民族、科技和文化等,需要多学科的综合研究,它不是一个单一专业研究的问题,这也是大家共同感兴趣的原因。所以,讨论会涉及的问题尽管很广泛、内容很丰富,但是因为有共同点,所以大家在探讨中能够深入、能够有创新、能够有碰撞。

第二,在讨论和交流中各地专家、学者表现出一种强烈的社会责任感。西部问题的特殊性在于,学者们对这个问题的关注,已经远远超出了对一般性专业问题的兴趣,它不仅仅是一个研究性的专题,而是一个有很强的现实性和针对性的问题,所以它能够引起各地区、各学科学者的共鸣,大家能够说到一起,能够争论到一起,而没有因为学科的不同分割开来。更重要的是,这种共鸣是出于一种共同的内在追求,是大家心中都存有的一个希望,是为了今后西部的发展、西部的振兴,这个聚焦点把我们联系在了一起,反映出了专家、学者的社会良心和社会责任感,所以才使我们的讨论非常深入,情绪高涨,气氛热烈。这次会上,有的老师提出讨论的时间太短,发言还不够充分,有很多人表达了想继续交流的意思,这充分表明了会议的吸引力和大家强烈的责任感。

第三,交流和讨论体现了三个结合。一是历史与现实的结合。不管讨论哪个历史时期的问题,都和当前所进行的西部开发联系了起来,这一点体现得很鲜明。二是多学科的结合。西部开发是一个综合性问题,就必然需要综合的研究,需要多学科的配合,哪个学科的专家、学者都有自己的发言权,而且都能够形成互动和交流。三是研究与决策的结合。有的专家把自己研究的课题和成果归纳为对决策的若干重要建议,体现了经世致用的学术宗旨。

二、认识西部的问题

开发西部的重要性不言而喻。历史或当今,西部的人民要生存,西部的经济要发展,因此开发西部肯定是西部所面临的必然选择。我们较多地讨论了如何开发的问题,我认为,在面临如何开发的问题的时候,首先有一个如何认识西部的问题。

什么是西部？西部仅仅是一个地理概念吗？我想,我们每个人的心中实际上有一个西部的概念,这个西部有两个含义:一个是外在的西部,是指西部的自然、地理和资源。我国的西部地域辽阔,有雄伟的大山、奔流的大河、辽阔的草原、大片的荒漠,还有丰富的资源。但这仅仅是一个外在的西部,这样的自然景观在不少国家的西部地区都有。这个西部并不是我们心中完全的西部。我们心中还有一个内在的中国西部,它是指历史、文化和民族。哪一个国家的西部都没有中国西部这样悠久的历史。西部是中国最早的文明起源地之一。中国最早统一多民族国家的建立就是从西部开始的。西部在相当长的一段历史时期是中国的政治中心,唐朝的长安曾是当时世界的大都市。西部承载并见证了中国几千年的文明史。我国的绝大多数少数民族是从这里诞生的,西部是他们活动的历史舞台,是我们中华民族的摇篮。这些内在的东西别的国家的西部是没有的。我想,当我们谈起西部的时候,每个人心中的中国西部,可能首先涌现出来的是它的历史,是它的文化,是它的民族。所以,如何认识西部,这是我们的一个出发点。如果我们在研究开发西部的时候,不能够把外在的西部和内在的西部结合起来,形成一个整体思路,就有可能偏颇了。所以,首先有一个认识西部的问题。中国西部的特征可能更多地表现为它的内在因素。中华文化包括农耕文化、游牧文化、草原文化、黄河文化、绿洲文化等,都是具有中国特色的西部文化。我认为只有认识内在的西部,才能把握西部的本质特征,在开发中才能注意到如何将外在的开发与内在的传统继承有机地结合起来,形成一个完整的开发概念。我们许多同志读过翦伯赞先生在60年代写过的一篇历史散文《内蒙访古》,在这篇散文中他用非常优美的笔调,描绘了一个历史的画面:假如蒙古高原是游牧民族的历史舞台,那么呼伦贝尔草原就是这个历史舞台的后台。很多游牧民族都是在呼伦贝尔草原打扮好了,作好了准备,然后走出马门,登上了蒙古高原这个历史舞台。他们在这个舞台上,演出了一部威武雄壮的历史剧,展示了游牧文化在当时世界上所起的历史作用。西部的贡献实在是太大了。基于这样一个认识,研究西部应该兼顾到它的外在和内在的因素。

借鉴世界各国对不发达地区开发的历史经验教训,对我们认识和研究西部也是非常有用的。在这次会上,日本岛根大学保母武彦教授讲到,几十年来日本在缩小地区之间差距所实行的一系列政策出现了不少失误,因而他提醒大家不要过于美化日本经济的高速增长,其中有许多失误是值得借鉴的,要注意到它的负面影响。日本的西部有一个广大地区被称为中山间地区。由于东部沿海地区的工业化(即所谓太平洋工业区)吸引了大量的劳动力,成为日本的经济增长点,而使西部中山间地区的劳动力减少了,土地荒芜了,"少子化"的倾向产生了,经济开始衰退了。多年来,日本致力于减少这种地区间的差别,作了种种努力。这当中有值得我们借鉴的经验和教训。美国中部南北走向的落基山把美国分成西部和中东部。西部过去是土著印第安人居住比较多的地方。我在美国落基山下的科罗拉多州考察时,参观印第安历史博物馆,一位印第安人的讲解员讲到,美国人在19世纪跑到我们西部来,他们对我们的土著文化是不感兴趣的,特别是在1858年美国西部发现了黄金以后,他们的注意力就被黄金吸引住了。这么多年来,我们印第安人人口减少,健康状况下降,教育跟不上去。现在想要了解印第安人的历史文化,只有到这个博物馆了。这说明,在不发达地区开发的过程中,如何和民族的传统文化有机地结合起来,的确是个大问题。怎么样处理好这个关系,既要推动民族进步,又要保留和继承他们的优秀文化传统,确实值得我们研究。英国威根雷学院的一位副院长曾给我们介绍说,英国从17世纪工业革命开始,巨大的利润刺激着这个国家,他们到处开矿,到处建工厂,结果造成污染,造成资源浪费,带来了很多后遗症。后来,英国用了一个世纪的时间来进行调整。把工业区相对集中,重新布局,一些地区的生态才得以恢复,我们又可以在英国大地上看到大片的绿地。他说这个代价实在是太大了。这些都是值得我们借鉴的。

鉴于以上这些认识,我认为我们在研究西部开发问题中应该要有新思路。今天的开发,在总结和借鉴历史的、国外的经验教训的同时,要有一根主线,就是在研究中要运用现代的、科学的发展思想。一要有科学的开发观。要应用高科技,要激发西部内部的活力,要使资源、环境可持续地协调发展。二要有历史的开发观。就是对历史负责的一种开发观。资源不要被我们这代人都吃光了,一定要明确为子孙留下什么,要负什么责。研究差距问题的专家指出,从全国来讲,东西部的差距肯定是长时间存在的。这个差距不能拉得太大,要掌握好一个度,这是国家保持稳定和长治久安的前提。但是,西部的发展也不是简单地"克隆"一个发达地区,不可能在西部再造一个东部。西部也不可能跟东部并排前进,因为基础条件不一样,东部在这个期间发展更快。很关键的一点就是西部必须要从西部的实际出发,定下自己的发展目标,激发内部的活力,改善自身的环境,提高自身居民的生活质量,坚持以人为本的开发观,就是要围绕着人的生存和发展来考虑问题,这是我们在研究中需要注意到的一些问题。

三、处理好五个关系

在西部开发研究中,我认为应该注意处理好五个关系。

第一,政策与开发的关系。新时期的西部开发,是在政府主导下的开发。政府的这种主导作用主要体现在政府政策的支持,特别是中央政策的支持,包括资金的支持、机制的建立、法规的健全、制度的完善、规划的制定等方面。在西部开发中,除了环境改善、资源开发要有计划进行以外,还要注意到它的文化、民族和社会的可持续性;不仅要改善我们现在的条件,而且更要为我们的子孙后代考虑。这不单纯是一个经济问题,也不是一个短期行为可以解决的问题,而是一个经济社会全面协调发展、需要长期进行的任务。这个认识来得比较晚了,过去许多地方出现的掠夺性的开发,教训确实很惨痛。这些问题的出现都和政策、规划有关。所以,既然是由政府主导的、通过政策来指导的开发,那么研究政策就是至关重要的。

第二,生态与开发的关系。历史上西部的衰落有诸多原因,其中一个重要的原因是生态环境不断恶化,先失去了生产条件,接着失去了生活条件。生态恶化的原因又是什么呢?客观上有气候的变化等自然因素。竺可桢先生对中国五千年来气候演变规律的研究结果,表明气候的变化对西部的生态恶化产生了影响。但社会的因素、人为的因素则是绝对不可忽视的。不顾生态环境的开发只能是一种急功近利的行为,结果就会像恩格斯在《反杜林论》中批评的那样,我们从自然得到了东西,自然又报复了我们。现在这种报复频频发生。多年前我曾专题研究过鄂尔多斯地区的沙漠化问题。当地沙漠化的急剧扩大是伴随着人们盲目的开垦和滥牧而生的。鄂尔多斯地区大约10万平方公里,经过1000年左右的时间,到了建国以后、20世纪50~60年代,北部的库布其沙漠和南部毛乌素沙地在不少地方连接了起来,沙漠和半沙漠面积占掉了该地区国土面积的40%。现在我国沙漠化推进所增加面积的90%都在西部。黄盛璋老先生在大会发言时讲到,他主张建立一个"绿洲学"。他指出,现在不仅要防沙、治沙以防止沙漠的进一步扩大,更要积极地保护和扩大西部曾经养育了我们、养育了文明的那些绿洲。用他的话讲,就是要两手抓,一手抓沙漠化的防治、一手抓现在已有绿洲的扩大。也就是说,开发中一定要把生态的保护和重建放在非常重要的位置。

第三,人与开发的关系。开发到底是为了什么?开发就是为了我们这个地区的人群能够生存、能够发展、能够生活得更好,开发是以人为本的,不是片面地为GDP服务的。也就是说,开发要和居民的福祉紧密结合起来,要给居民带来生活质量和水准的提高。这一点作为科学发展观的核心内容就是以人为本的观点。这个观念的提出,的确是一个非常大的进步和一个重大的思路调整。这里所讲的以人为本,不仅体现在有利于人的生存和发展,更要着眼于人的素质的提高。

第四,民族与开发的关系。促进少数民族的进步与发展是西部开发的主要宗旨之一,也是我们研究的一个重点。中国西部是中华民族的摇篮,我国现有的56个民族中西部就有50个,全国少数民族人口的75%在西部,所以解决好了西部问题,也就是解决好了我们民族发展的问题。如果说没有西部的小康就没有全国的小康,那么没有西部少数民族的小康,也就没有西部的小康。促进民族的发展,一定要注意到使民族传统的继承和民族的进步协调起来。如果一个民族失去了自己的传统,失去了自己的文化,失去了自己的生产和生活方式,那离这个民族的消亡就不远了。我们讲保护和发扬少数民族的传统，不是要保留这个民族的落后，而是要使他们的传统和他们的进步、经济的提升结合起来，这正是需要我们研究的问题。近年来，在经济学界提出了一个"鄂尔多斯现象"。鄂尔多斯这个内蒙古曾经最贫困的地区，在这几年连续实现了跨越式的发展和经济的飞跃，的确十分罕见。研究者们认为，这里产生这种经济现象的背后，民族传统文化的发扬光大起到了支撑作用。历史上这个地区的文化底蕴很深厚，是个多民族交往活动的地区，蒙古族在明代中叶进入以后，民族文化就更丰富了，而且民族传统文化得到了很好的保护。传统文化发扬的结果，对该地区的经济发展起到了很好的促进作用，经济发展和文化发展相得益彰。现在专家们在研究这种经济现象的同时，也带动了对文化现象的研究，促进了有自己特色的传统民族文化的进一步发扬。

第五，文化与开发的关系。西部地区保留了许多珍贵的文化遗产、历史遗迹。现在出现了一种注重旅游开发效益，而忽略了对历史文化保护的倾向。1999年10月，时任国务院总理的朱镕基同志到宁夏视察时，参观了西夏王陵。因为工作关系我在场并向朱总理汇报了西夏王陵的保护问题。我说，像西夏王陵这样珍贵的历史遗迹，都不同程度地受到了自然和人为等因素的破坏。现在保护应该是第一位的，而开发利用则是第二位的。许多地方舍得花钱搞所谓新的历史景观，却舍不得花钱把真正的历史遗迹保护下来；或者是把老祖宗留给我们的历史遗迹故作多情地乔装打扮一番，给子孙留下的是变了味的东西。这都是不负责任的行为。我们应该下功夫把老祖宗留给我们的文化遗产争取完整地保护下来。后来国家计委给西夏王陵拨了专项资金，进行了三年的保护性清理。因此，我认为一定要在开发中强化对文化遗产、历史遗迹的保护意识，而不要把它们当成"摇钱树"。

后　　记

　　本书是2005年"中国历史上的西部开发国际学术讨论会"的论文选集,限于篇幅,我们从70多篇论文中选出30篇,篇幅过长的没有入选。除张海鹏、陈育宁两位主编外,参加编选工作的还有杜建录、霍维洮、梁向明、彭向前,王丽莺负责编务工作。商务印书馆田文祝先生做了细致的编辑工作,宁夏大学撒承贤副书记、何建国副校长、李星副校长也为本书的出版提供了多方帮助,在此一并表示衷心感谢。

张海鹏　陈育宁
2006年5月10日